커뮤니케이션학이란
무엇인가

커뮤니케이션학 총서 1

커뮤니케이션학이란 무엇인가

언론·정보·신문·방송·영상·광고·홍보학 길라잡이

초판 1쇄 인쇄 2017년 11월 25일
초판 1쇄 발행 2017년 11월 30일

지은이 차배근 · 하종원 · 이종혁
펴낸이 성낙인
펴낸곳 서울대학교출판문화원

출판등록 제15-3호

주소 08826 서울 관악구 관악로 1
대표전화 02-880-5252 | 팩스 02-888-4148
홍보마케팅팀(주문 상담) 02-889-4424, 02-880-7995
이메일 snubook@snu.ac.kr
홈페이지 www.snupress.com

ISBN 978-89-521-1934-6 94300
978-89-521-1933-9 (세트)

커뮤니케이션학 총서는 서울대학교 언론정보연구소가 기획한 출간물입니다.

커뮤니케이션학 총서 1

커뮤니케이션학이란 무엇인가

언론/정보/신문/방송/
영상/광고/홍보학 길라잡이

차배근

하종원

이종혁

서울대학교출판문화원

머리말

"기자가 되려면 어떤 학과에 진학해야 되는지 알아보기 위해 인터넷을 검색해 보았더니, 어떤 대학은 신문방송학과, 어떤 대학은 언론정보학과, 어떤 대학은 언론영상홍보학부, 어떤 대학은 광고홍보학과, 또 어떤 대학은 커뮤니케이션학부 등등, 학과나 학부 명칭이 서로 다르고 다양해서 혼란스럽네요. 도대체 이들 학과나 학부의 차이가 무엇이며, 기자가 되려면 이들 중 어떤 학과에 진학해야 하나요?" 이건 대학에 진학하려는 고등학생들이나 또는 계열별로 대학에 입학한 1학년생들이 전공학과나 복수전공학과 등을 선택하려고 할 때 수없이 물어오는 질문이다.

"언론영상홍보학부 1학년생입니다. 언론영상홍보학에도 여러 가지 연구 내지 전공 분야, 예컨대 저널리즘 분야, 방송영상 분야, 광고홍보 분야 등이 있는 것으로 알고 있는데, 구체적으로 어떤 분야들이 있으며, 어떤 분야를 전공하는 것이 앞으로 유망하겠습니까?" 이건 대학의 언론 관계학과 1, 2학년생들이 앞으로의 주 전공분야를 선택할 때 물어오는 질문이다.

"언론정보학과 교수라는데, 그 학과는 도대체 무엇을 가르치는 학과인가요? 언론정보학과니깐 광고나 홍보는 가르치지 않을 것이고,

그럼 신문이나 방송 프로그램 등을 제작하는 방법을 가르치나요?" 이건 새로운 사람들을 만날 때 종종 받는 질문인데, 이런 질문을 하는 사람들 중에는 대학교육을 받은 사람도 적지 않다.

대학에서 언론학을 가르치는 교수라면 누구든지 이와 같은 여러 가지 질문들을 받을 때가 많은데, 이러한 질문들에 응답하기 위하여 쓴 것이 바로 이 책이다. 그렇다고 해서 여러 가지 질문 하나하나에 대하여 응답한 것은 아니고, 제목에서 보듯이 '커뮤니케이션학이란 무엇인가'를 소개한 것인데, 여기서 커뮤니케이션학이란 우리나라에서 현재 신문학(新聞學)·신문방송학·언론학·언론정보학·언론영상홍보학·광고홍보학·미디어커뮤니케이션학 등으로 부르는 것들을 모두 아우르는 학문 명칭이다.

이 책의 내용은 차례를 보면 알겠지만 크게 3개 편(篇)으로 나누어, 제1편 '커뮤니케이션학이란 어떤 학문인가'에서는 그 기원과 발전과정, 연구·교육 대상, 연구 목적과 방법 등을 소개하고, 제2편 '커뮤니케이션학에서는 무엇을 가르치는가'에서는 세계 여러 주요 국가들과 우리나라에서 커뮤니케이션 교육의 실태와 교과과정을 소개했다. 그리고 제3편 '커뮤니케이션학에서는 무엇을 연구하는가'에서는 외국과 우리나라 커뮤니케이션 관련 주요 학회의 연구 분과들을 통해 커뮤니케이션학의 연구분야를 알아본 뒤에, 이들 주요 학회에서 발행하는 주요 학술지에 과거 1년간 실린 논문들의 연구주제에 관한 분석을 통해 커뮤니케이션학에서는 주로 무엇을 연구하는지를 소개했다.

이 책이 커뮤니케이션학에 관한 여러 독자들의 여러 가지 궁금증들을 얼마나 풀어줄 수 있을지는 모르겠다. 그러나 앞서 언급한 학생들이나 일반인들의 여러 가지 질문에 조금이라도 해답이 된다면 저자들은 더 이상 바랄 나위가 없겠다.

2017년 11월

저자 일동

차례

제2편 커뮤니케이션학에서는 무엇을 가르치는가

제1장 세계 주요 국가의 커뮤니케이션학 교육 실태

제2장 한국의 커뮤니케이션학 교육 실태

제1편

커뮤니케이션학이란 어떤 학문인가

제1장

커뮤니케이션학의 기원과 발전의 역사

커뮤니케이션학(the academic discipline of communication)이란 어떤 학문인가? 이는 현재 우리나라에서 '신문학' · '신문방송학' · '언론학' · '언론정보학' · '미디어학' · '미디어커뮤니케이션학', '언론정보영상학' · '광고홍보학' 등으로 부르는 학문을 말하는데, 우리나라에서 이처럼 커뮤니케이션학을 여러 가지 이름으로 부르는 것은 '커뮤니케이션'(communication)이라는 영어 단어에 적합한 우리말을 아직 찾지 못해서이다. 따라서 이 책에서도 '커뮤니케이션학'이라고 부르기로 하는데, 이는 인간사회에서의 모든 커뮤니케이션 현상을 연구와 교육 대상으로 삼는 하나의 독립학문이다.

가. 서양에서 커뮤니케이션학의 기원과 발전과정

커뮤니케이션 현상을 하나의 독립된 학문으로 연구 · 교육하는 주요 이유는, 영국의 커뮤니케이션 학자 배리(Barry, 1965, p. 16)가 지적했듯이 "커뮤니케이션이라는 수단이 없이는 인간들 사이의 협동이 불가능하며, 협동이 없이는 사회란 존재할 수 없을 정도로 커뮤니케이션은 인류사회에서 매우 중요한 역할을 하기 때문이다." 이러한 사실은 동물세계에서도 찾아볼 수 있는데, 예컨대 벌[蜂]·개미·원숭이 등 공동생활을 하는 동물들을 보면 모두가 나름대로의 커뮤니케이션 수단을 갖고 있고 있다. 반면 커뮤니케이션 수단이 없는 동물들은 공동생활을 하지 못하는데, 이는 곧 커뮤니케이션이 없이는 공동 사회생활이 불가능하다는 것을 말해주고 있다. 이처럼 커뮤니케이션은 공동 사회생활의 필수수단의 하나로서 인간사회에서 매우 중요한 역할을 하는데, "인간사회란 곧 커뮤니케이션에 의해 유지되는 인간들 간의 네트워크(network)이며, 인간사회에서 커뮤니케이션은 인체의 신경계통(神經系統)에 비유할 수 있다"고 일찍이 미국의 문화인류학자 사피어(Sapir, 1935, p. 78)는 밝힌 바 있다.

1. 인류사회의 필수수단으로서 커뮤니케이션의 중요성

커뮤니케이션은 인류사회의 발전에 핵심적 역할을 해왔는데, 캐나다의 경제사학자(經濟史學者) 이니스(Innis, 1950, 1951)는 "인류사회의 문명사(文明史)는 곧 커뮤니케이션 수단의 발전사(發展史)"라고 주장하면서, 인간들 간에 커뮤니케이션 수단이 없던 원시시대에는 공동생활이 불가능했기 때문에 인간들도 맹수처럼 따로따로 흩어져 살았다고 한다. 그러다가 지금으로부터 약 25만 년 전 인류가 몸짓언어라는 원시적 커뮤니케이션 수단을 개발함으로써 서로 간에 어느 정도 커뮤니케이션이 가능해지자 가족 또는 씨족 단위의 공동생활을 시작하게 되었다.

그 뒤 다시 음성언어를 개발해서 다른 사람들과의 커뮤니케이션 범위가 확대되자, 부족 단위의 공동생활을 하면서 음성언어를 통하여 수렵(狩獵) 방법과 기술 등을 다른 성원들에게 전수(傳授)함으로써 인류는 비로소 문화를 지닌 만물의 영장(靈長)으로 발돋움했다. 하지만 음성언어만으로는 커뮤니케이션의 한계를 느끼게 되었고, 다시 문자(文字)라는 커뮤니케이션 수단을 개발해 멀리 떨어져 있는 사람들과도 커뮤니케이션이 가능해지자 부족국가를 형성하였으며, 또한 문자로 기록을 남기게 됨으로써 인류는 역사시대로 접어들게 되었다.

그러나 인류는 이에 만족하지 않고 각종 정보 · 지식 · 사상 등을 더 많은 사람들에게 더 신속하고 더 널리 전달하기 위하여 신문 · 잡지 · 전신 · 전화 · 라디오 · 텔레비전 등의 매체를 개발했다. 근래에는 인터넷 · 휴대전화 등 새로운 커뮤니케이션 수단들을 개발함으로써 온 인류가 하나의 공동사회를 이룩하게 되었는데, 이런 사회를 매클루언(McLuhan, 1964, p. 43)은 '지구촌락'(地球村落, global village)이라고 불렀다.

이와 같은 지구촌락 시대를 인류문명사가(人類文明史家)들은 '정보사회'(information society)라고 부르는데, 커뮤니케이션 기술의 발달로 인하여 현대사회에서는 정보가 인류의 생활을 지배하게 되었다는 것이다. 즉 인류사회의 역사는 수렵시대 → 농경시대 → 산업시대 → 정보시대(또는 후기산업시대)로 발전해왔는데, 수렵시대와 농경시대에는 인류가 주로 물질에 의존해서 살면서 물질이 인류의 생활을 지배했다. 그러나 1774년 영국의 제임스 와트(James Watt)가 증기기관을 발명함으로써 시작된 산업혁명을 계기로 인류사회가 산업시대로 들어와서는 물질과 에너지가 인류의 생활을 지배해왔다. 그러다가 1950년대에 컴퓨터가 일으킨 정보혁명을 계기로 '정보시대'가 시작되었는데, 이러한 새로운 정보시대에서는 물질과 에너지보다는 정보가 인류생활을 지배하는 시대라는 것이다. 때문에 현대를 '정보시대' 또는 '정보화 사회'라고 부르는데, 인류는 이미 이러한 시대에 깊숙이 들어와 있다. 따라서 정보의 전달 · 전파(傳播) · 확산 및 그 수단과 영향 등 여러 가지 커뮤니케이션 현상에 관한 사회적 · 학문적 관심이 그 어느 때보다 높아지면서 그에 따라 커뮤니케이션학도 중요한 학문의 하나로서 각광받고 있다.

2. 설득에 관한 고대 그리스인들의 관심과 수사학의 탄생

'커뮤니케이션학'이라고 하면 새로운 학문의 하나로 생각하는 사람들이 적지 않다. 하지만 커뮤니케이션 현상에 대한 인간들의 관심과 연구는 인류역사와 그 기원을 같이했다. 이는 성서(聖書)를 보아도 알 수 있는데, 『신약성서』 요한복음 1장 1절을 보면 "태초에 말씀(word or logos)이 있었다"고 하며, 『구약성서』 창세기 1장에도 하나님이 말씀을 통해 천지만물을 창조하는 과정을 자세히 설명하고 있다. 이는 곧 고대인(古代人)들도 '말'이라는 커뮤니케이션 수단에 관해 관심이 컸음을 시사하고 있다.

1) 시실리에서 코랙스가 수사학 연구와 교육을 처음 시작

서양의 경우 커뮤니케이션 현상에 관한 이와 같은 고대인들의 관심은 고대 그리스 시대에 이르러 수사학(修辭學, rhetoric)이라는 학문까지 탄생시켰는데, '수사학'이라고 하면 보통 '문체론'(文體論)으로 오해하는 사람들도 적지 않다. 그러나 고대 그리스 시대의 수사학은 아리스토텔레스(Aristoteles, 384~322 B.C.)가 기원전 330년경에 저술한 『수사학』(*Rhetoric*)이라는 책에서 정의했듯이 "그 어떤 경우에나 쓰여질 모든 가능한 설득의 수단을 관찰 또는 발견하는 학문"(Aristotle, 1954, I. 1355bs26)으로, 오늘날 커뮤니케이션학에서 주요 연구분야의 하나인 '설득커뮤니케이션론'(persuasive communication)과 마찬가지였다. 따라서 이러한 고대 그리스 시대의 수사학을 그 효시로 잡는다면, 현대 커뮤니케이션학의 역사는 2,300여 년 전으로 거슬러 올라갈 수 있다.[1]

그렇다면 이처럼 서양에서 수사학이 일찍부터 발달한 까닭은 무엇인가?

기원전 467년 시실리(Sicily)의 시러큐스(Syracuse)에서 서양 역사상 가장 큰 정치적 변혁이 일어났는데, 그것은 민중들이 독재자 트라시발루스(Thrasybalus)를 축출하고 민주정부를 수립한 것이었다. 이렇게 되자 시민들이 법정으로 몰려가서 트라시발루스에게 빼앗겼던 재산과 시민권을 되찾기 위하여 호소하면서, 자신들의 주장을 효과적으로 표현·전달할 수 있는 방법들에 대한 필요성을 느끼게 되었다. 그러자 코랙스(Corax)라는 사람이 『수사술』(修辭術, *Rhetorike Teche*)이라는 책을 써서 시민들에게 법정에서 효과적으로 논증하는 방법을 가르치기 시작했다. 이것이 수사학의 효시였는데(Thonssen and Baird, 1948, pp. 34-35), 코랙스는 이 책에서 수사학이란 "화자(話者)가 청중으로부터 바라는 반응을 불러일으키기 위한 설득술(art of persuasion)"이라고 정의했다(McCroskey, 1968, p. 4에서 인용).

2) 민주주의의 온상 아테네에서 수사학의 만발과 그 주요 요인

시실리의 시러큐스에서 시작된 수사학은 그 후 그리스의 아테네(Athens)에서 민주정치가 시행되면서 크게 발달했는데, 그 주요 요인으로는 특히 다음과 같은 두 가지를 들 수 있다.

첫째는 기원전 462년부터 시작한 '디스카스테리아'(diskastêria)라는 민주적 재판제도 때문이었다. 이는 판사 없이 시민 배심원들이 재

---

1 커뮤니케이션학의 역사에 관한 이 부분은 이 책의 저자 중 한 사람인 차배근이 저술한 『한국커뮤니케이션학사』(서울: 서울대학교출판문화원, 2017)에서 주로 요약했다. 커뮤니케이션학의 역사에 관한 자세한 내용은 이 책을 참조한다.

판을 하는 것으로, 아테네 시민권자 중에서 우선 6,000명의 배심원 후보들을 추첨으로 선출한 다음, 그 가운데서 다시 평균 201명(재판의 사안에 따라 명수가 달랐음)의 배심원들을 재판 당일 현장에서 추첨해서, 이들로 하여금 재판정에서 원고와 피고의 진술을 한 차례씩 듣고 나서 투표로서 판결을 내리도록 하는 재판제도였다(Kirchner, 1960, pp. 30-33). 따라서 누구나 법정에 서게 될 경우, 그 많은 배심원들을 상대로 자기의 입장이나 주장을 효과적으로 변론하고 입증해서 배심원들을 설득할 수 없는 한 재판에 이길 승산은 거의 없었다. 때문에 아테네 시민들은 누구나 설득술(說得術)을 배우고 연구하게 되면서 수사학이 크게 발달하게 되었다.

둘째로 아테네에서 수사학이 발달하게 된 또 하나의 주요 요인은 민회(民會, ekklesia)에 의한 민주정치제도 때문이었다. 민회란 아테네 시민권을 가진 20세 이상의 남성들로 구성된 국가 최고의 의결기구로서, 전쟁 · 외교 · 법률 제정 · 시민권 부여 · 관리 선출 · 장군 선발 · 재정 · 세금 등등 나라의 모든 중대사들을 논의하고 의결했다. 시민권을 가진 20세 이상 아테네 남성들은 1년에 정기적으로 40회 정도, 그리고 시급한 안건이 있을 경우는 수시로 모여 아침부터 회의를 시작하여 자유로운 토의와 토론을 벌인 다음 거수(擧手) 등을 통해 의결했는데, 당시 아테네 시민들은 이처럼 민회에 참여하여 자신의 의견이나 생각을 올바로 개진해서 민주주의 발전에 기여하는 것을 자신들의 가장 중요한 권리와 의무로 여겼다.

이러한 권리와 의무를 다하기 위하여 아테네 시민들은 연설 · 토의 · 토론 · 설득방법 등을 열심히 배우고 연구했다. 아테네 민주주의의 꽃을 피웠던 페리클레스(Pericles)는 "민주주의는 권력이 소수에게 있는 것이 아니라 전체 시민의 손에 있는 것"이라면서 시민들이 민주적 의사결정 과정에 이르는 방법으로서 토의와 토론의 중요성을 강조하면서, 시민들에게 민회나 법정 등에서 동등한 발언권에 의거한 자유로운 토의와 토론을 통하여 국가의 주요 문제들에 대해 올바른 결정을 내리도록 요구했다. 그 결과 토의 · 토론 · 설득 등을 통해 국가사회의 주요 문제 등을 민주적으로 해결하는 방법에 관한 학문인 수사학이 아테네에서 크게 발달하게 되었다.

3. 로마 시대와 중세기에서 수사학의 발달과 쇠퇴

이와 같이 수사학은 아테네에서 민주정치가 시행되면서 꽃을 피웠다. 그러나 기원전 338년 아테네가 마케도니아(Macedonia) 제국의 지배 아래로 들어가면서 뒨서리를 맞게 되었다(Fritz, 1922, p. 32). 독재의 마케도니아 제국에서는 명령만 있을 뿐, 시민들 간의 대화나 상호 설득을 통한 민주활동은 금지했기 때문이다. 그러자 수사학은 '민주주의'라는 온상을 찾아 이탈리아 반도의 로마공화국으로 자리를 옮기게 되었는데, 당시 로마공화국에서는 '공화제'(res publica)라는 민주정치를 실시하면서 그 수단으로써 수사학이 요구되었기 때문이다.

1) 로마공화국에서 수사학 연구와 교육의 발전

로마공화국은 그리스의 아테네로부터 수사학을 도입, 이를 민주시민의 양성을 위한 핵심교과로 시민들에게 가르치고 연구하면서 아테네에서처럼 수사학의 주제를 설득에 두었지만, 이성적 방법을 통해 자유시민들을 계도하는 데에 주목적이 있었다. 즉 시민들로 하여금 정의와 불의를 판단케 하고, 각종 법안을 통과시키거나 또는 부결케 하며, 선(善)을 찬양하고 악(惡)을 규탄토록 시민을 계도하는 것을 수사학의 기본 기능으로 삼으며, 이러한 기능의 효과적 수행을 위한 수사학을 연구·교육했다.

하지만 현실적 태도를 지녔던 로마인들은 아테네의 수사학을 그대로 모방하지 않고 그것을 실용적 학문으로 발전시키면서 더욱 체계화시키고 다듬어서 새로운 수사학의 이론체계를 확립시켰다. 그 결과 수사학에 관한 연구와 교육이 크게 발전하면서 위대한 정치가와 훌륭한 민주시민들이 많이 나왔는데(Thonssen and Baird, 1948, p. 77), 그중에서 대표적 인물로는 정치인이자 웅변가(orator)였던 카이사르(Julius Caesar, 100~44 B.C.), 키케로(Marcus Tullius Cicero, 106~43 B.C.), 브루투스(Junius Brutus, 85~23 B.C.) 등을 꼽을 수 있다.

로마공화국 시대에는 또한 수사학에 관한 저서들도 많이 나왔다. 그중에서 대표적인 것들로는 작자 미상의 『레토리카 애드 헤렌니움』(*Rhetorica ad Herennium*, B.C. 82)과, 로마공화국 중기와 말기의 정치가로 유명했던 키케로(Cicero)가 지은 『디 인벤티오네』(*De Inventione*, B.C. 86), 『디 오라토레』(*De Oratore*, B.C. 55), 『오라토 』(*Orator*, B.C. 46), 『토피카』(*Topica*, B.C. 44) 등을 꼽을 수 있다. 이러한 저서들을 통해서 키케로는 수사학의 주요 기능을 세 가지, 즉 설득적·교육적·오락적 기능으로 분류해 놓음으로써 현대에서도 이처럼 커뮤니케이션의 기능을 세 가지 유형으로 나누는 전례를 만들어 놓았다(Corbett, 1965, p. 542).

2) 로마제국과 중세에서 수사학의 변질과 쇠퇴

로마공화국에서 크게 발전했던 수사학은 기원전 27년 옥타비아누스(Octavianus)가 공화정을 무너뜨리고 제정(帝政)을 실시하면서 쇠퇴하기 시작했다. 로마제국의 초대 황제 옥타비아누스가 국사(國事)에 관한 시민들의 여론을 억압하며 선거제도를 없애고 그 대신 일방적 명령만 내리게 되자, 이러한 독재사회에서는 민주주의의 수단인 상호

설득과 합의 방법에 관한 학문인 수사학은 더 이상 설 자리가 없었기 때문이다. 그리하여 수사학은 본래의 기능을 상실하고, 다만 청소년들에게 말하기와 글쓰기 방법을 가르치기 위한 교과로 전락하면서 겨우 학교 안에서만 존재하게 되었다. 그 결과 수사학은 그리스의 아테네와 로마공화국에서처럼 민주주의를 위한 실용적 학문이 아니라, 학문을 위한 학문 또는 학생들에게 말하기와 글쓰기 훈련을 시키기 위한 교과목으로 변질되고 말았다.

그 뒤 '암흑시대'로 일컫는 중세기로 접어들자 수사학은 또다시 변질되어 가톨릭교의 포교 수단으로 전락했다. 가톨릭이 교세를 굳히기까지는 이단(異端)과의 치열한 투쟁에서 이겨야만 했는데, 그 과정에서 가톨릭은 수사학을 이용하여 교리를 갈파하고 포교운동을 전개하면서 이런 목적을 위한 수사학 이론을 체계화해 놓았다. 이에 관한 대표적 저서로는 성(聖) 아우구스티누스(St. Augustinus, 354~430)가 지은 『드 독트리나 크리스티아나』(*De Doctrina Christiana*, 426년경)를 들 수 있는데, 이 책은 가톨릭의 교세 확장에 크게 이바지했다. 일단 교세가 확립되자 이번에는 수사학을 교황이나 주교에게 아부 편지를 쓸 때 문장을 수식하기 위한 것으로 전용함으로써, 이른바 '아르스 딕타미니스'(Ars Dictaminis)라는 이름의 서신(書信)에 관한 수사학이 유행하기도 했다.

4. 문예부흥 시대의 도래와 수사학의 부흥 · 발달

이와 같은 현상은 중세 말기까지 계속되었다. 그러다가 16세기 초부터 종교개혁운동(the Reformation)이 일어나고 그 뒤를 이어 문예부흥운동(the Renaissance)도 시작되면서 그리스 시대의 고전적 수사학에 관한 연구와 교육이 다시 시작되었다. 종교개혁운동에 이어 문예부흥운동이 일어나면서 고대 그리스의 인간중심 문명(man-made culture)에 관한 관심이 다시 고조되었기 때문이다. 그러면서 언론자유도 서서히 소생하고 민주주의에 대한 시민들의 인식도 점차 높아지면서 고대 그리스의 아테네와 로마공화국에서처럼 수사학의 필요성이 요구되자, 서양에서 가장 먼저 의회정치를 시작한 영국에서부터 수사학에 관한 연구와 교육이 부흥하게 되었다.

하지만 당시 영국에서의 수사학 연구 · 교육 실태를 살펴보면 키케로학파(Ciceronian School), 문체론학파(Stylistic School), 형식주의학파(Formulary School), 라무스학파(Ramistic School), 베이컨학파(Baconian School) 등 여러 학파로 나뉘어져 다양한 입장에서 수사학을 연구 · 교육했다(Howell, 1954, pp. 4-5). 키케로학파란 고대 아테네의 아리스토텔레스와 로마공화국 시대의 키케로의 고전수사학을 계승한 학파로, 이 학파는 고대 그리스와 로마공화국에서의 수사학처럼 정치적 · 실용적 입장에서 주로 설득방법을 연구 · 교육했다. 그러나 문체론학파는 수사학을 문학적 입장에서 연구하고 가르쳤는데, 아마도 이 학파의 수사학이 문학연구자들에 의해 우리나라에 소개되면서 'rhetoric'을 '수사학'이라고 번역함으로써 이를 문체론으로 오해하게 만든 것 같다.

한편 형식주의학파는 수사학을 교육수단의 하나로 보면서, 주로 과거의 훌륭한 글과 연설문 등을 분석하고 모방하는 데 중점을 두었다. 그리고 프랑스 출신의 라무스(Petrus Ramus)를 중심으로 한 라무스학파는 수사학을 대화법(dialectics) 또는 논리학적 입장에서 연구하면서 특히 논증법에 중점을 두었다. 또한 베이컨(Francis Bacon)을 중심으로 한 베이컨학파는 키케로학파와 마찬가지로 설득방법의 연구에 중점을 두었으나, 과거의 전통적인 고전수사학 체계에서 탈피, 이를 과학적이고 심리학적 측면에서 연구했다. 베이컨은 『학문의 발달』(*The Advancement of Learning*, 1605)이라는 저서에서 수사학의 연구대상인 설득이란 “인간들의 의지(will)를 좀 더 잘 움직이게 하기 위하여 이성(reason)을 상상(imagination)에 적응시키는 것”이라면서 심리학적 접근 방법을 통해 설득원리를 연구했다. 그리하여 18세기 중반부터 자연주의 내지 경험주의를 바탕으로 한 계몽주의 사조(思潮)의 새로운 근대적 수사학의 출현과 발전에 크게 이바지했다.

5. 미국에서 수사학 연구 · 교육과 스피치학으로 발전

18세기부터는 신대륙 미국에서도 수사학이 크게 각광받기 시작했는데, 그 첫째 요인으로는 1775년부터 1786년까지 11년간에 걸친 미국 독립전쟁 당시 정치연설이 신문 · 팸플릿과 함께 미국의 독립투쟁을 고취하는 데 큰 위력을 발휘한 것을 들 수 있다. 그리고 둘째 요인으로는 미국이 영국으로부터 독립한 후에도 연설이 민주주의 수단으로 중요한 역할을 하게 된 것을 들 수 있다. 그러자 1862년 해밀턴대학(Hamilton College)이 미국에서 처음으로 ‘웅변과 수사학과’(Department of Elocution and Rhetoric)를 설치했는데(Smith, 1954, p. 457), 미국의 대학에서 학과(學科, department)의 구분이 생기기 시작한 것이 1860년대부터였음을 감안할 때 당시 미국에서 연설 · 토론 · 토의 등 커뮤니케이션에 관한 학문인 수사학을 얼마나 중요시했는지 엿볼 수 있다.

해밀턴대학에 이어 1892년 미시간대학은 ‘웅변과 연설학과’(Department of Elocution and Oratory)를 신설했으며, 1894년에는 오하이오 웨슬리안대학(Ohio Wesleyan College)이, 1895년에는 서던캘리포니아대학(College of Southern California)이 각각 ‘연설학부’(School of Oratory)를 설치했다(Smith, 1954, p. 457). 이 밖에도 여러 대학들이 ‘웅변과 연설학과’ 또는 ‘연설학부’를 설치, 연설 · 토론 · 토의 등의 방법을 가르치면서 1900년경부터는 대학원 교육도 시작해, 1902년 아이오와대학

(Iowa College)에서 처음 석사를 배출했고, 1909년부터 오하이오 웨슬리안대학도 석사학위를 수여하기 시작했다(Knower, 1945, p. 11).

그리하여 연설과 수사학에 관한 교육과 연구가 미국에서 하나의 독립학문으로 자리 잡게 되었으나, 1910년대 이전까지는 주로 연설·토론·토의 등의 실제 방법에 관한 기능(技能) 위주의 교육과 연구에 중점을 두어 왔다. 그러나 1914년 연설과 수사학 관계 교육자들이 시카고에서 모여 전국대중연설교사협회(National Association of Academic Teachers of Public Speaking, 현 National Communication Association의 전신)를 결성하고 종래의 '웅변과 연설학과' 또는 '연설학부' 등의 명칭들을 '스피치학과'(Department of Speech)로 통일하는 동시에, 스피치학을 모든 구두커뮤니케이션(oral or spoken communication) 현상 전반에 관한 과학적 학문으로 발전시켜 나갔다.

한편 1920년대에 라디오가 출현하자 이에 관한 연구와 교육도 스피치학에서 먼저 시작했다. 그리하여 미국에서는 방송을 주로 스피치학과에서 연구·교육하게 되었으며, 그 뒤 별도의 방송학과를 설치하는 대학들이 늘어났지만 거의 모두가 스피치학부에 소속되었다. 또한 연극도 스피치학의 연구·교육 대상으로 삼는 한편, 언어와 청각장애에 관한 스피치병리학(speech pathology)도 연구하고 가르치기 시작했다. 이처럼 스피치학 교육과 연구 영역이 점차 확대되자, 당시 스피치학 교육자들의 학회였던 전국대중연설교사협회는 1923년 그 명칭을 전국스피치교사협회(National Association of Teachers of Speech, 이하 NATS로 약칭)로 고쳤는데, 당시 회원수는 910명이나 되었으며, 10년 뒤인 1934년에는 2,000명으로 크게 증가했다.

나. 신문·잡지에 관한 연구·교육의 시작과 저널리즘학의 성립

17세기부터는 신문·잡지 등 문자 내지 인쇄커뮤니케이션 현상에 관한 연구와 교육이 영국·프랑스·독일 등지를 중심으로 시작되었다.[2] 그리하여 20세기로 들어와서는 신문·잡지 등에 관한 연구와 교육이 영국에서는 '저널리즘학'(journalism), 프랑스에서는 '주르나리즈므학'(journalisme), 독일에서는 '차이퉁스학'(Zeitungswissenschaft)이라는 학문으로 성립하여 하나의 독립학문으로 인정받게 되었다. 그러나 이러한 '저널리즘학'에 관한 연구와 교육을 선도한 나라는 역시 미국이었다. 따라서 여기에서는 미국을 중심으로 저널리즘 교육이 어떻게 발전해 왔는지 간단히 살펴보기로 한다.

1. 미국에서 저널리즘학의 성립과 발전

미국의 대학 중에서 처음으로 저널리즘학을 가르친 대학은 버지니아주의 워싱턴대학(현 Washington and Lee University)이었는데, 이 대학은 1869년 미국 최초로 인쇄와 저널리즘 전공과정을 설치했다. 그러나 2~3년 뒤에 중단하고 말았는데(Williams, 1929, p. 5), 그 이유는 정확히 알 수 없으나 아마도 당시는 인쇄와 저널리즘 분야 종사자들의 사회적 지위가 매우 낮았기 때문에 대학생들이 이 분야의 전공을 기피했기 때문인 것 같다.

---

2 그러나 이는 이때부터 서양에서 신문·잡지 등이 처음 출현했기 때문인 것은 아니었는데, '잡지'는 17세기 중반부터 출현했으나 '신문'은 고대 로마공화국 시대인 기원전 59년경부터 등장했다.

1) 미국 최초로 미주리대학 저널리즘학부의 창설과 그 목적

이렇게 해서 워싱턴대학에서 처음 시도했던 저널리즘 교육은 성공을 거두지 못했으나, 신문·잡지 등이 점점 발달하여 사회적으로 중요한 영향을 미치면서 인쇄와 저널리즘 분야 종사자들의 사회적 지위가 높아졌다. 그러자 캔자스주립대학이 1873년 인쇄 분야에 관한 강좌를 설치했으며(Emery, Ault and Agee, 1960, p. 408), 미주리대학은 1878년부터 영어과목의 일부로 신문기사작성론을 가르치기 시작했고, 1879년에는 신문의 역사에 관한 과목도 설치했다.

1893년에는 펜실베이니아대학 와튼비즈니스학부(Wharton Business School, University of Pennsylvania)에서 저널리즘 강좌를 개설했다. 그 뒤 1904년 일리노이대학이 4년제 저널리즘 전공과정을 미국에서 처음 설치했다. 그러자 1905년 위스콘신대학도 저널리즘 강좌를 신설(Hyde, 1968, p. vii)했으며, 그 뒤를 이어 다른 대학들도 속속 저널리즘 관계 과목들을 설치했는데, 이들 과목은 주로 영문학과나 비지니스학부에 설치했다.

그러다가 1908년 9월 1일 미주리대학이 미국 최초로 4년제 저널리즘학부(School of Journalism)를 창설했는데, 그 목적은 "언론계의 요구에 부응하여 높은 이상(理想)과 특별한 전문지식 및 기능(skill)을 갖추고 언론계를 이끌어 나갈 유능한 인재들을 양성하며, 또한 저널리즘에 관한 전반적 교육을 통하여 저널리즘 연구자와 교육자를 양성함으로써 미주리주에 봉사하는 데 있었다." 따라서 바로 이와 같은 교육목적 내지 교육목표의 달성을 위하여 미주리대학 저널리즘학부는 학생들에게 폭넓은 전인교육(全人教育)을 실시하면서, 학생들로 하여금 반드시 인문·사회과학 분야의 기본과목들을 수강토록 했다. 한편 저널리즘 전공 과목들에서도 실무적인 것과 함께 저널리즘의 원리와 이론 등 아카데믹한 측면도 강조해서 교육했다.

2) 다른 대학들도 다투어 저널리즘 학부 · 학과 등 설치

1908년 미주리대학이 미국 최초로 저널리즘학부를 창설하자, 미국의 다른 대학들도 다투어 저널리즘학부 또는 저널리즘학과를 설치했다. 그리하여 1912년까지 4년 동안에만 모두 9개 대학이 저널리즘학부 또는 저널리즘학과를 설치했다. 1912년에는 컬럼비아대학도 미국의 신문왕 조셉 퓰리처(Joseph Pulitzer)가 기증한 200만 달러로 저널리즘학부를 설치했다. 1913년에도 또 1개 대학이 저널리즘학부를 신설했으며, 1914년에는 4개 대학, 1915년에도 또 4개 대학이 저널리즘학부 또는 저널리즘학과를 설치했다. 1916년에는 저널리즘 학부나 학과를 신설한 대학은 없었지만, 저널리즘 과목을 설치한 대학은 12개나 되었다.

한편 저널리즘을 전공하려는 학생들도 매년 증가했다. 1916년 2월 당시 비교적 규모가 큰 10개 대학의 저널리즘 학부와 학과 재학생 현황을 보면 미주리대학이 236명, 워싱턴대학이 226명, 아이오와주립대학이 199명, 위스콘신대학이 178명, 캔자스대학이 157명, 컬럼비아대학이 151명, 미시간대학이 142명, 오리건대학이 130명, 오하이오주립대학이 104명으로 나타나 있다.

1917년에는 무려 5개 대학이, 1918년에는 2개 대학이 또 저널리즘 학부나 학과를 설치해서 전국의 저널리즘 학부와 학과의 수가 모두 26개로 늘어났으며, 저널리즘 학부나 학과를 설치하지 않은 65개 대학들도 한두 개의 저널리즘 과목을 설치해서 결과적으로 총 91개 대학에서 저널리즘을 가르쳤다(Lee, 1918, p. 20). 1919년에도 2개 대학이 저널리즘 학부나 학과를 설치했으며, 이들 이외에 38개 대학에서 저널리즘 과목을 한두 개씩 새로 설치함으로써, 결과적으로 1910년대 말에는 모두 131개 대학에서 저널리즘을 가르치게 되었다.

1920년대에도 또 26개 대학에서 저널리즘 학부나 학과를 설치함으로써, 1920년대 말에는 전국의 저널리즘 학부와 학과의 수가 54개로 증가했다. 또한 1920년대에는 무려 111개 대학이 교양과목으로 저널리즘 관계 과목을 새로 설치함으로써, 1920년대 말에는 모두 230개 대학에서 저널리즘을 전공과목 또는 교양과목으로 가르치게 되었다(Emery, Ault and Agee, 1960, p. 25). 그 결과 당시 미국의 주요 대학에서는 모두 저널리즘을 가르치게 되면서 저널리즘이 새롭고 중요한 학문분야로 부상하게 되었다. 그러나 1920년대까지의 저널리즘 교육은 저널리스트의 양성에 주목적을 둔 실무 중심의 직업교육적 성격을 띠었다.

2. 1930–1940년대 저널리즘학 연구 · 교육의 주요 동향

1930년대로 넘어오자 당시까지 실무 위주의 직업적 저널리즘 교육에 관한 비판이 학계 내외에서 일기 시작했다. 그 첫째 이유는, 대학에서 실무 위주의 저널리즘 교육은 전공 학생들이 대학에서 폭넓은 교육을 받을 수 있는 기회를 박탈하기 때문이라는 것이었다. 둘째 이유는, 1938년 시카고대학 총장 허친스(Robert M. Hutchins)가 지적한 바와 같이, 점차 거대해지고 복잡해지며 급속하게 변화하는 현대사회에서 저널리스트에게 더 필요한 것은 신문 · 잡지 등의 제작에 필요한 단순한 기술이 아니라, 중요한 공공사(public affairs)들을 정확하게 분석해서 독자들에게 해설해 줄 수 있는 폭넓은 지식과 판단력이기 때문이라는 것이었다. 그러자 저널리즘 교육자들 사이에서 "저널리즘도 인문사회과학의 하나로 교육하고 연구해야 한다"는 인식들이 싹트면서 저널리즘 교육에서 실무교육은 점차 감소한 반면, 저널리즘의 사회적·윤리적·문화적 측면에 관한 교과목들이 크게 늘게 되었다.

이렇게 해서 1930년대부터 저널리즘이 대학에서 새로운 인문사회과학의 한 분야로 중요한 자리를 차지하게 되자, 저널리즘에 관한 대학원 교육도 시작하여 석사와 박사학위를 수여했다. 박사학위는 1934년 미주리대학교 저널리즘학부가 처음 수여했는데, 학위 명칭은 '저널리즘 박사'(Doctor of Journalism)였다. 그러자 컬럼비아대학교 저널리즘학부도 저널리즘 박사학위를 수여하기 시작했다. 그러나 위스콘신대학교가 '저널리즘 전공 철학박사'(Ph. D. in Journalism) 학위를 수여하자, 이를 따라 거의 모든 대학들이 '저널리즘 전공 철학박사' 학위를 수여하게 되었다.

1940년대에는 저널리즘에 관한 대학원 교육이 급속도로 발전했다. 이는 저널리즘을 미국의 거의 모든 대학에서 가르치게 되자 그만큼 교수요원들이 더 필요하게 되었으며, 또한 언론계 종사자들도 대학원 교육의 필요성을 인식하게 되었기 때문이다. 그 결과 1945년까지는 미국 전체의 저널리즘 내지 매스커뮤니케이션 교수들 중에서 박사학위 소지자가 겨우 25명에 불과했던 것이, 1945~1954년간에는 117명으로 늘어났고, 1955년 말에는 200명에 달하게 되었다. 1944년까지는 모든 대학에서 '저널리즘 전공 철학박사'(Ph. D. in Journalism)나 '저널리즘 박사'(Doctor of Journalism) 학위를 수여했으나, 1944년부터 아이오와주립대학교가 '매스커뮤니케이션 전공 철학박사'(Ph. D. in Mass Communication) 학위를 수여했다. 그러자 일리노이대학교, 스탠퍼드대학교, 위스콘신대학교, 시러큐스대학교, 미시간대학교 등도 매스커뮤니케이션 또는 커뮤니케이션 전공 철학박사 학위를 수여하기 시작했는데, 이는 그간에 종래의 저널리즘학이 연구·교육 영역을 신문·잡지뿐 아니라 방송·영화 등 모든 매스커뮤니케이션 현상으로 확대해서 매스커뮤니케이션학으로 발전했기 때문이다.

1940년대 후반에는 대학에서 저널리즘을 전공한 학생들도 크게 증가했는데, 이는 1945년 8월 15일 제2차 세계대전이 끝나자 그간에 전쟁터에 나가 있던 젊은이들이 다시 대학으로 돌아왔기 때문이다. 그리하여 1938년에 전국의 저널리즘 전공 학생수가 6,000명이었던 것이, 1948년에는 16,000명으로 3배가 증가했다(Eaman, 2009, p. 136). 이렇게 되자 자연히 저널리즘 학부나 학과를 신설하는 대학들도 늘어나서, 1950년에는 전국의 저널리즘 학부나 학과 수가 100여 개에 달하게 되었다.

다. 저널리즘학과 스피치학의 통합과 커뮤니케이션학으로 발전

앞에서 살펴보았듯이 1930~1940년대부터 종래의 저널리즘학이 그 연구와 교육 영역을 신문·잡지 등 인쇄매체에 관한 것에서부터 라디오·영화 등에 관한 것까지로 확대해 나가는 한편, 이를 사회과학적 입장에서 연구하기 시작했다. 그리하여 1950년에는 종래의 저널리즘학이 매스커뮤니케이션학으로 확대·발전했다가, 1960년대에는 다시 커뮤니케이션학으로 발전하게 되었다. 그 이유에는 여러 가지가 있으나 가장 큰 이유는 다른 학문분야, 특히 정치학·사회학·심리학 등 사회과학 분야에서의 커뮤니케이션 현상에 관한 연구로부터 커다란 자극과 영향을 받았기 때문이라고 말할 수 있다.

그렇다면 정치학·사회학·심리학 등의 분야에서는 커뮤니케이션 현상을 어떻게 연구했으며, 그것이 저널리즘학에 어떤 영향을 미쳐서 종래의 '저널리즘학'을 '매스커뮤니케이션학'으로, 그리고 이를 다시 '커뮤니케이션학'이라는 학문으로 변화·발전시켰는가?

1. 다른 학문분야에서의 커뮤니케이션 연구와 그 영향

저널리즘학과 스피치학 이외에 다른 여러 학문분야에서도 커뮤니케이션 현상을 일찍부터 연구해왔는데, 이는 커뮤니케이션이 인류사회에서 여러 가지 중요한 기능을 수행하면서 정치·사회·문화·심리·언어 등과 밀접한 관계를 갖고 있기 때문이었다. 따라서 커뮤니케이션에 관한 연구는 모든 학문이 반드시 거쳐 가거나 거쳐 가야만 하는 '학문의 십자로'(cross-road) 또는 '학문의 오아시스'라고 슈람(Wilbur Schramm)이 비유했듯이, 사회학·정치학·심리학·사회심리학·인류학·언어학·일반의미론·철학·문학·역사학·도서관학·수학·공학 등 수많은 학문분야에서도 커뮤니케이션 현상을 연구해왔다. 그러나 여기서는 소위 커뮤니케이션 이론 연구의 4비조(鼻祖, forerunners)로 일컫는 ① 정치학 분야에서의 해럴드 라스웰(Harold Lasswell), ② 사회학 분야에서의 폴 라자스펠드(Paul Lazarsfeld), ③ 심리학 분야에서의 칼 호블랜드(Carl I. Hovland)와 ④ 쿠르트 레빈(Kurt Lewin)의 커뮤니케이션 연구와 그 영향만 간단히 살펴보기로 한다.

1) 정치학 분야에서 라스웰의 커뮤니케이션 연구와 그 영향

정치학 분야에서는 1920년대부터 선전(propaganda)에 관한 연구를 시작으로 커뮤니케이션에 관한 연구들이 많이 이루어졌는데, 선전에 관한 연구를 처음 시작한 대표적 정치학자로는 시카고대학교의 라스웰(Harold D. Lasswell) 교수를 들 수 있다. 그는 1920년대 초반 시카고대학교 대학원에서 정치학을 공부할 때, 제1차 세계대전(1914~1919

년) 당시 독일·오스트리아·이탈리아 등의 '동맹국'들과, 영국·프랑스·러시아·미국·일본 등 소위 '연합국'들 간의 선전전략과 기법 등을 분석·연구해서 1926년 박사학위(Ph. D.) 논문으로 제출해 박사학위를 받았다. 논문 제목은 「세계대전에서 선전전략」(Propaganda Technique in the World War)이었는데, 이 논문은 우수논문으로 평가되어 겨우 25세인 라스웰은 1927년 시카고대학교 정치학과 조교수로 채용되었다.

이처럼 선전에 관한 연구를 하다가 커뮤니케이션 현상에 깊은 관심을 갖게 된 라스웰은 1948년 「사회에서 커뮤니케이션 구조와 기능」이라는 논문을 통하여 "커뮤니케이션이란 누가(who)가, 무엇(what)을, 누구(to whom)에게, 어떤 매체(in which channel)를 통하여 말을 해서, 어떤 효과(with what effects)를 얻느냐 하는 과정"(Lasswell, 1948, p. 37)이라고 정의하면서, 이러한 커뮤니케이션 과정에 따라 커뮤니케이션 현상을 연구할 것을 제안했다. 이렇게 하여 그 뒤 커뮤니케이션 연구자들이 커뮤니케이션 현상을 Who(Source, S) → What(Message, M) → Channel(C) → Whom(Receiver, R) → Effects(E)라는 커뮤니케이션 과정 모형에 따라 정보원(Source), 메시지(Message), 채널(Channel), 수용자(Reciever), 효과(Effects) 등으로 나누어 이들을 각각 분석해서 연구하도록 만들어 주었다.

라스웰은 또한 제2차 세계대전 당시 독일과 미국·영국 등이 사용한 선전전략과 그 내용 등도 분석하여 1949년 『정치의 언어』(*The Language of Politics*)라는 저서로 발표했다. 이 저서에서는 특히 선전 내용에 대한 체계적·수량적 분석방법으로서 내용분석방법(content analysis method)을 개발하여 제시함으로써 커뮤니케이션 연구방법의 발전에도 크게 공헌했다. 그리하여 라스웰은 앞서 말했듯이 라자스펠드, 레빈, 호블랜드와 함께 커뮤니케이션 연구의 4비조 중 한 사람으로 추앙받게 되었다.

2) 사회학 분야에서 라자스펠드의 커뮤니케이션 연구와 그 영향

1920년대부터 미국에서 라디오가 등장하여 사회에 큰 영향을 미치자 사회학자들은 이에 관한 연구를 하기 시작했다. 그중에서 대표적 학자로는 라자스펠드(Paul Lazarsfeld)를 들 수 있는데, 그는 1930년대 중엽 프린스턴대학교에 라디오연구센터(Office of Radio Research Center)를 설립하고 라디오의 사회적 영향에 관한 연구를 했다. 그러다가 1937년 컬럼비아대학교 응용사회과학연구소(Bureau of Applied Social Research) 소장으로 취임했는데, 이 연구소는 1936년 록펠러 재단의 재정지원을 받아 라디오의 사회적 영향에 관한 연구를 목적으로 설립한 것이었다. 연구소 소장이 된 라자스펠드는 캔트릴(Hadley Cantril), 스탠턴(Frank M. Stanton) 등과 함께 라디오의 사회적 영향에 관한 연구를 위하여 라디오 청취자 조사를 실시했는데, 그 이전에도 상업적 목적의 청취자 조사는 없지 않았으나 학문적 목적의 청취자 조사는 라자스펠드 등의 조사가 처음이었다.

라자스펠드는 또한 베럴슨(Bernard Berelson), 카츠(Elihu Katz), 고뎃(Hazel Gaudet) 등과 함께 매스미디어의 효과 등에 관한 조사연구를 했다. 그리하여 그 결과들을 단행본으로 발표했는데, 그중 대표적인 것들로는 『대통령 선거에서 국민의 선택』(*The People's Choice: How the Voter Makes up His Mind in a Presidential Election*, 1948), 『매스커뮤니케이션 유통과정에서 개인적 영향』(*Personal Influence: The Part Played in the Flow of Mass Communication*, 1955), 『국민들의 텔레비전 시청』(*The People Look at Television*, 1963), 『어린이들의 생활에서 텔레비전』(*Television in the Lives of Our Children*, 1963) 등을 들 수 있다.

이들 중 『대통령 선거에서 국민의 선택』은 라자스펠드가 베럴슨, 고뎃과 함께 1940년 미국 대통령의 선거운동 기간에 오하이오주 에리군(Erie County) 유권자들을 대상으로 라디오와 인쇄매체가 투표행위에 미치는 영향을 서베이 방법(survey method)을 사용해서 조사·연구한 결과 보고서였는데, 이 책에서 라자스펠드 등은 매스커뮤니케이션의 2단계 유통이론(the two-step flow theory of mass communication)을 제시하기도 했다. 그리고 『매스커뮤니케이션 유통과정에서 개인적 영향』은 라자스펠드가 카츠와 함께 매스커뮤니케이션의 2단계 유통이론에서 핵심이 되는 의견지도자(opinion leader)의 존재와 그 역할을 일리노이주 데카터(Decatur)에서 실증적으로 검증해본 결과 보고서였다. 이와 같은 여러 연구들을 통해 라자스펠드는 커뮤니케이션 연구에 크게 기여함으로써 커뮤니케이션 이론 연구의 4비조 중 하나로 꼽히게 되었다.

3) 심리학 분야에서 호블랜드의 커뮤니케이션 연구와 그 영향

심리학 분야에서도 일찍부터 커뮤니케이션에 관한 여러 연구들을 하면서 커뮤니케이션학의 발전에 크게 공헌했다. 그중 대표적 학자로는 예일대학교의 호블랜드(Carl I. Hovland)와 미시간대학교의 레빈(Kurt Lewin)을 들 수 있다(Berelson, 1959, pp. 1-15).

호블랜드는 본래 예일대학교 실험심리학 교수였으나, 제2차 세계대전이 발발하자 전쟁에 동원되어 미국 육군의 정보·교육단 연구부(Research Branch of Information and Education Division)에서 미군 병사들에 대한 정훈교육방법을 연구하게 되었다. 그러면서 특히 설득커뮤니케이션에 관심을 갖게 된 그는 세계대전이 끝나자 예일대학교로 복귀해서 '커뮤니케이션과 태도변용 연구 프로그램'(Yale Communication and Attitude Change Program)을 만들어 젊고 유능한 학자들과 함께 본격적으로 커뮤니케이션을 연구했다. 그리하여 1949년 『매스커뮤니케이션에 관한 실험연구』(*Experiments on Mass Communication*)라는 단행본으로 발표한 데 이어, 1953년에는 『커뮤니케이션과 설득』(*Communication and Persuasion*), 1957년에는 『설득에서 메시지 주장들의 제시(提示) 순서의 효과』(*The Order of Presentation in Persuasion*), 1957년에는 『수용자들의 성격과 피설득 성향』(*Personality and Persuasion*), 1960년에는 『태도의 조직과 변용』(*Attitude Organization and Change*), 1961년에는 『사회적 판단: 커뮤니케이션과 태도변용에서 유사성과 상반성의 효과』(*Social Judgement: Assimilation and Contrast Effects in Communication and Attitude Change*) 등의 연구서들을 잇달아 발표했다.

이 밖에도 호블랜드는 제자들과 함께 여러 가지 실험연구 논문들을 각종 학술지에 발표하면서 특히 설득커뮤니케이션 이론의 정립에 크게 공헌했다. 따라서 호블랜드와 그의 제자들을 '새로운 과학적 수사학파'(New Scientific Rhetoric School)라고 부르기도 하는데, 이들은 고대 그리스의 아리스토텔레스(Aristoteles)의 고전수사학(Classical Rhetoric)에서 제시한 여러 가지 설득이론들을 실험을 통하여 검증해서 그것들을 현대적 설득커뮤니케이션 이론으로 발전시켜 놓았기 때문이다(Maccoby, 1970, p. 27). 때문에 호블랜드도 앞서 언급한 정치학자 라스웰, 사회학자 라자스펠드, 심리학자 레빈과 함께 커뮤니케이션 이론 연구의 4비조로 부르게 되었다.

4) 심리학 분야에서 레빈의 커뮤니케이션 연구와 그 영향

호블랜드와 함께 커뮤니케이션 이론 연구의 4비조 중에서 또 하나의 심리학자인 쿠르트 레빈(Kurt Lewin)은 본래 스위스의 비엔나대학 심리학 교수였다. 그러나 1920년대에 미국으로 건너와 1930년대에는 아이오와대학교에서 교편을 잡다가, 1940년대 초 매사추세츠대학교로 옮겨 실험심리학을 가르쳤다. 그러다가 제2차 세계대전이 발발하자 호블랜드와 마찬가지로 미군(美軍)에 연구원으로 동원되어 각종 집단 내에서 의사결정 과정, 지도자의 지도력(leadership), 집단의 규범(norms) 등이 미군 병사들의 행동에 미치는 영향 등을 연구하면서 커뮤니케이션에 관심을 갖게 되었다. 그리하여 종전 후에는 미시간대학교로 가서 집단역학연구소(Research Center for Group Dynamics)를 이끌어 가면서, 심리학의 장 이론(場理論, field theory)을 커뮤니케이션 현상에 도입하여 집단커뮤니케이션(group communication)에 관한 이론 정립에 크게 기여했다.

이러한 레빈 밑에는 젊고 유능한 학자들, 예컨대 바벨라스(Alex Bavelas), 카트라이트(Dorwin Cartwright), 페스팅거(Leon Festinger) 등이 모여들어 레빈과 함께 집단역학이라는 새로운 분야를 개척하면서 집단 내에서 커뮤니케이션의 형태와 네트워크 등을 연구, 이에 관한 이론들을 정립했다. 따라서 이들을 '집단역학파' 또는 '레빈학파'라고 불렀는데, 바벨라스는 특히 소집단 내에서 그 성원들 간의 행동과 커뮤니케이션 패턴(pattern)과의 관계를 연구했고(Bavelas, 1950, pp. 725-730), 카트라이트는 집단성원들의 기존 태도와 관심 등이 커뮤니케이션에 미치는 영향을 연구해서(Cartwright, 1949) 집단커뮤니케이션 이론의 정립에 공헌했다. 한편 페스팅거는 그 뒤 인지부조화설(the theory of cognitive dissonance)의 제시를 통하여 인간이 왜 자신의 태도를 바꾸게 되는지 그 원리를 밝힘으로써(Festinger, 1957) 커뮤니케이션을 통한 태도변용의 연구에 새로운 전기를 마련해 주었다.

2. 저널리즘학계에서의 반성과 매스커뮤니케이션학으로 확대 · 발전

이와 같이 정치학 · 사회학 · 심리학 등의 학문분야에서도 커뮤니케이션 현상을 활발하게 연구하면서 그에 관한 과학적 이론들을 정립해 나가자, 그간에 주로 신문기사의 작성 · 편집 · 인쇄 등에 관련된 실무적 · 기능적(技能的) 문제들에 중점을 두면서 이를 인문학적 입장에서 연구 · 교육해왔던 저널리즘학계 내부에서 학문적 반성이 일어났다. 그러면서 저널리즘학도 그 연구 · 교육 대상을 신문 · 잡지뿐 아니라 모든 매스커뮤니케이션 현상으로 확대하는 동시에 이를 사회과학적 입장에서 연구해야 한다는 움직임이 1945년 제2차 세계대전 이후부터 나타나기 시작했는데, 이러한 움직임을 주도한 대표적 저널리즘 교수로는 부시(Clinton Bush), 닉슨(Raymond B. Nixon), 슈람(Wilbur Schramm), 웨슬리(Bruce H. Westley), 탄넨바움(Percy Tannenbaum) 등을 꼽을 수 있다.

이들 중에서 슈람에 관해서만 간단히 살펴보면, 그는 1935년부터 아이오와대학교에서 본래는 영문학과 교수로 봉직하다가 1941년 12월 미국이 제2차 세계대전에 참전하자 전쟁정보국(Office of War Information) 연구요원으로 선전(宣傳)에 관한 연구에 참여했다. 그러면서 '선전'이라는 설득커뮤니케이션 현상에 학문적 관심을 갖게 되었으며, 또한 새로운 사회과학적 내지 행동과학적 연구방법도 배우게 되었는데, 그는 1943년 대학으로 복귀하면서 아이오와대학교 저널리즘학부 학부장이 되었다.

1947년 슈람은 일리노이대학교 커뮤니케이션연구소(Institute of Communications Research) 소장으로 자리를 옮겨 커뮤니케이션에 관한 각종 연구를 하고 학생들을 가르치면서 종래의 저널리즘학을 매스커뮤니케이션 내지 커뮤니케이션학으로 발전시키는 데 앞장섰다. 그러면서 이 분야의 입문교재로서 1949년 『매스커뮤니케이션』(*Mass Communications*)이라는 책을 편집해서 발간했다.

1955년 스탠퍼드대학교로 옮겨간 슈람은 커뮤니케이션연구소(Institute for Communication Research)를 창설해 이끌어가면서 매스커뮤니케이션과 커뮤니케이션에 관한 여러 종의 서적들을 발간, 이 분야의 학문을 학계에 널리 소개했다. 즉 1954년에는 『매스커뮤니케이션의 과정과 효과』(*The Process and Effects of Mass Communication*), 1960년에는 『매스커뮤니케이션』(*Mass Communications*), 1963년에는 『커뮤니케이션 과학』(*The Science of Communication*)이라는 제목의 편저(編著)를 출판해서 전통적 저널리즘학을 매스커뮤니케이션학 내지 커뮤니케이션학으로 발전시켜 놓았다. 그러면서 스탠퍼드대학교 저널리즘학과의 명칭도 커뮤니케이션학과로 변경해 놓았고, 또한 매스커뮤니케이션 전공 박사과정도 신설했다. 그 뒤에도 슈람은 1973년까지 무려 18년 동안이나 스탠퍼드대학교 커뮤니케이션연구소 소장을 역임하면서 매스커뮤니케이션을 다시 커뮤니케이션학으로 확대·발전시키며 이 분야에 관한 책만도 모두 30여 종(저서·편저 포함)이나 발간했다.

3. 스피치학계에서의 반성과 스피치커뮤니케이션학으로 재정립

앞에서 살펴보았듯이 정치학·사회학·심리학 등의 학문분야에서도 커뮤니케이션 현상을 활발히 연구하면서 과학적 커뮤니케이션 이론들을 정립해 나가자, 1950년대부터 스피치학계에서도 연구영역과 연구방법 등에 관한 반성과 함께 여러 가지 새로운 변혁들이 일어나면서 스피치학의 연구·교육 대상을 대화·연설·토의·토론·회의·방송·연극·언어병리 등 모든 구두커뮤니케이션 현상으로 확대했다. 동시에 이들 현상을 여러 가지 사회과학적 방법들을 사용해서 연구하기 시작했다. 그리하여 종래의 스피치학이 스피치커뮤니케이션학(speech communication)으로 발전하게 되었다. 그 후 1960년대로 넘어오면서 여러 대학들이 스피치학과의 명칭을 '스피치커뮤니케이션학과' 또는 '커뮤니케이션학과' 등으로 바꾸기 시작했다.

한편 젊은 스피치학자들 사이에서는 종래의 스피치학을 아예 커뮤니케이션학으로 확대·발전시키자는 움직임이 나타나기 시작했다. 이러한 움직임에 앞장선 젊고 유능한 학자들 중에서 대표적 인물로는 버로(Berlo, 1955, 1960), 클레벤저(Clevenger, 1959), 샤이델(Scheidel, 1963), 바우어스(Bowers, 1963), 프랜드슨(Frandsen, 1963), 앤더슨(Andersen, 1972), 밀러(Miller, 1963), 맥크로스키(McCroskey, 1968), 베팅하우스(Bettinghaus, 1969) 등을 들 수 있다. 이들은 이미 1950년에 기존의 미국스피치학회(Speech Association of America, SAA)와는 별도로 전국커뮤니케이션연구학회(National Society for the Study of Communication, NSSC)라는 학회를 결성하고, 그 이듬해부터 「저널 오브 커뮤니케이션」(*Journal of Communication*)이라는 학술지를 발간하면서 스피치학을 커뮤니케이션학으로 확대·발전시키는 데 앞장섰는데, 이 학회가 오늘날 세계적 커뮤니케이션 관련 학회의 하나인 국제커뮤니케이션학회(International Communication Association, ICA)의 전신이다.

한편 미시간주립대학교 스피치학과 교수였던 버로는 종래의 스피치학을 새로운 커뮤니케이션학으로 확대·발전시키는 데 앞장서면서 1960년대 초 미시간주립대학교 스피치학과의 명칭을 '커뮤니케이션학과'로 바꾸었다. 그러자 일리노이·스탠퍼드·위스콘신·시러큐스·오하이오대학교 등도 스피치학과 명칭을 '스피치커뮤니케이션학과' 또는 '커뮤니케이션학과'로 바꾸었다. 그러면서 연구·교육 영역을 국제커뮤니케이션(international communication), 문화간 커뮤니케이션(intercultural communication) 현상까지로 확대하며, 1962년에는 「국제와 문화 간 커뮤니케이션」(*Journal of Interantional and Intercultural Communication*)이라는 학술지도 창간했다.

이와 같이 종래의 스피치학의 연구·교육 영역이 점차 여러 커뮤니케이션 현상으로 확대되자, 1970년 미국스피치학회는 명칭을 스피치커뮤니케이션학회(Speech Communication Association)로 바꾸고 이 학회에서 발행하던 학술지 「스피치 모노그랩스」(*Speech Monographs*, 1934년 창간)는 「커뮤니케이션 모노그랩스」(*Communication Monographs*)로, 「스피치 에듀케이션」(*Speech Education*, 1952년 창간)은 「커뮤니케이션 에듀케이션」(*Communication Education*)으로 바꾸었다. 한편 1973년에는 「저널 오브 어플라이드 커뮤니케이션 리서치」(*Journal of Applied Communication Research*)라는 학술지도 새로 창간했다.

4. 매스컴학과 스피치컴학의 통합과 커뮤니케이션학으로 발전

앞에서 살펴보았듯이, 1950년대부터 종래의 저널리즘학과 스피치학이 각각 연구영역을 모든 커뮤니케이션 현상에 관한 것으로 확대하는 동시에 이들을 사회과학적 입장에서 연구하기 시작하면서, 저널리즘학은 매스커뮤니케이션학으로, 스피치학은 스피치커뮤니케이션학으로 확대·발전하게 되었다. 그러다가 이들 2개 학문분야가 1960년대부터 통합해서 하나의 커다란 우산(雨傘, umbrella) 속으로 들어가면서 '커뮤니케이션학'이라는 새로운 명칭의 학문으로 발전해 나갔다.

그러자 기존의 저널리즘학과나 스피치커뮤니케이션학과의 명칭을 '커뮤니케이션학과'로 개칭하거나, 또는 그 전까지 서로 분리했던 저널리즘학과와 스피치커뮤니케이션학과를 통합하여 커뮤니케이션학부(School of Communication) 또는 커뮤니케이션대학(College of Communication)으로 만들기 시작했다. 그리고 그 아래 커뮤니케이션학과 · 저널리즘학과 · 방송학과 · 광고학과 · PR학과 등 여러 전공학과를 소속시켰다. 예컨대, 미시간주립대학교는 일찍이 1958년 저널리즘학부(School of Journalism)와 스피치학부(School of Speech)를 통합해서 '커뮤니케이션 문리대학'(College of Communication Arts and Sciences)을 창설하고 그 아래 저널리즘학부(School of Journalism), 커뮤니케이션학과(Department of Communication), 청각 · 음성과학과(Dept. of Audiology and Speech Sciences), 텔레커뮤니케이션학과(Dept. of Telecommunication), 광고학과(Dept. of Advertising)를 설치했다.

1960년대로 들어서자 일리노이대학교도 종래의 저널리즘학과 · 스피치학과 · 방송학과 등을 통합하여 커뮤니케이션대학(College of Communication)으로 만들었다. 한편 스탠퍼드대학교, 아이오와대학교, 퍼듀대학교 등은 저널리즘학부 명칭을 커뮤니케이션학과로 고쳤다. 펜실베이니아대학교와 서던캘리포니아대학교는 애넌버그 재단(Annenberg Foundation)의 재정지원을 받아 각각 애넌버그 커뮤니케이션학부(Annenberg School of Communication)를 신설했다. 그러나 과거의 전통 때문에 일부 대학들은 종전과 마찬가지로 '저널리즘학부', '저널리즘학과' 또는 '스피치커뮤니케이션학부', '스피치커뮤니케이션학과'라는 명칭을 그대로 사용한 곳도 적지 않았다.

한편 커뮤니케이션학의 여러 분야 중에서 어떤 분야의 교육과 연구에 중점을 두느냐에 따라 각 대학의 커뮤니케이션 관련 대학, 학부 또는 학과의 명칭도 각각 다른데, 미국의 실례를 들어보면 [표 1-1-1]과 같다.

[표 1-1-1] 미국 대학에서 커뮤니케이션 관련 대학 · 학부 · 학과의 여러 명칭

구분	커뮤니케이션 관련 대학·학부·학과의 명칭과 해당 대학
대학	College of Communication(일리노이대학교를 비롯한 대부분의 대학교); College of Communication Arts and Sciences(미시건주립대학교 등); College of Communication & Information Sciences(앨라배마대학교, 테네시대학교 등); College of Communication and Information(켄트주립대학 등); College of Journalism(메릴랜드대학교 등); College of Journalism and Mass Communication(네브래스카대학교, 조지아대학교 등); College of Mass Communication(미들테네시주립대학교 등); College of Media(일리노이대학교 at Urbana-Champaign 등)
학부	School of Communication(노스웨스턴대학교, 센추럴플로리다대학교, 마이애미대학교 등); School of Journalism(미주리대학교 at Columbus 등); School of Journalism and Communication(오하이오주립대학교, 위스콘신대학교 등); School of Journalism and Mass Communication(노스캐롤라이나대학교, 미네소타대학교 at Twin City, 아이오와주립대학교, 콜로라도대학교 등); School of Public Communications(시러큐스대학교) 등
학과	Department of Communication(스탠퍼드대학교를 비롯한 대부분의 대학교); Dept. of Journalism(샌프란시스코주립대학교, 아칸소대학교, 애리조나대학교 등); Dept. of Communication and Journalism(뉴멕스코대학교, 위스콘신대학교 등), Dept. of Journalism and Communication(뉴멕스코주립대학교 등); Dept. of Mass Communication and Journalism(캘리포니아주립대학교 at Presno 등); Dept. of Journalism and Mass Communication(머레이주립대학교, 워싱턴 앤드 리 대학교 등); Dept. of Mass Communication(그린블링주립대학교, 루이지애나주립대학교 등); Dept. of Contemporary Media and Journalism(사우스다코다대학교 등); Dept. of Journalism and Public Communications(알래스카대학교 at Anchorage); Dept. of Communication Arts(웨스트플로리다대학교); Dept. of Mass Media Arts(햄프턴대학교); Dept. of Communication & Culture(인디애나대학교); Dept. of Journalism and Technical Communication(콜로라도주립대학교); Dept. of Journalism, Public Relations and Advertising(템플대학교); Dept. of Agricultural Commuication(위스콘신대학교 at Madison); Dept. of Marketing and Communication(존스홉킨스대학교) 등

출처: 저자 작성.

라. 한국에서 커뮤니케이션학의 발전과 주요 동향

앞에서는 세계에서 커뮤니케이션학이 가장 잘 발달한 미국을 중심으로 커뮤니케이션학의 역사를 간단히 살펴보았는데, 이는 다른 여러 나라들에서도 거의 비슷했다. 특히 제2차 세계대전 이후에는 대부분의 국가들이 미국의 커뮤니케이션학을 모범으로 삼거나 도입해서 발전시켰기 때문이다. 그렇다면 우리나라의 경우는 어떠했는가?

우리나라도 미국의 경우와 비슷했으나, 1910년부터 일제(日帝)의 통치를 받게 되면서 언론자유도 빼앗겨 커뮤니케이션학에 관한 연구와 교육이 제대로 이루어지지 못하다가 1945년 광복 이후에야 신문·잡지 등에 관한 신문학 교육과 연구가 본격적으로 이루어져, 오늘날에는 '커뮤니케이션학'이 주요 학문의 하나로 크게 각광받고 있다.

1. 한국의 대학에서 최초로 신문학 강좌와 신문학과 개설

1945년 8월 15일 우리나라가 일제로부터 광복과 함께 학문과 언론 자유를 되찾게 되자, 신문학에 관한 연구와 교육도 자유롭게 이루어질 수 있게 되었다. 그러자 대학에서도 신문학에 관한 연구와 교육의 필요성을 느끼게 되어, 1950년 4월 서울대학교 문리과대학이 우리나라 역사상 처음으로 '신문학개론'이라는 강좌를 개설하여 곽복산(郭福山, 조선신문학원장)에게 강의를 맡겼다. 하지만 두 달여 만인 6월 25일 한국동란의 발발로 말미암아 서울대의 신문학 강좌도 중단되고 말았으며, 정부와 함께 서울지역 대학들은 부산 등지로 피난을 해야만 했다. 그러나 피난지 부산에서도 연희대학(1957년 연세대학교로 개칭)은 1953년 4월부터 '신문학개론' 강좌(곽복산 담당)를 개설하여 천막교실에서 신문학을 가르쳤다.

1953년 7월 27일 휴전이 되자 8월 7일 우리 정부는 서울로 환도했고, 피난 갔던 대학들도 서울로 돌아와서 9월 가을학기부터 수업을 재개했다. 이때 서울대학교 문리과대학은 '신문학개론' 강좌를 다시 속개하여 곽복산이 2년 동안 담당하다가(곽복산, 1971, p. 42), 이해창(李海暢, 전 「한성신문」 체육부장)이 1955년 4월부터 2년 동안 담당했다(안광식, 1977, p. 134). 한편 연희대학도 1953년 8월 피난지 부산에서 서울로 환도한 후 9월 새 학기부터 '신문학개론' 강좌를 속개하면서 고제경(高濟經, 동화통신 부사장)이 강의를 담당했다.

휴전 이후 대학들이 차츰 안정을 되찾게 되면서 고려대학교, 이화여자대학교, 중앙대학교도 각각 신문학 강좌를 개설했다. 고려대학교는 정경대학에 신문학 강좌를 개설하여 오주환(吳周煥, 「고대신문」 주간)이 담당했으며, 이화여자대학교는 문리대학에 신문학 과목을 개설하여 최완복(崔完福, 전 벨기에 대사)이 맡았고, 중앙대학교는 법정대학에 신문학 과목을 설치하여 곽복산에게 강의를 맡겼다(임근수, 1973, p. 14).

이러한 가운데 1954년 3월 9일 홍익대학이 문교부(현 교육부)로부터 신문학과 설치인가를 받아 그해 4월 4년제 정규 신문학과(초대학과장 곽복산)를 창설했다. 이것이 우리나라 역사상 최초의 신문학과였는데, 교과과정은 신문기사 작성, 신문편집 등 실무과목에 높은 비중을 두었으며, 방송 관계 교과목은 아직 없었고, 선택과목 중에는 사회학·사회심리학·정치학 등 사회과학 계열 과목 및 문학개론·문장론 등 어문계열 과목이 많았다.[3]

홍익대 신문학과에 뒤이어 1958년 4월 중앙대학교도 우리나라

3 그러나 홍익대 신문학과는 1961년 5·16 군사혁명 이후 군사정부가 대학을 정비할 때 대학설치기준령 미달로 폐과되고 말았다.

에서 두 번째로 신문학과(1969년 '신문방송학과'로 개칭)를 창설했다. 한편 1959년 6월 30일에는 우리나라 최초의 신문학 연구·교육자들의 학술단체인 한국신문학회(韓國新聞學會, The Korean Society of Journalism, 현 한국언론학회)도 창립했다.

2. 1960년대: 신문학의 발전과 매스컴학으로 확대·발전

1960년대로 들어서자 이화여자대학교를 시작으로 무려 8개 대학에서 신문학 관련 학과들을 설치했다. 즉 1960년 4월 이화여자대학교가 문리과대학에 신문학과를 설치했으며, 1963년 봄 한양대학교도 문리과대학에 신문학과를 신설했다. 고려대학교와 경희대학교는 1965년 2월 각각 정경대학에 '신문방송학과'를 창설했는데, 경희대는 처음에는 '홍보학과'라고 불렀다. 1967년 2월에는 성균관대학교가 법정대학에 신문학과를 신설했으며, 서강대학교는 1967년 12월 6일 문교부의 인가를 얻어 문학부에 보도예술학과(報道藝術學科)를 창설하고 이듬해 봄 신입생을 모집하여 3월부터 수업을 시작했다. 한편 2년제 초급대학인 서울의 서라벌예술대학(현 중앙대 예술대학 전신)은 1964년 1월 방송학과를 창설했으며, 부산의 한성(韓星)여자실업초급대학(현 경성대학교 전신)도 1964년 1월 방송학과를 설치해서 방송 관계 요원들을 양성했다.

이처럼 1960년대에는 모두 8개 대학에서 신문방송 관련 학과들을 신설했는데, 학과 명칭들이 다양했다. 즉 이화여대·한양대·성균관대는 신문학과(Dept. of Journalism), 고려대는 신문방송학과(Dept. of Journalism and Broadcasting), 경희대는 홍보학과(Dept. of Public Relations), 서강대는 보도예술학과(Dept. of Communication Arts)였으며, 2년제 초급대학인 서라벌예술대학과 한성여자실업초급대학은 방송학과(Dept. of

Broadcasting)였다. 또한 신문학 관련 학과의 소속 대학도 문리과대학, 문과대학, 정경대학, 법정대학 등으로 다양했는데, 이는 신문학이나 신문방송학 등을 인문학으로 볼 것이냐 사회과학 분야로 간주할 것이냐에 따른 것이었다.

1960년대에는 신문학 관련 대학원 석사과정 교육도 시작했는데, 1964년 봄 중앙대학교와 이화여자대학교 신문학과가 각각 대학원에 석사과정을 처음 설치했다. 그 뒤를 이어 한양대학교, 고려대학교, 경희대학교, 서강대학교도 신문학 전공 석사과정을 설치했다. 1967년 12월에는 서울대학교가 특수대학원의 하나로 신문대학원을 설립하여 석사과정 교육을 시작했다.

1960년대에는 또한 미국·독일·일본 등지로부터 새로운 신문학, 즉 미국의 매스커뮤니케이션학과 독일의 공시학(公示學, Publizistik-wissenschaft) 등을 받아들여 우리나라의 전통적 신문학도 광의(廣義)의 신문학, 즉 매스커뮤니케이션학으로 확대·발전해 나가기 시작했다. 그리하여 1950년대까지는 우리나라 신문학이 신문·잡지 등 인쇄매체를 중심으로 그에 대한 실무적·인문주의적 교육과 연구를 실시해왔으나, 1960년대부터는 연구·교육 대상을 모든 매스미디어에 관한 것으로 확대하는 동시에 이를 사회과학적 입장에서 연구·교육하기 시작했다.

3. 1970년대: 매스컴학에서 다시 커뮤니케이션학으로 확대·발전

1970년대에도 커뮤니케이션학에 관한 교육과 연구가 장족의 발전을 하면서 4년제 5개 대학에서 커뮤니케이션 관련 학과들을 신설했다. 즉 1972년 봄 연세대학교가 신문방송학과를 신설했으며, 1974년 중앙대학교는 기존의 신문학과(1958년 창설)와 별도로 '광고홍보학과'

를 신설했다. 1975년 봄 서울대학교도 사회과학대학 내에 신문학과를 설치했다. 1978년 한국외국어대학교는 홍보학과를 창설했고, 청주대학교는 4년제 지방대학 중에서 처음으로 신문학과를 신설했다. 한편 2년제 전문대학인 서울예술전문대학은 1974년 라디오·TV과(1978년 방송연예과로 바꿈)를 신설했으며, 성남의 신구전문대학은 1977년 인쇄학과를 신설했다. 이처럼 1970년대에도 4년제 5개 대학과 2년제 2개 전문대학에서 커뮤니케이션 관련 학과를 설치해서, 1970년대 말에는 전국의 커뮤니케이션 관련 학과의 수가 모두 16개(전문대 포함)로 늘어났다.

1970년대에는 또한 커뮤니케이션 관련 대학원 교육을 실시하는 대학들도 크게 늘어났다. 1970년 한양대 신문학과가 석사과정을 설치했으며, 1971년에는 고려대, 1973년에는 경희대, 1974년에는 서강대, 1976년에는 연세대와 성균관대 신문방송학과도 각각 석사과정을 신설했고, 연세대는 1978년 행정대학원에 언론홍보 전공 석사과정을 설치했다. 한편 서울대는 1975년 2월 기존의 신문대학원을 해체하고 그 대신 신문학과를 사회과학대학에 신설하면서 학사과정과 함께 석사와 박사과정도 설치함으로써, 우리나라에서 처음으로 커뮤니케이션 전공 박사과정 교육을 시작했다. 그 뒤 1978년 고려대, 1979년 연세대 신문방송학과도 각각 박사과정을 설치했다. 그리하여 1970년대 말에는 서울시내 10개 대학 신문방송학과 중 한국외국어대 신문방송학과를 제외한 9개 대학에서 대학원 교육을 실시했으며, 그중 3개 대학은 박사과정 교육도 실시했다.

한편 1970년대 초반부터 미국을 비롯한 선진 외국에서 커뮤니케이션 관련 석·박사학위를 취득한 젊은 학자들이 대거 귀국해 대학에서 교편을 잡으면서 새로운 커뮤니케이션 이론과 연구방법 등을 도입함으로써, 우리나라 종래의 신문학과 매스커뮤니케이션학은 그 연구·교육 영역을 점차 인류사회의 모든 커뮤니케이션 현상에 관한 것으로 확대시키는 동시에 이를 사회과학적 입장에서 연구·교육했다. 그러자 한국신문학회는 1977년 11월 26일 열린 총회에서 규약 제2장 제3조(목적)의 일부를 개정(제3차)하여 종전에는 "본 학회는 저널리즘 및 매스 컴뮤니케이션에 관한 연구, 조사 및 회원 상호간의 협조와 친목 … 을 목적으로 한다"라고 규정했던 것을, "이 학회는 저널리즘 및 커뮤니케이션에 관한 연구, 조사 및 회원 상호간의 협조, 친목 … 을 목적으로 한다"라고 고쳤다. 그러나 '커뮤니케이션'이란 외래어에 대한 적합한 우리말 용어가 없어서 우리말 명칭은 종전과 마찬가지로 '한국신문학회'라고 부르기로 했다.

4. 1980년대: 정보화 사회의 대두와 커뮤니케이션학의 부상

비록 여전히 신문방송학, 언론학 등으로 부르기는 했지만, '커뮤니케이션학'은 1980년대로 넘어오자 정보사회의 대두와 함께 가장 중요한 학문의 하나로 각광받기 시작했다. 그러자 전국의 각 대학들이 다투어 커뮤니케이션학 관련 학과들을 신설했는데, 4년제 대학에서 21개, 2년제 전문대학에서 6개를 설치했다. 이들 대부분은 지방대학이나 서울지역 대학의 지방 캠퍼스에서 설치한 것이 특징이었는데, 이는 1970년대까지 서울에 편중되었던 커뮤니케이션 관련 학과들이 지방으로 확산되기 시작한 것을 의미했다. 그리하여 1980년대 말에는 전국의 커뮤니케이션 관련 학과의 수가 모두 41개로 1970년대 말보다 2.9배나 증가했다.

한편 1980년대부터 정보화 사회가 도래하자 여러 대학들이 기존의 커뮤니케이션학 관련 학과 명칭에 '정보'라는 단어를 추가해서 언론정보학과·정보방송학과·방송정보학과·매체정보학과 등으로 고쳤는가 하면, 일부 대학은 학과 명칭을 아예 '다중매체영상학과' 또는 '멀티미디어학과' 등으로 바꾸기도 했다.

1980년대에는 커뮤니케이션 관련 대학원 교육도 더욱 활성화되었다. 1984년에는 한국외국어대 신문방송학과가, 1989년에는 중앙대 광고홍보학과가 각각 석사과정을 설치함으로써 서울시내의 모든 커뮤니케이션 관련 학과들이 대학원 교육을 하게 되었다. 지방대학들도 커뮤니케이션 관련 석사과정을 설치하기 시작하여 1985년에는 청주대가, 1989년에는 계명대와 전남대가 각각 석사과정을 신설했다.

또한 박사과정도 각 대학들이 다투어 설치해서 1980년에는 한양대 신문학과가, 1981년에는 경희대와 성균관대 신문방송학과가 각각 박사과정을 신설했으며, 1982년에는 중앙대 신문방송학과, 1983년에는 서강대 신문방송학과, 1989년에는 중앙대 광고홍보학과가 박사과정을 신설했다. 그리하여 1989년 말에는 서울시내 소재 11개 대학교 신문방송학과 중에서 한국외국어대, 이화여대, 광운대를 제외한 8개 대학교의 8개 신문방송학과와 1개 광고홍보학과에서 박사과정 교육을 실시했다.

이 밖에 1982년 중앙대 신문방송대학원의 설치를 시작으로 언론대학원 · 언론정보대학원 · 언론홍보대학원 등 특수대학원도 1980년대 말까지 모두 14개나 설치했다.

5. 1990년대: 커뮤니케이션 연구와 교육의 다양 · 다원화

1990년대에도 우리나라 커뮤니케이션학은 양적 · 질적으로 장족의 발전을 이루었다. 우선 양적 발전의 하나로는 커뮤니케이션 관련 학과와 학부 또는 전공분야의 기하급수적 증가를 들 수 있는데, 1990년부터 1999년까지 10년 사이에 4년제 대학교에서 무려 58개의 커뮤니케이션 관련 학과들을 신설했고, 2년제 전문대학도 21개를 신설해서 모두 합쳐 79개를 새로 설치했다. 이는 우리나라에서 1950년대부터 1980년대 말까지 40년 동안 설치한 모든 커뮤니케이션 관련 학과들 수의 2배를 조금 더 넘는 것이었다. 그리하여 1980년대 말에는 전국을 모두 합쳐 37개(4년제 29개, 2년제 8개)였던 것이 1990년대 말에는 114개(4년제 85개, 2년제 29개)로서, 1980년대 말보다 무려 3배나 증가했다. 한편 학과 명칭도 1980년대까지는 거의 대부분이 '신문방송학과'나 '광고홍보학과'였으나, 1990년대부터는 '언론학과'·'언론정보학과'·'언론홍보영상학부'·'매스컴학과'·'커뮤니케이션학부' 등 여러 가지로 다양화되었다.

1990년대에도 커뮤니케이션 관련 대학원 교육이 계속 발전해서, 1990년대 말에는 총 85개 커뮤니케이션학 관련 학과나 학부 중에서 31개가 석사과정을, 12개는 박사과정을 두었는데, 석사과정 재학생 수는 전국을 모두 합쳐 약 600명, 박사과정 학생수는 약 170여 명이나 되었다. 그러나 이것은 본(本) 대학원, 즉 일반대학원만의 경우이며, 신문방송대학원·언론대학원·언론홍보대학원·광고홍보대학원 등 특수대학원까지 합치면 석사과정 학생수는 거의 2배가 넘었다.

한편 1990년대에는 새로운 커뮤니케이션 관련 학회들도 여러 개 창립해서 다학회(多學會) 시대를 이루기 시작했다. 즉 1959년부터 거의 30년 동안은 한국언론학회(구 한국신문학회)가 우리나라 커뮤니케이션학계를 주도해왔으나, 1988년 한국방송학회, 1989년 한국광고학회의 창립을 시작으로 1990년대에는 한국여성커뮤니케이션학회(1993년 설립), 사이버커뮤니케이션학회(1996년 설립), 한국PR학회(1997년 설립), 한국언론정보학회(1998년 설립), 한국광고홍보학회(1998년 설립) 등 여러 개의 커뮤니케이션 관련 학회들이 등장하여 다학회 시대를 이루었다.

제2장

독립학문의 요건과 커뮤니케이션학의 연구 · 교육 대상

커뮤니케이션학은 앞서 제1장에서 살펴보았듯이 일찍이 고대 그리스 시대에서부터 시작되어 현재까지 2천여 년 동안이나 계속 연구 · 교육해오고 있다. 오늘날에는 커뮤니케이션학이 더욱 각광받고 있는데, 그 주요 이유의 하나는 철학자 리처드 맥케온(Richard McKeon)이 말했듯이 현대는 '커뮤니케이션 시대'로서 각종 새로운 커뮤니케이션 수단과 교통 등의 발달로 인하여 인종간 · 국가간 · 지역간 장벽이 무너짐에 따라 인간들이 언제, 어디서, 그 누구와도 쉽게 커뮤니케이션을 할 수 있기 때문이다. 그럼에도 불구하고 또 한편으로는 사회의 복잡화(複雜化)와 이질화(異質化) 등으로 인하여 현대는 오히려 '소통 부재의 시대'라는 볼멘소리도 여기저기서 들리고 있는데, 이것도 오늘날 '커뮤니케이션학'에 관한 연구와 교육의 중요성이 그 어느 시대보다 강조되는 또 하나의 이유이다. 현재 우리나라에서도 100개 이상의 대학에서 '신문학과' · '신문방송학과' · '언론학과' · '언론정보학과' · '언론영상홍보학과' · '매스커뮤니케이션학과' · '미디어커뮤니케이션학과' · '커뮤니케이션학부' 등등 여러 가지 명칭의 커뮤니케이션학 관련 학과나 학부 또는 대학까지 설치해서 커뮤니케이션학을 연구 · 교육하고 있다. 그러면 이처럼 우리나라에서도 각광받고 있는 '커뮤니케이션학'이란 어떤 학문인가?[1]

가. 독립학문으로서 커뮤니케이션학의 주요 요건과 정의

어떤 학문분야가 하나의 독립학문 내지 '학'(學, an independent academic discipline)으로 성립하려면 최소한 세 가지 필요충분 조건을 충족시킬 수 있어야 한다. 첫째는 그 학문분야 고유의 지적(知的) 연구대상 영역(domain of intellectual inquiry)이 있어야 하고, 둘째는 이를 과학적으로 연구할 수 있는 방법론을 갖추어야 한다. 그리고 셋째로는 이러한 과학적 연구방법을 통하여 실제로 그 연구대상 영역을 연구해서 그에 관한 보편타당한 지식체계(a systematic body of knowledge), 즉 이론들(theories)을 정립해서 인류사회의 복지증진에 기여할 수 있어야만 그 학문분야는 비로서 하나의 독립된 학문 내지 '학'(學)으로 성립될 수 있다(King, Jr. and Brownell, 1966). 반면 해당 학문 고유의 지적 연구대상 영역이 뚜렷하지 않거나, 또는 연구대상 영역은 있지만 그것을 과학적으로 연구할 수 있는 방법론이 부족하여 결과적으로 지적 연구대상에 관한 이론들을 제대로 정립할 수 없다면, 이러한 학문분야는 하나의 독립된 학문 내지 '학'이라고 부를 수 없다. 그렇다면 커뮤니케이션학은 어떠한가?

1. 독립학문의 세 가지 필요충분 조건과 커뮤니케이션학

결론부터 말하면, 커뮤니케이션학은 하나의 독립된 학문 내지 '학'이다. 현재 커뮤니케이션학은 위에서 열거한 독립학문 내지 '학'으로서

---

1 제2장은 차배근의 『커뮤니케이션학개론(상)』(서울: 세영사, 1988, 전정판) 제1장에서 많이 따왔다.

최소한의 세 가지 필요충분 조건을 모두 충족시키고 있기 때문이다. 그렇다면 그 근거는 무엇인가?

1) 커뮤니케이션학 고유의 연구대상은 커뮤니케이션 현상

첫째로 커뮤니케이션학은 인간사회에서의 모든 '커뮤니케이션 현상'을 고유의 지적 연구대상 영역으로 갖고 있기 때문인데, 이는 곧 커뮤니케이션학이 다른 학문, 예컨대 정치학·사회학·심리학 등과 구별되는 가장 중요한 특성이기도 하다. 정치학은 인간사회에서 '정치 현상', 경제학은 '경제 현상', 사회학은 '사회 현상', 문화인류학은 '문화 현상', 심리학은 인간들의 '심리 현상'을 고유의 지적 연구대상으로 삼고 있는 데 반하여, 커뮤니케이션학은 '커뮤니케이션 현상'을 고유의 지적 연구대상으로 삼고 있다. 그렇다면 커뮤니케이션학은 왜 커뮤니케이션 현상을 고유의 연구대상으로 삼고 있는가?

가장 큰 이유는, 인간들 간의 커뮤니케이션은 인류사회를 유지·발전시켜 나가는 기본요소의 하나로, 원시시대부터 인류사회에서 중요한 역할을 해오고 있기 때문인데, 이러한 커뮤니케이션의 역할 내지 기능(機能)은 현대에 와서 그 어느 때보다도 더욱 중요시되고 있다. 따라서 앞서 제1장에서 말했듯이 다른 학문분야, 예컨대 심리학·사회학·인류학·정치학·행정학·경영학·언어학·공학 등에서도 일찍부터 커뮤니케이션 현상에 많은 관심을 갖고 이를 연구해왔다. 그래서 미국의 커뮤니케이션학자 윌버 슈람(Wilbut Schramm)은 커뮤니케이션 연구를 여러 학문의 '십자로'(十字路, cross road) 또는 '오아시스'에 비유한 적도 있다.

그러나 심리학·사회학·인류학·정치학 등 다른 여러 학문분야에서 커뮤니케이션 현상에 학문적 관심을 갖고 이를 연구하는 것은 자기 학문의 연구대상을 이해하는 데 필요하기 때문이지, 커뮤니케이션 현상 자체가 자신들의 고유한 연구대상이기 때문인 것은 아니다. 앞서 언급한 슈람의 '오아시스'의 비유를 들어보면, 대상(隊商)들이 사막을 건너 어떤 목적지를 향해 갈 때 '오아시스'는 잠시 거쳐갈 뿐이지 그곳에 정착 또는 정주(定住)하는 것이 아닌 것처럼, 다른 학문분야에서 커뮤니케이션 현상을 연구하는 것도 학문상 필요성 때문에 그런 것이지, 커뮤니케이션 현상을 자신들의 연구영역으로 삼아서 그에 정착 또는 정주하려는 것은 아니다.

반면 커뮤니케이션 학도(學徒)들은 커뮤니케이션 현상이라는 '오아시스' 주변에 집을 짓고 살면서 오로지 이 현상만 연구해서 '커뮤니케이션학'이라는 이름의 지적 공동사회를 건설하고 있다. 그러므로 커뮤니케이션 현상은 커뮤니케이션학 고유의 지적 연구대상이다. 따라서 커뮤니케이션학은 독립학문의 첫 번째 조건을 충족시키고 있다. 그렇다면 이처럼 커뮤니케이션학이 고유의 지적 연구대상으로 삼고 있는 커뮤니케이션 현상이란 도대체 무엇이며, 이는 인류사회에서 어떤 역할을 하는가? 이에 관해서는 조금 뒤에 자세히 살펴보기로 하고, 여기서는 우선 독립학문의 두 번째 필요충분 조건부터 살펴보기로 한다.

2) 커뮤니케이션학은 과학적 연구방법을 갖추고 인류사회에 기여

둘째로, 독립학문의 두 번째 필요충분 조건은 그 학문 고유의 지적(知的) 연구대상 영역을 과학적으로 연구해 나갈 수 있는 방법들을 갖추어야 하는 것인데, 커뮤니케이션학은 이러한 두 번째 조건인 과학적 연구방법도 갖추고 있다. 따라서 커뮤니케이션학은 하나의 독립학문이라고 말할 수 있다. 그러나 모든 학문의 발전과정이 그러했듯이 커뮤니케이션학도 초기 단계에서는 과학적 연구방법론을 제대로 갖추지 못했었다. 현대 커뮤니이션학의 전신(前身)인 '신문학'(新聞學, journalism)에서는 인간사회에서 모든 커뮤니케이션 현상에 관한 과학적 연구보다는 신문 · 잡지 · 방송 등의 제작에 관한 실무(實務)나 언론의 자유와 책임 · 윤리 등에 관한 규범적 문제에 비중을 두면서 이들을 주로 인문주의적 방법을 통해 연구한 데다가, 1920년대 이전의 사회과학 분야에서는 과학적 연구방법 자체가 제대로 발전되어 있지 않았기 때문이다. 그 결과 전통적 신문학 시대에서 커뮤니케이션학은 과학적 방법론을 제대로 갖출 수 없었다.

하지만 1930년대부터 여러 사회과학 분야에서 새로운 과학적 연구방법들이 개발되자, 그것들을 커뮤니케이션학에서도 도입하여 원용하기 시작했다. 또한 커뮤니케이션학은 자체적으로 내용분석방법(content analysis method) 등의 새로운 연구방법도 개발했다. 그리하여 1950년대부터는 커뮤니케이션학의 연구대상 영역을 모든 커뮤니케이션 현상에 관한 것으로 확대하는 동시에 이를 과학적 방법을 통하여 연구함으로써, 종래의 신문학이 오늘날과 같은 커뮤니케이션학으로 발전하면서 하나의 완전한 독립학문이 되었다. 따라서 커뮤니케이션학은 독립학문으로서의 두 번째 필요충분 조건인 과학적 연구방법도 갖추고 있는데, '과학적 방법'이란 어떤 것인지에 대해서는 뒤의 제3장에서 자세히 살펴보기로 한다.

3) 커뮤니케이션학은 이론들을 정립해 인류사회의 발전에 기여

셋째로 어떤 학문분야가 하나의 독립된 학문 내지 '학'(學)이 되려면 그 학문 고유의 탐구대상을 과학적 연구방법을 통하여 연구해서 그 지적 연구대상 영역에 관련된 보편타당한 지식체계(a systematic body of knowledge), 즉 이론들을 정립해서 인류사회의 문명발전과 복지증진에 기여해야 하는데, 이러한 요건을 커뮤니케이션학은 충분히 갖추고 있다. 커뮤니케이션학은 앞서 제1장에서 말했듯이 고대 그리스 시대부터 2,300여 년 동안이나 인류사회에서의 커뮤니케이션 현상을 연구해서 그에 관한 보편타당한 지식체계, 즉 커뮤니케이션 이론들을 정립해 이를 실제의 커뮤니케이션 활동에 응용해서 인류사회의 문명발전과 복지증진에 기여해왔기 때문이다.

2. 커뮤니케이션학에 관한 종합적 정의

커뮤니케이션학은 이와 같이 하나의 독립학문 내지 '학'(學)으로서 갖추어야 할 세 가지 필요충분 조건들을 모두 갖추고 있다. 즉 커뮤니케이션학은 첫째로 고유의 지적 연구대상 영역으로서 "인간사회에서의 모든 커뮤니케이션 현상"을 갖고 있으며, 둘째로 이러한 현상을 과학적으로 연구할 수 있는 연구방법도 갖추어서, 셋째로 커뮤니케이션 현상을 연구해서 그에 관한 보편타당한 지식체계, 즉 커뮤니케이션 이론(communication theories)들을 정립해 이를 실제의 커뮤니케이션 활동에 응용하면서 인류사회의 문명발전과 복지증진에 기여해오고 있다. 그러므로 커뮤니케이션학은 하나의 독립학문 내지 '학'(學)인데, 이러한 '커뮤니케이션학'에 대한 정의(definition)를 우선 간단히 내려보면 다음과 같다.

> 커뮤니케이션학(the discipline of communication)이란 ① 인간사회에서의 모든 커뮤니케이션 현상을 ② 과학적 방법을 통하여 연구해서 ③ 커뮤니케이션 현상에 관한 보편타당한 지식체계, 즉 커뮤니케이션 이론들을 정립(定立)해서 이를 통하여 어떤 주어진 커뮤니케이션 현상을 기

술(記述, describe)하고 설명(explain)하며 미리 예측(predict)하고 또한 통제(control)해서 ④ 인류사회의 문명발전과 복지증진에 기여하는 하나의 독립된 학문 내지 학(學, an independent academic discipline)이다.[2]

그러면 이와 같은 커뮤니케이션학에 대한 정의를 중심으로 지금부터는 커뮤니케이션학이란 어떤 학문인지에 관하여 구체적으로 살펴보기로 하되, 여기에서는 우선 커뮤니케이션학 고유의 연구대상인 '커뮤니케이션 현상'이란 무엇인가부터 살펴보기로 한다.

나. 연구대상으로서 커뮤니케이션 현상의 본질과 유형

오늘날처럼 '커뮤니케이션'이라는 말을 많이 사용하는 시대는 일찍이 없었다. 그러나 막상 "커뮤니케이션이란 무엇인가?"라고 물으면 정확하게 대답하는 사람은 매우 드문데, 이는 '커뮤니케이션'이라는 현상 자체가 매우 다양하고 복잡할 뿐 아니라 '커뮤니케이션'이라는 단어도 아주 다양하게 사용되기 때문이다. 그러면 우선 첫 번째로 '커뮤니케이션'에 대한 여러 가지 정의(定義, definition)들부터 살펴본 다음, 두 번째로는 '커뮤니케이션 모형'(communication model)을 통하여 인간

---

2 이와 같은 커뮤니케이션학에 관한 정의 이외에도 물론 여러 가지 정의가 있는데, 예컨대 미국에서 가장 회원수가 많은 커뮤니케이션학회인 National Communication Association은 "커뮤니케이션학(the discipline of communication)이란 인간들이 어떻게 메시지들을 사용하여 여러 가지 다양한 상황 · 문화 · 채널과 미디어들 안(within)에서나 또는 이들을 초월(across)해서 의미를 생성하는지 연구해서 인간들 간의 효과적이고 윤리적인 커뮤니케이션의 실행(practice)을 촉진하기 위한 학문이다"(https://www.natcom.org/discipline/2015-02-28)라고 정의하고 있다.

들 간에 커뮤니케이션이 어떻게 이루어지는지 그 과정(process)과 구조(structure) 등을 살펴보고, 세 번째로 커뮤니케이션의 여러 유형(類型)들을 살펴본 다음, 그 결과들을 종합해서 커뮤니케이션이라는 현상의 본질을 파악해 보기로 한다.

1. 단어 정의를 통해 본 커뮤니케이션 현상의 뜻

먼저 '커뮤니케이션'(communication)이란 단어의 어원(語源)부터 살펴보면, 이 말은 본래 '공통' 또는 '공유'(共有)라는 뜻을 지닌 라틴어 'communis'라는 명사의 어간(語幹)에다가 '-화(化)'라는 뜻의 영어 어미(語尾) '-cation'을 붙여 만든 단어이다(Schramm, 1965, p. 3).[3] 따라서 '커뮤니케이션'이란 말을 어원적으로 해석하면, 하나 또는 그 이상의 생물체(organism, 사람·동물 등)가 다른 생물체(들)와 지식·정보·의견·신념·감정 등을 서로 '공통화'(共通化) 또는 '공유화'(共有化)하는 과정 내지 행동이라고 풀이할 수 있다.

그러나 본래 이런 뜻을 지녔던 '커뮤니케이션'이란 말이 특히 현대에 와서 광범하게 사용되면서 그 뜻도 다양하게 되었다. 그래서 커뮤니케이션을 전공하는 학자들도 '커뮤니케이션'이라는 말을 여러 가

3 Barry(1965, p. 16)에 의하면, 'communication'이란 영어 단어는 'communicare'라는 라틴어 동사(動詞)에서 나온 말로서, 본래 이는 '같이 이야기하다'(to talk together), '협의하다'(confer), '담화하다'(discourse), '상담하다'(consult)의 뜻을 가졌으나, 특히 '지역공동사회'(community)뿐 아니라 '우의'(fellowship), '다른 사람을 다룰 때의 정의'(justice in men's dealings with one another)를 뜻하는 라틴어 'communitus'라는 말과 밀접한 관계를 지니고 있어, 커뮤니케이션이란 사회의 공동목표를 위한 것임을 시사한다. 그러나 Weekley 편의 『현대영어어원사전』(*An Etymological Dictionary of Modern English*)의 338쪽을 보면, 'communication'이란 영어 단어는 'communion'(공유), 'community'(공동체) 등과 관련이 있는 라틴어 'communicare'('공통성을 만들다' 또는 '공유하다'라는 뜻)에서 온 말이라고 설명하고 있다.

지로 다양하게 정의하고 있는 실정인데, 1976년 댄스와 라슨(Dance and Larson, 1976)이 커뮤니케이션에 관한 정의들을 조사해 보았더니 무려 126개나 되었다고 한다. 그 뒤에 또 몇 개의 정의들이 더 나타났는지 알 수 없으나, 우선 그중에서 대표적 학자들의 정의만 몇 가지 들어본다.

1) 커뮤니케이션 현상에 대한 다양한 정의

커뮤니케이션 학자이자 기호학(記號學, semiotics) 학자인 모리스(Morris, 1964)는, 커뮤니케이션이란 "인간들 상호간의 공통성(commonage) 수립과정"이라고 정의했으며, 뉴컴(Newcomb, 1950)은 "의미의 전달"이라고 정의했다. 위버(Weaver, 1949, p. 3)는 커뮤니케이션을 "한 마음이 다른 마음에 영향을 미치는 모든 과정"(all the procedures)이라고 했고, 런드버그(Lundberg)는 "기호(signs)와 상징(symbols)에 의한 상호작용"(Barnlund, 1968, p. 5에서 재인용), 히퍼라인(Hifferline)은 "정보 · 감정 · 행동 등의 나눔"(Barnlund, 1968, p. 5에서 재인용), 스티븐스(Stevens, 1950, p. 689)는 "어떤 자극에 대한 생물체의 분별적 반응"(the discriminatory response)이라고 정의했다.

한편 호블랜드와 재니스 및 켈리(Hovland, Janis and Kelly, 1953, p. 12)는 "커뮤니케이션이란 한 개인(커뮤니케이터)이 다른 사람(수용자)의 행동을 변형시키기 위하여 주로 언어적 자극을 전달하는 과정이다"라고 정의했다. 이와 비슷하게 체리(Cherry, 1957, p. 219)도 "커뮤니케이션이란 한 생물체가 다른 생물체의 행동에 기호(sign)라는 수단을 통하여 영향을 미치는 과정"이라고 말했다. 또한 베럴슨과 스타이너(Berelson and Steiner, 1964, p. 529)는 "커뮤니케이션이란 언어 · 그림 · 도형 · 도표 등의 기호를 사용하여 정보 · 사상 · 감정 · 기술 등을 전달하는 행위나 과정"이라고 했으며, 댄스(Dance, 1967, p. 289)는 "광의로 커뮤니케이션이란 주로 언어적 기호(verbal symbol)을 통하여 서로 반응을 일으키는 과정"이라고 정의했다.

그러나 섀넌과 위버(Shannon and Weaver, 1949, p. 3)는 "넓은 의미로 커뮤니케이션이란 하나의 마음이 다른 마음에 영향을 미치는 모든 과정을 뜻하는 것으로, 그 수단으로는 언어뿐 아니라 음악 · 그림 · 연극 · 무용 등 모든 인간의 행동을 포함한다"고 정의했으며, 아이젠슨과 아우어 및 어윈(Eisenson, Auer and Irwin, 1963, p. 131)은 "넓은 의미로 커뮤니케이션은 하나의 생물체가 다른 생물체로부터 행동을 유발하는 행동"이라고 규정했다. 한편 라스웰(Lasswell, 1948, p. 37)은 "커뮤니케이션이란 누가(who says), 무엇(what)을, 누구에게(to whom), 어떤 매체(in which channel)를 통하여 말을 해서 어떤 효과(with what effects)를 얻는 과정"이라고 정의했다. 이와 비슷하게 슈람(Schramm, 1948, p. 24)도 "커뮤니케이션이란 A가 B라는 내용을 C라는 채널(channel)을 통하여 D에게 전달해서 E라는 효과를 얻는 과정"이라고 정의했다.

끝으로 커뮤니케이션에 대한 근래의 정의를 한 가지만 더 들어보면, 우드(Wood, 2004, p. 11)는 "커뮤니케이션이란 인간이 상징(symbol)들을 통해 상호작용을 하면서 의미를 창조하고 해석하는 체계적 과정"이라고 정의했다. 그러면서 그 주요 이유들을 열거했는데, 첫째로 커뮤니케이션을 하나의 과정(a process)이라고 정의한 것은, 커뮤니케이션은 인간들 사이에서 진행되면서 항상 변화하는 과정의 하나이기 때문이라는 것이다. 둘째로 커뮤니케이션은 이러한 하나의 과정이나 체계적 과정(systemic process)이라는 것인데, 커뮤니케이션은 서로 관련되고 상호작용하는 여러 요소들의 시스템 안에서 일어나기 때문이라는 것이다. 셋째로 커뮤니케이션을 상징들을 통하여 인간들이 상호작용을 하는 과정이라고 한 것은, 인간들 간의 여러 가지 상호작용 중에서 언어적(verbal) 또는 비언어적(non-verbal) 상징기호들을 통한 상호작용을 커뮤니케이션이라고 부르기 때문이라는 것이다. 넷째로 커뮤니케이션을 "의미를 창조하고 해석"하는 체계적 과정이라고 정의한 것은, 인간들 간의 커뮤니케이션의 목적은 인간세계의 각종 사물과 사건 등에 관한 어떤 의미를 형성하고 해석하며 서로 전달해서 공통된 의미를 수립 · 공유(共有) · 창조하는 데 있기 때문이라는 것이다.

2) 관점별로 본 커뮤니케이션에 대한 여러 정의

앞서 열거한 것들 이외에도 커뮤니케이션에 대한 정의들은 수십 내지 수백 가지가 있으며 그 내용도 학자들에 따라 매우 다양한데, 이는 커뮤니케이션 현상 자체가 본래 매우 다양하고 복잡하여 그것을 어떤 관점이나 시각에서 보느냐에 따라 그에 대한 정의도 달라지기 때문이라고 할 수 있다. 가령 시각장애인들이 코끼리를 더듬으면서 코를 만져본 사람은 뱀처럼 생겼다고 하고, 배를 만져본 사람은 벽같이 생겼다고 하며, 다리만 만져본 사람은 기둥처럼 생겼다고 하는 것과 마찬가지이다. 그러므로 커뮤니케이션 현상을 어떤 관점(觀點)에서 보느냐에 따라 그에 대한 정의도 달라지기 때문에 그에 대한 정의들도 다양하다고 할 수 있다. 커뮤니케이션 현상을 보는 학자들의 관점도 매우 다양하지만, 이들을 종합해 보면 크게 다음 세 가지로 나눌 수 있다.

(1) 구조적 관점에서 본 커뮤니케이션의 정의

첫째는 구조적 관점(構造的 觀點, structural view)인데, 이는 커뮤니케이션을 정보(information)나 메시지(message) 등의 송 · 수신 과정으로 보면서 그 구조(structure) 자체(예컨대, 송신자 → 메시지 → 수신자 등)에 비중을 두는 입장이다. 따라서 이러한 관점에서 커뮤니케이션을 본다면, 예컨대 샌본(Sanborn, 1964, p. 3)처럼 "커뮤니케이션이란 인간들이 서로 메시지(message)를 보내고 받는 과정"이라고 정의할 수 있다.

이러한 구조적 관점에서 커뮤니케이션을 정의한 대표적 학자들로는 앞서 살펴본 섀넌과 위버(Shannon and Weaver, 1949), 위너(Wiener, 1948), 레이즈벡(Raisebeck, 1963) 등을 주축으로 하는 소위 정보이론(information theory) 연구자들을 들 수 있는데, 정보이론이란 정보의 송신(transmission)과 수신(detection)에 관련된 기술적 문제들을 주로 연구하는 학문분야로, "어떻게 하면 제한된 채널을 통하여 짧은 시간 안에 더 많은 정보를 신속·정확하게 전달할 수 있는가?" 하는 커뮤니케이션의 기술적 문제(technical problem)들을 주로 다루고 있다. 따라서 자연히 커뮤니케이션을 "메시지나 정보를 보내고 받는 과정"으로 보면서, 브릴로인(Brillouin, 1956)이 지적했듯이 정보의 의미나 가치는 무시하고 다만 정보의 신속·정확한 전달에 주안점을 두면서 커뮤니케이션 효과도 전달된 정보의 양(量)으로 계산하고 있다.

이와 같은 정보이론학자들 이외에 사회과학자 중에서도 커뮤니케이션을 구조적 관점에서 보는 사람들이 적지 않은데, 이들은 정보이론학자들처럼 정보나 메시지의 뜻을 무시하지는 않지만 그 기능이나 결과보다는 정보의 유통과정에 비중을 두고 있다는 점에서 구조적 관점에 속한다. 이러한 입장의 대표적 학자로 밀러(Miller, 1951, pp. 6-7)가 있는데, 그는 "커뮤니케이션이란 정보가 한 장소에서 다른 장소로 흐르는 것을 의미한다"고 정의했으며, 웨슬리와 맥클린(Westley and MacLean, 1957, pp. 31-38)도 이러한 입장을 대표한다고 볼 수 있다.

(2) 기능적 관점에서 본 커뮤니케이션의 정의

둘째는 기능적 관점(機能的 觀點, functional view)인데, 이는 구조적 관점과는 달리 정보나 메시지 등의 송·수신 과정보다는 그 기능

(機能)에 비중을 두면서 커뮤니케이션을 곧 인간들이 각종 기호의 사용을 통하여 서로 공통된 의미를 수립·공유·창조하는 상호작용으로 보는 입장이다. 이러한 관점에서 본 커뮤니케이션의 대표적 정의들로는 모리스(Morris, 1964), 런드버그(Barnlund, 1968에서 인용), 반런드(Barnlund, 1962) 등의 정의를 들 수 있는데, 앞서 말했듯이 모리스는 커뮤니케이션을 "인간들 상호간의 공통성(commonage) 수립과정"이라고 정의했고, 런드버그는 커뮤니케이션을 "기호(signs)와 상징(symbols)에 의한 상호작용(interaction)"으로, 그리고 반런드는 "커뮤니케이션이란 곧 의미의 창조과정"으로 정의했다.

이러한 기능적 관점은 주로 언어심리학(psycholinguistics)이나 일반의미론(general semantics)의 입장에서 커뮤니케이션 현상을 연구하는 학자들의 관점인데, 이들은 "인간들이 어떻게 기호를 사용해서 서로 의미를 창조하고 공통의미를 수립하는가?" 하는 문제에 중점을 두고 커뮤니케이션 현상을 연구하고 있다. 즉 우리 인간들이 언어·음악·그림·연극·무용 등의 각종 기호를 통하여 어떻게 의미를 전달하며, 또한 그 기호들을 어떻게 해독(decoding)해서 서로 공통된 의미를 수립하면서 상호작용을 하는가 하는 문제에 연구의 초점을 두고 있다.

따라서 이러한 기능적 관점에서는 커뮤니케이션을 단순한 정보나 메시지 등의 전달이나 수신 과정이라고 보는 구조적 관점보다는, 한 걸음 더 나아가서 커뮤니케이션을 인간들이 각종 상징적 기호들을 통하여 서로 공통된 의미를 수립·공유·창조하는 과정으로 보면서, 커뮤니케이션의 궁극적 목적도 인간들 상호간의 공통된 의미의 공유나 수립으로 간주하고 있다.

(3) 의도적 관점에서 본 커뮤니케이션의 정의

셋째는 의도적 관점(意圖的 觀點, intentional view)인데, 이는 커뮤니

케이션을 인간들이 서로에게 어떤 영향(influence)을 미치거나, 또는 어떤 반응이나 행동을 유발하기 위하여 의도적으로 정보나 메시지 등을 보내는 계획된 행동이나 과정으로 보는 관점을 말한다. 이러한 관점의 대표적 커뮤니케이션 정의로는 앞서 언급한 밀러(Miller, 1964)의 정의, 즉 "커뮤니케이션이란 어떤 정보원(情報源, source)이 수용자의 행동에 영향을 미치려는 '의식적 의도'(conscious intent)를 가지고 수용자에게 메시지를 보내는 행위"라는 정의와, 호블랜드와 재니스 및 켈리(Hovland, Janis and Kelly, 1953)의 정의, 즉 "커뮤니케이션이란 한 개인(커뮤니케이터)이 다른 사람(수용자)의 행동을 변화시키기 위하여 주로 언어적 자극을 전달하는 과정"이라는 정의를 들 수 있다.

또한 "커뮤니케이션이란 한 생물체가 기호(sign)라는 수단을 통하여 다른 생물체의 행동에 영향을 미치는 과정"이라는 체리(Cherry, 1957)의 정의나, "광의로 커뮤니케이션이란 인간들이 주로 언어적 상징기호(verbal symbol)를 통하여 서로 반응을 일으키는 과정"이라는 댄스(Dance, 1967)의 정의, 그리고 "넓은 의미로 커뮤니케이션은 하나의 생물체가 다른 생물체로부터 행동을 유발하는 행위를 말한다"는 아이젠슨과 아우어 및 어윈(Eisenson, Auer and Irwin, 1963)의 정의 등도 의도적 관점에 속한다.

이처럼 커뮤니케이션을 의도적 행위로 보는 관점은 주로 정치학이나 사회심리학적 입장에서 커뮤니케이션을 연구하는 학자들의 관점이라고 할 수 있다. 특히 이들이 커뮤니케이션을 의도적 관점에서 보는 이유의 하나는, 전통적으로 선전이나 정치캠페인 등 설득커뮤니케이션 현상에 많은 학문적 관심을 가져왔기 때문이라고도 볼 수 있다. 하지만 또 한편으로는 커뮤니케이션의 궁극적 목적은 단순히 정보나 의사(意思) 등의 전달(구조적 관점)이나 이를 통한 공통된 의미의 수립(기능적 관점)에만 있지 않고, 나아가서 다른 사람들로부터 어떠한 반응이나 행동을 유발시키는 데도 있다고 보기 때문이다.

3) 커뮤니케이션 현상에 대한 종합적 정의

앞에서 살펴보았듯이 커뮤니케이션 현상을 보는 관점에는 크게 세 가지가 있는데, 이들 세 가지 관점에서 본 여러 가지 커뮤니케이션 정의들을 모두 종합해서 커뮤니케이션에 대한 정의를 간단히 내려보면, "커뮤니케이션이란 생물체(사람·동물 등)가 기호(sign)를 통하여 서로 정보나 의사 등을 전달하고 수신해서(첫 번째의 구조적 관점), 서로 공통된 의미를 수립하고(두 번째의 기능적 관점), 나아가서는 서로의 태도나 행동 등에 영향을 미치는 과정 또는 행동"(세 번째의 의도적 관점)이라고 말할 수 있다.

이처럼 종합적 관점에서 커뮤니케이션 현상을 보려는 시도는 일찍이 섀넌과 위버(Shannon and Weaver, 1949, p. 4)도 제시한 바 있는데, 이들은 "넓은 의미로 커뮤니케이션이란 하나의 마음이 다른 마음에 영향을 미치는 모든 과정을 뜻하는 것으로, 그 수단으로는 언어뿐 아니라 음악·그림·연극·무용 등 모든 인간의 행동을 포함한다"고 말했다. 그러나 이와 같은 커뮤니케이션이 효과적으로 이루어지기 위해서는 첫째로 "어떻게 정보나 의사 등을 기호나 신호로 정확하고 신속하게 전달할 수 있는가?" 하는 기술적 문제(technical problem)를 해결해야 하고, 둘째로는 "전달한 정보나 의사를 통하여 어떻게 서로 공통된 의미를 수립할 수 있는가?" 하는 의미적 문제(semantic problem)를 해결해야 하며, 셋째로는 "공통된 의미의 수립을 통하여 어떻게 다른 사람의 마음에 영향을 미치게 할 수 있는가?" 하는 효과적 문제(effectiveness problem)를 연구해서 해결할 수 있어야 한다고 주장했다.

그러면서 커뮤니케이션 연구는 바로 이러한 세 가지 차원의 문제를 해결하기 위한 것이라고 말했는데, 이를 앞서 살펴본 커뮤니케이션 현상에 관한 세 가지 관점과 연관시켜 보면, 첫 번째의 구조적 관점은 곧 커뮤니케이션의 기술적 문제에 비중을 두고 커뮤니케이션 현상을 보는 관점이며, 두 번째의 기능적 관점은 커뮤니케이션의 의미적 문제에 비중을 두고 커뮤니케이션 현상을 보는 관점이고, 세 번째의 의도적 관점은 커뮤니케이션의 효과적 문제에 중점을 두고 커뮤니케이션 현상을 보는 관점에 각각 해당된다고 하겠다.

따라서 이러한 관점들과 그에 따른 커뮤니케이션에 관한 여러 가지 정의들은 어떤 차원의 문제에 중점을 두느냐 하는 것에서 기인하는 것일 뿐, 커뮤니케이션 현상 자체를 근본적으로 서로 달리 보는 것은 아니다. 왜냐하면 커뮤니케이션 과정을 그 차원별로 나누어 보면, 첫 번째로는 인간들이 기호를 통하여 서로 정보나 의사 등을 전달하고 수신하는 과정으로 볼 수 있고(구조적 관점), 두 번째로는 인간들이 전달하고 수신한 정보나 의사들을 통하여 서로 공통된 의미를 수립하는 과정으로 볼 수 있으며(기능적 관점), 세 번째로는 공통된 의미의 수립을 통하여 서로의 태도나 행동 등에 영향을 미치는 과정 내지는 행위로 볼 수 있기(의도적 관점) 때문이다.

그러므로 커뮤니케이션이란 생물체(사람·동물 등)가 단순히 기호(sign)를 통하여 서로 정보나 의사 등을 전달하고 수신하는 과정이 아니라, 이를 통하여 서로 공통된 의미를 수립하고, 나아가서는 서로의 태도나 행동 등에 영향을 미치는 모든 과정 내지는 행동이라고 정의할 수 있다. 이처럼 커뮤니케이션은 세 가지 차원의 과정이나 행동들, 즉 ① 정보나 의사의 전달과 수신, ② 공통된 의미의 수립(의사소통), ③ 서로의 태도나 행동 등의 변용을 모두 포괄하는 복합체이다. 때문에 이러한 커뮤니케이션 현상을 우리말로 정확히 번역하기가 매우 어려운데, 어떤 사람은 커뮤니케이션을 '의사전달'이니 또는 '의사소통'

으로 번역을 하지만, '커뮤니케이션'이라는 외래어를 정확히 나타낼 수 있는 우리말을 아직도 찾지 못하고 있다. 그래서 커뮤니케이션 현상을 연구·교육하는 학문인 '커뮤니케이션학'도 '신문학'(新聞學), '신문방송학'(新聞放送學), '언론학'(言論學), '언론정보학'(言論情報學) 등 여러 가지로 번역해서 부르고 있다.

2. 모형을 통해 본 커뮤니케이션의 구조와 과정

앞서 커뮤니케이션 현상에 대한 정의들을 통하여 먼저 그 개념을 살펴보았다. 그러나 말로써 커뮤니케이션 현상을 정확히 설명하고 이해하기는 쉽지 않다. 그러므로 이번에는 인간들 간의 커뮤니케이션은 어떻게 이루어지는지 그 과정에 관한 모형을 통하여 커뮤니케이션의 본질을 알아보기로 한다.

1) 관점별로 본 커뮤니케이셔 과정에 대한 여러 무형

모형(model)이란 알다시피 "실물(實物)과 그 구조는 같으나 규모가 다르게 만든 물건"이나 "가상적(假想的)으로 만든 형체" 또는 "어떤 사물이나 현상 등의 구조와 과정 등을 언어나 기호·그림 등으로 간단명료하게 나타내거나 시각화(視覺化)해 놓은 것"을 말한다. 커뮤니케이션 현상도 모형으로 나타내면 좀 더 쉽게 이해할 수 있기 때문에, 커뮤니케이션학자들은 커뮤니케이션 과정(communication process)을 언어나 기호 또는 그림[圖形]으로 간단명료하게 나타내는 모형들을 일찍부터 많이 만들어왔다. 그 결과 커뮤니케이션 모형에도 수십 가지가 있는데, 커뮤니케이션 현상에 대한 정의와 마찬가지로 커뮤니케이션 현상을 어떤 관점에서 보느냐에 따라 그에 관한 모형도 달라지기 때문이다. 따라서 커뮤니케이션 모형들도 커뮤니케이션 현상을 보는 세 가지 주요 관점에 따라 세 가지 유형, 즉 구조적 관점의 모형, 기능적 관점의 모형, 의도적 관점의 모형으로 나누어 볼 수 있다.

(1) 구조적 관점의 대표적 커뮤니케이션 모형들

첫째로 구조적(構造的) 관점에서 본 커뮤니케이션 모형이란, 커뮤니케이션에 관한 구조적 관점의 정의와 마찬가지로 커뮤니케이션을 정보원(情報源, source)이 어떤 메시지를 수용자에게 전달하는 과정으로 보면서 그 과정의 구조를 그림으로 나타낸 모형을 말한다. 이러한 커뮤니케이션 모형의 대표적 실례로는 섀넌과 위버(Shannon and Weaver, 1949)의 모형, 슈람(Schramm, 1955)의 모형(I), 앤더슨(Andersen, 1968)의 모형 등을 들 수 있다.

① 섀넌과 위버의 커뮤니케이션 모형

미국의 수학자 섀넌(Claude E. Shannon)과 위버(Warrren Weaver)가 1949년 제시한 커뮤니케이션 모형은 [그림 1-2-1]과 같은데, 이에서 보듯이 섀넌과 위버는 커뮤니케이션 현상을 정보원(information source)이 메시지를 목적지(destination)까지 전달하는 일련의 과정으로 보면서 그 과정을 그림으로 나타낸(visualize) 것이다(Shannon and Weaver, 1949, p. 7). 즉 정보원이 전달하고자 하는 메시지를 송신기(transmitter)로 보내면, 송신기는 그 메시지를 음파(音波)나 광파(光波) 등의 신호(signal)로 바꾸어 채널(channel)을 통하여 수신기(receiver)로 보내게 되며, 그러면 수신기는 받은 신호(received signal)를 다시 메시지로 해독(decode)해서 목적지(destination)에 전달하는 과정을 그림으로 나타낸 것이다. 그런데 이러한 커뮤니케이션 과정에서 채널에 '잡음'(noise)이 끼어들어 신호의 송신을 방해하게 되면, 정보원과 수용자 간의 이해(understanding)

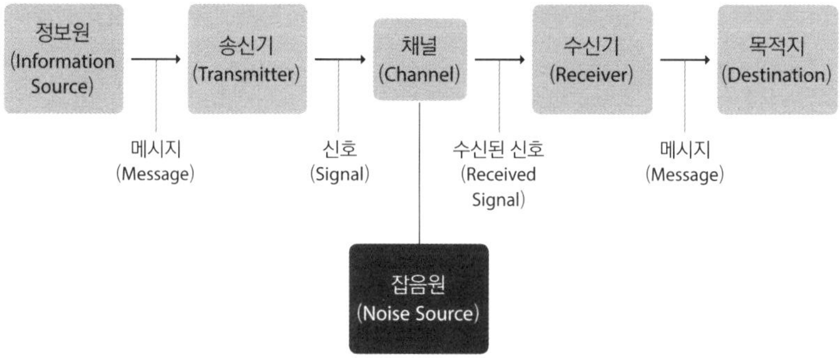

출처: Shannon and Weaber(1949), p. 7.

[그림 1-2-1] 섀넌과 위버의 커뮤니케이션 모형

가 왜곡(distort)되어 커뮤니케이션의 효율성(fidelity)이 낮아진다는 것이다.

그러나 이와 같은 섀넌과 위버의 모형은 인간들 간의 커뮤니케이션 과정을 묘사·설명하기보다는, 라디오나 전화 등을 통한 커뮤니케이션 과정을 선형적으로 나타낸 기계적 커뮤니케이션 모형(mechanical communication model)이라고 할 수 있다. 따라서 인간들 간의 커뮤니케이션 모형으로는 몇 가지 문제점이 있다. 첫째로 가령 친구나 다른 사람과의 대화 등 대인커뮤니케이션에서는 말하는 사람이 자신의 메시지만 일방적(one-way)으로 다른 사람에게 전달하는 것이 아니라 메시지를 쌍방적(two-way)으로 주고받는데, 섀넌과 위버의 모형은 말하는 사람이 자기의 메시지만 일방적으로 다른 사람에게 전달하는 선형적 모형이다. 둘째로, 매스커뮤니케이션의 경우에서도 정보원의 메시지를 수용자가 받으면 그에 대한 반응, 즉 피드백(feedback)을 직접적이나 간접적으로 즉시 또는 일정 시간이 경과한 뒤에라도 정보원에게 보내게 마련인데, 이러한 피드백이 섀넌과 위버의 모형에는 포함되어 있지 않다. 셋째로 거의 모든 커뮤니케이션은 어떤 시간적·

공간적 · 문화적 상황 등에서 이루어지는데, 이러한 상황적 요소도 섀넌과 위버의 모형에는 들어 있지 않다.

그럼에도 섀넌과 위버의 커뮤니케이션 모형은 현대 커뮤니케이션학의 연구 초기에 제시했던 가장 대표적 커뮤니케이션 모형의 하나로, 이를 계기로 모형을 통하여 커뮤니케이션 과정을 이해해 보려는 시도에 커다란 자극과 영향을 주었다. 그리하여 그 뒤를 이어 다른 커뮤니케이션 연구자들도 여러 가지 커뮤니케이션 모형들을 제시함으로써 커뮤니케이션 연구에 중요한 역할을 했다.

② 슈람의 커뮤니케이션 모형(I)

슈람의 이 모형은 섀넌과 위버의 기계적 모형의 결점을 보완하여 이를 인간커뮤니케이션에 적용해 보려는 시도의 하나로 제시한 것이다(Schramm, 1955, p. 5). 다시 말해서 슈람의 커뮤니케이션 모형(I)은 섀넌과 위버의 모형을 인간들 간의 커뮤니케이션 과정에 맞도록 고친 것으로, 예컨대 송신기를 기호사용자(encoder)로, 수신기를 기호해독자(decoder) 등으로 고쳤는데, 우선 이 모형을 제시해 보면 [그림 1-2-2]와 같다.

하지만 슈람의 이 모형도 섀넌과 위버의 기계론적 모형에서 크게 벗어나지 못한 것이었다고 볼 수 있다. 왜냐하면 이 모형을 보면 정보원과 기호사용자, 기호해독자와 목적지를 서로 분리했으나, 인간커뮤니케

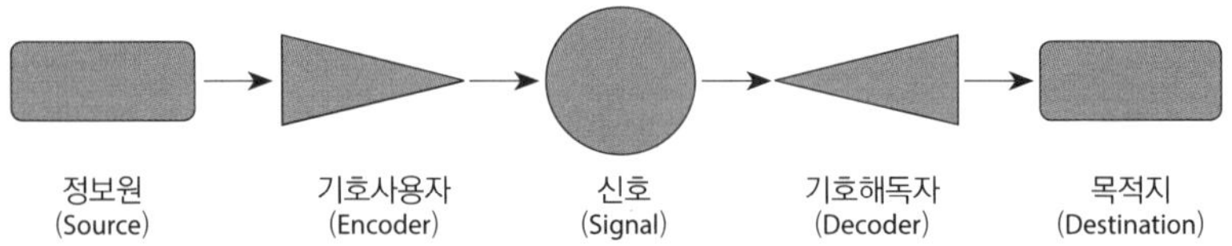

출처: Schramm, 1955, p. 5.

[그림 1-2-2] 슈람의 커뮤니케이션 모형(I)

이션 과정에서는 커뮤니케이터가 곧 정보원인 동시에 기호사용자이며, 수용자 역시 기호해독자인 동시에 곧 목적지가 되기 때문인데, 이러한 관계는 다음 앤더슨의 커뮤니케이션 모형을 보면 명확히 이해될 수 있다.

③ 앤더슨의 커뮤니케이션 모형

이 모형은 앞서 섀넌과 위버 및 슈람의 모형을 더 발전시켜 인간들의 커뮤니케이션 과정에 맞도록 수정한 것이다. 또한 한 걸음 더 나아가서 위너(Wiener)의 피드백(feedback) 개념을 도입하여, 커뮤니케이션은 일방적 과정이 아니라 쌍방적이며 연속적이고 순환적 과정임을 보여주었는데, 이러한 앤더슨의 모형을 소개해 보면 [그림 1-2-3]과 같다(Andersen, 1968. p. 16).

이 모형에서 정보원(source)은 어떤 메시지의 전달자로서, 이는 개인도 될 수 있고 또는 신문사나 방송국 등의 언론기관도 되는데, 이러한 정보원이 아이디어를 전달하려면 그 아이디어를 먼저 어떤 기호체계(symbol system), 즉 언어 · 그림 · 영상 · 동작 등의 기호로 바꿔야 하며, 이렇게 바뀐 기호(메시지)들은 송신기에 의하여 채널로 주입되어 수용자(시청자 · 독자 등)에게 보내게 된다는 것이다. 그러나 채널에는 항상 소음이나 고스트 이미지(ghost image) 등의 잡음(noise)이 개재

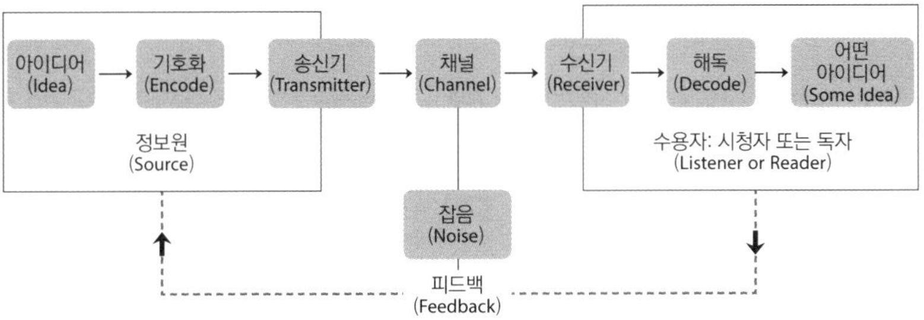

출처: Andersen(1968), p. 16.

[그림 1-2-3] 앤더슨의 커뮤니케이션 모형

하여 기호들의 수신을 방해하게 되어 기호의 전달이 저해되기도 하는데, 일단 전달된 기호는 그다음 수신기에 의해 접수되고 해독되어 수용자(시청자 · 독자 등)가 정보원의 아이디어와 근사한 어떤 아이디어를 갖게 된다. 바로 이와 같은 과정을 통해 커뮤니케이션이 이루어진다는 것이 앤더슨의 주장이며, 이러한 커뮤니케이션의 과정을 그림으로 나타낸 것이 바로 [그림 1-2-3]과 같은 앤더슨의 커뮤니케이션 모형이다.

하지만 커뮤니케이션은 항상 정보원이 메시지를 일방적으로 수용자에게 전달하는 식으로 이루지는 것은 아니며, 수용자도 정보원에게 어떤 반응, 즉 피드백(feedback)을 보내며, 그러면 정보원이 다시 그에 대한 반응을 수용자에게 보내는 등, 정보원과 수용자가 서로 교호작용을 하면서 쌍방적으로 이루어진다는 것이다. 따라서 이러한 쌍방적 과정을 나타내기 위하여 앤더슨은 1948년 위너(Wiener)가 그의 『인간두뇌공학』(*Cybernetics*)이라는 책에서 제시한 '피드백' 개념을 도입해서 정보원과 수용자를 서로 연결해 놓았다. 이는 앤더슨이 처음 도입한 것은 아니지만, 앤더슨의 모형은 피드백 개념도 추가하면서 섀넌과 위버의 모형을 인간커뮤니케이션 과정에 맞도록 발전시켜 놓았다는 점에서 높이 평가되고 있다.

(2) 기능적 관점의 대표적 커뮤니케이션 모형들

둘째로 기능적(機能的) 관점의 커뮤니케이션 모형이란, 구조적 관점의 모형과는 달리 커뮤니케이션을 인간들이 각종 기호의 사용을 통하여 서로 공통의미를 수립 · 공유 · 창조하는 과정으로 보면서 그 과정을 그림으로 나타낸 모형을 말한다. 이러한 모형들도 여러 학자들이 여러 가지를 제시했으나, 그중에서 대표적인 것으로는 존슨(Johnson, 1953)의 모형, 오스굿(Osgood, 1954)의 모형, 슈람(Schramm,

1955)의 모형(II) 등을 꼽을 수 있다.

① 존슨의 커뮤니케이션 모형

먼저 이 모형을 제시해 보면 [그림 1-2-4]와 같은데, 이는 코지브스키(Korzybski, 1937)의 일반의미론(general semantics)에 근거하여 개인들이 서로 언어적 자극을 주고받으면서 그에 반응하는 커뮤니케이션 과정을 그림으로 설명한 것이다. 이 모형에서 붕어처럼 생긴 그림은 개인들을 말하며, 왼쪽 그림(개인 A)에서 1은 외적 자극(event or source of stimulation), 2는 감각적 자극(sensory stimulation), 3은 전(前)언어적 사고(preverbal state), 4는 사고내용의 기호화(symbolic state), 5는 기회의 표출(overt expression)을 말하는데, 만약 개인 A가 개인 B와 커뮤니케이션을 하려면 개인 A는 이와 같은 다섯 단계의 과정을 거쳐 자신의 의사(意思)를 개인 B에게 언어나 기호로 표출하게 된다는 것이다(Johnson, 1953, p. 50).

이렇게 개인 A가 표출한 언어나 기호가 개인 B를 자극하게 되

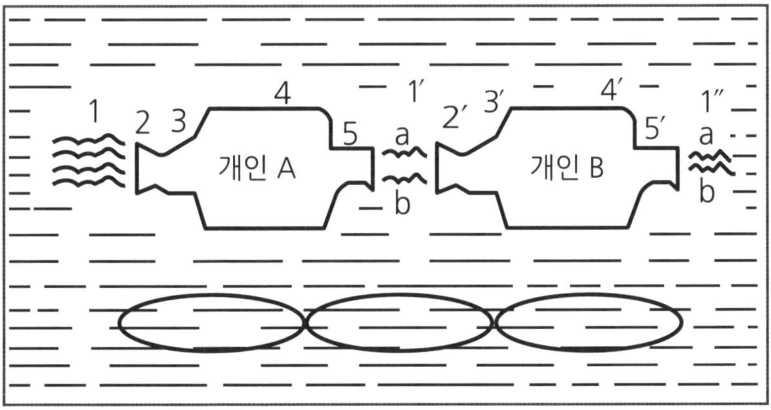

출처: Johnson(1953), p. 50.

[그림 1-2-4] 존슨의 커뮤니케이션 모형

며, 그러면 개인 B는 다시 감각적 자극 → 전언어적 사고 → 사고내용의 기호화 → 기호의 표출을 통하여 개인 A와 상호작용을 하거나 또는 다른 개인들과도 커뮤니케이션을 하게 됨으로써, 인간들 간의 커뮤니케이션은 무한대(∞)로 진행되면서 서로 공통된 의미를 수립하게 된다는 것이다.

이처럼 존슨의 모형은 한 개인이 내부적으로 어떤 과정을 거쳐 다른 개인들과 커뮤니케이션을 하게 되는지 비교적 상세하게 설명해 주고 있다. 하지만 대인커뮤니케이션(interpersonal communication)이나 매스커뮤니케이션의 과정이나 그 구조를 설명하는 데는 부족하다.

② 오스굿의 커뮤니케이션 모형

이 모형도 기능적 모형의 일종이라고 할 수 있는데, 인간들의 커뮤니케이션 행동에서 특히 정보원의 기호화와 수용자의 기호의 해독과정에 중점을 두고 있기 때문이다. 그러나 앞서 존슨의 모형과는 달리 정보원(커뮤니케이터)과 수용자 간의 상호적 커뮤니케이션 과정의 구조도 어느 정도 설명해 주고 있기 때문에 구조-기능적 관점의 모형이라고도 볼 수 있는데, 이 모형을 소개해 보면 [그림 1-2-5]와 같다.

이 모형을 간단히 설명하면, 정보원이 수용자와 커뮤니케이션을 하려면 우선 외부로부터 어떤 정보 등을 받게[input] 된다는 것이다.

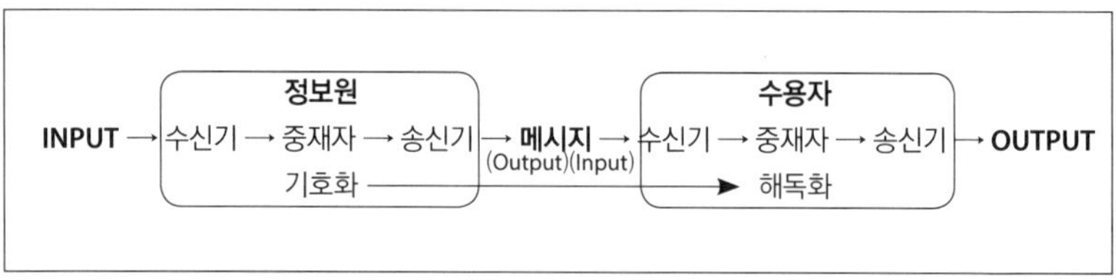

출처: Osgood(1954), p. 3.

[그림 1-2-5] 오스굿의 기본적 커뮤니케이션 행동모형

그러면 그것을 정보원은 수신기(예컨대, 청각·시각 기관)를 통해 받은 다음, 중재자(mediator, 예컨대 두뇌)가 해독·해석해 그 결과를 음성언어나 문자 등으로 기호화해서 송신기(예컨대, 입)로 보내 수용자에게 전달하게 되는데, 이것이 메시지라고 한다. 그러면 이러한 정보원의 메시지를 수용자는 수신기를 통해 받은 뒤, 그것을 중재자가 해독해서 그에 대한 심리적 반응을 송신기를 통하여 표출[output]하게 되는데, 바로 이와 같은 과정을 통하여 커뮤니케이션이 이루어지고 있다는 것이다(Osgood, 1954, p. 3). 하지만 이 모형도 대인커뮤니케이션 과정을 중심으로 설명한 것으로 매스커뮤니케이션 과정을 설명해 주는 데는 부족하다.

③ 슈람의 커뮤니케이션 모형(II)

슈람은 앞서 살펴본 구조적 관점의 I모형 이외에 또 II모형도 제시했는데, II모형은 커뮤니케이션 과정의 구조보다는 "커뮤니케이션이란 인간들 상호간 경험영역(field of experience)의 공유과정"이라는 것을 설명하고자 한 것이었다. 따라서 이는 일종의 기능적 관점의 모형이라고 볼 수 있다. 그러나 커뮤니케이션 과정의 구조도 간단히 제시했는데, 이 모형을 소개해 보면 [그림 1-2-6]과 같다.

이 모형에서 2개의 원(圓)은 각각 정보원(커뮤니케이터)과 수용자의 경험영역(field of experience)을 뜻하는데, 이러한 경험영역을 정보원과 수용자가 서로 공유하기 위하여 정보원이 자신의 경험을 기호화해서 신호를 수용자에게 보내면 그 신호를 수용자가 해독해서 서로 경험영역을 공유해 나가는 것이 곧 커뮤니케이션이라고 슈람은 말하고 있다(Schramm, 1955, p. 6). 그러면서 이러한 커뮤니케이션을 통하여 공유되는 양자(兩者) 간의 경험영역을 2개 원(圓)의 교집합(交集合)으로 나타내면서, 이 부분이 클수록 그만큼 커뮤니케이션이 잘 이루어진

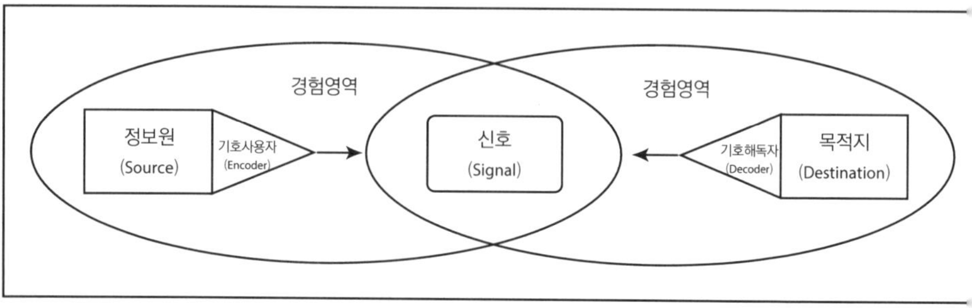

출처: Schramm(1955), p. 6.

[그림 1-2-6] 슈람의 커뮤니케이션 모형(II)

것을 의미한다는 것인데, 이는 커뮤니케이션의 효과를 잘 설명해 주고 있다.

(3) 의도적 관점의 대표적 커뮤니케이션 모형들

셋째로 의도적(意圖的) 관점의 커뮤니케이션 모형이란, 커뮤니케이션을 의도적 행위로 보면서 그 과정을 묘사 · 설명한 모형을 말한다. 이러한 모형들의 특색은 커뮤니케이션 효과, 즉 수용자의 의견 · 태도 등의 변용(變容)을 주축으로 하면서 이를 중심으로 커뮤니케이션 과정을 설명하고 있다는 점이다. 이와 같은 모형들에도 여러 가지가 있으나, 그중에서 대표적인 것으로는 라스웰(Lasswell, 1948)의 모형, 호블랜드와 재니스(Hovland and Janis, 1959)의 모형, 버로(Berlo, 1960)의 모형 등을 들 수 있다.

① 라스웰의 커뮤니케이션 모형

이 모형은 가장 오래되고 또한 잘 알려진 모형의 하나로, 본래는 커뮤니케이션 과정을 그림이 아니라 말로 설명한 언어적 모형이었다. 즉 "커뮤니케이션이란 곧 ① 누가(who says), ② 무엇(what)을, ③ 어떤 채널(in which channel)을 통하여, ④ 누구(to whom)에게 말해서, ⑤ 어떤 효과(with what effects)를 얻느냐?" 하는 과정이라고 설명한 것이었다 (Lasswell, 1948, p. 37). 이를 그림으로 나타내면 [그림 1-2-7]과 같은데, 여기서 '누가'는 정보원(source), 즉 필자·화자 등의 커뮤니케이터를, '무엇을'은 메시지를, '어떤 채널을 통하여'는 곧 메시지를 전달하는 매체를, '누구에게'는 독자·청자 등의 수용자를, '어떤 효과를 가지고'는 커뮤니케이션을 통하여 얻게 되는 결과를 말한다. 이를 다시 간단하게 제시하면 ① 정보원(Source) → ② 메시지(Message) → ③ 채널(Channel) → ④ 수용자(Receiver) → ⑤ 효과(Effects)로 나타낼 수 있다. 따라서 이들 다섯 가지 커뮤니케이션 과정의 요소들의 두문자(頭文字)를 따서 이 모형을 흔히 S → M → C → R → E 모형이라고 부른다.

이러한 라스웰의 모형은 간단하지만 커뮤니케이션 과정을 가장 간단명료하게 설명해 준 모형으로 현재까지도 커뮤니케이션학 분야에서 가장 많이 인용하고 있다. 하지만 이 모형에 대한 비판도 적지 않았는데, 예컨대 웨슬리와 맥클린(Westley and MacLean, 1957, p. 11)에 의하면 라스웰의 모형은 커뮤니케이션을 너무 의도적 행위, 즉 수용자의 태도나 행동 등을 변용시키기 위한 설득적 행위로만 보고 있다는 것이다. 또한 다른 비판자들에 의하면, 라스웰의 모형은 커뮤니케이션을 정보원이 일방적으로 메시지를 수용자에게 전달하는 일방적 과정으로 보고 있다는 것이다. 그러나 이러한 여러 가지 비판에도 불구하고 라스웰의 모형은 커뮤니케이션 과정을 가장 간단명료하게 설

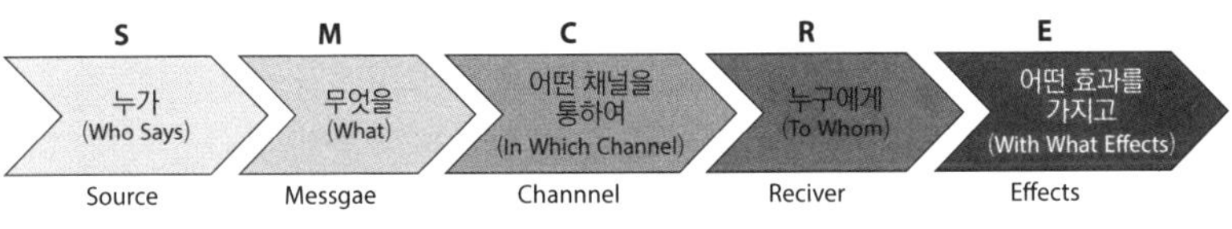

출처: Lasswell(1948), p. 37.

[그림 1-2-7] 라스웰의 커뮤니케이션 모형

명해 주었다는 점에서 아직까지도 가장 널리 인용되고 있다. 또한 이 모형은 여러 학자들에 의해 발전되어 수많은 새로운 모형들을 창출해 냄으로써 커뮤니케이션학의 발전에 큰 공헌을 했다.

② 호블랜드와 재니스의 커뮤니케이션 모형

이 모형은 전형적인 의도적 관점의 모형인데, 호블랜드와 재니스는 커뮤니케이션을 "한 개인(커뮤니케이터)이 다른 사람(수용자)의 행동을 변화시키기 위하여 주로 언어적 자극을 전달하는 과정"으로 정의했다. 그러면서 이러한 커뮤니케이션 과정을 그림으로 나타낸 것이 곧 호블랜드와 재니스의 모형이다.

이 모형을 소개해 보면 [그림 1-2-8]과 같은데, 이는 커뮤니케이션 행동을 인간의 여러 가지 행동 중의 하나로 보면서 인간의 일반

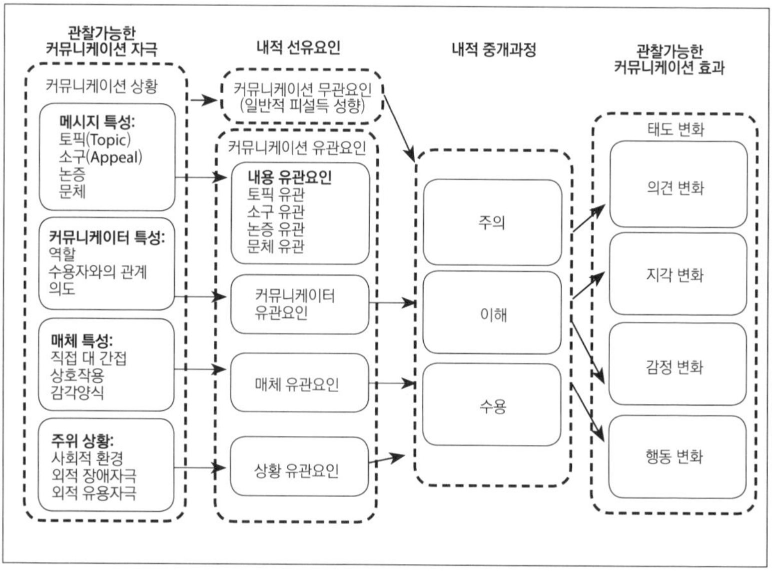

출처: Hovland and Janis(1959), p. 4.

[그림 1-2-8] 호블랜드와 재니스의 커뮤니케이션 모형

적 행동 모형, 즉 S(Stimulus, 자극) → O(Organism, 생물체) → R(Response, 반응)에 맞추어 커뮤니케이션 행동을 나타낸 것이다(Hovland and Janis, 1959, p. 4). 그리하여 어떤 주어진 상황에서 특정의 커뮤니케이터가 전달하는 메시지와 그 전달매체 및 상황 등의 특성들까지를 커뮤니케이션 자극으로 보고, 수용자는 생물체, 그리고 커뮤니케이션 자극에 대한 수용자의 반응을 커뮤니케이션 효과로 보면서 이들 각각에 관하여 자세히 설명해 놓았다.

우선 이 모형의 왼쪽을 보면 여러 가지 커뮤니케이션 자극들을 제시해 놓았는데, 그중에서 맨 먼저 메시지의 특성을 제시해 놓은 것은 여러 가지 커뮤니케이션 자극들 중 가장 중요한 것은 역시 메시지의 특성이기 때문이다. 그다음 커뮤니케이터의 특성, 매체의 특성, 주위 상황 등을 열거해 놓았는데, 물론 가장 중요한 커뮤니케이션 자극은 메시지이지만 커뮤니케이터와 매체의 특성, 커뮤니케이션이 이루어질 때의 상황 등도 중요한 커뮤니케이션 자극들로서 수용자들의 반응, 즉 커뮤니케이션 효과에 중요한 영향을 미치기 때문이라는 것이다.

다음으로 모형 가운데를 보면, '선유요인'(先有要因, predispositional factor)과 '내적 중개과정'(內的 仲介過程, internal mediating process)이라는 박스가 있는데, 이들은 모두 수용자에 관한 것들이다. 선유요인이란 수용자들이 본래부터 지니고 있는 여러 가지 속성들을 말하는데, 이러한 수용자들의 선유요인에 따라 똑같은 커뮤니케이션 자극이라도 그것을 서로 다르게 받아들인다는 것이다. 따라서 먼저 이러한 선유요인들을 제시해 놓았다. 한편 내적 중개과정이란 커뮤니케이터로부터 어떤 커뮤니케이션 자극에 대한 수용자들의 내적 처리과정을 말하는데, 호블랜드와 재니스(Hovland and Janis, 1959)에 의하면 수용자들이 커뮤니케이터로부터 어떤 커뮤니케이션 자극을 받게 되면 우선 그에 주의(注意)하여 그 내용을 이해한 다음 수용하게 된다는 것이다.

끝으로, 모형의 오른쪽에 제시해 놓은 커뮤니케이션 효과란 커뮤니케이터로부터의 커뮤니케이션 자극에 대한 수용자들의 반응을 말한다. 이들 반응은 의견 변화, 지각(知覺) 변화, 감정 변화, 행동 변화로 나누어 볼 수 있으나, 이들을 크게 보면 '태도 변화'라고 말할 수 있다. 따라서 만약 커뮤니케이터가 어떤 커뮤니케이션 자극을 수용자에게 주었을 때, 그 결과로서 수용자들의 태도, 즉 의견·지각·감정·행동 등에 변화가 일어났다면, 이는 곧 커뮤니케이션 효과가 있었다는 것을 의미하는데, 바로 이러한 효과를 얻기 위한 과정이나 행위가 곧 커뮤니케이션이라는 것이다. 그러나 이처럼 커뮤니케이션을 너무 의도적 행위, 즉 수용자의 태도나 행동 등을 변화시키기 위한 행위로만 보는 데 관해서는 비판도 적지 않다.

2) 커뮤니케이션 과정에 대한 차배근의 종합적 모형

앞에서 살펴보았듯이 커뮤니케이션 과정에 관한 모형들도 커뮤니케이션 현상을 어느 관점에서 보느냐에 따라 매우 다양하다. 그러나 이들 모형은 각자의 관점에 따라 인간들 간의 커뮤니케이션 과정을 기술하고 묘사한 것들로서, 그 나름대로의 특성과 유용성(usefulness) 등을 지니고 있다. 그러므로 여러 가지 커뮤니케이션 모형들을 종합해 보면 인간들 간의 커뮤니케이션 현상을 이해하는 데 도움이 될 수 있다. 따라서 차배근은 기존의 여러 가지 커뮤니케이션 모형들을 종합하는 한편 그의 생각 등도 추가해서 1976년 하나의 종합적 커뮤니케이션 모형을 제시했는데, 이를 소개해 보면 [그림 1-2-9]와 같다(차배근, 1976, p. 37).

(1) 차배근의 종합적 커뮤니케이션 모형 개관

차배근의 커뮤니케이션 모형에서 우선 맨 윗부분을 보면 '자극(S) → 생물체(O) → 반응(R)'이라고 표시되어 있는데, 이는 인간을 포함한 모든 생물체의 일반적 행동모형으로, 곧 인간의 커뮤니케이션 행동도 S(Stimulus) → O(Organism) → R(Response)이라는 모형으로 설명할 수 있다는 것을 나타낸 것이다. 그러나 커뮤니케이션 행동이 여타 다른 행동들과 다른 점은, 어떤 물리적 자극이 아니라 주로 '메시지'라는 기호적 자극(S)을 매체를 통하여 다른 인간(O = 생물체 = 수용자)에게 전달해서 그들로부터 어떤 반응(R = 효과)을 얻는다는 점에 있다. 하지만 이러한 반응에는 메시지뿐 아니라 커뮤니케이터의 속성, 메시지의 전달매체, 커뮤니케이션이 이루어지는 상황(communication setting or situation) 등도 자극 요인으로서 중요한 영향을 미쳐 그 반응을 다르게 만든다. 따라서 [그림 1-2-9]에서 보듯이 인간들의 커뮤니케이션 행동에서 그 자극(S)에는 메시지 · 커뮤니케이

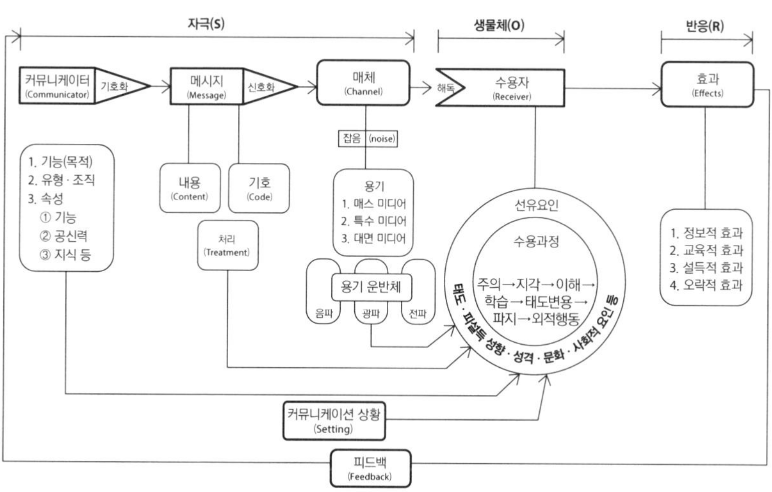

출처: 차배근(1976), p. 37.

[그림 1-2-9] 차배근의 종합적 커뮤니케이션 모형

터 · 매체 · 상황 등이 모두 포함되는데, 이들을 일반적으로 '커뮤니케이션 자극'(communication stimuli)이라고 부른다. 그다음 생물체(O)는 커뮤니케이션 행동에서는 수용자(receiver or audience)가 되며, 반응(R)은 커뮤니케이션 효과(communication effects)에 해당한다.

다음으로 [그림 1-2-9]에서 '자극(S) → 생물체(O) → 반응(R)'이라는 일반적 행동모형의 아래를 보면, 커뮤니케이션 상황 → 커뮤니케이터 → 메시지 → 매체 → 수용자 → 효과 → 피드백이라는 7개의 박스와 화살표들이 있는데, 이들은 커뮤니케이션 과정과 그 구성요소들을 표시한 것이다. 즉 ① 어떤 주어진 커뮤니케이션 상황(setting or context)에서 ② 커뮤니케이터(communicator or information source)가 어떤 정보나 의견 등을 일단 언어 · 그림 등의 기호로 기호화(記號化, encode)해서 ③ 메시지(message)를 만들어 그것을 다시 음파(音波) · 전파(電波) · 광파(光波) 등의 신호(signal)로 바꾸어 ④ 육성(肉聲)이나 전화 · 신문 · 라디오 · TV · SNS 등의 매체(channel or medium)를 통하여 ⑤ 수용자(receiver or audience)에게 전달하면, ⑥ 이것을 수용자는 다시 언어 · 그림 등의 기호로 해독(decode)하여 주어진 메시지의 내용을 수용 또는 거부하는 등 어떤 반응(효과, effects)을 하게 되며, ⑦ 그 반응이 다시 예컨대 댓글 등을 통하여 커뮤니케이터에게로 피드백(feedback)되면 커뮤니케이터가 그에 대한 반응을 다시 수용자에게 보내고, 그러면 그에 대한 반응과 피드백이 다시 커뮤니케이터에게로 되돌아가는 등, 이러한 커뮤니케이션 행동이 커뮤니케이터와 수용자 간에 쌍방적이고 연속적이며 순환적으로 계속해서 이루어지는 과정을 순서대로 화살표로 나타낸 것이다. 그리고 [그림 1-2-9]에서 커뮤니케이터 → 메시지 → 매체 → 수용자 → 효과 아래의 박스들은 이들 커뮤니케이션 과정에서 각 구성요소들을 부연해서 설명해 놓은 것들이며, 화살표들은 각 요소들 간의 상호 함수관계를 표시해 놓은 것인데, 이에 관해서는 조금 뒤에 자세히 살펴보기로 한다.

(2) 차배근의 종합적 커뮤니케이션 모형의 주요 특성과 구성요소

이와 같은 차배근의 종합적 커뮤니케이션 모형은 라스웰(Lasswell, 1948)의 S → M → C → R → E 모형, 즉 커뮤니케이션은 ① 어떤 정보원(Source, 즉 커뮤니케이터)이 ② 어떤 정보나 의견 등의 메시지(Message)를 ③ 어떤 매체(Channel)를 통하여 ④ 수용자(Receiver)에게 전달하여 ⑤ 어떤 효과(Effects)를 유발하는 과정이라는 모형을 기본 바탕으로 삼고 있다. 그러나 이에다가 호블랜드와 재니스(Hovland and Janis, 1959)의 모형에서처럼 커뮤니케이션 상황(communication setting or situation)을 추가했는데, 모든 커뮤니케이션은 진공상태에서 이루어지는 것이 아니라 어떤 주어진 상황 속에서 이루어지며, 그 상황은 커뮤니케이션 효과 등에 중요한 영향을 미치기 때문이다. 또한 앤더슨(Andersen, 1968)의 모형에서처럼 '효과'(effects) 다음에 '피드백'(feedback)이라는 요소도 추가해서 이를 커뮤니케이터와 화살표로 연결했는데, 피드백이란 간단히 말해서 커뮤니케이터의 어떤 메시지에 대한 수용자의 여러 가지 반응 중에서 커뮤니케이터에게로 되돌아가는 반응(가령 찬성 · 반대, 좋다 · 나쁘다 등의 댓글)을 말한다.

바로 이와 같은 피드백을 커뮤니케이터가 받게 되면 그에 대한 피드백을 다시 수용자에게 보내게 되고, 그러면 수용자가 그에 대한 피드백을 다시 커뮤니케이터에게 보냄으로써, 모든 커뮤니케이션은 쌍방적이고 연속적이며 순환적으로 이루어지게 된다. 그러므로 피드백은 인간들 간의 커뮤니케이션 과정에서 매우 중요한 역할을 하는데, 이러한 피드백의 개념을 처음 제시한 사람은 위너(Wiener, 1948)였다. 그러나 이를 커뮤니케이션 모형에 도입하기 시작한 것은 앤더슨(Andersen, 1968) 등이었으며, 그 뒤에 나온 커뮤니케이션 모형들은 거의 대부분 '피드백'이라는 요소를 추가하게 되었다. 따라서 차배근의 종합적 커뮤니케이션 모형에서도 '피드백'을 추가해서 커뮤니케이션 과정을 정보원(커뮤니케이터)이 수용자에게 메시지를 일방적으로 전달하는 과정(one-way process)이 아니라, 정보원과 수용자가 서로 메시지를 주고받거나 또는 정보원이 어떤 메시지를 수용자에게 보내면 수용자가 그에 대한 피드백을 정보원에게 보내고, 그러면 정보원이 다시 그에 대한 피드백을 정보원에게 보내는 등, 쌍방적이고 연속적인 교호과정(two-way interaction process)으로 표시한 것이었다. 그리하여 커뮤니케이션 모형을, 예컨대 라스웰의 커뮤니케이션 모형처럼 일방적이고 선형적(linear)인 것이 아니라, 상호적(interactive)이고 교류적(transactional)인 모형으로 만든 것이다.

3) 커뮤니케이션 과정의 주요 구성요소의 뜻과 속성

이와 같이 차배근의 종합적 커뮤니케이션 모형은 커뮤니케이션 과정을 모두 7개의 주요 구성요소로 이루어지는 것으로 보았다. 즉 커뮤니케이션은 ① 어떤 커뮤니케이션 상황에서 ② 커뮤니케이터가 ③ 어떤 메시지를 ④ 어떤 매체를 통하여 ⑤ 수용자에게 전달해서 ⑥ 어떤 효과나 반응을 얻으며, 이는 ⑦ 피드백을 통하여 다시 커뮤니케이터로 전달되는 등의 순서로 이루어지는 것으로 보았다. 그렇다면 이러한 커뮤니케이션 과정에서 7개의 주요 구성요소, 즉 커뮤니케이션 상황 · 커뮤니케이터 · 메시지 · 매체 · 수용자 · 효과 · 피드백은 각각 무엇을 말하며, 이들은 서로 어떠한 작용을 하면서 커뮤니케이션이 이루어지게 되는가?

(1) 커뮤니케이션 상황의 뜻과 주요 영향

커뮤니케이션 상황(communication setting, situation or context)이란, 좁게는 커뮤니케이션이 이루어지게 되는 계기(契機, occasion)나 그때의 분위기 · 장소 · 시간 · 수용자와의 관계 등을 말하나, 넓게는 커뮤니케이션이 이루어질 때의 사회적 · 정치적 · 문화적 상황까지 포함한다. 이러한 커뮤니케이션 상황도 커뮤니케이션의 주요 구성요소의 하나가 되는데, 커뮤니케이션은 진공상태에서 이루어지고 있는 것이 아니라 어떤 주어진 상황 속에서 이루어지며, 그 상황은 수용자들의 메시지 수용과정과 커뮤니케이션 효과 등에 중요한 영향을 미치기 때문이다. 가령 똑같은 메시지에 대한 수용자의 반응도 그 메시지가 전달될 때의 장소나 시간, 분위기 등 커뮤니케이션 상황에 따라 크게 달라진다. 비근한 실례의 하나로, 어떤 사람이 강(江) 건너에서 일어난 불을 보고 "불이야!" 하고 외쳤을 때와, 관객들이 가득 찬 영화관에서 "불이야!" 하고 외쳤을 때 그 말을 듣는 사람(수용자)들의 반응은 크게 다르기 때문이다.

한편 메시지에 대한 수용자들의 반응과 커뮤니케이션 효과 등은 커뮤니케이션이 이루어지는 국가나 사회의 정치적 · 사회적 · 문화적 상황 또는 시대적 상황에 따라서도 달라진다. 때문에 결과적으로 커뮤니케이션 양식이나 형태 또는 제도 등이 국가나 시대에 따라 달라지게 된다. 따라서 이에 관한 연구도 커뮤니케이션학에서 하나의 주요 연구분야가 되고 있는데, 각 국가사회의 지정학적 상황과 문화적 상황 등에 따라 커뮤니케이션 양태와 제도 등이 어떻게 달라지는지를 공시적(共時的)으로 연구하는 분야를 국제커뮤니케이션(international communication)이라고 부르며, 시대적 상황에 따라 커뮤니케이션 양태와 제도 등이 어떻게 달라지는지를 통시적(通時的)으로 연구하는 분야를 커뮤니케이션 역사(communication history)라고 한다.

이처럼 커뮤니케이션 상황은 인류사회에서의 커뮤니케이션 현상에 중요한 영향을 미치는데, 이는 수용자나 커뮤니케이션 효과뿐 아니라 커뮤니케이터 · 메시지 · 매체 등에도 중요한 영향을 미친다. 그러나 [그림 1-2-9] 차배근의 종합적 커뮤니케이션 모형에서는 커뮤니케이션 상황이 커뮤니케이션 과정에 미치는 여러 가지 영향들 중에서 다만 수용자에게 미치는 영향만 화살표로 표시해 놓았는데, 이는 하나의 예시(例示)일 뿐이며 실제로는 모형 안에 표시되어 있는 모든 커뮤니케이션 요소들에 영향을 미치지만 이를 나타내는 화살표는 생략해 놓은 것이다.

(2) 커뮤니케이터의 뜻과 목적 및 주요 속성

커뮤니케이터(communicator)란 커뮤니케이션 과정에서 어떤 정보 · 의견 · 사상 등을 수용자[들]에게 전달하는 개인이나 집단 또는 신문사 · 방송국 등의 언론기관을 말한다. 이를 흔히 '정보원'(情報源, information source), 메시지의 송신자(sender)나 생산자(creator) 등으로 부르기도 하나, 여기서는 '커뮤니케이터'라고 부르기로 한다.

커뮤니케이터는 대체로 어떤 목적의 달성이나 기능(機能)의 수행을 위해서 정보 · 의견 · 사상 등을 전달하게 된다. 그러나 커뮤니케이터에는 여러 가지가 있으며, 이들은 각각 그 나름대로의 목적과 조직구조 및 속성들, 예컨대 기술 · 공신력 · 지식 · 문화 등을 지니고 있는데, 이러한 것들도 수용자에게 중요한 영향을 미쳐 결과적으로 커뮤니케이션 효과를 다르게 만든다. 가령 똑같은 내용의 메시지일지라도 그것을 어떤 커뮤니케이터가 전달하느냐에 따라 수용자들의 수용태도에 차이가 생기기 때문이다. 이러한 것을 나타낸 것이 [그림 1-2-9] 차배근의 종합적 커뮤니케이션 모형에서 '커뮤니케이터' 아래에 있는 박스 안에 기록해 놓은 커뮤니케이터의 기능(목적), 유형 · 조직,

속성 등을 화살표로 수용자와 연결해 놓은 것이다.

다음으로 [그림 1-2-9]에서 '커뮤니케이터'라는 오각형 박스 오른쪽의 예각(銳角) 부분을 보면 '기호화'라고 표시해 놓았는데, 이는 커뮤니케이터가 수용자에게 전달하려는 정보·지식·사상·의견 등을 언어나 그림 등의 기호로 나타내는 것을 말한다. 우리 인간은 어떤 정보·지식·사상·의견 등을 텔레파시(telepathy)나 이심전심(以心傳心) 등을 통하여 다른 사람의 마음으로 직접 전달하는 것은 불가능하다. 그러므로 그 정보·지식·사상·의견 등의 정신적 내용을 일단 언어나 그림 등의 기호로 나타내서 다른 사람(수용자)에게 전달하면, 다른 사람은 그 기호에 담겨 있는 정보·의견 등을 해독해서 받아들이게 되는데, 이에 관해서는 다음의 '메시지'에 관해서 살펴볼 때 다시 설명하기로 한다.

(3) 커뮤니케이션 메시지의 뜻과 주요 속성

메시지(message)란 커뮤니케이터가 수용자에게 전달하는 정보·지식·사상·의견 등을 말한다. 그러나 엄밀히 말하면 메시지는 커뮤니케이터가 수용자에게 전달하는 정보·지식·사상·의견 등의 정신적 내용을 언어나 그림 등의 기호로 나타내는 동시에 조직·배열하고 수식(修飾)도 해놓은 것을 말한다. 앞에서 말했듯이 커뮤니케이터가 자신의 머릿속에 있는 어떤 정보나 의견 등의 정신적 내용(contents)을 수용자에게 전달하려면 그것을 수용자의 마음으로 직접 전달할 수 없으며, 일단 언어·그림 등의 기호(code, symbol or sign)로 표현해서 전달해야 하는데, 바로 이처럼 커뮤니케이터가 자신의 어떤 정보나 의견 등을 수용자에게 전달하기 위하여 그것들을 일단 언어·그림 등의 기호로 표현해서 전달하는 것이 메시지이기 때문이다.

커뮤니케이터가 이러한 메시지를 수용자에게 전달할 때는 그것을 아무렇게나 전달하는 것이 아니라 체계적으로 조직·배열하고 수식도 해서 전달하게 되는데, 이러한 것을 메시지의 처리(message treatment)라고 한다. 따라서 메시지는 커뮤니케이터가 머릿속에 가지고 있는 정보나 의견 등의 정신적 내용을 언어나 그림 등의 기호로 나타내는 한편, 그것들을 체계적으로 처리해 놓은 복합체이다.

그러므로 [그림 1-2-9]에서 '메시지'라는 오각형 박스 아래의 네모 박스들에서 보듯이 메시지는 크게 세 가지 요소, 즉 내용(content), 기호(code) 및 처리(treatment)로 구성되는데, 여기서 ① '내용'이란 정보원이 수용자에게 전달하고자 하는 정보·지식·사상·의견 등을 말하고, ② '기호'란 전달하고자 하는 내용을 나타낸 언어나 그림·사진 등을 말하며, ③ '처리'란 전달하려는 내용과 기호들을 체계적으로 조직·배열하고 수식(修飾)하는 것을 말한다.

한편 [그림 1-2-9]에서 '메시지'라는 오각형 박스 오른쪽 끝의 예각 부분을 보면 '신호화'라고 되어 있는데, 이는 메시지를 다시 음파·광파·전파 등의 신호(signal)로 바꾸는 것을 말한다. 커뮤니케이터가 어떤 메시지를 수용자에게 전달하려면 그것을 다시 음파·광파·전파 등의 신호로 바꾸어 수용자들에게 보내야 그것을 수용자가 귀로 듣거나 눈으로 볼 수 있기 때문이다. 따라서 엄밀히 말하면 커뮤니케이터가 수용자에게 보내는 메시지란 실제적으로는 음파나 전파·광파이며, 이것을 수용자가 받아서 다시 언어·그림 등의 기호로 해독(解讀, decode)해서 커뮤니케이터가 보낸 메시지의 뜻(내용)을 알게 되는 것이다.

(4) 커뮤니케이션 매체의 뜻과 주요 종류

커뮤니케이션 매체(channel or medium)란 커뮤니케이터가 메시지를 수용자에게 전달하는 수단이나 매개체 등으로, 예컨대 신문·잡지 · 편지나 라디오 · TV · 전화 · 이메일 · 소셜미디어(social media) 등을 말한다. 이러한 커뮤니케이션 매체는 엄밀히 따져보면 세 가지, 즉 ① 메시지 용기(容器, vehicle), ② 메시지 용기 운반체(運搬體, vehicle carrier), ③ 메시지의 유통통로(流通通路, channel)로 나누어 볼 수 있다.

첫째, 메시지 용기란 메시지를 담아서 보내는 일종의 그릇으로, 예컨대 신문 · 잡지 · 라디오 · TV · 휴대전화기 등을 말한다. 이러한 것들 이외에 담배를 피울 때 사용하는 라이터도 메시지 용기의 하나가 될 수 있는데, 만약 어떤 음식점이 자기 업소를 광고하기 위한 메시지를 라이터 표면에 인쇄해서 고객(소비자)에게 준다면, 이때 그 라이터는 광고 메시지의 용기가 된다. 둘째, 메시지 용기 운반체란 어떤 메시지를 라디오 · TV · 인터넷 등의 전파 또는 전자매체를 통하여 수용자에게 보낼 때 이용하는 전파(電波) · 광파(光波) · 음파(音波) 등을 말한다. 예컨대, TV 방송국(커뮤니케이터)에서 어떤 메시지(뉴스 등)를 TV를 통해 시청자(수용자)에게 전달하려면, 그 메시지의 음성과 영상을 전파로 바꾸어 시청자의 수상기로 보내면 이를 수상기가 다시 음성과 영상으로 변환해서 시청자가 시청할 수 있게 되는데, 이러한 경우 전파를 비롯하여 귀로 듣는 음파나 눈으로 보는 광파 등을 메시지 용기 운반체라고 한다. 셋째, 메시지의 유통통로란 메시지가 흐르는 통로나 망(網, network, 예컨대 SNS 등)으로, 곧 개인에서 개인에게로, 또는 매스미디어로부터 독자나 시청자 등으로 메시지가 흐르는 길(passages)을 말하는데, 이를 흔히 '채널'(channel)이라고도 부른다.

바로 이 세 가지를 모두 합쳐 '매체'라고 부르나, 경우에 따라서는 이들 세 가지 각각을 매체라고 부르기도 한다.[4] 그러나 이들 중 메

---

4 신문사 · 방송국 등 언론기관을 매체 또는 매스미디어라고 부르기도 하는데, 이는 전통사회에서는 주로 개인이 직접 정보 · 의견 등을 직접 주고받았으나 사회가 거대해지고

시지의 유통통로는 그림으로 나타나기 어려워 앞서 차배근의 커뮤니케이션 모형([그림 1-2-9])에서는 세 가지 차원의 매체 중에서 메시지 용기와 그 운반체만 표시해 놓았다. 그리고 '매체'라는 박스 아래를 보면 '잡음'(雜音, noise)이라는 작은 박스가 있는데, 이는 특히 음파·광파·전파 등을 전달하는 매체에 흔히 끼어들어 메시지의 전달과 수신을 방해하는 소음이나 고스트 이미지(ghost image) 등을 말하는 것으로, 바로 이러한 잡음 때문에 커뮤니케이터가 매체를 통해 어떤 메시지를 수용자에게 보내더라도 그것이 수용자에게 제대로 전달되지 않는 경우가 적지 않다.[5]

복잡해지자 신문사·방송국 등이 나타나서 개인 대신 각종 정보나 의사 등을 전달해 주는 매개체 역할을 대행해 주게 된 데에서 비롯되었다.

5 이처럼 커뮤니케이션 매체에 끼어드는 물리적 잡음(physical noise)만 초기 커뮤니케이션학에서는 '잡음'(noise)이라고 불렀다. 그러나 그 뒤 인간들 간의 커뮤니케이션 과정에 끼어들어 커뮤니케이션을 방해하거나 왜곡(distort)시키는 여러 가지 요인들도 모두 '잡음'이라고 부르게 되었다. 이러한 여러 가지 잡음들을 드비토(DeVito, 1986, p. 209)는 크게 세 가지 종류, 즉 ① 음파나 전파매체 등을 통하여 메시지를 전달할 때 끼어드는 물리적 잡음(physical noise), ② 커뮤니케이터가 보낸 메시지를 수용자가 해독할 때 언어나 그림 등의 기호를 잘못 해독해서 커뮤니케이터가 전달하려는 의미를 다르게 만드는 의미적 잡음(semantic noise), ③ 인간이 커뮤니케이션을 할 때 상대방의 메시지에 대한 거부감이나 저항감 등으로 인하여 그 메시지 내용을 왜곡시키는 심리적 잡음(psychological noise)으로 나누고 있다. 하지만 이러한 잡음들 이외에도 생리적 잡음(physiological noise), 조직적 잡음(organization noise), 구문적 잡음(syntactical noise), 문화적 잡음(cultural noise) 등을 열거하는 학자들도 없지 않은데, 이들 중 생리적 잡음이란 예컨대 커뮤니케이션을 할 때 수용자가 졸린다든지, 몸이 아프다든지, 배가 고프다든지 해서 커뮤니케이션을 방해하는 요인을 말하며, 조직적 잡음이란 메시지가 체계적이고 명확하게 조직·구성되지 않아 그 뜻을 수용자가 올바로 이해하지 못해서 생기는 잡음을 말하고, 구문적 잡음이란 어떤 언어적 메시지의 구문(構文)이나 문법 등의 오류나 오해에서 비롯되는 잡음을 말하며, 문화적 잡음이란 커뮤니케이터와 수용자 간의 문화적 차이 등으로 인하여 야기되는 잡음을 말하는데, 이러한 여러 가지 잡음들을 모두 합쳐 '커뮤니케이션 잡음'(communication noises)이라고 부른다.

(5) 커뮤니케이션 수용자의 뜻과 본질

커뮤니케이션 수용자(communication reciever or audience)란 커뮤니케이터가 보내는 메시지를 받게 되는 개인이나 집단으로, 예컨대 대인(對人)커뮤니케이션에서는 듣는 이를, 매스커뮤니케이션의 경우에서는 독자나 시청자들을 말한다. 이러한 수용자들은 커뮤니케이터가 전달하는 메시지를 받는 대상이지만, 그렇다고 해서 커뮤니케이터의 메시지를 그대로 받아들이기만 하는 수동적 존재가 아니라, 어떤 내용은 받아들이고 어떤 것은 거부하는 등 능동적이고 선별적(selectively)으로 받아들이는가 하면, 또한 어떤 내용은 나름대로 달리 해석해서 수용하기도 한다. 따라서 이들을 수신자(受信者)가 아니라 수용자(受容者)라고 부르는데, 그렇다면 이러한 수용자들은 커뮤니케이터의 메시지를 어떻게 받아들이는가?

커뮤니케이터의 메시지에 대한 수용자들의 수용과정은 아직 정확하게 밝혀져 있지 않다. 그러나 커뮤니케이터로부터 어떤 메시지(예컨대 정보)가 어떤 매체를 통하여 음파·광파·전파 등의 신호 형태로 수용자에게 전달되면, 이를 수용자는 우선 언어·그림 등의 기호로 해독(解讀, decode)하게 된다. 따라서 [그림 1-2-9] 차배근의 종합적 커뮤니케이션 모형에서 '수용자' 박스의 왼쪽을 보면 물고기 지느러미와 같은 부분에 '해독'이라고 표시해 놓았는데, 이것도 메시지 수용과정의 한 단계이다. 그러나 어떤 메시지에 대한 수용자들의 수용과정 내지 단계는 일반적으로 ① 주의(注意, attention) → ② 지각(知覺, perception) → ③ 이해(理解, comprehension) → ④ 학습(學習, learning) → ⑤ 태도변용(態度變容, attitude change) → ⑥ 파지(把持, retention) → ⑦ 외적 행동(外的 行動, overt behavior)의 7단계로 나누고 있다. 이를 좀 더 구체적으로 설명하면, 어떤 메시지가 매체를 통하여 수용자에게 전달되면 그는 우선 그에 주의(주목)하면서 그 내용을 지각하고 이해한 다음

학습하거나 그 내용에 따라 자신의 태도나 의견 등을 변용하여 파지했다가 외적 행동으로 나타나게 된다는 것인데, 이와 같은 메시지 수용과정을 차례대로 나타낸 것이 [그림 1-2-9]의 커뮤니케이션 모형에서 '수용자' 아래의 겹동그라미에서 안쪽에 나열한 것들이다.

하지만 이러한 메시지 수용과정에서 수용자들은 똑같은 메시지에 대해서도 서로 달리 주의 · 지각 · 이해 등을 함으로써 결과적으로 메시지 내용에 대한 학습내용, 태도변용의 정도와 방향, 파지의 내용과 기간, 외적 행동 등이 달라진다. 그 결과 커뮤니케이션 효과도 다르게 되는데, 이는 똑같은 메시지에 대해서도 수용자들은 그들이 본래 지니고 있는 선유요인(先有要因, predispositional factors), 예컨대 성별 · 학력 · 기존 태도 · 성격 · 사회경제적 지위 · 문화적 요인 등에 따라 서로 달리 수용하기 때문이다. 또한 어떤 메시지에 대한 수용자들의 수용행동은 그 메시지뿐 아니라 커뮤니케이터의 속성, 예컨대 공신력(公信力, source credibility) 등에 따라서도 달라지며, 또한 메시지의 전달매체의 종류나 속성 등과 커뮤니케이션 상황에 따라서도 달라지기 때문이다.

따라서 인간의 행동(B)이란 어떤 외적 자극에 대한 단순한 반응이 아니라, 개인의 태도 · 성격 등 내부의 심리적 요인(P)과 모든 외적 환경요인(E)과의 함수관계(f)의 결과, 즉 $B = f(P \cdot E)$라고 레빈(Lewin, 1936)이 지적했듯이, 커뮤니케이션 수용자들의 행동도 어떤 하나의 메시지에 대한 단순한 반응이 아니라, 수용자들이 지니고 있는 여러 가지 선유요인(P)과 여러 가지 커뮤니케이션 자극들, 즉 커뮤니케이터(S) · 메시지(M) · 매체(C) · 커뮤니케이션 상황(Co) 등과의 함수관계, 즉 $B = f[P \cdot (S \cdot M \cdot C \cdot Co)]$의 결과라고 할 수 있다. 따라서 [그림 1-2-9]의 커뮤니케이션 모형을 보면, '수용자' 아래 겹동그라미에서 바깥쪽 동그라미에 여러 가지 선유요인들을 열거해 놓았고, 안쪽에는 수용행동의 과정을 순서대로 화살표로 표시해 놓았으며, 또한 이에 영향을 미치는 여러 가지 자극변인 내지 독립변인인 커뮤니케이터 · 메시지 · 매체 박스들을 화살표로 수용자와 연결해 놓은 것이다.

(6) 커뮤니케이션 효과의 뜻과 여러 종류

커뮤니케이션 효과(communication effects)란 수용자가 커뮤니케이터로부터 어떤 메시지를 받고 그에 대하여 나타내는 수용자들의 긍정적 또는 부정적 반응과, 이들이 수용자 개인과 나아가서는 정치 · 경제 · 사회 · 문화 등에 미치는 모든 바람직한 영향과 바람직하지 않은 영향들을 말한다. 이와 같은 커뮤니케이션 효과는 크게 세 가지 종류, 즉 현재적 효과(顯在的 效果, manifest effects), 잠재적 효과(潛在的 效果, latent effects) 및 역효과(逆效果, boomerang effects)로 나눌 수 있다. 현재적 효과란 커뮤니케이터가 미리 의도하거나 기대했던 효과를 말하며, 잠재적 효과란 커뮤니케이터가 전혀 의도하지 않았던 효과를 말하고, 역효과는 커뮤니케이터가 의도했던 것과는 반대로 나타난 효과를 말한다.

이처럼 커뮤니케이션 효과는 크게 세 가지 종류로 나누어 볼 수 있는데, 넓은 의미의 커뮤니케이션 효과에는 이들 세 가지 효과가 모두 포함된다. 그러나 좁은 의미로 커뮤니케이션 효과라고 하면 현재적 효과만 가리키는데, 대부분의 커뮤니케이션에서는 커뮤니케이터가 어떤 목적이나 의도를 가지고 수용자와 커뮤니케이션을 하면서 그 목적이나 의도를 달성해야 커뮤니케이션이 제대로 이루어졌다고 보기 때문이다. 따라서 이러한 현재적 효과만 커뮤니케이션 효과로 볼 경우에는 커뮤니케이션의 네 가지 주요 목적 내지 기능(機能, functions), 즉 정보적 목적(to inform), 교육적 목적(to educate), 설득적 목적(to influence), 오락적 목적(to entertain)에 따라 커뮤니케이션 효과들도 정보적 효과, 교육적 효과, 설득적 효과, 오락적 효과로 나누기도 한다.

첫째, 정보적 효과란 예컨대 수용자가 신문이나 방송에서 어떤 뉴스 등을 보면서 사회적 사건 등에 관한 정보를 얻는 것을 말하는 것으로, 이를 흔히 '정보습득(情報習得, information gain) 효과'라고 부르기도 한다. 둘째, 교육적 효과란 커뮤니케이션을 통하여 인간사회를 살아가는 데 필요한 여러 가지 지식과 기술 등을 배우는 것을 말한다. 따라서 이를 '사회적 지식과 문화유산의 전수(傳授) 효과'라고도 부른다. 셋째, 설득적 효과란 예컨대 신문이나 방송에서 어떤 사건에 관한 뉴스나 사설·해설·논평 등을 보거나 듣고 그 사건에 관하여 수용자가 어떤 새로운 태도(attitudes)나 의견(opinion) 등을 형성하거나 또는 기존의 태도나 의견 등을 강화하거나 변화시키는 것을 말한다. 넷째, 오락적 효과란 우스운 이야기를 나누거나 또는 매스미디어에서 코미디 등의 오락 프로그램을 보고 정서적 긴장감을 푸는 것 등을 말한다.

이 밖에도 커뮤니케이션 효과에는 여러 가지가 있다. 그러나 모든 커뮤니케이션, 특히 매스커뮤니케이션은 수용자들이나 인간사회에 항상 바람직한 효과나 영향만 가져다주는 것은 아니며, 바람직하지 않은 효과나 영향도 가져다준다. 따라서 커뮤니케이션 효과는 인간사회에 바람직한 정기능적 효과(functional effects)와, 그렇지 않은 역기능적 효과(dysfunctional effects)로 나눌 수도 있다.

(7) 커뮤니케이션 피드백의 뜻과 주요 역할

'피드백(feedback)'이란 본래 전기공학 용어로서, 어떤 동작의 결과를 본래의 동작으로 되돌려 놓은 것을 뜻한다. 예컨대, 냉장고의 경우 미리 설정해 놓은 온도보다 냉장고 안의 온도가 올라가면 '덥다'는 신호를 온도센서에 보내서 냉장고가 다시 작동해 온도를 낮추는데, 이렇게 하는 것을 피드백이라고 한다. 그러나 이러한 전기공학적 개념을 위너(Wiener, 1948)가 처음으로 인간이나 동물 또는 기계들 간의 커뮤니케이션 과정에 적용해서, 커뮤니케이션에서 피드백이라고 하면 커뮤니케이터가 전달한 메시지에 대하여 수용자가 나타내는 어떤 반응이 커뮤니케이터로 되돌아가서([그림 1-2-9] 참조) 그에 대하여 커뮤니케이터가 다시 반응하도록 만드는 것, 또는 이렇게 만드는 수용자의 반응을 말하다. 예컨대, 두 사람이 대화를 할 때 커뮤니케이터의 말을 수용자가 들으면서 고개를 끄덕여 동의를 표시한다든지, 또는 고개를 좌우로 흔들어 반대의사를 표시하면, 이를 커뮤니케이터가 보고 자기가 한 말의 내용을 수정·보완해서 다시 말하게 되는데, 커뮤니케이터로 하여금 이렇게 하도록 만드는 수용자의 반응을 피드백이라고 한다.

피드백은 인간 간의 상호적 커뮤니케이션 과정에서 중요한 역할을 하는데, 수용자로부터 피드백이 커뮤니케이터로 돌아가게 되면, 그는 그에 대하여 다시 공감이나 반박 등의 반응을 보이게 되고, 그러면 수용자가 그에 대하여 다시 대응하게 됨으로써, 커뮤니케이터와 수용자 간에 쌍방적(two-way)이고 연속적(on-going)이며 순환적(reciprocal)인 커뮤니케이션이 이루어져, 결과적으로 커뮤니케이터와 수용자 간의 쌍방적 교호작용(interaction)이 가능하게 되기 때문이다.

바로 이러한 역할을 하는 피드백은 두 사람이나 몇 사람 간의 대면적(對面的) 커뮤니케이션(face-to-face interpersonal communication)에서는 물론이고, 신문·라디오·TV 등을 통한 매스커뮤니케이션의 경우에도 존재하기 때문에 매스커뮤니케이션도 역시 쌍방적 교호작용으로 만들어 준다. 예컨대 어떤 신문의 기사를 읽고 편집자에게 항의편지를 보낸다든지, 어떤 TV 프로그램을 시청하고 그에 대한 댓글을 SNS 등에 올린다든지, 또는 시청자 조사 등에 응답할 때 특정 방송국이나 프로그램에 부정적 평가점수를 부여한다든지 하는 것 등도 모두 피드백이다. 그럼에도 불구하고 매스커뮤니케이션은 일방적이며 쌍방적 과정이 아니라고 말하는 사람들이 없지 않은데, 이는 잘못이다. 그러나 매스커뮤니케이션에서 피드백은 대면적 커뮤니케이션에서와는 달리 간접적이며 대체로 늦게 커뮤니케이터에게로 되돌아가는데, 이와 같은 피드백을 간접적 또는 지연적 피드백(indirect or delayed feedback)이라고 부른다. 반면 대화 등의 대면적 커뮤니케이션에서는 피드백이 커뮤니케이터에게 직접적이고 즉각적으로 돌아가는데, 이러한 피드백을 직접적 또는 즉각적 피드백(direct or immediate feedback)이라고 부른다.

한편 피드백의 종류에는 긍정적 피드백(positive feedback)과 부정적 피드백(negative feedback)도 있는데, 긍정적 피드백이란 커뮤니케이터의 메시지에 대하여 수용자가 찬성이나 찬동 등을 하는 피드백을 말하며, 부정적 피드백이란 반대의사 등을 나타내는 피드백을 말한다. 이 두 가지 피드백 중 인간 간의 커뮤니케이션에서는 긍정적 피드백을 선호하나, 기계 간의 커뮤니케이션에서는 부정적 피드백만이 필요하다. 예컨대, 냉장고의 경우 미리 설정해 놓은 온도보다 기온이 올라가면 '덥다'는 부정적 피드백을 온도센서에 보내서 냉장고가 다시 작동해 온도를 내리도록 만들면 그만이지, 냉장고 안의 온도가 '적정하다'는 긍정적 피드백을 온도센서에 보낼 필요는 없기 때문이다.

3. 유형을 통해 본 커뮤니케이션 현상의 본질

커뮤니케이션학의 연구대상인 '커뮤니케이션 현상'이란 도대체 무엇인지 그 본질을 이해하기 위하여, 앞에서는 우선 커뮤니케이션에 대한 여러 가지 정의들을 살펴보았고, 또한 커뮤니케이션 과정의 모형(model)들도 살펴보았다. 그러면 이번에는 커뮤니케이션의 여러 유형들을 살펴보기로 하겠는데, 이들 유형을 종합해 보면 그것은 바로 '커뮤니케이션 현상'이라는 하나의 집합(set)이 되므로, 이를 보면 커뮤니케이션이란 무엇인지 파악할 수 있기 때문이다.

1) 분류기준으로 본 커뮤니케이션의 여러 유형

커뮤니케이션의 유형을 모두 종합해 보는 것은 쉽지 않은데, 커뮤니케이션에는 여러 가지 유형들이 있을 뿐 아니라, 모든 유형의 분류가 그렇듯이 커뮤니케이션 유형도 분류기준에 따라 여러 가지로 나눌 수 있기 때문이다. 예컨대, 커뮤니케이션 목적을 기준으로 그 유형을 분류하면, 정보 전달을 위한 정보적 커뮤니케이션, 설득을 위한 설득적 커뮤니케이션, 오락을 목적으로 한 오락적 커뮤니케이션 등으로 나눌 수 있으며, 사용매체를 기준으로 분류하면 매스미디어를 사용하는 매스커뮤니케이션, 대화나 연설 등을 통한 대인커뮤니케이션 등으로 나눌 수 있다. 그러면 커뮤니케이션 유형을 분류할 때 많이 사용하는 주요 분류기준과 그에 따른 커뮤니케이션 유형부터 우선 간단히 살펴보기로 한다.

(1) 커뮤니케이션 목적에 따른 커뮤니케이션의 주요 유형

커뮤니케이션의 유형을 커뮤니케이션 목적에 따라 분류하기도 하는데, 커뮤니케이션의 목적은 대체로 ① 정보를 전달하기 위한 것(to inform), ② 교육을 하기 위한 것(to teach), ③ 즐거움을 주기 위한 것(to entertain), ④ 설득을 하기 위한 것(to persuade) 등으로 나눌 수 있다(Schramm, 1971, p. 19). 이러한 목적에 따라 커뮤니케이션의 유형을 분류해 보면, [표 1-2-1]과 같이 정보적 커뮤니케이션, 교육적 커뮤니케이션, 오락적 커뮤니케이션, 설득적 커뮤니케이션으로 나눌 수 있

[표 1-2-1] 커뮤니케이션 목적에 따른 커뮤니케이션 유형

커뮤니케이션 목적	커뮤니케이션 유형
1. 정보를 전달하기 위한 것(to inform)	정보적 커뮤니케이션 (informative communication)
2. 교육을 하기 위한 것(to teach)	교육적 커뮤니케이션 (instructional communication)
3. 즐거움을 주기 위한 것(to entertain)	오락적 커뮤니케이션 (entertaining communication)
4. 설득을 하기 위한 것(to persuade)	설득적 커뮤니케이션 (persuasive communication)

다. 여기서 정보적 커뮤니케이션(informative communication)이란 수용자들에게 어떤 정보를 주기 위한 커뮤니케이션으로서, 예컨대 신문이나 방송에서 어떤 사건에 관한 뉴스의 보도 등을 말한다. 그리고 교육적 커뮤니케이션(instructional communication)이란 지식이나 기술 등의 전수를 위한 커뮤니케이션으로서, 예컨대 교육방송에서 교수 프로그램 등을 말한다. 그다음 오락적 커뮤니케이션(entertaining communication)이란 수용자들에게 즐거움을 주기 위한 커뮤니케이션으로, 예컨대 신문에서 연예오락 기사들이나 텔레비전에서 드라마나 코미디 프로그램 등을 말한다. 그리고 설득적 커뮤니케이션(persuasive communication)이란, 예컨대 소비자들을 설득하기 위한 광고·선전·PR 등을 말한다.

한편 커뮤니케이션의 유형은 커뮤니케이션의 최종 목적을 어디에 두느냐에 따라 궁극적 커뮤니케이션(consummatory communication)과 수단적 커뮤니케이션(instrumental communication)으로 나누기도 한다. 궁극적 커뮤니케이션이란, 예컨대 커뮤니케이션 목적이 수용자에게 어떤 정보를 전달하기 위한 것이라면 그 정보만 주는 것으로 끝나는 커뮤니케이션을 말한다. 반면 수단적 커뮤니케이션이란, 최종 목적은 예컨대 소비자에게 어떤 상품을 구매토록 설득하는 데 두면서, 그 수

단으로서 우선 그 상품에 관한 정보를 알려주고 또한 그 상품에 대하여 관심(interest)과 호감(preference) 등을 갖게 만드는 커뮤니케이션을 말한다.

(2) 메시지의 기호 · 소구방법에 따른 커뮤니케이션 유형

커뮤니케이션의 유형은 커뮤니케이션에서 사용하는 메시지의 기호(記號, sign)에 따라 분류하기도 한다. 메시지의 기호는 크게 언어적 기호(verbal sign)와 비언어적 기호(nonverbal sign)로 나눌 수 있는데, 이러한 기호의 종류에 따라 언어적 기호를 사용하는 언어적 커뮤니케이션(verbal communication)과, 그림 · 몸짓 등 비언어적 기호를 사용하는 비언어적 커뮤니케이션(nonverbal communication)으로 대별하기도 한다.

한편 언어적 커뮤니케이션은 다시 언어적 기호가 문자(文字)냐 구어(口語)냐에 따라 문자 커뮤니케이션(written communication)과 구두 커뮤니케이션(oral communication)으로 나누기도 한다. 그리고 비언어적 커뮤니케이션도 비언어적 기호의 종류에 따라 신호에 의한 신호적 커뮤니케이션(signal communication), 몸짓 · 얼굴표정 · 제스추어 등에 의한 신체적 커뮤니케이션(bodily communication), 악수나 키스 등 신체적 접촉에 의한 촉각 커뮤니케이션(tactile communication), 그림 등에 의한 도형 또는 그래픽 커뮤니케이션(pictorial or graphic communication), 이미지나 영상 등에 의한 시각(또는 영상) 커뮤니케이션(visual communication) 등으로 나눈다.

또한 커뮤니케이션 유형은 메시지의 처리과정에서 사용하는 소구방법(訴求方法)에 따라 분류하기도 하는데, 예컨대 논리적 소구방법을 사용한 것은 논리적 커뮤니케이션(logical communication), 감정에 호소하는 소구방법을 쓴 것은 감성적 커뮤니케이션(emotional communication)이라고 한다. 한편 위협적 소구방법, 예컨대 외적(外敵)의 침

입가능성을 내세워 위기감을 조성하면서 국민의 단합을 호소하는 방법 등을 사용한 것은 위협적 커뮤니케이션(threat communication)이라고 부른다.

(3) 매체의 종류에 따른 커뮤니케이션 유형

커뮤니케이션의 유형은 사용매체의 종류에 따라 분류하기도 하는데, 매체를 어떻게 분류하느냐에 따라 그에 따른 커뮤니케이션 유형의 분류방법도 다양하다. 일반적으로 매체는 크게 세 가지, 즉 대중매체(mass media), 대인매체(對人媒體, interpersonal media), 특수매체(special media)로 나누며, 이러한 매체의 종류에 따라 커뮤니케이션 유형도 크게 세 가지, 즉 신문·TV 등 대중매체를 사용하는 매스커뮤니케이션, 대화나 토의 등 대면매체를 사용하는 대인커뮤니케이션, 전화·인터넷 등의 특수매체를 통한 특수커뮤니케이션으로 나누기도 한다.

또한 커뮤니케이션 매체의 종류는 그 감각양태(sense modality)에 따라 시각매체(visual media), 청각매체(auditory media), 시청각 매체(audio-visual media)로 나누기도 한다. 이러한 매체의 종류를 기준으로 커뮤니케이션 유형도 신문·잡지 등 시각매체를 사용하는 것을 시각 커뮤니케이션, 라디오·음반 등의 청각매체를 사용하는 것을 청각 커뮤니케이션, TV·영화 등을 사용하는 것을 시청각 커뮤니케이션으로 나눈다.

한편 매체들은 신문·잡지 등 인쇄매체(printed media)와 라디오·TV 등 전파매체(electronic media)로 나눌 수 있는데, 이러한 매체의 종류에 따라 인쇄매체를 사용한 커뮤니케이션을 인쇄 커뮤니케이션, 전파매체를 사용한 것을 전파 커뮤니케이션으로 분류하기도 한다. 그리고 이들을 세분하여 인쇄 커뮤니케이션 중에서 신문을 통한 커뮤니케이션은 신문 커뮤니케이션, 잡지를 통한 커뮤니케이션은 잡지 커뮤

[표 1-2-2] 매체의 종류에 따른 커뮤니케이션 유형

매체 종류	커뮤니케이션 유형
1. 매체의 종류(1) ① 대중매체(mass media) ② 대인매체(interpersonal media) ③ 특수매체(special media)	1. 커뮤니케이션의 유형(1) ① 매스커뮤니케이션(mass communication) ② 대인커뮤니케이션(interpersonal communication) ③ 특수커뮤니케이션(special communication)
2. 매체의 종류(2) ① 시각매체(visual media) ② 청각매체(auditory media) ③ 시청각 매체(audio-visual media)	2. 커뮤니케이션의 유형(2) ① 시각 커뮤니케이션(visual communication) ② 청각 커뮤니케이션(auditory communication) ③ 시청각 커뮤니케이션(audio-visual communication)
3. 매체의 종류(3) ① 인쇄매체(printed media) ② 전파매체(electronic media)	3. 커뮤니케이션의 유형(3) ① 인쇄 커뮤니케이션(printed communication) ② 전파 커뮤니케이션(electronic communication)
4. 매체의 종류(4) ① 올드미디어(old media) ② 뉴미디어(new media)	4. 커뮤니케이션의 유형(4) ① 올드미디어 커뮤니케이션(old media communication) ② 뉴미디어 커뮤니케이션(new media communication)
5. 매체의 종류(5) ① 기계적 매체(technical media) ② 비기계적 매체(non-technical media)	5. 커뮤니케이션의 유형(5) ① 기계적 커뮤니케이션(technical communication) ② 비기계적 커뮤니케이션(non-technical communication)
6. 매체의 종류(6) ① 사적 매체(private media) ② 공적 매체(public media)	6. 커뮤니케이션의 유형(6) ① 사적 커뮤니케이션(private communication) ② 공적 커뮤니케이션(public communication)

니케이션, 서적을 통한 커뮤니케이션은 출판 커뮤니케이션이라고 하며, 전파 커뮤니케이션 중 라디오와 TV를 통한 것은 방송 커뮤니케이션이라고 부른다.

또한 커뮤니케이션 매체들은 크게 재래식의 올드미디어(old

media)와 새로운 뉴미디어(new media)로 나누어,[6] 올드미디어를 사용한 것을 올드미디어 커뮤니케이션, 뉴미디어를 사용하는 것을 뉴미디어 커뮤니케이션이라고 부르며, 이들은 올드미디어나 뉴미디어의 종류에 따라 다시 여러 유형의 커뮤니케이션으로 나눈다.

이와는 달리 또한 매체를 크게 기계적 매체(technical media)와 비기계적 매체(non-technical media)로 분류해서, 전화·TV 등 기계적 매체를 사용하는 것을 기계적 커뮤니케이션, 사신(私信)·회람물 등 비기계적 매체를 사용하는 것을 비기계적 커뮤니케이션이라고도 한다.

또한 매체에는 사적 매체(私的 媒體, private media)와 공적 매체(公的 媒體, public media)가 있는데, 이와 같은 매체의 종류에 따라서도 커뮤

6 올드미디어는 전통적 미디어로서 재래식 신문·잡지·라디오 등을 말하며, 뉴미디어란 재래의 올드미디어에 컴퓨터와 통신기술, 스마트 모바일 기기, 인터넷 등을 연동시킨 여러 가지 새로운 매체들을 말한다. 뉴미디어에도 여러 가지가 있는데, 이들을 대체로 일곱 가지 유형, 즉 ① 인간계 뉴미디어(예컨대 전자우편 등), ② 인쇄계 뉴미디어(예컨대 전자신문, 전파신문 등), ③ 유선계 뉴미디어(예컨대 팩시밀리, TV전화, 쌍방향TV, 음성우편, 비디오텍스, VRS, 데이터통신, TV게임, CATV 등), ④ 무선계(방송계) 뉴미디어(예컨대 음성다중방송, 문자다중방송, 팩시밀리방송, 고품위 TV방송, 디지털방송, Code Data 등), ⑤ 위성계 뉴미디어(예컨대 위성방송, 통신위성, 정지위성, 직접위성방송, 수동위성, 능동위성 등), ⑥ 패키지계 뉴미디어(예컨대 CD, VCR, 오디오 디스크, 비디오 디스크, 레이저 디스크, 디지털 오디오 디스크 등), ⑦ 광통신계 뉴미디어(예컨대 광섬유, 광IC, 광메모리, 광통신 등)로 나눈다. 그러나 이와는 달리 정보의 표현방식에 따라 ① 영상계 뉴미디어(예컨대 DVD, 비디오게임, 홈비디오 등), ② 음성계 뉴미디어(예컨대 오디오 CD, 음성사서함, 셀룰러폰 등)로 나누기도 하고, 또한 정보의 유통형태에 따라 ① 퍼스널계 뉴미디어, ② 매스컴계 뉴미디어, ③ 중간계 뉴미디어로 나누기도 한다. 이 밖에도 뉴미디어에는 소셜 미디어(social media), 멀티미디어(multimedia), 디지털 미디어(digital media), 인터넷 미디어(internet media) 등 여러 가지가 있는데, 소셜 미디어는 소셜 네트워크의 기반 위에서 개인의 생각이나 의견, 경험, 정보 등을 서로 공유하고 타인과의 관계를 생성 또는 확장시키는 개방화된 온라인 플랫폼으로서, 예컨대 블로그(blog), Micro-Blog, Wiki, UCC 등을 말하며, 멀티미디어는 텍스트, 오디오, 그래픽, 애니메이션, 비디오 등 여러 가지 표현형식을 통하여 정보나 콘텐츠를 제공하는 미디어를 말한다. 그리고 디지털 미디어란 문자·소리·영상 등 서로 이질적인 정보들을 0과 1이라는 2진법의 디지털 신호로 처리해서 저장·전송·표현하는 미디어로서 예컨대 디지털TV 등을 말하며, 인터넷 미디어란 문자 그대로 인터넷이라는 매체를 말한다.

니케이션을 사적 매체에 의한 사적 커뮤니케이션과 공적 매체에 의한 공적 커뮤니케이션으로 나누기도 한다.

(4) 수용자와 커뮤니케이션 상황에 따른 커뮤니케이션 유형

커뮤니케이션의 유형은 커뮤니케이터와 수용자 간의 관계 또는 커뮤니케이션 상황에 따라 분류하기도 한다. 예컨대, 커뮤니케이션은 커뮤니케이터와 수용자 간에 1 대 1로 이루어지는 경우도 있고, 한 사람의 커뮤니케이터가 여러 명의 수용자들을 대상으로 커뮤니케이션을 하는 경우도 있다. 이에 따라 커뮤니케이션은 1 대 1 커뮤니케이션(one-to-one communication)과 1 대 다수(多數) 커뮤니케이션(one-to-many communication)으로 나누기도 하며, 1 대 다수 커뮤니케이션 중에서 한 개인이나 신문사·방송국 등 언론기관이 불특정 다수의 수용자 대중을 대상으로 한 것은 매스커뮤니케이션이라고 한다.

커뮤니케이션 중에는 또한 여러 사람들이 동시에 서로 메시지를 주고받는 경우도 있는데, 이러한 것을 집단 커뮤니케이션(group communication)이라고 하며, 이는 다시 세 가지로 분류하여 몇 사람 간의 커뮤니케이션은 소집단 커뮤니케이션(small group communication), 특정 조직체의 성원들 간에 이루어지는 것은 조직 커뮤니케이션(organizational communication), 한 사회의 여러 성원들 간 커뮤니케이션은 사회적 커뮤니케이션(social communication)이라고 한다.

한편 커뮤니케이터와 수용자 간의 메시지가 주로 일방적으로 흐르는지 또는 양방향으로 흐르는지에 따라 커뮤니케이션 유형을 일방적 커뮤니케이션(one-way communication)과 쌍방적 커뮤니케이션(two-way communication)으로 나누기도 한다. 또한 한 집단이나 조직체 또는 사회 안에서 메시지나 정보가 횡적(橫的)으로 흐르는지 종적(縱的)으로 흐르는지 또는 대각선 방향으로 흐르는지에 따라 커뮤니케이션의 유형을 수평적 커뮤니케이션(horizontal communication), 수직적 커뮤니케이션(vertical communication), 사선적(斜線的) 커뮤니케이션(diagonal communication)으로 분류하기도 한다. 그리고 수직적 커뮤니케이션은 다시 메시지가 위로 흐르는지 또는 아래로 흐르는지에 따라 상향 커뮤니케이션(upward communication)과 하향 커뮤니케이션(downward communication)으로 나누기도 한다. 또 메시지의 전달 대상자 즉 수용자가 어떤 한 집단·조직체 또는 사회 내부의 성원인지, 아니면 외부 성원인지에 따라, 내부 수용자들을 대상으로 한 대내적 커뮤니케이션(internal communication)과 외부 수용자들을 대상으로 한 대외적 커뮤니케이션(external communication)으로 나누기도 한다.

그런가 하면 커뮤니케이션 유형은 커뮤니케이터와 수용자 간의 대치적 관계에 따라 나누기도 한다. 예컨대, 도이치만(Deutschman, 1967, pp. 63-73)은 커뮤니케이터와 수용자 간의 관계가 대면적(face-to-face)인지, 간접적(interposed)인지에 따라 커뮤니케이션 유형을 대면적 커뮤니케이션(face-to-face communication)과 간접적 커뮤니케이션(interposed communication)으로 분류했는데, 여기서 대면적 커뮤니케이션이란 커뮤니케이터와 수용자가 얼굴을 맞대고 메시지를 직접 주고받는 것을 말하며, 간접적 커뮤니케이션이란 전화기나 TV 수상기 등의 통신기기를 통하여 메시지를 주고받는 커뮤니케이션을 말한다. 그리고 이러한 커뮤니케이션이 사적(private)인 것인지 또는 공적(public)인 것인지에 따라 다시 사적 커뮤니케이션과 공적 커뮤니케이션으로 분류하여 커뮤니케이션 유형을 [표 1-2-3]과 같이 네 가지로 나누고 있다.

한편 커뮤니케이션은 한 국가 내에서뿐 아니라 국가 간 또는 문화권 간에도 이루어진다. 따라서 이러한 지역적·문화적 상황에 따라 국가 간 커뮤니케이션을 국제 커뮤니케이션(international communication),

[표 1-2-3] 커뮤니케이터와 수용자 간의 관계에 따른 커뮤니케이션 유형

사적 커뮤니케이션 (private communication)	① 대면적 커뮤니케이션(face-to-face communication) (예: 대화) ② 간접적 커뮤니케이션(interposed communication) (예: 전화통신·편지)
공적 커뮤니케이션 (public communication)	① 대면적 커뮤니케이션(face-to-face communication) (예: 회합·극장 등 공공장소에서의 커뮤니케이션) ② 간접적 커뮤니케이션(interposed communication) (예: 라디오·TV·신문 등에 의한 커뮤니케이션)

다른 문화권 간 커뮤니케이션을 문화 간 커뮤니케이션(inter-cultural communication)으로 나누기도 한다. 그러나 문화 간 커뮤니케이션 중에서 어떤 문화가 한 문화권에서 다른 문화권을 넘어서 흐르는 것은 크로스-컬처럴 커뮤니케이션(cross-cultural communication)이라고도 한다. 또 커뮤니케이션은 서로 다른 인종(人種) 사이에서도 이루어지는데, 이러한 것은 인종 간 커뮤니케이션(inter-racial communication)이라고 부른다.

(5) 기타 분류기준에 따른 커뮤니케이션 유형

커뮤니케이션의 유형은 앞서 살펴본 분류기준 이외에 또 다른 여러 기준에 따라 분류하기도 한다. 예컨대, 커뮤니케이션의 주제나 분야에 따라 정치 분야에 관한 것은 정치 커뮤니케이션(political communication), 경영 분야에 관한 것은 비즈니스 커뮤니케이션(business communication), 산업 분야에 관련된 것은 산업 커뮤니케이션(industrial communication), 행정에 관한 것은 행정 커뮤니케이션(administrative communication), 광고·대인판매·판매촉진에 관한 것은 마케팅 커뮤니케이션(marketing communication), 선거운동·사회운동 등 각종 캠페인을 위한 것은 캠페인 커뮤니케이션(campaign communication), 영화·연극 등 예술 분야에 관한 것은 예술 커뮤니케이션(artistic communication)이라고 나누어 부르

기도 한다.

한편 커뮤니케이션 유형은 그것이 어떤 대상 간의 커뮤니케이션인지에 따라 인간들 간의 커뮤니케이션은 인간 커뮤니케이션(human communication), 벌[蜂]·개미·원숭이 등 동물 간의 커뮤니케이션은 동물 커뮤니케이션(animal communication), 기계와 기계 간의 커뮤니케이션은 기계적 또는 공학적 커뮤니케이션(mechanical, technical 또는 engineering communication)으로 나누기도 한다.

또한 커뮤니케이션은 메시지의 전달 거리에 따라 근거리 커뮤니케이션(short distance communication)과 장거리 커뮤니케이션(tele-communication)으로 나누기도 한다. 그리고 장거리 커뮤니케이션은 다시 두 가지, 즉 유선전화·무선전화·텔레타이프 등을 통한 지점과 지점 간의 장거리 커뮤니케이션(point-to-point telecommunication)과, 라디오·TV 등을 통하여 대중들에게 메시지를 동시적으로 보내는 대중용 장거리 커뮤니케이션(mass telecommunication)으로 세분하기도 한다.

이 밖에도 커뮤니케이션 유형은 여러 가지 기준에 따라 분류할 수 있는데, 예컨대 매클루언(McLuhan, 1964)은 전달 정보의 정세도(精細度: definition)와 수용자의 참여도(participation)에 따라 매체의 종류를 크게 핫 미디어(hot media)와 쿨 미디어(cool media)로 나누면서, 핫 미디어란 전달하는 정보의 정세도가 높아 수용자의 낮은 참여도를 요구하는 라디오·활자·사진·영화 등의 매체를 말하며, 쿨 미디어는 정보의 정세도가 낮아 수용자로 하여금 높은 참여도를 요구하는 매체로서 이에는 TV·전화·만화 등이 속한다고 주장했다. 그러면서 이러한 매체의 종류에 따라 커뮤니케이션 유형을 핫 미디어 커뮤니케이션과 쿨 미디어 커뮤니케이션으로 나누기도 했다.

2) 커뮤니케이션 여러 유형의 종합적 분류

앞서 살펴보았듯이 커뮤니케이션에는 여러 유형이 있으며 그에 대한 분류방법도 매우 다양한데, 이는 커뮤니케이션 현상이 매우 복잡한 데다가 분류기준도 다양하기 때문이다. 따라서 커뮤니케이션 유형들을 서로 명확하게 분류하기는 매우 어렵다. 그러나 커뮤니케이션 상황과 그에 기계적 또는 기술적 요소가 얼마나 포함되느냐 하는 기술적 차원(technological level)에 따라 인간들 간의 커뮤니케이션 유형을 분류해 보면 [그림 1-2-10]과 같이(그림에서 역삼각형은 기술적 차원, 즉 기술적 요소의 포함 정도를 말함) 크게 세 가지 유형, 즉 ① 대인(對人)커뮤니케이션(interpersonal communication), ② 집단(集團)커뮤니케이션(group communication), ③ 매스커뮤니케이션(mass communication)으로 나눌 수 있다. 하지만 이들 세 가지 유형의 커뮤니케이션은 [그림 1-2-10]에 보듯이 서로 겹치는 부분(색깔이 진한 부분)도 적지 않다. 그러면 이들

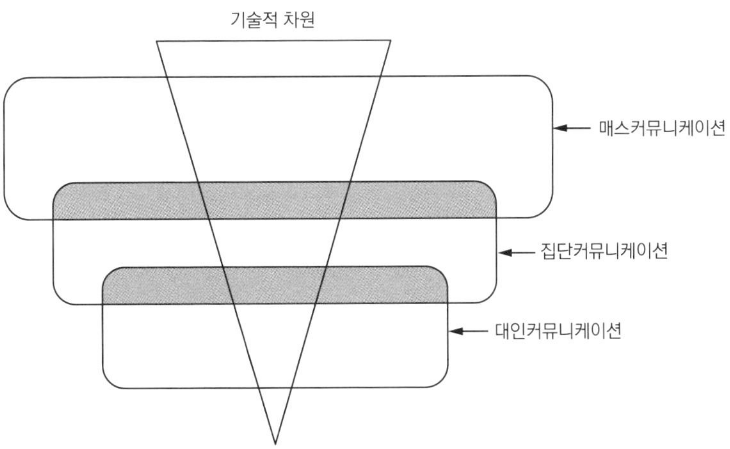

출처: 저자 작성.

[그림 1-2-10] 커뮤니케이션의 세 가지 대표적 유형

세 가지 유형의 커뮤니케이션은 각각 어떤 커뮤니케이션을 말하며, 이들이 서로 각각 구별되는 중요 특성 내지 차이점은 무엇인가?

첫째로, 대인커뮤니케이션이란 두 사람 또는 소수의 개인이 서로 얼굴을 맞대거나 또는 전화·이메일(e-mail)·SNS 등을 통해 공적 또는 사적 커뮤니케이션을 하는 형태로서, 예컨대 직접 또는 전화·인터넷 등을 통한 대화나 인터뷰, 연설 또는 서신(書信) 등을 말한다. 이러한 대인커뮤니케이션이 집단 또는 매스커뮤니케이션과 구별되는 주요 특성으로는 상대방과의 직접적 상호작용성(focused interaction), 물리적 또는 심리적 근접성(physical or psychological proximity), 메시지의 쌍방적 교환성(two-way exchange of message) 등을 들 수 있다(Barnlund, 1968, pp. 8-11). 오늘날에는 기계적 커뮤니케이션 기술의 발달로 인하여 대인커뮤니케이션에서도 점차 휴대폰·이메일·SNS 등의 사용이 증가하고 있지만, 집단 또는 매스커뮤니케이션의 경우에 비하면 아직도 [그림 1-2-10]의 역삼각형에서 보듯이 기계적 또는 기술적 수단에 대한 의존도가 낮다는 것도 대인커뮤니케이션이 집단 또는 매스커뮤니케이션과 구별되는 또 하나의 특성이다.

둘째로, 집단커뮤니케이션이란 두 사람 이상의 개인이 어떤 공통의 집단적 목적(group goal)을 달성하기 위하여 구두나 문서 또는 전화 등을 통해 서로 정보나 의사(意思) 등을 나누는 공적 커뮤니케이션 형태를 말한다. 이는 다시 소집단 커뮤니케이션(small group communication)과 조직 커뮤니케이션(organizational communication)으로 나누어 볼 수 있는데, 소집단 커뮤니케이션이란 소수의 사람들 간의 토의·토론·회의 등을 말하며, 조직 커뮤니케이션이란 어떤 기관이나 회사·단체 등 조직체 성원들이 구두나 문서·기관지(機關誌, house organ)·게시판·CCTV 등을 통하여 주로 해당 조직체에 관한 정보나 의사 등을 나누는 것을 말한다. 집단커뮤니케이션은 대인커뮤니케이션과 비슷한 특성들을 많이 지니고 있으나, 참여자의 수가 많고 이들은 어떤 공통목적을 지닌 집단이나 조직체의 성원들로서 주로 해당 집단의 목적을 달성하기 위하여 커뮤니케이션을 하며, 또한 대인커뮤니케이션의 경우보다 기계적 또는 기술적 수단에 대한 의존도가 높다는 점에서 대인커뮤니케이션과 구별될 수 있다.

셋째로, 매스커뮤니케이션이란 신문 · 잡지 · 라디오 · TV 등의 대중매체를 통하여 불특정 다수의 수용자에게 뉴스 · 정보 · 의견 등을 대량으로 전달하는 커뮤니케이션 형태를 말한다. 이러한 매스커뮤니케이션이 대인 또는 집단커뮤니케이션과 구별되는 주요 특성으로는, 커뮤니케이터가 대체로 조직화된 신문사 · 방송국 등이며, 메시지의 내용은 대중의 공통적 관심사에 관한 것으로 보편성 내지 대중성을 띠고 있고, 매체로는 수많은 사람에게 다량의 메시지를 신속하게 전달할 수 있는 기술적 수준이 높은 매스미디어(대중매체)를 사용하며, 간접적 또는 지연적 피드백을 통하여 커뮤니케이터와 수용자 간에 상호작용이 어느 정도 이루어질 수는 있으나 대체로 메시지가 커뮤니케이터로부터 수용자에게 일방적으로 흐른다는 점 등을 들 수 있다.

이상에서 커뮤니케이션의 여러 유형을 살펴보았는데, 이들을 모두 합친 것이 곧 커뮤니케이션학의 연구대상인 커뮤니케이션 현상이라고 할 수 있다.

제3장

커뮤니케이션학의 연구 목적과 방법

앞서 제2장에서는 커뮤니케이션학 고유의 연구대상인 커뮤니케이션 현상의 본질 등에 관하여 살펴보았다. 그러면 이러한 커뮤니케이션 현상을 커뮤니케이션학에서는 왜 연구·교육하는가? 여기 제3장에서는 커뮤니케이션 현상에 관한 연구의 이유와 목적부터 간단히 살펴본 다음 연구방법에 관해서 알아보기로 하겠는데, 앞서 제2장 서두에서 말했듯이 커뮤니케이션학이 하나의 독립학문 내지 '학'(學)으로 성립하려면 그 고유의 지적 연구대상 영역인 '커뮤니케이션 현상'을 과학적으로 연구해서 그에 관한 이론체계를 정립할 수 있는 연구방법도 갖추어야 하기 때문이다.

가. 커뮤니케이션의 주요 기능과 연구의 필요성

커뮤니케이션학에서 커뮤니케이션 현상에 관하여 연구·교육하는 가장 중요한 이유는, 커뮤니케이션이 인류사회에서 매우 중요한 역할을 하고 있기 때문이다. 그렇다면 커뮤니케이션은 인류사회에서 어떤 역할, 즉 어떠한 기능(機能, functions)을 수행하고 있는가? 커뮤니케이션은 인류사회에서 여러 가지 다양하고도 중요한 기능을 수행하고 있는데, 그 기능은 커뮤니케이션 유형에 따라 조금씩 다르기 때문에 이들을 모두 일일이 열거하기는 쉽지 않다. 따라서 여기서는 매스커뮤니케이션의 경우를 중심으로 그 주요 기능만 간단히 알아보기로 한다.

1. 인류사회에서 커뮤니케이션의 주요 기능

매스커뮤니케이션은 여러 가지 다양한 기능들을 갖고 있는데, 이들 기능도 어떤 입장에서 보느냐에 따라 여러 가지로 분석해 볼 수 있다. 그 입장 내지 분석방법에는 크게 두 가지가 있는데, 하나는 매스미디어 입장에서 본 거시적 분석방법(media-centered macroanalysis approach)이고, 다른 하나는 수용자 입장에서 본 미시적 분석방법(audience-centered microanalysis approach)이다.

1) 매스미디어 입장에서 본 매스커뮤니케이션의 주요 기능

매스미디어 입장에서 본 거시적 분석방법이란, "매스미디어가 인간에게 무엇을 하는가?"(What the mass media do to the people?) 하는 시각에서 매스미디어가 인류사회에서 어떠한 기능들을 수행하고 있는지를 폭넓게 분석해 분류하는 방법을 말한다. 이런 방법에 의한 매스커뮤니케이션 기능의 분류도 다양한데, 예컨대 현대 커뮤니케이션학의 전신(前身)인 신문학(新聞學, journalism)에서는 매스미디어의 네 가지 기본 임무를 중심으로 매스커뮤니케이션의 주요 기능을 ① 뉴스·정보 등의 보도 기능(to inform), ② 사설·논설·해설 등을 통한 사회와 여론의 지도 기능(to influence), ③ 문예물·읽을거리 등의 제공을 통한 오락 기능(to entertain), ④ 상품·용역 등의 광고 기능(to advertise)으로 분류했다.

이와는 달리 현대 커뮤니케이션학의 선구자 라스웰(Lasswell, 1948)은 매스커뮤니케이션의 주요 기능을 ① 우리 주위에서 일어나는 각종 사건들을 알려주는 환경감시 기능(surveillance function of environment), ② 사회의 여러 하부조직과 그 성원들을 결합시켜 주는 결합 기능(correlation function of the parts of society), ③ 문화 · 전통 · 가치 · 규범 · 기술 등을 한 세대에서 다음 세대로 전달해 주는 사회적 유산의 전수 기능(transmission function of the social heritage)으로 분류해서 제시했다. 또한 라자스펠드와 머턴(Lazarsfeld and Merton, 1957)은 매스커뮤니케이션의 기능을 정기능(function, 순기능이라고도 함)과 역기능(dysfunction)으로 나누면서, 정기능으로는 어떤 인물이나 사회단체의 지위를 높여 주는 지위부여 기능(status conferral function), 사회적 규범이나 가치관 등을 강화해 주는 사회규범 강화 기능(ethicizing function) 등을, 그리고 역기능으로는 대중에게 정치적 무관심 등을 조장하는 마취 기능(narcotization function) 등을 들었다.[1]

한편 라이트는 앞서 라스웰이 제시한 매스커뮤니케이션의 3대 기능에다가 오락 기능(entertainment function)을 추가하는 동시에 머턴(Merton, 1957)의 기능분석 방법(functional analysis)을 원용하여 [그림 1-3-1]과 같은 의문문 형식의 공식(formula)을 만든 후, 이에 포함된 모두 12개의 요소들을 유목(類目)으로 해서 매스커뮤니케이션 기능의 분석체계를 작성했다. 그리고 이를 기준으로 매스커뮤니케이션의 기능을 모두 12가지로 분류했다(Wright, 1960, pp. 605-620).

1 이들은 부언하기를, 아직 확증된 것은 아니지만 매스커뮤니케이션은 사회적 획일화(social conformism)를 조장하며, 대중의 취향을 높이거나 또는 저속화하기도 하고, 또한 사상 · 신념 · 가치관 · 정책 등의 독점화(monopolization), 개인들의 행동 패턴이나 태도의 수로화(水路化, canalization), 매스미디어와 다른 정보원(情報源) 간의 상호작용을 강화하는 보충화(supplementation) 기능 등도 수행한다고 했다.

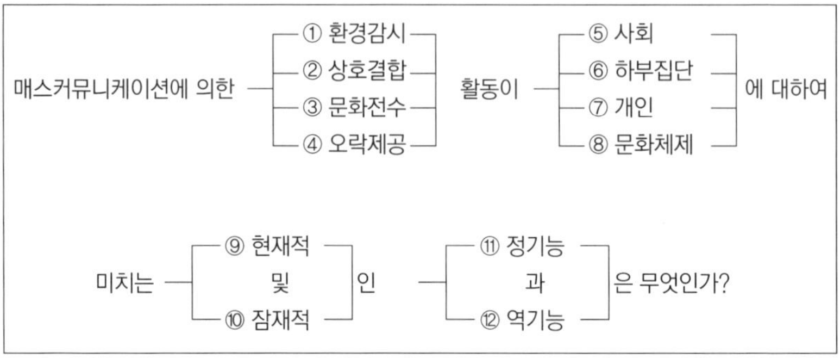

출처: Wright(1960), pp. 605-620.

[그림 1-3-1] 라이트의 매스커뮤니케이션 기능의 분석 공식

이를 간단히 설명하면, 매스커뮤니케이션은 크게 네 가지 기본 기능, 즉 ① 환경감시(surveillance, 뉴스 등의 보도), ② 상호결합(correlation, 논설 등을 통한 환경에 대한 해설과 처방), ③ 문화전수(cultural transmission), ④ 오락(entertainment)제공 기능을 수행한다는 것이다. 그리고 이러한 기본 기능들은 그 대상에 따라 ⑤ 사회(society)에 대한 기능, ⑥ 하부집단(subgroup)에 대한 기능, ⑦ 개인(individual)에 대한 기능, ⑧ 문화체제(cultural system)에 대한 기능으로 나누어 볼 수 있다고 한다. 이상과 같은 기능들은 사회와 그 성원들의 복지적 입장에서 볼 때 바람직한 것인지, 아니면 바람직하지 못한 것인지에 따라 다시 ⑨(⑪) 정기능(functions)과 ⑩(⑫) 역기능(dysfunctions)으로 나누어 볼 수 있다고 한다. 그리고 이러한 정기능과 역기능은 다시 그것들이 미리 의도(intended)한 것이었는지, 아니면 비의도적(unintended)인 것이었는지에 따라 각각 ⑪(⑨) 현재적 기능(manifest functions) 및 ⑫(⑩) 잠재적 기능(latent functions)으로 구분해 볼 수 있다는 것이다.

라이트는 이렇게 말하면서 이와 같은 매스커뮤니케이션의 여러 기능들의 구체적 실례를 다시 [표 1-3-1]과 같은 '목록 차트'(inventory chart)를 통하여 예시했다. 그러나 이는 매스커뮤니케이션의 수많은 기능

[표 1-3-1] 매스커뮤니케이션 기능의 목록 차트(부분적 예시)

구분		사회에 대한 기능	개인에 대한 기능	하부집단에 대한 기능	문화체제에 대한 기능
환경 감시 기능	정기능 (현재적 및 잠재적)	정보제공 기능 경고 기능 규범강화 기능 (ethicizing)	정보제공 기능 경고 기능 명성조장 기능 지위부여 기능 (status conferral)	정보제공 기능 탐지 기능 여론관리 기능 권력정당화 기능 지위부여 기능	문화교류 기능 문화촉진 기능
	역기능 (현재적 및 잠재적)	안정위협 기능 공황조장 기능	불안조성 기능 개인화 조장 기능 마취 기능	권력위협 기능	문화침식 기능
상호 결합 기능	정기능 (현재적 및 잠재적)	인구유동 조장 기능 사회안정화 기능 공황억제 기능	능률화 촉진 기능 부정요인 억제 기능	권력보조 기능	문화침식 방지 기능 공동문화 유지 기능
	역기능 (현재적 및 잠재적)	획일화 조장 기능 사회변화 저해 기능	비판력 약화 기능 유동성 조장 기능	책임주의 조장 기능	문화성장 저해 기능
문화 전수 기능	정기능 (현재적 및 잠재적)	사회결합 촉진 기능 사회유지 기능 아노미 억제 기능	총화감 조성 기능 개인화 감소 기능	권력확장 기능	문화표준화 기능 공동문화 유지 기능
	역기능 (현재적 및 잠재적)	대중사회화 기능	비인간화 조장 기능		문화다양성 감소 기능
오락 제공 기능	정기능 (현재적 및 잠재적)	여가선용화 기능	여가선용 기능	권력확장 기능	
	역기능 (현재적 및 잠재적)	대중분산화 기능	피동화 기능 취향저속화 기능 도피성 조장 기능		심미감 약화 기능 대중문화 조장 기능

출처: Wright(1960), pp. 12–13.

중에서 그 일부만 예시한 것이며, 또한 이들은 아직 실증적으로 완전히 입증된 매스커뮤니케이션의 기능들은 아니라고 라이트는 부언했다. 하지만 이와 같은 매스커뮤니케이션의 기능에 대한 라이트의 분석체계 자체는 아직도 커뮤니케이션학자들에 의해 널리 인용되고 있다.

2) 수용자 입장에서 본 매스커뮤니케이션의 주요 기능

라스웰, 라자스펠드, 라이트 등은 매스커뮤니케이션의 여러 기능을 앞에서와 같이 분석·분류했으나, 이들은 모두가 "매스미디어는 인간에게 무엇을 하는가?"라는 입장에서 그 기능을 살펴본 것이었다. 이와는 달리 수용자 입장에서 본 미시적 분석방법은 "인간은 매스미디어를 통하여 무엇을 하는가?"(What the people do with mass media?)라는 시각에서 매스커뮤니케이션 기능들을 분석·분류하는 방법인데, 이러한 방법 내지 입장은 1959년 카츠(Katz, 1953)가 제시한 매스미디어의 '이용과 충족의 접근방법'(the uses and gratification approach)에서 비롯되었다.

즉 카츠는 말하기를, 1950년대까지의 커뮤니케이션 연구에서는 주로 "매스미디어는 인간에게 무엇을 하는가?" 하는 시각에서 그 기능들을 분석하면서 미디어가 인간에게 어떠한 영향을 미치는지에 대한 문제들을 연구해왔다면서, 그러나 커뮤니케이션 현상을 좀 더 정확히 이해하려면 "인간은 매스미디어를 이용하여 무엇을 하는가?" 하는 문제를 중심으로 그 기능을 분석해 보아야 된다고 주장했다(Katz, 1959, p. 2). 그러면서 그는 커뮤니케이션 현상에 관한 새로운 연구방법으로서 소위 '이용과 충족의 접근방법'을 제시했다. 그러자 이러한 입장에서 매스커뮤니케이션의 기능을 분석해 보려는 시도와 연구들이 활발하게 대두되었다. 예컨대, 블럼러와 맥퀘일(Blumler and McQuail, 1968, p. 69)은 1964년 영국의 총선거에서 이용과 충족의 접근방법을 통하여 TV의 기능을 분석해 본 결과, TV가 유권자(수용자)들에게 정치적 환경의 감시 기능, 경쟁열기의 향락 기능, 기존 태도와 의견의 강화 기능, 투표지침의 탐색 기능 등을 수행하고 있음을 발견했다.

그 뒤 블럼러와 맥퀘일은 다시 브라운과 함께(McQuail, Blumler and Brown, 1972) TV 시청자들의 시청 동기를 조사, 이를 토대로 TV

는 시청자들이 ① 현실문제로부터 도피하거나 긴장의 완화를 위한 기분전환의 욕구, ② 다른 사람과의 교제와 사회적 활용을 위한 대인관계의 욕구, ③ 개인적 준거 틀의 발견과 가치관의 강화를 위한 개인적 정체성(personal identity)의 확인 욕구, ④ 현실세계에 대한 탐색 등을 위한 환경감시의 욕구를 충족시켜 주는 기능을 수행하고 있다고 주장했다.

이러한 연구들 이외에도 매스미디어의 이용과 충족의 접근방법을 통하여 수용자 입장에서 매스커뮤니케이션의 기능들을 분석해 보려는 여러 연구들이 이루어졌다. 이러한 연구들의 결과를 종합해서

[표 1-3-2] 수용자 입장에서 본 매스커뮤니케이션의 주요 기능

1. 정보(information) 습득 기능	① 주위환경·사회·세계에서의 사건과 상황 파악 ② 실제 문제 또는 의견·의사결정에 관한 지침 습득 ③ 호기심과 일반적 관심 충족 ④ 학습 및 자기 교육 ⑤ 지식을 통한 안정감 획득
2. 개인저 전체선(personal identity) 정립 기능	① 개인적 가치관의 강화를 위한 준거(準據) 발견 ② 행동모형(models of behavior) 발견 ③ 가치 있는 타인과 동일시 ④ 자기 자신에 대한 통찰력 습득
3. 사회통합(integration)과 교호작용(social interaction) 기능	① 타인의 처지에 대한 통찰력 습득: 사회적 감정이입 ② 타인과 동일시 및 소속감 습득 ③ 대화 및 사회적 교호작용을 위한 자료 발견 ④ 실제 생활에서 교제자를 대신할 대안자(代案者) 발견 ⑤ 사회적 역할 수행을 위한 도움 획득 ⑥ 가족·친구·사회와의 접촉 실현
4. 오락(entertainment) 제공 기능	① 현실문제로부터의 도피 또는 기분전환 ② 긴장해소 ③ 문화적 또는 심미적 향락 ④ 여가시간 활용 ⑤ 감정 완화 ⑥ 성적 흥분 체험

출처: McQuail(1983), p. 83.

맥퀘일(McQuail, 1983, p. 83)은 매스커뮤니케이션의 주요 기능을 [표 1-3-2]와 같이 제시했다.

2. 종합적 입장에서 본 커뮤니케이션의 주요 기능

앞서 살펴보았듯이 매스커뮤니케이션의 기능은 그것들을 어떤 입장이나 시각에서 보는지에 따라 차이가 있다. 그러나 이는 커뮤니케이션 기능을 어떤 시각이나 관점에서 보는지에 의한 차이일 뿐, 커뮤니케이션 기능 자체를 서로 달리 보는 것은 결코 아니다. 예컨대, 커뮤니케이션의 주요 기능의 하나로 우리 주변에서 일어나는 각종 사건 등에 관한 정보교환 기능을 들 수 있는데, 이를 커뮤니케이터나 매스미디어 입장에서 보면 정보제공 기능이 되나, 수용자 입장에서 보면 정보이해 기능이 된다. 따라서 커뮤니케이터와 수용자의 입장에서 본 커뮤니케이션 기능은 [표 1-3-3]에서 보듯이 동전(銅錢)의 앞뒤와 같은 관계를 지닌다고 슈람(Schramm, 1971, p. 19)은 말하면서, 이들 두 가지 입장에서 본 기능들을 종합하면 커뮤니케이션의 기본 기능으로는 ① 정보의 제공과 이해의 기능, ② 교육과 학습의 기능, ③ 오락의 제공과 향락의 기능, ④ 제안 또는 설득과, 수락 또는 결정의 기능을 들 수 있다고 한다.[2]

한편 이와 같은 커뮤니케이션의 기본 기능은 다시 사회에 대한 기능과 수용자 개인에 대한 기능으로 나누어 볼 수 있으나, 사회와 수용자 개인에 대한 기능도 서로 동전의 앞뒤와 같은 관계를 지니고 있

2 그러나 그 뒤 슈람은 용어를 약간 바꾸어 커뮤니케이션은 ① 사회적 레이다 기능(social radar function), ② 조작 · 의사결정 · 경영의 기능(manipulation, decision-management function), ③ 교육 기능(instruction function), ④ 오락 기능(entertainment function)을 수행한다고 말했다(Schramm, 1973, p. 19).

[표 1-3-3] 커뮤니케이터와 수용자 입장에서 본 커뮤니케이션 기능 간 대비

커뮤니케이터 입장에서 본 기능	수용자 입장에서 본 기능
1. 정보제공(inform) 기능	1. 정보이해(understand) 기능
2. 교육(teach) 기능	2. 학습(learn) 기능
3. 오락제공(entertain) 기능	3. 향락(enjoy) 기능
4. 제안·설득(propose or persuade) 기능	4. 수락·결정(dispose or decide) 기능

출처: Schramm(1971), p. 19.

다고 슈람은 말하고 있다. 즉 커뮤니케이션 기능을 각각 사회에 대한 기능과 수용자 개인에 대한 기능으로 나누어 보면 [표 1-3-4]와 같이 분류할 수 있으나, 이들을 다시 종합해 보면 커뮤니케이션은 ① 주위환경에 관한 정보나 지식 등의 공유화를 통하여 사회성원들이 주어진 환경에 대처토록 하고, ② 새로운 사회성원에게 사회적 규범·관습·역할 등을 가르쳐 주어 사회화(社會化, socialization)시키며, ③ 오락 제공과 예술의 소개를 통해 사회성원들이 즐거움과 아름다움을 맛보게 하여 사회적·개인적 불만을 해소하고 긴장감을 완화하며 나아가서는 예술을 창조하고 발전시키고, ④ 사회문제나 정책 등에 관한 제안과 설득을 통하여 사회적 합의를 도출하고 그에 따라 사회성원들이 행동하도록 만드는 기능을 수행하고 있다.

그러나 이해의 편의상 커뮤니케이션의 여러 기능들을 커뮤니케이터나 매스미디어의 입장에서 또는 수용자의 입장에서 살펴보기

[표 1-3-4] 사회적 입장과 개인적 입장에서 본 커뮤니케이션 기능 간 대비

사회적 입장에서 본 커뮤니케이션 기능	개인적 입장에서 본 커뮤니케이션 기능
1. 주위환경에 관한 정보의 공유화 기능	1. 주위환경에 관한 이해와 대처 기능
2. 새로운 사회성원의 사회화(社會化) 기능	2. 사회규범의 학습 및 사회적 적응화 기능
3. 오락제공·불만해소·예술창조 기능	3. 향락·긴장완화·미(美)의 발견 기능
4. 사회적 합의·단합·행동통제 기능	4. 의사와 행동방향의 결정과 행동화 기능

도 하고, 또한 사회에 대한 기능과 수용자 개인에 대한 기능으로 나누기도 한다. 그리하여 예컨대 매스커뮤니케이션이 인간사회에서 수행하는 주요 기능으로 환경감시 기능(surveillance function), 해설 기능(interpretation function), 사회결합 기능(social linkage function), 문화전수 기능(transmission function of culture), 오락 기능(entertainment function), 광고 기능(advertising function) 등을 들기도 하고, 수용자 개인에 대한 주요 기능으로는 인지적 욕구의 충족 기능, 감정의 자극과 이완 기능, 현실도피 욕구의 충족 기능, 개인적 정체성(personal identity)의 정립과 사회적 유대감의 충족 기능 등을 꼽기도 한다.

나. 커뮤니케이션 현상에 관한 연구의 주요 목적

커뮤니케이션 현상은 앞서 살펴본 바와 같이 인류사회에서 아주 중요한 여러 기능들을 수행하고 있다. 때문에 이러한 커뮤니케이션 현상을 연구하는 독립학문인 커뮤니케이션학까지 나타나게 되었다. 그렇다면 커뮤니케이션학의 연구목적은 무엇인가? 미국 전국커뮤니케이션학회(National Communication Association, NCA)의 2015년도 홈페이지(inbox@natcom.org)를 보면, 커뮤니케이션학(the discipline of communication)이란 "인간이 어떻게 메시지와 채널·미디어 등을 통하여 여러 가지 다양한 상황과 문화 속에서 의미를 창조하고 전달하느냐 등을 연구해서 인간들 간의 효과적이고 윤리적인 커뮤니케이션 행위를 촉진시키려는 학문이다"라고 정의하고 있다.

1. 커뮤니케이션학의 네 가지 기본적 연구목적

앞서 커뮤니케이션학의 정의에서 볼 수 있듯이 "인간들 간의 효과적이고 윤리적인 커뮤니케이션 행위를 촉진시키려는 것"이 곧 커뮤니케이션학의 궁극적 목적이다. 그러나 이러한 목적을 달성하기 위해서는, 우선 커뮤니케이션학의 연구대상인 커뮤니케이션 현상을 ① 정확히 기술(describe)하고 ② 설명(explain)해서 그에 대한 보편타당한 지식체계, 즉 커뮤니케이션 이론(communication theories)을 정립한 다음, 이를 토대로 주어진 커뮤니케이션 현상을 ③ 미리 예측(predict)하고 ④ 나아가서는 그것을 인간들이 효과적이고 윤리적으로 활용, 즉 통제(control)할 수 있도록 해야 한다. 따라서 커뮤니케이션학의 기본적인 연구목적은 우선 커뮤니케이션 현상을 기술 · 설명 · 예측 · 통제하려는 데 있다고 말할 수 있다. 이는 다른 학문분야에서도 마찬가지인데, 연구대상은 각각 다르지만 다른 학문분야에서도 각각 그 학문 고유의 연구대상인 어떤 현상을 기술 · 설명 · 예측 · 통제하기 위해서 연구하기 때문이다. 그렇다면 여기서 말하는 기술 · 설명 · 예측 · 통제는 각각 무엇을 말하는가?[3]

1) 1차 연구목적: 커뮤니케이션 현상에 관한 정확한 기술

기술(記述)이란, 커뮤니케이션학 연구의 1차 목적이자 커뮤니케이션 현상을 이해하기 위한 첫 번째 연구 단계로서, 즉 커뮤니케이션 현상을 관찰(조사 · 실험 등 포함)해서 그 실태나 구조 등을 있는 그대로

3 이에 관한 자세한 것은 차배근 · 차경욱 공저, 『사회과학연구방법』(서울: 서울대학교출판문화원, 2014) 제1장 참고.

정확히 밝히는 것을 말한다. 기술은 다시 두 가지로 나누어 볼 수 있는데, 하나는 커뮤니케이션 현상의 상태 또는 구조에 관한 기술(state or structure description)이고, 다른 하나는 커뮤니케이션의 과정 또는 기능에 관한 기술(process or function description)이다.

먼저 커뮤니케이션 현상의 상태 또는 구조에 관한 기술이란, 커뮤니케이션 현상은 어떻게 생겼는지 그 상태(state)나 구조(structure), 또는 인간들 간의 커뮤니케이션은 어떻게 이루어지는지 그 과정(過程, process) 등을 관찰하고 연구해서 정확하게 기술하는 것을 말한다. 예컨대, 인간들 간의 커뮤니케이션 과정은 크게 7개의 주요 요소 내지 변인(수학에서 '변수'를 말함), 즉 ① 커뮤니케이션이 이루어지는 상황(context) → ② 커뮤니케이션을 시작하는 커뮤니케이터(communicator) → ③ 커뮤니케이션의 내용인 메시지(message) → ④ 메시지를 전달하는 커뮤니케이션 매체(channel) → ⑤ 커뮤니케이터의 메시지를 받고 그것을 나름대로 해석해서 받아들이는 수용자(receiver) → ⑥ 메시지에 대한 수용자의 반응인 커뮤니케이션 효과(effects) → ⑦ 커뮤니케이터로 되돌아가는 수용자의 반응인 피드백(feedback) 등으로 이루어진다는 식으로 진술하는 것을 말한다.

다음으로 커뮤니케이션의 과정 또는 기능에 관한 기술이란, 커뮤니케이션 현상이나 과정에 관련된 여러 가지 구성요소 내지 변인들 간의 관계(relationship)를 연구해서 밝힘으로써, 어떤 변인이 어떤 변인에 어떤 작용을 하면서 어떻게 커뮤니케이션이 이루어지고 있는지 기술하는 것을 말한다. 예컨대, 정보원의 공신력(source credibility)과 커뮤니케이션 효과(communication effects)와는 서로 어떤 관계가 있는지 조사나 실험 등의 방법을 통하여 연구해서 그 관계 여부 등을 정확하게 밝히는 것을 말한다.

2) 2차 연구목적: 커뮤니케이션 현상에 대한 과학적 설명

커뮤니케이션학의 2차 연구목적은 커뮤니케이션 현상을 설명하려는 데 있는데, 여기서 설명이란 앞서 1차 기술(記述) 단계에서 커뮤니케이션 현상에 관한 어떤 변인들 간의 관계가 발견되면 왜 그런 관계가 존재하는가를 밝히는 것을 말한다. 예컨대, 앞서 기술 단계에서 인간들 간의 커뮤니케이션 과정에서 "커뮤니케이터의 공신력(公信力, source credibility)이 높으면 그 정보원의 메시지를 수용자(受容者, receiver)들이 잘 받아들여서 커뮤니케이션 효과가 증가한다"는 사실, 즉 정보원의 공신력[독립변인]과 커뮤니케이션 효과[종속변인] 간에 정적(正的) 관계가 있음을 발견했다면 왜 그런지 그 이유를 밝혀서 설명하는 것을 말한다.

하지만 이와 같은 어떤 변인들 간의 관계에 대한 설명은 쉽지 않은데, 이는 인간의 능력의 한계나 또는 어떤 변인들 간의 관계를 정확히 설명할 수 있는 과학적 방법의 미비(未備)로 말미암아 정확히 설명하지 못하는 현상들이 많이 존재하기 때문이다. 따라서 예컨대 정보원의 공신력과 커뮤니케이션 효과 간의 관계에 대한 설명에도 여러 가지 견해 내지는 학설(學說)들이 있는데, 기능이론적 학설에 의하면 "정보원의 공신력이 높으면 그 정보원의 메시지에 대한 수용자의 수용태도가 증가하는 것은, 일반적으로 수용자는 자신의 태도나 가치관 등을 공신력이 높다고 지각하는 정보원의 그것과 맞추려는 가치조화(價値調和, value congruence)의 성향을 지니고 있기 때문"이라는 것이다. 그러나 인지균형 이론(認知均衡理論, the cognitive consistency theory)에 의하면, "매스미디어 수용자들이 어떤 정보원의 공신력이 높다고 지각하면 그 정보원의 메시지 내용도 공정하고 합리적이라고 평가해서 그 정보원의 주장을 잘 받아들이는 반면, 정보원의 공신력이 낮다고 지각하면 그 정보원의 주장도 과소평가해서 잘 받아들이지 않으려는 심리적 성향이 있기 때문"이라고 한다.

3) 3차 연구목적: 커뮤니케이션 현상에 관한 예측

커뮤니케이션학의 또 하나의 연구목적은 예측(to predict)에 있는데, 이는 앞서의 기술과 설명 단계에서 얻어진 어떤 연구 결과나 이론을 토대로, 예컨대 "정보원의 공신력이 높으면 그 정보원의 메시지에 대한 수용자들의 수용태도(커뮤니케이션 효과)도 높아진다"든지, 또는 "정보원의 공신력이 증가하면 그에 따라 커뮤니케이션 효과도 증가한다"든지 하는 식으로 진술하는 것을 말한다.

이러한 예측이 커뮤니케이션학을 비롯하여 모든 과학의 목적이 되는 것은, 우리가 커뮤니케이션 현상을 연구하는 것은 단순히 그것을 기술하고 설명하려는 데 있지 않고, 그 현상을 미리 예측하고 나아가서는 그것을 통제하려는 데도 있기 때문이다. 그러나 어떤 커뮤니케이션 현상을 미리 정확하게 예측하려면, 그에 앞서 우선 그 현상을 정확하게 기술하고 설명할 수 있는 보편타당한 커뮤니케이션 이론부터 정립해야 한다.

그리하여 가령 "정보원의 공신력이 높을수록 그의 메시지를 수용자들이 더 잘 받아들여 결과적으로 커뮤니케이션 효과가 증가한다"는 기술이 하나의 보편타당한 지식, 즉 커뮤니케이션 이론으로 입증된다면, 이를 근거를 해서 "정보원의 공신력이 높으면 그 정보원의 메시지를 수용자들이 잘 받아들여서 커뮤니케이션 효과도 높아질 것이다"라고 미리 예측하는 것인데, 이러한 예측이 실제로 많이 맞을수록 그 이론은 보편성과 타당성이 높은 이론이 된다. 그렇다면 보편타당한 이론이란 어떤 것을 말하는지에 관해서는 조금 뒤에 살펴보고,

그에 앞서 우선 커뮤니케이션 연구의 네 번째 목적부터 알아보기로 한다.

4) 4차 연구목적: 커뮤니케이션 현상에 관한 통제

커뮤니케이션학의 네 번째 연구목적은 통제(to control)에 있는데, 이는 앞서 기술·설명·예측을 위한 목적의 연구 단계에서 정립한 과학적 지식체계, 즉 커뮤니케이션 이론들을 응용하여 어떤 주어진 커뮤니케이션 현상을 실제로 조정 또는 변화시켜 인간들 간의 커뮤니케이션에 관계된 문제들을 해결하거나, 또는 커뮤니케이션이 더 효과적이고 원활하게 이루어지도록 함으로써 인류사회의 문명발전과 복지증진에 기여하는 것을 말한다. 다시 말해서, 커뮤니케이션 현상에 관한 기술·설명·예측을 위한 연구를 통하여 가령 "정보원의 공신력이 증가하면 그에 따라 커뮤니케이션 효과도 증가한다"는 이론을 정립했다면, 이를 실제로 응용해서 "정보원의 공신력을 높여서 커뮤니케이션 효과를 높이는 것"이 곧 통제의 목적이다.

그러나 이러한 통제의 목적은 순수과학의 연구목적은 아니며, 순수과학은 어떤 사회현상 또는 자연현상에 관한 예측에서 끝나야 한다고 주장하는 학자들도 없지 않다. 왜냐하면 과학의 목적은 어떤 자연현상이나 사회현상의 이치를 알고자 하는 것이지 그 현상을 통제하려는 것은 아니며, 또한 모든 과학적 연구는 예측에서 끝남으로써 과학자는 가치중립적(value-free) 입장에서 마음껏 연구할 수 있기 때문이라는 것이다. 하지만 이러한 견해와는 달리, 과학의 궁극적 연구목적은 어떤 현상을 통제함으로써 사회에 봉사하려는 데 있다는 주장도 있는데, 이는 특히 응용과학자나 공학자(工學者)들의 주장이다.

이처럼 과학이나 학문의 궁극적 목적을 어디에 두어야 하는지에 관해서는 양론(兩論)이 있는데, 이는 과학이나 학문의 본질에 관한 견해 차이에서 비롯된 것이다. 과학의 궁극적 목적을 예측에 두자는 견해는 "과학은 모름지기 새로운 사실을 발견하여 이미 존재하고 있는 지식의 체계에 추가하는 것"이라는 진리탐구적 견해(static view)라고 한다면, 과학의 궁극적 목적을 통제에 두어야 한다는 견해는 "실제 문제들의 해결을 위하여 과학은 존재해야 한다"는 실용적 견해라고 하겠다(Conant, 1951, pp. 23-27). 그렇다면 이 두 가지 견해 중 어떤 것이 더 타당하며, 커뮤니케이션학의 궁극적 목표는 어디에 두어야 하는가?

이러한 문제에 대한 해답은 커뮤니케이션학을 연구하는 학자나 학생들의 연구목적이 무엇인지에 따라 다를 수 있다. 그러나 한 가지 분명한 사실은, 어떤 커뮤니케이션 현상을 실제로 통제할 때는 그것이 반드시 인류사회의 복지증진에 기여할 수 있도록 해야 한다는 점이다. 그렇지 않고 학문적 이론이나 지식을 오용(誤用)하거나 악용(惡用)한다면, 그것은 학문적 윤리에 어긋나는 것은 물론이고 인류사회에 해독을 끼치게 되기 때문이다. 그러므로 학문 연구자들은 학문의 연구에 앞서 우선 윤리의식부터 갖추어야 한다.

2. 커뮤니케이션학의 연구목표로서 커뮤니케이션 이론의 정립

앞에서 살펴보았듯이, 커뮤니케이션학의 기본적 연구목적은 커뮤니케이션 현상을 기술 · 설명 · 예측 · 통제하려는 데 있다고 말할 수 있다. 그러나 커뮤니케이션학의 궁극적 목표는 커뮤니케이션 현상에 관한 이론, 즉 '커뮤니케이션 이론'(communication theory)의 정립에 있다고 할 수 있는데, 커뮤니케이션 현상을 정확하게 기술 · 설명 · 예측 · 통제하려면 우선 그렇게 할 수 있는 보편타당한 이론부터 정립해야 하기 때문이다. 특히 이러한 이론이 없이는 어떤 커뮤니케이션 현상을 통제하려고 해도 효과적으로 통제할 수 없기 때문이다. 따라서 커뮤니케이션학의 궁극적 목표는 커뮤니케이션 이론의 정립이라고 말할 수 있는데, 그렇다면 커뮤니케이션 이론이란 도대체 무엇이며, 그것은 어떤 역할을 하기에 정립이 필요한가?

1) 커뮤니케이션 이론의 뜻과 주요 요건

'이론'(理論)이라고 하면 현실과 동떨어진 형이상학적(形而上學的) 사변(思辨)이나 추상적 공론(空論)으로 생각하는 사람들도 없지 않다. 또한 사회과학자 중에서도 이론을 어떤 개념의 구상(conceptualization)과 동일시하거나, 또는 마르크스(Marx), 베버(Weber), 스펜서(Spencer) 등의 고전적 저작(著作)이나 아이디어 등을 이론이라고 생각하는 사람도 적지 않다. 그러나 과학적 입장에서 이론이란 "어떤 주어진 현상에 관련된 여러 변인들 간의 관계를 명확하게 기술·설명·예측·통제하는 개념·정의·명제들의 집합"을 말한다(Zetterberg, 1965; Homans, 1964; Schrag, 1967).

커뮤니케이션 이론(communication theory)도 이와 마찬가지이나, 다만 커뮤니케이션 현상에 관한 것이라는 점이 다를 뿐이다. 즉 커뮤니케이션 이론이란 커뮤니케이션 현상에 관련된 각종 변인들 간의 관계를 명확하게 기술·설명·예측·통제하는 개념·정의·명제들의 집합을 말한다. 그러나 어떤 하나의 이론이 이론으로서 성립하려면 최소한 두 가지 요건, 즉 타당성과 보편성을 갖추어야 하는데, 그렇다면 여기서 타당성과 보편성이란 구체적으로 무엇을 말하는가?

첫째로, 타당성이란 전문용어로는 필연성(必然性, necessity)이라고 하는데, 이는 어떤 이론에서 기술·설명·예측·통제하는 변인들 간의 관계가 우연적 관계가 아니라 필연적 관계, 즉 인과관계(因果關係)여야 한다는 것이다. 왜냐하면, 예컨대 정보원의 공신력과 커뮤니케이션 효과의 관계가 필연적 관계가 아니라, 어떤 다른 변인들의 영향이나 연구방법상의 잘못으로 인하여 우연히 나타난 관계임에도 불구하고, 이러한 우연적 관계를 마치 필연적 관계인양 기술·설명·예측·통제한다면 그것은 거짓[僞]으로서 실제 현상에 부합되는 이론이 될 수 없기 때문이다.

둘째로, 보편성이란 전문용어로는 일반성(一般性, generality)이라고 하는데, 이는 어떤 이론에서 기술·설명·예측·통제하는 변인들 간의 관계가 어떤 하나의 특정한 사상(事象)이나 경우에만 나타나는 현상이 아니라, 그와 유사한 여러 가지 사상이나 경우에서도 보편적으로 나타나는 것을 말한다. 이러한 일반성이 이론의 주요 요건이 되는 것은, "의학(醫學)은 만인의 병을 고칠 수 있어야지 소크라테스의 병만 고칠 수 있다면 그것은 의학이 아니다"라고 소크라테스가 말했듯이, 이론도 보편성을 띠어야 참다운 이론이기 때문이다.

따라서 이론은 최소한 이러한 두 가지 요건, 즉 타당성(필연성)과 보편성(일반성)을 갖추어야 한다. 그러나 이들 두 가지 요건 이외에, 혹자는 예측성(predictability)을 이론의 또 하나의 필수요건으로 들면서, 하나의 이론이 이론으로 정립하려면 어떤 주어진 현상을 미리 정확하게 예측할 수 있는 능력(capacity)을 갖추어야 한다고 하였다. 그러나 이러한 예측성은 이론의 별도 요건이 될 수 없다는 견해도 있는데, "보편타당한 이론이란 잠재적으로 예측성이 높다는 것을 의미하므로, 예측성은 사실상 보편타당성과 동일하다고 볼 수 있기 때문"이라는 것이다(Hempbell, 1965, p. 319).

한편 이론의 또 하나의 주요 요건으로서 실제와의 일치성 내지 합치성을 들기도 하나, 이것도 역시 이론의 보편타당성과 동일한 요건이라고 할 수 있다. 혹자는 '이론'과 '공론'(空論)을 혼동한 나머지 "이론과 실제는 다르다"고 떠들기도 한다. 그러나 레빈(Kurt Lewin)이 말했듯이 "좋은 이론보다 더 실제적이고 실용적인 것은 없다(Nothing is so practical as a good theory)."

이 밖에도 이론의 주요 요건으로 여러 가지를 들기도 하는데, 그 중 하나는 검증가능성(testability), 즉 이론은 검증이 가능해야 된다는 것이다. 그러나 이것도 필수요건은 아니라고 하겠는데, 이론은 그 보편타당성이 이미 충분히 검증된 것만이 이론이라고 할 수 있기 때문이다. 그렇지만 다른 사람의 이론, 특히 외국 이론을 받아들일 때는 무조건 받아들여서는 안 되며 반드시 다시 검증해 본 뒤에 수용해야 하는데, 외국 이론 중에는 문화적 차이 등으로 말미암아 일반성이 부족한 것도 있을 수 있기 때문이다.

2) 커뮤니케이션 이론의 주요 기능과 중요성

앞에서 이론의 개념과 그 요건에 관하여 간단히 살펴보았는데, 그렇다면 이러한 이론은 어떤 역할 또는 기능(機能)을 수행하기에 커뮤니케이션학에서도 이론의 정립을 궁극적 목표로 삼으면서 또한 각종 이론들을 배우고 있는가? 그 이유는 이론이 학문적으로는 물론이고 실용적인 면에 있어서도 여러 가지 중요한 기능들을 수행하고 있기 때문이다. 그중에서 가장 중요한 두 가지 기능만 들어보면, ① 어떤 주어진 현상에 관한 기술·설명·예측·통제의 기능과 ② 새로운 지식이나 이론의 창출 기능(heuristic function)을 꼽을 수 있다.

첫째로, 어떤 주어진 현상에 관한 기술·설명·예측·통제의 기능이란, 앞에서 이미 말했듯이 어떤 현상에 관련된 변인과 변인들 간의 관계를 기술해 주고 그 관계의 이유를 설명해 주며, 또한 어떤 변인(독립변인)이 변하면 그에 따라 어떤 결과(종속변인의 변화)가 나타날

것이라고 미리 예측해 주는 것을 말하는데, 이론은 바로 이와 같은 기능을 수행하기 때문에 매우 중요하다

둘째로, 새로운 지식이나 이론의 창출 기능이란, 간단히 말해서 이론이 또 다른 새로운 이론을 낳게 만드는 기능을 말한다. 이론은 바로 이러한 기능도 수행하고 있는데, 이론은 어떤 현상에 관련된 중요 변인들 간의 관계에 주목하게 만들며, 그에 관한 관찰을 도와주고, 관찰된 여러 가지 낱낱의 사상(事象)들을 종합해서 간단하게 요약할 수 있게 하며, 어떤 이론에 관련된 다른 새로운 이론이나 더 일반적인 이론을 발견 또는 창출하게 만드는 길잡이 또는 산파(産婆, midwife) 역할도 하고, 또한 어떤 현상에 관한 연구결과나 학문적 지식들을 연구자들이 서로 명확하게 교환할 수 있게 하는 커뮤니케이션 기능도 수행해 준다.

이론은 이와 같은 여러 가지 중요한 기능들을 수행하기 때문에 커뮤니케이션학에서도 커뮤니케이션 이론의 정립을 가장 중요한 궁극적 목표로 삼고 있다. 커뮤니케이션 현상에 관한 보편타당한 이론들을 정립하면 이를 통하여 여러 가지 커뮤니케이션 현상들을 간단명료하게 설명할 수 있고, 또한 어떤 커뮤니케이션 현상을 미리 예측할 수도 있으며, 그것을 미리 정확하게 예측할 수 있다면 그에 따라 인간들 간의 커뮤니케이션을 더 효과적이고 원활하게 이루어지도록 만들 수 있기 때문이다. 따라서 앞서 제2장 서두에서도 "커뮤니케이션학이란 ① 인간사회에서의 모든 커뮤니케이션 현상을 ② 과학적 방법을 통하여 ③ 기술하고 설명해서 커뮤니케이션 현상에 대한 보편타당한 지식체계, 즉 '커뮤니케이션 이론'을 정립함으로써 어떤 주어진 커뮤니케이션 현상을 미리 예측하고, 나아가서는 그것을 효과적으로 통제하여 인류사회의 문명발전과 복지증진에 기여하는 ④ 하나의 독립된 학문"이라고 정의했다.

다. 커뮤니케이션학의 연구방법과 접근방법

지금까지 커뮤니케이션학의 고유 연구대상인 커뮤니케이션 현상과 그에 대한 연구목적에 관하여 살펴보았다. 그러면 지금부터는 커뮤니케이션학의 연구방법에 관하여 살펴보기로 하는데, 서두에서 말했듯이 하나의 학문분야가 독립학문으로 성립하려면, 첫째 고유의 연구대상이 있어야 하며, 둘째 이를 연구할 수 있는 과학적 연구방법을 갖추어야 하기 때문이다. 그렇다면 과학적 연구방법이란 무엇이며, 커뮤니케이션학은 하나의 독립학문으로서 어떠한 과학적 연구방법을 갖추고 있는가?

1. 커뮤니케이션학 연구방법으로 과학적 연구방법의 뜻과 요건

과학적 연구방법이라고 하면, 커린저(Kerlinger, 1966, p. 8)가 지적했듯이 "실험실에서 복잡한 기구들을 사용하여 특수한 사람들만이 연구하는 방법, 또는 자연과학이나 공학(工學) 등에서만 사용하는 연구방법"으로 많은 사람들이 오해하고 있다. 그러나 과학적 연구방법이란 자연과학이나 공학 분야 등에서만 사용하는 특수한 방법이 결코 아니다. 과학적 연구방법은 거의 모든 학문분야에서 사용하는데, 모건과 킹(Morgan and King, 1966, p. 13)에 의하면 "어떤 하나의 학문분야가 과학이냐 아니냐로 성격지어지는 것은 연구대상에 달려 있는 것이 아니라, 그 학문이 과학적 방법론을 사용하느냐 그렇지 않느냐에 의해 결정된다"면서, 그럼에도 불구하고 '과학'이라고 하면 자연과학이나 공학 등만이 과학이며 심리학·사회학 등 사회과학은 과학이 아닌 것으로 잘못 생각하는 경향이 없지 않다고 말하고 있다.

1) 과학적 연구방법이란?

미국이 낳은 위대한 철학자 퍼스(Charles S. Peirce)에 의하면, 일반 사람들이 어떤 주어진 문제에 대한 해답이나 결론에 도달하는 방법들을 보면 대체로 네 가지 방법이 있다고 한다. 즉, 첫째는 자신이 믿고 있는 바(비록 그것이 틀린 것일지라도)에 의하여 자기 나름대로 결론을 내리는 아집적 방법(我執的 方法, method of tenacity)이며, 둘째는 직감(intuition)에 의하여 결론을 도출하는 선험적 방법(a priori method)이고, 셋째는 권위가 있다고 생각하는 사람들의 말을 근거로 주어진 문제에 대한 결론을 내리는 권위주의적 방법(method of authority)이며, 넷째는 개인적 편견·가치·태도·감정 등을 떠나 사물을 객관적으로 관찰하면서 검토와 재검토를 거쳐 주어진 문제를 해결해서 그에 대한 결론을 도출하는 방법인데, 이러한 네 가지 방법 중 마지막 네 번째 방법이 곧 과학적 연구방법이라고 하였다(Buchler, 1955, 제2장에서 재인용).

한편 영국 캠브리지대학의 역사학 교수였던 뷰어리(Burry, 1914)도 퍼스와 비슷하게 과학적 방법을 정의하였다. 그러면서 뷰어리는 "과학적 연구방법은 특히 권위적 방법에 대한 이성(理性)의 끊임없는 투쟁"이라면서 그 이유를 다음과 같이 설명하고 있다.

> 어떤 문제에 대하여 "그것을 어떻게 아는가?"라고 물으면, 대부분의 사람들은 "아주 권위 있는 사람에게서 들었다"든지, "책에서 읽었다"거나 또는 "학교에서 배웠다"고 대답한다. 그러나 이러한 대답들은 모두가 남의 지식을 믿고 거기서 지식을 얻어왔다는 것을 말하는 것으로, 대부분의 사람들이 지닌 지식은 대부분이 이런 종류의 것이며, 그 진부를 확인하지 않고 받아들인 것들이다. 예컨대, 지도(地圖) 위에 표시된 한 지점에 '콜카타'라는 도시가 있다는 것을 대개의 사람들은 권위적

방법에 의하여 받아들인다는 사실이다. 또한 '나폴레옹'이나 '카이사르'의 존재도 이와 마찬가지이다. 하지만 이와 같이 남의 권위에 의해서 여러 사실을 인정하고 받아들이기만 한다면 우리의 지식은 매우 국한되어 버릴 것이 명백하다. 그리고 때로는 그 지식이 잘못된 것일 수도 있다(J. B. Burry 저, 양병우 역, 1958, p. 12).

따라서 남의 지식을 받아들일 때는 한 가지 조건이 필요하다는 것이다. 즉 입증 내지 확인할 수 있는 사실만 받아들이거나 또는 자기가 배운 사실의 진부(眞否)를 확인해 본 뒤에 받아들여야 하는데, 약간의 수고만 감수한다면 앞서 말한 '콜카타'의 존재를 직접 확인해 볼 수는 없더라도 그것을 입증해 주는 많은 증거를 찾을 수 있다고 한다. 마찬가지로 '나폴레옹'의 존재도 직접 확인해 볼 수 없으나, 의심이 날 때 조금만 연구하면 그의 존재 사실의 증거를 많이 발견할 수 있다. 과학적 연구방법이란 바로 이처럼 남의 권위에 의해서 배운 사실의 진부를 입증 내지 확인해서 받아들이는 방법이며, 따라서 "과학적 연구방법이란 곧 권위적 방법에 대한 이성(理性)의 끊임없는 투쟁"이라는 것이다.

한편 미국의 과학철학자 화이트헤드(Whitehead, 1911, p. 157)도, 과학적 연구방법이란 다름이 아니라 항상 자기의 관념(notion)을 실증적으로 비판·검토하는 태도나 방법인 반면, 이러한 태도와 실증적 검토 없이 상식(common sense)에 의하여 사물을 판단하고 결론을 짓는 것은 곧 비과학적 연구방법이라고 하였다. 그러면서 그는 "상식이란 새로운 아이디어를 낡은 것으로 보게 하는 가장 나쁜 선생님(bad master)"이라고 주장했다.

2) 과학적 연구방법의 주요 요건

앞서 학자들이 지적한 바와 같이, 과학적 연구방법이란 특수한 연구방법이나 기교(技巧) 또는 고정된 공식(a fixed formula)이 아니라, 어떤 문제나 현상에 대한 객관적 태도와 비판적 사고(思考) 및 실증적 확인 등을 통한 연구방법을 말한다. 그렇다면 좀 더 구체적으로 과학적 연구방법이란 어떤 식의 연구방법을 말하며, 그 요건은 무엇인가?

아우어(Auer, 1959, p. 25)는 과학적 연구방법의 대표적 실례로서 일찍이 듀이(Dewey, 1933, pp. 109-118)가 어떤 문제에 대한 해결방법 내지 탐구과정의 하나로 제시했던 다음과 같은 반사적 사고(reflective thinking) 방식을 들고 있다.

제1단계 해결하려는 문제를 정확히 분석해서 정확하게 규정한다.

제2단계 제1단계에서 규정한 문제에 관한 기존 연구들의 결과나 자신의 경험을 바탕으로 그에 대한 여러 가지 해결방법 또는 가설들을 설정한다.

제3단계 제2단계에서 설정한 여러 가지 해결방법이나 가설들을 하나하나 검토해 나가면서 그중에서 가장 타당한 것을 고른다(연역적 사고의 단계).

제4단계 제3단계에서 선정한 해결방법이나 가설의 타당성을 실증적 관찰이나 검증 등의 귀납적 방법을 통하여 확인한다(귀납적 단계).

커린저(Kerlinger, 1966, p. 13)도 역시 과학적 연구방법이란 듀이의 반사적 사고방식을 통하여 어떤 현상이나 문제에 관한 가설적 명제(hypothetical propositions)들을 체계적이고 통제된 관찰(controlled observation)을 통하여 실증적이고 비판적으로 탐구 · 검증하는 방법이라고 말하였다. 그러면서 이러한 과학적 연구방법의 주요 요건으로서 체계성, 통제된 관찰, 실증성, 비판성을 들고 있다.[4] 또한 모건과 킹(Morgan and King, 1966, pp. 13-14)도 커린저와 마찬가지로 말하면서, 그러나 과학적 연구방법의 또 하나의 주요 요건으로서 연구하고자 하는 개념이나 현상에 관한 조작적 정의(operational definition)의 사용을 추가하고 있다.[5]

한편 앤더슨(Anderson, 1967, p. 6)은 과학적 방법이란 어떤 현상을 연구할 때 ① 조작적 정의를 사용하고, ② 특수한 경우가 아니라 일반성(generality)을 추구하며, ③ 통제관찰 방법을 사용하되 ④ 반복관찰(repeated observation)을 통하여 ⑤ 확증(confirmation)하며, ⑥ 연구결과의 설명에 합치성(consistency)이 있는 방법이라면서, 이러한 여섯 가지 원칙(rule)에 따라 어떤 현상을 연구하고 설명하는 것은 과학적 방법이며, 이와 같은 원칙을 따르지 않거나 또는 무시하는 것은 비과학적 방법이라고 말하고 있다.

2. 사회과학의 하나로서 커뮤니케이션학의 연구방법

앞에서 우선 과학적 연구방법의 본질과 요건부터 간단히 살펴보았는데, 그러면 커뮤니케이션학도 하나의 독립학문으로서 앞서 살펴본 바와 같

---

4 '체계성'이란 연구과정이 논리적이고 조직적인 것을 말하고, '통제된 관찰'이란 관찰하고자 하는 현상에 영향을 미치는 가외변인(加外變因)들을 엄격히 배제한 상태에서 그 현상을 관찰하는 것을 말하며, '실증성' · '비판성'이란 연구자의 주관적 생각이나 판단을 버리고 관찰된 객관적 사실을 근거로 가설적 명제를 검증, 주어진 문제에 대한 결론을 도출하는 것을 말한다.

5 조작적 정의란 어떤 개념이나 변인을 어떻게 측정 또는 조작하겠다고 구체적으로 명시함으로써 그 개념이나 변인 등에 의미를 부여하는 방법을 말한다. 조작적 정의에는 다시 두 가지, 즉 측정에 의한 조작적 정의(measured operational definition)와 실험에 의한 조작적 정의(experimental operational definition)가 있다(차배근 · 차경욱, 2013, p. 139).

은 과학적 연구방법을 갖추고 있는가? 이에 대한 결론부터 말하면, 현재의 커뮤니케이션학은 "그렇다"고 할 수 있다. 그러나 모든 학문의 발전과정이 그러했듯이 커뮤니케이션학도 그 초기 단계에서는 과학적 연구방법을 제대로 갖추지 못했는데, 우선 그 이유와 과학적 연구방법의 정립과정을 간단히 알아본다.

1) 조사방법과 실험방법 등 사회과학적 연구방법의 발전

앞서 제1장에서 살펴보았듯이, 오늘날의 커뮤니케이션학은 본래 '신문학'(新聞學, journalism)과 '스피치학'(speech)이라는 명칭으로 20세기 초부터 대학에서 그에 관한 연구와 교육을 시작했다. 그러나 1940년대까지는 모든 커뮤니케이션 현상에 관한 과학적 연구보다는 신문·잡지·방송·연설·토의·토론 등에 관한 실무(實務)나 언론의 자유와 책임·윤리 등에 관한 규범적 문제에 비중을 두면서, 이들을 주로 인문주의 방법을 통하여 연구했다. 그 결과 과학적 연구방법을 제대로 갖출 수 없었다.

이처럼 초기의 커뮤니케이션학 연구에서 과학적 연구방법을 제대로 갖추지 못했던 또 하나의 주요 이유는, 1920년대 이전에는 사회과학 분야에서는 과학적 연구방법 자체가 제대로 개발되어 있지 않았기 때문이다. 예컨대, 오늘날 모든 사회과학 분야에서 널리 사용되고 있는 조사연구방법(survey method)만 하더라도, 이 방법이 처음 개발되어 가족연구에서 사용된 것은 이미 19세기 말 프랑스에서부터였으며, 20세기 초에는 영국에서도 부스(Charles Booth)가 런던의 빈민들에 관한 연구에서 사용한 바 있다. 그러나 이것이 하나의 과학적 연구방법으로 정립되기 시작한 것은 1920년대에 통계학자들이 개발한 조사대상자들의 표집(標集, sampling) 이론과 통계방법을 그에 도입하는 한편,

체계적 면접방법과 결합시키면서부터였다. 그리하여 1940년경에 와서야 오늘날과 같은 방법으로 발전하게 되었다.

따라서 그 이전에는 커뮤니케이션학 연구에서도 조사연구방법을 사용하지 못했다. 그러나 이 방법이 1940년대에 정립되자 이를 커뮤니케이션 연구에서도 도입하기 시작했는데, 그 대표적 연구의 하나는 1940년 미국 대통령 선거 당시 오하이오(Ohio)주 에리(Erie)군의 유권자들을 대상으로 이들의 투표의사 결정과정에서 매스미디어의 영향을 조사한 라자스펠드 등(Lazarsfeld, Berelson and Gaudet, 1948)의 연구였다.[6]

한편 여러 가지 과학적 연구방법들이 사회과학 분야에서 사용되기 시작한 것은 1920년대부터였는데, 그 즈음 행동주의 심리학이 크게 대두되자 이를 계기로 심리학 분야에서 실험연구방법이 크게 발달, 객관적 검사와 측정방법, 통제실험방법 등 여러 가지 새로운 과학적 실험연구방법들이 개발되었다.[7] 그러자 이러한 방법들을 커뮤니케이션 연구에서도 도입 또는 원용하여 인간의 커뮤니케이션 행동을 연구하기 시작했다. 그러나 커뮤니케이션 분야에서 실험연구방법이 본격적으로 사용된 것은 1940년에 와서였는데, 앞서 제1장에서 말했듯

---

6 이 연구의 결과는 1948년 『국민의 선택』(*The People's Choice: How the Voter Makes up His Mind in a Presidential Election*)이라는 제목의 단행본으로 출판했는데, 이 연구에서 저 유명한 '매스커뮤니케이션의 2단계 유통이론'(The Two-step Flow Theory of Mass Communication)이 처음 발견되었다.

7 행동주의 심리학의 대두를 계기로 심리학 분야에서 새로운 과학적 연구방법들이 크게 발달한 이유를 간단히 설명하면, 1920년대까지의 심리학(구조주의 심리학)에서는 인간의 정신 또는 마음에 관한 자연주의 법칙의 발견에 관심을 두면서 주로 정신세계의 내면적 관찰, 즉 내관(內觀, introspection)을 중요한 심리학적 연구방법으로 삼아왔다. 그러나 1920년대에 대두한 행동주의 심리학에서는 종래의 내관적 방법을 비판하면서, "심리학은 관찰이 가능하고 측정할 수 있는 행동만을 다루어야 하며, 측정할 수 없는 것은 잊어버려라"면서 행동의 객관적 관찰을 위한 여러 가지 과학적 연구방법을 개발했기 때문이다.

이 특히 미국 예일대학의 호블랜드(Carl Hovland)는 실험방법을 도입하여 여러 가지 커뮤니케이션 현상들을 실증적으로 연구함으로써 커뮤니케이션학의 과학화와 과학적 연구방법의 체계화에 크게 공헌했다.

2) 여러 가지 과학적 방법의 도입과 커뮤니케이션 연구방법의 정립

이와 같이 1920년대부터 여러 사회과학 분야에서도 새로운 과학적 연구방법들이 개발되자, 그것들을 커뮤니케이션학에서도 도입 또는 원용하기 시작했다. '커뮤니케이션'이라는 인간들의 행동을 연구하자면 심리학적 및 사회심리학적 연구방법이 필요하며, 커뮤니케이션의 사회적 기능과 영향을 연구하려면 사회학적 연구방법이 필요하고, 또한 문화적 요인이 인간의 커뮤니케이션 행동에 어떠한 영향을 미치는가를 밝히기 위해서는 문화인류학적 연구방법도 필요하기 때문이다. 따라서 이러한 방법들을 다른 학문분야로부터 도입하는 한편, 자체적으로는 내용분석방법(content analysis method) 등의 새로운 연구방법도 개발했다. 그리하여 1950년대 내지 1960년대 들어와서는 커뮤니케이션학 분야에서도 나름대로의 과학적 연구방법을 갖추게 되었는데, 이에는 물론 다른 사회과학 분야에서 개발된 여러 가지 새로운 과학적 연구방법들의 영향도 컸지만, 또한 종래의 전통적 커뮤니케이션학 연구에 관한 자체적 반성도 컸다.

즉, 앞서 제1장에서 말했듯이 커뮤니케이션학의 전신(前身)인 신문학과 스피치학에서는 신문·잡지 등의 인쇄매체 커뮤니케이션 현상이나 연설·방송·토의·토론 등의 구두 커뮤니케이션 현상을 중심으로 그에 관한 실무적 문제나 언론의 자유와 책임·윤리 등에 관련된 규범적 문제 등을 주로 인문주의적 방법을 통하여 연구해왔었다.

그러나 1920년대부터 라디오 방송이 나타나고 1940년대에는 텔레비전 방송도 등장하는 등 새로운 전파미디어 커뮤니케이션의 시대가 개막되어 막대한 영향력을 행사하기 시작하자, 신문학과 스피치학은 연구와 교육 대상을 인간사회의 모든 커뮤니케이션 현상으로 확대하는 한편, 이를 과학적 방법을 통하여 연구, 커뮤니케이션학도 하나의 사회과학으로 발전시켜야 한다는 자성(自省)의 소리가 높아갔다. 그리하여 1950년대부터는 연구대상을 모든 커뮤니케이션 현상에 관한 것으로 확대하는 동시에 이를 과학적 방법을 통하여 연구함으로써, 종래의 신문학과 스피치학이 오늘날과 같은 커뮤니케이션학으로 발전하여 하나의 완전한 독립된 학문이 되었다.

하지만 앞으로 커뮤니케이션학이 더욱 발전하려면 계속하여 새로운 과학적 방법들을 더 많이 연구·개발해야 한다. 복잡한 커뮤니케이션 현상을 연구하고 그에 관한 보편타당한 과학적 이론을 정립하려면 더 많은 과학적 연구방법들이 요구되기 때문이다. 그럼에도 불구하고 아직도 조사방법, 실험방법이나 통계방법 등의 실증적 연구방법을 경시하거나, 심지어는 그 기본원리나 장점은 알려고도 하지 않고 단점과 한계성만 들면서 무조건 배척하려는 커뮤니케이션학도들도 없지 않은데, 이는 커다란 잘못이다. 왜냐하면 실험방법이나 통계방법 등을 알지 못하고는 커뮤니케이션 현상에 관한 과학적 연구가 불가능할 뿐만 아니라, 이러한 방법론을 사용하여 연구해 놓은 다른 사람의 연구논문도 제대로 이해할 수 없기 때문이다. 또한 아무리 그럴듯한 인문주의적 입언(立言)이라도 과학적 연구방법에 의한 실증을 수반하지 않는다면 그것은 어디까지나 가설 내지 아이디어(idea)에 머물게 되기 때문이다. 따라서 인문주의적 연구방법에 의해 얻어진 어떤 가설이나 아이디어가 "참이냐, 거짓이냐"를 검증해 보려면 실증적 연구방법이 반드시 필요하다.

그러므로 커뮤니케이션학을 연구하려는 학생들은 반드시 조사연구방법, 실험연구방법, 통계방법 등 실증적 연구방법도 알아야 하며, 나아가서는 새로운 과학적 연구방법들을 개발해야 커뮤니케이션학이 더욱 발전할 수 있다. 그렇다고 해서 커뮤니케이션 연구에 반드시 실증적 연구방법만 사용해야 된다는 것은 아닌데, 커뮤니케이션학 연구의 전반이 실증과학적 또는 경험과학적 연구대상만 될 수는 없기 때문이다. 예컨대 언론의 자유와 책임 · 윤리 등에 관련된 가치관 · 규범 · 방향 · 판단 등의 여러 문제는 확실히 실증과학 이상의 것이며, 따라서 커뮤니케이션학의 전반적 탐구에는 인문학적 사고와 연구방법도 필요하다. 그러므로 커뮤니케이션학의 발전을 위해서는 여러 가지 연구방법들이 필요하다.

3. 커뮤니케이션학에 대한 여러 접근방법에 따른 연구방법

앞에서 말했듯이 커뮤니케이션학 연구에서도 과학적 연구방법을 사용하고 있으며, 또한 그렇게 해야 한다. 그러나 과학적 연구방법이라고 해서 조사방법이나 실험방법 등 실증적 연구방법만을 말하는 것은 아니다. 문헌연구방법이나 역사연구방법 등 인문학적 연구방법도 그것이 과학적 연구방법으로서의 요건만 갖추면 역시 과학적 방법인데, 이러한 인문학적 연구방법도 커뮤니케이션 연구에 반드시 필요하다. 복잡하고 다양한 커뮤니케이션 현상을 여러 가지 입장이나 각도에서 연구해 보려면 여러 가지 연구방법과 접근방법들이 필요하기 때문이다. 그러면 여기서 '접근방법'이란 무엇인가?

커뮤니케이션학에서 접근방법이란, 간단히 말해서 연구대상인 커뮤니케이션 현상을 이해하기 위해, 예컨대 심리학적 입장에서 커뮤니케이터와 수용자 간의 커뮤니케이션 행동을 분석해 본다든지, 또는 사회학적 입장에서 커뮤니케이션의 사회적 기능들을 분석해 본다든지, 또는 언어학적·기호학적 입장에서 인간들이 어떻게 기호를 사용하면서 서로 커뮤니케이션을 하느냐 하는 문제를 연구해 본다든지 하는 것을 말한다. 바로 이와 같은 접근방법들은 커뮤니케이션 연구에서 반드시 필요한데, 다양하고 복잡한 커뮤니케이션 현상을 이해하려면 그것을 여러 각도나 입장에서 연구해 보아야 하기 때문이다. 그러므로 커뮤니케이션학의 연구에서도 여러 가지 다양한 접근방법들을 사용해왔는데, 그중에서 많이 사용해오고 있는 접근방법으로는 정치학적·사회학적·사회심리학적·심리학적 등의 사회과학적 내지 행동과학적 접근방법을 들 수 있다. 이러한 것들 이외에 또한 역사학적·언어학적·기호학적·철학적·인류학적·법학적·경영학적·공학적 접근방법 등도 많이 사용해왔다.

이와 같은 여러 가지 접근방법들을 파커(Parker, 1973, p. 640)는 커뮤니케이션학의 세 가지 차원의 연구문제에 따라 [그림 1-3-2]과 같이 크게 세 가지 유형, 즉 ① 커뮤니케이션의 기술적·실용적 차원의 연구문제에 대한 저널리스틱 접근방법, ② 커뮤니케이션의 정책적·규범적 차원의 문제에 대한 인문학적(역사학적·법학적·철학적·정치학적) 접근방법, ③ 커뮤니케이션의 과정과 효과에 관한 과학적 차원의 문제에 대한 행동과학적(심리학적·사회심리학적·사회학적) 접근방법으로 나누어 볼 수 있다면서, 이와 같은 세 가지 접근방법은 커뮤니케이션학 연구를 위해서는 반드시 필요하다고 하였다.

첫째, 커뮤니케이션의 기술적·실용적 차원의 연구문제에 대한 저널리스틱 접근방법이란, 커뮤니케이션의 효과적 방법과 기술·기능(技能) 등의 연구와 개발을 위하여 그에 관한 실용적 문제들을 저널리스틱 입장에서 연구하는 방법인데, 과거의 전통적 신문학(journalism)에서는 주로 이러한 접근방법을 통하여 뉴스 보도방법, 신문기사 작성·

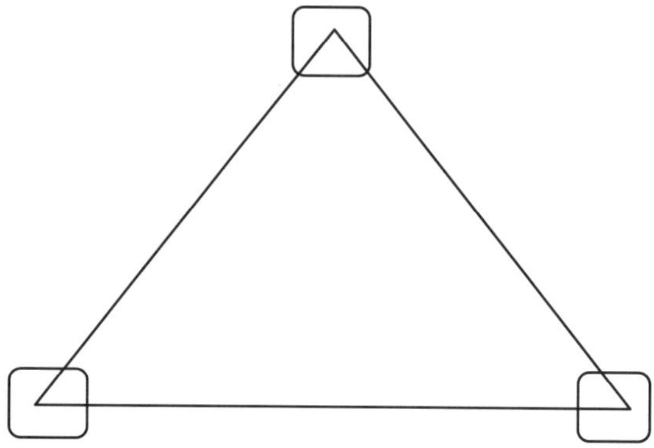

출처: Parker(1973), p. 640.

[그림 1-3-2] 커뮤니케이션학의 세 가지 차원에 대한 접근방법

편집방법 등을 연구해 왔다. 이러한 접근방법은 현대의 커뮤니케이션학에서도 반드시 필요한 방법인데, 인간들 간의 효과적인 커뮤니케이션이나 전문 언론인의 양성을 위해서는 우선 커뮤니케이션의 효과적 방법·기술·기능(技能) 등을 연구·개발하여 이를 가르쳐야 하기 때문이다.

둘째, 커뮤니케이션의 정책적·규범적 차원의 문제에 대한 인문학적 접근방법이란, 언론의 자유와 책임·윤리·법(法)과 제도 등에 관련된 여러 가지 문제들을 역사학적·법학적·철학적·정치학적 등의 입장에서 연구, 그에 대한 정책이나 방향 등을 제시하기 위한 접근방법을 말한다. 이러한 접근방법도 커뮤니케이션학 연구에서 반드시 필요한데, 특히 언론의 자유·책임·제도·법과 윤리 등에 관련된 가치·규범·방향·판단·정책 등에 관한 여러 문제들의 연구를 위해서는 이

와 같은 인문학적 접근방법이 요구되기 때문이다.

셋째, 커뮤니케이션의 과정(process)과 효과(effects) 등에 관한 과학적 차원의 문제에 대한 행동과학적 접근방법이란, 커뮤니케이션 현상을 과학적 입장에서 특히 실증적 연구방법을 통하여 연구하는 접근방법으로서 심리학적·사회심리학적·사회학적 접근방법 등을 말하는데, 이러한 방법은 커뮤니케이션 현상에 관한 보편타당한 과학적 '커뮤니케이션 이론'을 정립하는 데 필요하다. 앞서 말했듯이 커뮤니케이션 현상을 이해하려면 우선 그것을 정확하고 명확하게 기술·설명·예측·통제할 수 있는 커뮤니케이션 이론을 정립해야 하는데, 그러자면 심리학적·사회심리학적·사회학적 방법 등의 행동과학적 접근방법을 통하여 우선 커뮤니케이션의 과정과 효과 등을 연구해야 하기 때문이다. 따라서 1940년대 후반 내지 1950년대 초반부터 행동과학적 내지 사회과학적 접근방법이 커뮤니케이션 연구에 도입되기 시작하여 전통적 신문학을 오늘날과 같은 현대적 커뮤니케이션학으로 발전시키는 데 크게 공헌했다

제2편

커뮤니케이션학에서는 무엇을 가르치는가

제1장

세계 주요 국가의 커뮤니케이션학 교육 실태

앞서 제1편에서는 커뮤니케이션학이란 어떤 학문인지 알아보기 위하여 그 역사, 연구대상, 연구방법 등에 관하여 살펴보았다. 제2편에서는 대학의 커뮤니케이션 관련 학과에서는 어떤 과목들을 가르치는지에 대하여 알아보기로 하는데, 이들 과목을 살펴보면 커뮤니케이션학이 어떤 학문인지 좀 더 잘 이해할 수 있기 때문이다. 우선 제1장에서는 커뮤니케이션학이 비교적 발달한 미국 · 독일 · 영국 · 일본의 주요 대학에서 커뮤니케이션 관련 학과의 교과과정(curricula)을 살펴본 뒤에, 제2장에서는 우리나라 대학의 커뮤니케이션 관련 학과에서는 무엇을 가르치는지 여러 유형의 대학을 선정하여 구체적으로 그 교과과정을 알아보기로 한다.

가. 미국에서 커뮤니케이션학 교육과 주요 대학의 교과과정

세계 여러 나라 중에서 커뮤니케이션학이 일찍부터 발달한 나라는 제1편 제1장 '커뮤니케이션학의 기원과 발전의 역사'에서 살펴보았듯이 미국인데, 현재도 커뮤니케이션학 교육이 세계에서 가장 활발하게 이루어지고 있다. 현재 미국의 대학에는 모두 1,500여 개의 커뮤니케이션 관련 대학(college)·학부(school)·학과(department) 등이 설치되어[1] 광범위한 스펙트럼의 커뮤니케이션 교육을 하고 있다. 그러나 이들 대학·학부·학과 등의 교과과정을 모두 살펴보는 것은 불가능하므로, 여기서는 3개 대학교, 즉 커뮤니케이션 관련 대학을 설치해서 커뮤니케이션을 교육하는 대학 중에서는 텍사스대학교, 커뮤니케이션 관련 학부를 설치해서 교육하는 대학 중에서는 위스콘신대학교, 그리고 커뮤니케이션 관련 학과를 설치해서 교육하는 대학 중에서는 스탠퍼드대학교의 학사과정 교과과정만 간단히 소개하기로 한다.

1. 텍사스대학교 무디커뮤니케이션대학 교과과정

1883년 개교한 미국 텍사스주 오스틴 소재 텍사스대학교(The University of Texas at Austin)는 커뮤니케이션 전문 대학을 설치하여 운영하고 있다. 무디 재단(Moody Foundation)이 커뮤니케이션 연구와 교육의 발

1 2001년도 피터슨위원회의 조사보고서(*Peterson's 4 Years Colleges*, Princeton, New Jersey, 2001)를 보면, 1999년 미국과 캐나다에는 4년제 대학만도 모두 1,848개가 있는데, 그 중에서 4년제 저널리즘 전공과정을 설치한 대학이 약 430개, 그 밖의 각종 커뮤니케이션 관련 전공과정을 설치한 대학이 1,044개였으며, 이들 대학에 설치된 저널리즘과 커뮤니케이션 관련 대학·학부·학과 등의 총수는 무려 1,687개에 달했고, 재학생 수는 약 15만 명이었다. 그러나 이 수치에는 캐나다 대학들도 포함되어 있으며, 또한 그간에 어떻게 변화하여 현재 미국에는 몇 개의 커뮤니케이션 관련 대학·학부·학과 등이 있는지 그에 관한 자료를 찾지 못해 정확히 알 수 없으나 최소한 1,500개는 넘을 것으로 추정된다. 이들 중 저널리즘과 매스커뮤니케이션 관련 학부와 학과의 수는 700여 개로 추정되는데, 미국 저널리즘 및 매스커뮤니케이션 교육 인증위원회(Accredited Council on Education in Journalism and Mass Communication, ACEJMC)의 자료를 보면 2002년 당시 미국 대학에 설치된 저널리즘과 매스커뮤니케이션 관련 학부와 학과의 수는 총 696개였기 때문이다. 이들 중 ACEJMC가 인증해 준 학부와 학과 수는 103개였으며, 2016년 5월 현재는 119개이다(http://www2.ku.edu/~acejmc/BREAKING/2016%20ACEJMC%News%20Release.pdf).

전을 위하여 5천만 달러를 기증하자, 이를 기리기 위해서 2013년 11월 7일 기존의 커뮤니케이션대학을 '무디커뮤니케이션대학'(Moody College of Communication)으로 명칭을 바꾸었다. 현재 그 아래 2개 학부(저널리즘학부, 광고·홍보학부)와 3개 학과(라디오·텔레비전·영화학과, 커뮤니케이션학과, 커뮤니케이션과학 및 장애학과)를 두어 커뮤니케이션학을 교육하고 있다. 그러면 이들 학부와 학과에서는 주로 어떤 전공과목들을 가르치고 있는가?

1) 저널리즘학부의 교과과정

1908년 미국에서 최초로 미주리대학교가 저널리즘학부를 신설한 이후 각 대학에서 저널리즘학부들을 설치하자, 텍사스대학교도 1914년 문리과대학(College of Arts and Sciences)에 저널리즘학부(School of Journalism)를 설치했다. 그 뒤 저널리즘학부를 저널리즘학과로 변경했다가, 2000년 11월 다시 저널리즘학부로 바꾸어 오늘에 이르고 있다.

저널리즘학부의 2015-2016학년도 학사과정 교과과정(교양과목과 일반선택과목은 생략)을 소개하면 [표 2-1-1]과 같다. 이 표에서 보듯이 저널리즘학부는 교과과정을 그 수준(level, 난이도)에 따라 5개 군(群), 즉 ① 수준 1: 기초(Level 1: Foundations), ② 수준 2: 응용(Level 2: Applications), ③ 수준 3: 전문(Level 3: Specialized Issues & Skills), ④ 수준 4: 윤리법제(Level 4: Professional Principles), ⑤ 수준 5: 현장실습(Level 5: Professional Practices)으로 나누어 가르친다.

첫 번째 수준의 기초과목은 필수과목인 ① 저널리즘입문, ② 디지털스토리텔링기초, 그리고 선택과목인 ③ 보도사진입문으로 구성되어 있다. 저널리즘입문 과목에서는 저널리즘의 비판적 사고와 감수성을 키우고, 디지털스토리텔링기초 과목에서는 디지털 기술을 통한

[표 2-1-1] 텍사스대 저널리즘학부 교과과정(2015-2016학년도)

구분	교과목
수준 1: 기초	**필수과목**: 저널리즘입문(Fundamental Issues in Journalism), 디지털스토리텔링 기초(Digital Storytelling Basics) **선택과목**: 보도사진입문(Photographic Communication)
수준 2: 응용	문어기사작성법(Reporting: Words), 이미지기사작성법(Reporting: Images)
수준 3: 전문	(1) **범주 1-공공문제보도(Public Affairs Reporting)**: 경찰·법정보도(Covering Cops and Courts), 시·군정부보도(Reporting on City & County Government), 주정부보도(Navigating State Government), 교육보도(Education Reporting), 산업·경제보도(Business and Financial Reporting), 정치보도(Covering Politics) (2) **범주 2-전문저널리스틱기술(Specialized Journalistic Skills)**: 구술사저널리즘(Oral History as Journalism), 디지털기술(Digital Entrepreneurship), 그래픽디자인(Graphic Design for Online and Print), TV보도 및 제작(Television Reporting and Producing), 피처기사작성(Long Form Feature Writing), 팟캐스팅(Podcasting), 뉴스편집(News Editing for Online and Print), 소셜미디어저널리즘(Social Media Journalism), 잡지기사작성·제작(Magazine Writing and Production), 탐사보도(Investigative Reporting), 컴퓨터이용보도(Computer-Assisted Reporting), 사회다큐멘터리제작(Producing Social Documentaries for TV News), 디지털스토리텔링(Storytelling in a Digital World), 논픽션기사작성(Creative Non-Fiction for Magazines and Books), 사진문화탐색(Cultural Survey of Photography), 비주얼저널리즘-사진(Advanced Visual Journalism -Photo), 비주얼저널리즘-영상(Advanced Visual Journalism-Video), 의견기사작성(Opinion Writing) (3) **범주 3-사회문제의 이해와 보도(Understanding and Reporting Social Issues)**: 환경보도(Reporting on the Environment), 스포츠보도(Covering Sports), 도시저널리즘(Urban Journalism), 건강보도(Health Reporting), 인권저널리즘(Human Rights Journalism), 종교보도(Reporting Religion), 특파원의 국제보도(Reporting the World, A Foreign Correspondent's Framework), 세계경제보도(Covering the Global Economy), 디지털미디어와 사회탐구(Exploring Digital Media and Society), 사진문화사(Cultural History of Photography), 여성과 뉴스(Women and the News), 아프리카계 미국인의 이해와 미디어(Understanding African-Americans and the Media), 미국의 라틴계 주민 사회보도(Covering the U.S. Latino Community), 성과 성생활 보도(Reporting on Gender and Sexuality), 사회이슈보도(Social Issues Reporting), 국내문제에 관한 국제적 관점(Domestic Issues and Global Perspective), 아시아보도

구분	교과목
	(Reporting Asia), 라틴아메리카보도(Reporting Latin America), 라틴아메리카의 다큐멘터리 전통(Documentary Tradition in Latin America), 국경문제보도(Covering Border Isssue)
수준 4: 윤리법제	미디어법(Media Law), 저널리즘과 시민저널리스트(Journalism, Society & The Citizen Journalist), 저널리즘윤리(Journalism Ethics), 저널리즘역사(History of Journalism)
수준 5: 현장실습	멀티미디어 뉴스룸 실습(Multimedia Newsroom), 텍사스대학교 뉴스웹사이트(*Reporting Texas*) 실습, 현장인턴십(Professional Internship)

출처: http://journalism.utexas.edu/undergraduate/curriculum [2016-06-02]를 토대로 재구성.

표현법을 학습하며, 보도사진입문 과목에서는 보도사진의 중요성을 인식하고 장래에 보도사진기자로의 적성을 탐색하는 데 주안점을 두고 있다.

두 번째 수준의 응용과목은 앞서 기초과목에서 배운 지식과 기술을 응용해서 실제로 언어나 이미지로 보도기사를 작성해보는 과목들로, 곧 ① 문어기사작성법, ② 이미지기사작성법을 말한다. 이들 과목은 모두 전공필수과목으로 문어기사작성법에서는 보도, 기사작성, 편집 등의 실무교육을 배우며, 이미지기사작성법에서는 주요 사건에 관한 보도를 할 때 필요한 사진 · 비디오 · 디자인을 통한 표현법 등을 실습을 통하여 교육하고 있다.

세 번째 수준의 전문과목은 문자 그대로 전문분야 과목들을 말하는데, 이들 과목은 다시 3개 범주, 즉 ① 공공문제보도, ② 전문저널리스틱기술, ③ 사회문제의 이해와 보도 과목으로 나뉜다. 저널리즘 전공 학생들은 이들 세 범주 중에서 본인이 원하는 것 하나를 필수적으로 선택해서 전공을 해야 하는데, 첫 번째 범주는 경찰 · 법정 · 주정부 · 시청 · 학교 등 전통적 출입처 관행을 토대로 한 공공문제의 보도방법에 관한 교과목들로 이루어져 있다. 두 번째 범주는 좀 더 정교하고 세련된 저널리스트적 기술의 습득을 위한 과목들로서, 예컨대 구술사저널리즘, 디지털기술, 그래픽디자인, 피처기사작성, 팟캐스팅, 소셜미디어저널리즘, 탐사보도, 컴퓨터이용보도, 사회다큐멘터리제작, 디지털스토리텔링, 논픽션기사작성 등에 관한 과목들이다. 세 번째 범주는 역사적 및 사회문화적 함의를 담고 있는 광범위한 주제에 대한 보도방법 등에 관한 것으로, 예컨대, 교육 · 건강 · 환경 · 스포츠 · 산업, 여성과 소수자, 아프리카계 미국인, 라틴계 미국인 등의 보도방법에 관한 과목들이다.

네 번째 수준의 윤리법제 과목은 전문직(professional) 언론인으로서 반드시 갖추어야 할 윤리, 법률지식 등에 관한 과목들로서, 이는 저널리즘과 저널리스트의 역할과 의무에 대하여 탐색하고 그 의미를 다지는 과목들이다. 이들 과목은 구체적으로 미디어법, 저널리즘과 시민저널리스트, 저널리즘윤리, 저널리즘역사 등인데, 이들 중 미디어법은 필수과목이다.

다섯 번째이자 마지막 수준의 현장실습 과목은 문자 그대로 현장에 들어가 실습하는 과정으로서, 저널리즘학부의 모든 학생은 의무적으로 학교의 멀티미디어 뉴스룸에서 실습을 하면서 각자 자신의 디지털 포트폴리오를 만들어야 한다. 그 후 언론사에서 인턴십에 참여하거나 텍사스대학교의 뉴스 웹사이트인 '리포팅 텍사스'(*Reporting Texas*)에서 실습을 해야 한다.

2) 스탠 리처즈 광고 · 홍보학부의 교과과정

광고 · 홍보학 교과목은 본래 저널리즘학부에 포함되어 있었다. 1914년 텍사스대학교가 저널리즘학부를 신설할 때 교과과정에 광고 과목들도 넣었으며, 1948년에 광고전공 학사과정을 설치한 후 저널리즘학부의 한 과정으로 운영해 오다가 1974년 광고학과(Department of Advertising)로 독립시켰으며, 1999년에는 광고학과에 PR분야 교과과정을 추가했다. 그 뒤 2014년 스탠 리처즈 재단에서 1천만 달러의 기부금을 받아서 광고학과를 학부로 승격시키는 동시에 스탠 리처즈 광고·홍보학부(Stan Richards School of Advertising & Public Relations)로 개칭했다.

텍사스대학교 스탠 리처즈 광고·홍보학부의 2015-2016학년도 교과과정은 [표 2-1-2]와 같은데, 이에서 보듯이 교과과정은 광고전공과 PR전공으로 나누어 편성했으나 전반적으로 광고에 대한 비중이 더 높다. 기본적인 교과과정의 방향을 이론과 실습의 조화와 균형(theory×practice)에 두면서 학문기관과 직업학교로서의 양면적 가치를 추구하고 있다.

교과과정은 기초과정과 심화과정으로 나누고, 이들은 다시 광고·PR 공통과목과 광고전공과목 및 PR전공과목으로 나누어진다. 기초과정은 이론적 토대의 구축에 목표를 두고 있는데, 기본적 감각과 기초지식의 교육을 위한 광고·PR 공통과목으로는 창의성과 미국문화, 광고·PR입문 등을 개설하고 있다. 그리고 전공별 기초과정 과목들로는, 광고전공의 경우 광고의 기초, 광고와 통합브랜드커뮤니케이션개론, 인터넷광고, 광고심리학 등의 입문과목과, 광고의 사회문화적 의미를 다룬 광고와 대중문화, 사회와 윤리문제, 광고발달사 등의 과목들을 가르친다. 한편 PR전공의 경우는 PR의 기초, PR물작성, PR의 원리 등 기초과목들로 편성했다.

다음으로 심화과정의 경우, 광고·PR 공통과목은 전문직으로서의 규범을 교육하기 위한 과목(예컨대 광고·PR윤리법제, 광고·PR윤리 등)과, 실무의 원리에 관한 기초과목(예컨대 통합커뮤니케이션캠페인, 통합커뮤니케이션관리 등)을 개설했다. 한편 광고전공의 심화과정은 다양한 유형

[표 2-1-2] 텍사스대 스탠 리처즈 광고 · 홍보학부 교과과정(2015-2016학년도)

<table>
<tr><th>구분</th><th>광고전공</th><th>PR전공</th></tr>
<tr><td rowspan="2">기초과정</td><td colspan="2">[광고·PR 공통과목] 창의성과 미국문화(Creativity and American Culture), 광고·PR입문(Introduction to Advertising and Public Relations Research)</td></tr>
<tr><td>[광고전공과목] 광고와 대중문화(Advertising and Popular Culture), 인터넷광고(Adv. on the Internet), 광고의 기초(Fundamentals of Adv.), 사회와 윤리문제(Social and Ethical Issues), 광고발달사(History and Development of Adv.), 광고와 통합브랜드커뮤니케이션개론(Introduction to Adv. and Integrated Brand Communication), 광고심리학(Psychology of Adv.)</td><td>[PR전공과목] PR의 기초(Fundamentals of PR), PR물작성(Writing for PRs), PR원리(Principles of PR)</td></tr>
<tr><td rowspan="2">심화과정</td><td colspan="2">[광고·PR 공통과목] 광고·PR윤리법제(Advertising and PR Law and Ethics), 광고·PR윤리(Ethics in Advertising and PR), 통합커뮤니케이션캠페인(Integrated Comm. Campaigns: Honors), 통합커뮤니케이션관리(Integrated Comm. Management), 미디어연구(Media Studies), 스포츠와 미디어특강(Special Topics in Sports and Media), 개별지도학습(Honors Tutorial Course)</td></tr>
<tr><td>[광고전공과목] 광고창의성입문(Introduction to Adv. Creativity), 국제광고(International Adv.), 광고·PR의 다문화적 이슈(Multicultural Issues in Adv. and PR), 광고카피라이팅(Adv. Copywriting), 광고조사연구(Adv. Research), 광고미디어계획기초(Adv. Media Planning Foundations), 컴퓨터그래픽기초(Computer Imaging Topics), 통합커뮤니케이션디자인(Design of Integrated Comm.), 광고인턴십(Adv. Internship), 광고실습(Adv. Practicum), 광고특강(Special Topics in Adv.), 고학년광고세미나(Adv. Senior Seminar), 통합커뮤니케이션캠페인(Integrated Comm. Campaigns), 미디어와 협상연구(Advanced Studies in Media and Negotiations), 광고미디어연구(Adv. Media Topics), 고급광고연구(Advanced Studies in Adv.), 스포츠와 오락의 통합커뮤니케이션(Integrated Comm. for Sports and Entertainment), 광고문제연구(Advertising Problems), 포트폴리오 I, II, III, IV(Portfolio I, II, III, IV)</td><td>[PR전공과목] 미디어와의 관계기초(Fundamentals of Media Relations), PR기법(PR Techniques), PR인턴십(PR Internship), PR전략(Strategies in PR), PR출판물(PR Publications), PR고급연구(Advanced Studies in PR), PR문제연구(PR Problems)</td></tr>
</table>

출처: http://advertising.utexas.edu/undergraduate/advertising-course-inventory;/pr-course-inrentory [2016-06-02]를 토대로 재구성.

의 과목들로 편성했는데, 이들 과목은 크게 두 유형으로 나누어 볼 수 있다. 하나는 실무적 성격의 광고창의성입문, 광고카피라이팅, 광고조사연구, 광고미디어계획기초, 컴퓨터그래픽기초, 통합커뮤니케이션디자인 등이다. 그리고 다른 하나는 광고에 관한 다양한 사례와 주제를 놓고 이를 분석하는 과목(예컨대 국제광고, 광고특강, 고학년광고세미나, 광고미디어연구, 고급광고연구, 광고문제연구)들인데, 이들 심화과정 교과목들은 실무와 이론을 절충한 방식으로 이루어져 학교와 현장의 간극을 좁혀준다. 또한 심화과정에서는 포트폴리오 작성과 광고인턴십 및 광고실습 등의 교과목을 통해서 현장경험을 학습토록 하고 있다.

한편 PR전공의 심화과정 교과목은 광고전공보다 상대적으로 적게 편성되어 있다. 실무적 성격의 과목들로서 PR기법, PR전략, PR출판물 등을 편성했으며, 사례분석적 과목들로는 미디어와의 관계기초, PR고급연구, PR문제연구 등을 가르친다. 이 밖에 현장실습 과목인 PR인턴십이 개설되어 있다.

3) 라디오-텔레비전-영화학과의 교과과정

라디오-텔레비전-영화학과(Department of Radio-Television-Film)는 1965년 설치됐다. 그러나 그 이전인 1921년부터 스피치학과에서 아나운스먼트, 라디오 프로그램 편성과 제작 등에 관한 교육을 시작했으며, 1939년 방송전공 학위과정을 별도로 개설해서 라디오-TV-영화에 관한 교육을 실시해왔다.

텍사스대학교 라디오-텔레비전-영화학과의 2015-2016학년도 교과과정은 [표 2-1-3]과 같다. 이 표에서 볼 수 있듯이 교과과정은 기초과정과 심화과정으로 나뉘는데, 기초과정에서는 주로 라디오-TV-영화에 관한 개론·역사·비평분석 등을 중심으로 이루어진

[표 2-1-3] 텍사스대 라디오-텔레비전-영화학과 교과과정(2015-2016학년도)

구분	교과목
기초과정	미디어와 사회(Media and Society), 영화와 미디어산업발달사(Development of Film and Media), 내러티브전략과 매체기획(Narrative Strategies & Media Design), 이미지와 사운드입문(Introduction to Image and Sound), 아시아계 미국인영화사(Asian American Film History), 소비자문화와 글로벌미디어(Consumer Culture and Global Media), 디즈니세계의 해체: 월트디즈니사에 대한 미디어연구(Deconstructing Disney's Worlds: Media Studies Approaches to the Walt Disney Company), 어린이미디어탐구(Exploring Children's Media), 미국TV의 판타지장르분석: 슈퍼 히어로, 스페이스 오페라, 스크림 퀸스(Superheroes, Space Operas, and Scream Queens: Fantastic Genres on American TV), 미디어연구입문(Intro. to Media Studies-WB), 영화역사(Film History)
심화과정	**(1) 미디어연구과정**: 할리우드 연구(Global Hollywood), 1930년대 미국영화(American Cinema of the 1930s), 1960년까지 영화사(Film History to 1960), 인종과 영화(Screening Race), 여성영화인(Women Behind the Camera), 글로벌미디어입문(Intro. to Global Media), 기술문화(Technological Culture), 실험·아방가르드영화(Experimental Media, Art of Disruption), 파노라마와 영화세미나(Seminar in Landscape & Cinema), 아시아계 미국인의 미디어문화(Asian American Media Cultures), 미디어와 대중문화(Seminar in Media and Popular Culture), 혼혈과 미국영화, 그리고 미디어문화(Mixed Race and U.S. Film & Media Culture), 인종과 디지털미디어문화(Race and Digital Media Cultures), 인종·인터넷 및 소셜미디어(Race, Internet & Social Media), 젊은이와 소셜미디어(Youth and Social Media), 사회적 소수자와 다큐멘터리(Documenting Difference in Social Minority), 젠더와 팬 문화(Gender and Fan Culture), 라틴계 페미니즘과 미디어(Latino Feminism and Media), 뉴미디어기술과 문화(New Media Technologies and Cultures), 국제화와 소셜미디어(Globalization and Social Media), 비디오게임제작과 문화 및 비평(Video Game Production, Culture, and Criticism), 미디어 리터러시와 사회참여(Media Literacy and Civic Engagement), 아시아공포영화(Asian Horror Film), 클린트 이스트우드 영화연구(Films of Clint Eastwood), 텔레비전 분석과 비평(Television Analysis and Criticism), 1960년대의 젠더와 미디어(Gender & Media in the 1960s), 미디어고고학(Media Archaeology), 어린이·청소년 그리고 미디어(Children, Youth & Media) **(2) 미디어제작과정**: 시나리오작법기초(Intro. to Screenwriting), 멀티카메라TV연출(Multi-Cam Television Directing), 오디오제작(Audio Production: Sound for Picture), 사운드디자인(Sound Design and Mixing), 영화음악과 소리의 기능(ADV Functions of Music in Film), 고급내러티브영상제작(Advanced Narrative Production), 영화·게임을 위한 컴퓨터그래픽(Computer Graphics for Film & Games), 특수효과와 모션그래픽기초(Introduction to VFX & Motion Graphics), 상호작용미디어와 게임개발(Interactive Media & Game Development), 상호작용게임/미디어대본작성(Writing Interactive Games/Media), 고급특수효과와 모션그래픽(Advanced VFX & Motion Graphics), 컴퓨터그래픽과 캐릭터애니메이션(CG Character Animation), 비디오게임 내러티브디자인(Writing/Narrative Design for Video Games), 2D

구분	교과목
심화과정	게임개발(Game Development Capstone: 2D Games), 3D게임개발(Game Development Capstone: 3D Games), 편집입문(Intro. to Editing), 고급편집(Advanced Editing), 2D애니메이션입문(Intro. to 2D Animation), 3D캐릭터애니메이션(Character Animation in 3D), 연출워크숍(Directing Workshop), 음악영화제작(Music Film Production), 내러티브제작(Narrative Production), 다큐멘터리제작입문(Intro. to Documentary Production), 사회다큐멘터리제작(Social Documentary Production), 고급다큐멘터리제작(Advanced Documentary Production), 이스트 오스틴 스토리 다큐멘터리(East Austin Stories Documentary Project), 영화제작실습(Cinema Laboratory), 실험영화제작(Experimental Film Production), 3D제작입문(Intro. to 3D Production), 고급3D제작(Advanced 3D Production), 영화와 TV제작(Producing Film and Television), 16mm 내러티브영화제작(Narrative Filmmaking: 16mm), 제작고급과정(Advanced Producing: Script to Screen), 영화촬영법(Cinematography), 영화연기론(Acting for Filmmakers), 실감미디어제작(Immersive Media Production), 연출고급과정(Advanced Directing), 각본고급과정: TV파일럿프로그램(Advanced Screenwriting: TV Pilots), 각본고급과정: TV특별프로그램(Advanced Screenwriting: TV Specs), 각본고급과정: 과학/공포영화(Advanced Screenwrting: Sci-fi/Horror), 각본고급과정: 독립영화(Advanced Screenwriting: Indies), 각본고급과정: 피처영화(Advanced Screenwriting for Feature Film), 졸업논문: 대본·제작·미디어연구 중 택일(Thesis: Screenwriting, Production or Media Studies)

출처: http://rtf.utexas.edu/undergraduate/courses [2016-06-02]를 토대로 재구성.

다. 즉 개론 과목으로는 미디어와 사회, 미디어연구입문, 이미지와 사운드입문 등을, 역사 과목으로는 영화와 미디어산업발달사, 아시아계 미국인영화사, 영화역사 등을, 비평분석 과목으로는 내러티브전략과 매체기획, 소비자문화와 글로벌미디어, 디즈니세계의 해체, 미국TV의 판타지장르분석 등의 과목을 가르치고 있다.

한편 심화과정은 '미디어연구과정'(media studies)과 '미디어제작과정'(media production)으로 나누어 이들 중 하나를 학생들이 선택해서 전공하도록 한다. 미디어연구과정은 미디어에 관한 이론적 연구에 중점을 두고 있는데, 그 과목들은 상당히 세부적이고 구체적인 성격을 띠고 있다. 이 과목들은 다시 크게 두 영역으로 나누는데, 하나는 영화 관련 과목으로서, 예컨대 1960년까지 영화사, 인종과 영화, 실험·

아방가르드영화, 파노라마와 영화세미나, 아시아공포영화, 클린트 이스트우드 영화연구 등이다. 또 하나는 좀 더 큰 틀에서의 미디어와 문화에 관련된 과목으로서, 예컨대 뉴미디어 기술과 문화, 글로벌미디어입문, 아시아계 미국인의 미디어문화, 인종과 디지털미디어문화, 사회적 소수자와 다큐멘터리, 젠더와 팬 문화 등이다.

다음으로 미디어제작과정은 미디어 제작의 실무에 중점을 두는 과정으로, 이 과정은 다시 제작과 시나리오 부문으로 나뉜다. 이 중 제작 부문의 과목으로는 영화와 TV제작, 멀티카메라TV연출, 연출워크숍, 영화촬영법, 오디오제작, 내러티브제작, 16mm 내러티브영화제작 등이 있다. 이 밖에 컴퓨터그래픽, 특수효과와 모션그래픽기초, 2D게임개발, 상호작용미디어와 게임개발, 컴퓨터그래픽과 캐릭터애니메이션, 3D제작입문, 실감미디어제작 등과 같은 디지털 콘텐츠 관련 제작 과목도 많이 가르친다. 그리고 시나리오 부문에서는 '시나리오작법기초'를 먼저 수강한 뒤에 고급과목으로서 TV파일럿 프로그램, TV특별프로그램, 과학/공포영화, 독립영화, 피처영화, 상호작용게임/미디어대본작성 등을 수강토록 하면서 시나리오 작성법을 구체적이고 상세하게 가르치고 있다. 그런 다음 미디어연구, 시나리오, 제작 부문 중에서 하나를 선택해서 해당 부문에 관한 졸업논문이나 졸업작품을 제출해야 학사학위를 받을 수 있다.

4) 커뮤니케이션학과의 교과과정

커뮤니케이션학과(Department of Communication Studies)는 1899년 설치한 대중연설학과(Department of Public Speaking)에 기원을 둔 학과로 무디커뮤니케이션대학에서 가장 역사가 깊다. 1915년 대중연설학과는 스피치학과(Department of Speech)로 변경 · 확대되었으며, 그 뒤 다시 스피치커뮤니케이션학과로 개칭했다가 현재에는 커뮤니케이션학과로 존재한다.

텍사스대학교 커뮤니케이션학과의 2015-2016학년도 가을학기와 봄학기 교과과정은 [표 2-1-4]와 같은데, 이에서 보듯이 커뮤니케이션학과는 전통적인 스피치커뮤니케이션학에 기초를 두고 다양한 영역의 인간커뮤니케이션 현상에 관한 교육을 실시하고 있다. 즉 부부, 가족, 직장, 지역공동체 등에서의 다양한 인간들 간의 커뮤니케이션 행동과 방법 등에 관하여 교육하면서, 특히 광범위한 커뮤니케이션 상황에서 좀 더 효율적인 커뮤니케이션을 하기 위한 방법과 기능(技能, skill) 등을 가르치고 있다.

이와 같은 교육을 위한 대표적 교과목으로는 대인커뮤니케이션 이론, 소집단커뮤니케이션, 조직커뮤니케이션, 가족커뮤니케이션 등이 개설되어 있다. 이러한 공적(公的) 또는 사적(私的) 커뮤니케이션뿐만 아니라, 좀 더 거시적 측면에서 사회와 문화, 특히 대중문화 현상을 언어와 커뮤니케이션의 견지에서 연구하고 교육하기 위한 과목들, 예컨대 언어·커뮤니케이션과 문화, 힙합의 언어·문화·커뮤니케이션, 유명인(celebrity) 문화, 대중문화의 수사학-온라인 강좌 등의 과목도 개설하여 교육하고 있다.

한편 실제로 효과적인 커뮤니케이션을 하는 데 필요한 방법과 기술 등을 교육하는 실습과목들도 많이 가르치고 있다. 이러한 교과목으로는 설득이론, 논증과 주장, 논증사례연구, 고급프레젠테이션기술연습, 커뮤니케이션기술연습 등이 있다. 또한 인터뷰 원리와 실제, 고객과의 관계구축, 세일즈전략과 이벤트기획 등과 같은 현장의 전략적 커뮤니케이션 관련 과목도 개설되어 있다. 그런가 하면 대화의 장애, 거짓말과 기만, 갈등중재실습, 갈등조정연습 등과 같은 특수한 과목들도 가르치고 있다.

[표 2-1-4] 텍사스대 커뮤니케이션학과 교과과정(2015-2016학년도)

구분	교과목
2015 가을학기	토론워크숍(Forensics Workshop), 커뮤니케이션기술연습(Professional Communication Skills), 소집단커뮤니케이션(Team-Based Communication), 조직커뮤니케이션(Organizational Communication), 고급프레젠테이션기술연습(Advanced Presentation Skills), 대인헬스커뮤니케이션(Interpersonal Health Communication), 논증과 주장(Argumentation and Advocacy), 설득이론(Theories of Persuasion), 논증사례연구(Case Studies in Argumentation), 비언어커뮤니케이션(Nonverbal Communication), 고객과의 관계구축(Building Sales Relationships), 리더십이야기(Leadership Stories), 현장커뮤니케이션기술연습(Using Communication Technology at Work), 대중문화의 수사학-온라인강좌(Rhetoric of Popular Culture-WB), 커뮤니케이션과 사적 관계(Communication and Personal Relationships), 힙합의 언어·문화·커뮤니케이션(Language, Culture and Communication in the Hip Hop), 유명인 문화(Celebrity Culture), 진로탐색(Work 360), 대화의 장애(Difficult Conversations), 갈등조정연습(Practicum in Conflict Mediation)
2016 봄학기	커뮤니케이션기술연습(Professional Communication Skills), 토론워크숍(Forensics Workshop), 소집단커뮤니케이션(Team-Based Communication), 조직커뮤니케이션(Organizational Communication), 언어·커뮤니케이션과 문화(Language, Communication, and Culture), 대인커뮤니케이션이론(Interpersonal Communication Theory), 인터뷰 원리와 실제(Interviewing Principles and Practices), 대인헬스커뮤니케이션(Interpersonal Health Communication), 논증과 주장(Argumentation and Advocacy), 비언어커뮤니케이션(Nonverbal Communication), 세일즈전략과 이벤트 기획(Strategic Sales and Event Planning), 커뮤니케이션과 사회변화(Communication and Social Change), 거짓말과 기만(Lying and Deception), 시각미디어와 상호작용(Visual Media and Interaction), 소셜미디어와 조직커뮤니케이션(Social Media and Organizational Communication), 가족커뮤니케이션(Family Communication), 현장인턴십(Internship in Communication Studies), 갈등중재실습(Practicum in Conflict Mediation)

출처: https://comm-studies/utexas.edu/undergraduate/course/fall-2016;~/spring-2016 [2016-06-02]를 토대로 재구성.

이 밖에도 커뮤니케이션학과에서는 비언어커뮤니케이션, 시각미디어와 상호작용, 소셜미디어와 조직커뮤니케이션 등 다양한 과목들을 가르치고 있다.

5) 커뮤니케이션과학과 장애학과의 교과과정

미국에서는 커뮤니케이션 관련 학과의 하나로 언어장애에 관한 학과도 설치해 언어장애 현상을 연구하면서 그에 대한 진단과 치료 방법 등을 교육하고 있다. 텍사스대학교 역시 1941년 스피치학과 내에 '말하기와 듣기 클리닉'(Speech and Hearing Clinic)을 설치해서 음성과 청각장애자들의 치료방법 등을 연구 · 교육해 오다가, 1998년 '커뮤니케이션과학과 장애학과'(Department of Communication Sciences and Disorders)를 정식으로 설치했다. 그리하여 언어장애를 비롯한 모든 커뮤니케이션 장애 문제들을 연구 · 교육하면서 이 분야의 연구요원들과 실무전문가를 양성하고 있다.

텍사스대학교 커뮤니케이션과학과 장애학과의 2015-2016학년도 교과과정을 소개하면 [표 2-1-5]와 같다. 표에서 볼 수 있듯이 교과과정은 기초과정(lower division courses)과 심화과정(upper division courses)으로 나누어, 기초과정에서는 기초적이고 기본적인 과목들을 주로 가르치고 있으며, 심화과정에서는 수준이 높은 실무과목들을 가르치고 있다.

기초과정의 교과목들로는 커뮤니케이션장애입문, 청각장애론, 음성기술론, 청각과학, 아동의 커뮤니케이션 능력습득 등이 들어 있다. 심화과정의 교과목들로는 청각학원리, 언어와 두뇌, 음성과 청각기관의 해부학 및 생리학, 어린이의 음성 · 언어장애 평가와 치료입문, 임상실습 등 의학적 성격의 과목들이 많으며, 임상실무에도 많은 비중을 두고 있다.

[표 2-1-5] 텍사스대 커뮤니케이션과학과 장애학과 교과과정(2015-2016학년도)

구분	교과목
기초과정	커뮤니케이션장애입문(Introduction to Communication Disorders), 청각장애론(Perspectives on Deafness), 음성기술론(Phonetic Description of Speech), 청각과학(Hearing Science), 사회문화적 커뮤니케이션 기초(Sociocultural Bases of Communication), 아동의 커뮤니케이션 능력습득(Acquisition of Communicative Abilities in Children), 아동의 커뮤니케이션 능력습득-실험(Acquisition of Communicative Abilities in Children – Laboratory)
심화과정	커뮤니케이션 장애문제연습(Professional Issues in Communication Disorders), 청각학원리(Principles of Audiology), 언어와 두뇌(Language and the Brain), 음성과 청각기관의 해부학 및 생리학(Anatomy and Physiology of the Speech and Hearing Mechanism), 음성과학의 기초(Fundamentals of Speech Science), 개인지도: 읽기(Honors Tutorial Course: Reading), 커뮤니케이션과 청각장애인(Communication and Deaf People), 커뮤니케이션학과 장애문제연습(Topics in CSD), 커뮤니케이션과 문화 및 장애(Communication, Culture, and Disability), 어린이의 음성·언어장애 평가와 치료입문(Intro. to Speech and Language Disorders Assessment and Treatment in Children), 임상실습(Clinical Practicum), 음성·언어병리학 임상연구(Clinical Research in Speech/Language Pathology), 성인의 음성·언어장애 평가와 치료입문(Intro. to Speech and Language Disorders Assessment and Treatment in Adults), 청각재활원리(Principles of Aural Rehabilitation), 청각장애인교육세미나(Deaf Education Seminar), 임상청각학(Clinical Audiology), 커뮤니케이션학과 장애연구(Studies in CSD), 임상청각학실험(Clinical Audiology Laboratory), 개인지도: 특별프로젝트(Honors Tutorial Course: Special Project)

출처: http://csd.utexas.edu/undergraduate/course-inventory [2016-06-02]를 토대로 재구성.

2. 위스콘신대학교 커뮤니케이션 관련 학부 · 학과 교과과정

단과대학보다는 단위가 작은 학부(school), 즉 커뮤니케이션 관련 학부에서 커뮤니케이션 교육을 하는 대학교 중 그 실례의 하나로서 위스콘신주 매디슨 소재 위스콘신대학교(University of Wisconsin-Madison)의 저널리즘·매스커뮤니케이션학부(School of Journalism and Mass Communication)에서는 어떤 과목들을 가르치고 있는지 알아본다. 위스콘신대학교에는 저널리즘·매스커뮤니케이션학부 이외에 커뮤니케이션아츠학과(Department of Communication Arts)도 별도로 설치해 커뮤니케이션 관련 교육을 하고 있다. 따라서 이 학과의 교과과정도 함께 살펴보기로 한다.

1) 저널리즘 · 매스커뮤니케이션학부의 교과과정

위스콘신대학교(1848년 개교)의 저널리즘·매스커뮤니케이션학부는 1912년 초대 학과장 블레이어(Willard G. Bleyer)의 주도 아래 저널리즘학과(Department of Journalism)로 시작하여 1927년 저널리즘학부(School of Journalism)로 확대되었다. 블레이어는 그때까지 실무중심의 직업교육 성격을 지녔던 저널리즘 교육을 인문사회과학의 하나로 정립시키는 데 앞장서면서 저널리즘학 교과과정에 인문·사회과학 관계 과목들을 대폭 늘리도록 했다. 그리하여 1935년 블레이어의 서거 이후에도 많은 대학의 저널리즘 학부나 학과들이 신문제작 등에 관한 실무 교과목보다는 저널리즘 역사, 저널리즘의 원리, 저널리즘 윤리 등에 관한 교과목들을 중시하면서, 신문·잡지 등의 저널리즘을 사회적 제도 내지 기관(social institution)의 하나로, 또는 시사문제에 관한 해설자로, 또는 여론형성의 주도자로서 교육하게 되었다.

위스콘신대학교 저널리즘학부는 처음에는 신문·잡지 등 인쇄미디어 저널리즘에 초점을 맞추다가, 1950년대 초반 경영학부와 연계하여 광고전공과정도 설치했다. 그 뒤 1970년 PR전공과정도 신설했으며, 또한 라디오-TV뉴스 전공과정도 개설했다. 그러면서 저널리즘도 "정보적·전략적·오락적 목표 등을 종합적으로 갖는 광범위한 커뮤니케이션 생태계에서 존재하는 것"이라는 견지에서, 저널리즘학부의 명칭을 현재와 같이 '저널리즘·매스커뮤니케이션학부'로 고쳤다.

위스콘신대학교 저널리즘·매스커뮤니케이션학부 교과과정의

가장 큰 특징 내지 교육철학은, 학생들이 장래에 저널리스트가 되든, 또는 광고나 PR 전문가 되든 간에 우선 광범위한 교양부터 습득해야 한다는 데 있다. 끊임없이 변화하는 매스커뮤니케이션 환경에 적응할 수 있는 인재의 양성을 위해서는 폭넓은 교양교육이 필요하다고 보기 때문이다. 이에 따라 저널리즘·매스커뮤니케이션학부 학생들은 소속 단과대학인 인문·과학대학(College of Letters and Sciences)의 다른 학과 과목들을 의무적으로 이수함으로써 사회적 조건과 문제들을 총체적으로 이해하고 문화적 다양성을 존중하는 능력과 자질을 계발하고 있다. 이러한 교양교육은 초급과정과 상급과정으로 나뉘는데, 초급과정에서는 정치학·경제학·사회학·심리학·인류학·자유전공 중에서 세 분야를 선택하여 각 분야에서 최소한 한 과목 이상을 수강해야 한다. 상급과정에서는 인문학이나 사회과학에서 12학점 이상을 이수해야 하는데, 이때 역사학 과목은 반드시 하나 이상 수강해야 한다.

위스콘신대학교는 교과과정에서도 실무과목에 못지않게 기초과목을 중시하고 있다. [표 2-1-6]의 2015-2016학년도 교과과정에서 볼 수 있듯이 매스미디어 혹은 매스커뮤니케이션에 대한 기본적 이해와 활용을 도모하는 기초 교과목을 수강해야 하는데, 이러한 기초과목으로는 다문화 미국의 매스미디어, 디지털시대의 미디어, 매스커뮤니케이션입문, 매스커뮤니케이션연습 등을 들 수 있다. 이런 과목을 이수한 다음, 실무적 성격의 전공과목들을 이수하게 된다.

교과과정 중 실습과목은 2개의 트랙(track), 즉 저널리즘·보도(Journalism/Reporting)와 전략커뮤니케이션(Strategic Communications)으로 나누어 이 중에서 하나를 학생들이 자유롭게 선택해서 전공토록 권장한다. 저널리즘·보도 트랙에서는 중급취재보도, 심층보도, 시사문제해설, 멀티미디어 그래픽스, 과학과 환경저널리즘, 잡지와 잡지편집, 웹과 방송을 위한 전자뉴스 등의 과목을 가르치고 있다. 전략커뮤니

[표 2-1-6] 위스콘신대 저널리즘·매스커뮤니케이션학부 교과과정(2015-2016학년도)

구분	교과목
기초 과목	다문화 미국의 매스미디어(Mass Media in Multicultural America), 디지털시대의 미디어(Media Fluency for the Digital Age), 매스커뮤니케이션입문(Introduction to Mass Communication), 매스커뮤니케이션연습(Mass Comm. Practices)
실습 과목	**(1) 저널리즘·보도 트랙** 중급취재보도(Intermediate Reporting), 심층보도(In-Depth Reporting), 시사문제해설(Interpretation of Contemporary Affairs), 창의적 논픽션(Creative Nonfiction), 멀티미디어 그래픽스(Multimedia Graphics), 과학과 환경 저널리즘(Science and Environmental Journalism), 잡지와 잡지편집(Magazines and Magazine Editing), 웹과 방송을 위한 전자뉴스(Electronic News for Web and Broadcast), 전략적 커뮤니케이션 원리(Principles of Strategic Comm.) **(2) 전략커뮤니케이션 트랙** 창조적 미디어 메시지개발(Developing Creative Messages for Media), 전략적 미디어계획(Strategic Media Planning), 전략캠페인 조사연구(Research and Strategy for Strategic Campaigns), 전략적 커뮤니케이션 캠페인 캡스톤(Strategic Comm. Campaigns Capstone), 고급개념과 기술에 관한 특별주제(Special Topics in Advanced Concepts and Skills), 홍보전략(Public Relations Strategies), 디지털미디어 전략(Digital Media Strategies), 공공정보캠페인과 프로그램(Public Information Campaign and Programs)
이론 과목	조사연구입문(Introduction to Survey Research), 공중·공동체·대안매체(Public, Community, and Alternative Media), 매스커뮤니케이션법(Law of Mass Comm.), 매스커뮤니케이션 역사(History of Mass Comm.), 매스커뮤니케이션과 사회(Mass Comm. and Society), 매스커뮤니케이션 효과(Effects of Mass Comm.), 책과 인쇄의 역사(History of Books and Printing), 전문직에 관한 컬로퀴엄(Undergraduate Colloquium in Professional Careers), 커뮤니케이션과 여론(Comm. and Public Opinion), 매스미디어와 청소년(Mass Media and Youth), 정보시대의 헬스커뮤니케이션(Health Comm. in the Information Age), 매스커뮤니케이션과 정치행태(Mass Comm. and Political Behavior), 국제커뮤니케이션(International Comm.), 개발도상국의 매스커뮤니케이션(Mass Comm. in Developing Nations), 매스미디어와 소비자(Mass Media and the Consumer), 커뮤니케이션 연구방법(Comm. Research Methods), 매스미디어와 소수자(Mass Media and Minorities), 문학적 관점의 저널리즘(Literary Aspects of Journalism), 매스커뮤니케이션 전문직의 책임(Professional Responsibility in Mass Comm.), 테크놀로지와 사회변화(Technology for Social Change), 특강: 정부와 매스미디어(Special Topics: Government and Mass Media), 특강: 커뮤니케이션 전문직에 관한 컬로퀴엄(Special Topics: Colloquium in Professional Comm. Careers), 특강: 사이버공간·하이퍼미디어와 사회(Special Topics: Cyberspace, Hypermedia and Society), 특강: 디지털미디어법과 윤리(Special Topics: Digital Media Law and Ethics), 특강: 뉴스의 미래(Special Topics: The Future of News), 특강: 인터넷과 정치동원(Special Topics: Internet and Political Mobilization), 특강: 뉴미디어와 사회(Special Topics: New Media and Society), 특강: 비디오게임과 매스커뮤니케이션(Special Topics: Video Games and Mass Comm.)

출처: http://journalism.wisc.edu/undergraduate/course-descriptions/ [2016-06-02]를 토대로 재구성.

케이션 트랙에서는 전략적 커뮤니케이션 원리, 창조적 미디어 메시지 개발, 전략캠페인 조사연구, 과학과 환경저널리즘, 홍보전략, 디지털 미디어전략, 공공정보캠페인과 프로그램 등의 교과목을 가르치고 있다. 그러나 어떤 특정 매체나 분야에 초점을 맞추기보다는, 포괄적이고 창조적인 발상과 전략적 계획구축에 관한 교육에 중점을 두고 있다.

한편 실무적 성격의 전공과목들 이외에, 매스커뮤니케이션 전반에 관한 사회과학적 접근과 논의를 위한 다양한 이론과목들도 많이 가르치고 있다. 즉 윤리법제에 관한 과목(매스커뮤니케이션법, 매스커뮤니케이션 전문직의 책임), 역사에 관한 과목(매스커뮤니케이션 역사, 책과 인쇄의 역사), 연구방법에 관한 과목(커뮤니케이션 연구방법, 조사연구입문), 국제커뮤니케이션에 관한 과목(국제커뮤니케이션, 개발도상국의 매스커뮤니케이션), 매스커뮤니케이션의 효과에 관한 과목(매스커뮤니케이션 효과, 커뮤니케이션과 여론, 매스커뮤니케이션과 정치행태), 수용자에 관한 과목(매스미디어와 청소년, 매스미디어와 소비자, 매스미디어와 소수자), 미디어의 사회문화적 의미에 관한 과목(매스커뮤니케이션과 사회, 공중 · 공동체 · 대안매체, 문학적 관점의 저널리즘, 테크놀로지와 사회변화) 등도 개설해서 가르치고 있다.

또한 다양한 주제와 현안과 관련된 세미나를 마련하여 좀 더 심도 있고 밀착된 이론 및 현장 교육을 하고 있다. 예를 들면, 정부와 매스미디어, 커뮤니케이션 전문직에 관한 컬로퀴엄, 사이버공간 · 하이퍼미디어와 사회, 디지털미디어법과 윤리, 뉴스의 미래, 인터넷과 정치동원, 비디오게임과 매스커뮤니케이션 등을 들 수 있다.

이와 같이 위스콘신대 저널리즘 · 매스커뮤니케이션학부의 교과과정은 학생들의 비판적 사고, 정교한 조사연구, 윤리적 태도, 창의적 발상 등의 계발을 중시함으로써 다른 대학들과 많은 차별성을 보이며 미국의 저널리즘 교육을 인문사회과학적 커뮤니케이션학으로 정립시키는 데 선도적 역할을 수행해왔다.

2) 커뮤니케이션아츠학과의 교과과정

위스콘신대학교는 저널리즘 · 매스커뮤니케이션학부 이외에 커뮤니케이션아츠학과(Department of Communication Arts)도 설치해서 커뮤니케이션 교육을 하고 있는데, 이 학과는 저널리즘 · 매스커뮤니케이션학부와 마찬가지로 인문 · 과학대학(College of Letters and Sciences)에 소속되어 있다. 그러나 저널리즘 · 매스커뮤니케이션학부와 커뮤니케이션아츠학과는 서로 독립적으로 운영하면서 협력관계만 갖고 있다. 이는 과거의 전통 때문인 것 같은데, 1910년대에 위스콘신대학은 대중연설학과(Department of Public Speaking)를 창설했다가, 이를 1920년 스피치학과(Department of Speech)로 개칭하고 대중연설뿐 아니라 모든 구두커뮤니케이션(spoken communication)에 관하여 교육해오다가, 1939년 라디오와 TV 방송에 관한 교육도 시작했다.

1970년 학과 명칭을 다시 현재의 '커뮤니케이션아츠학과'로 바꾸었으며, 1980년대부터 전공과정을 2개 트랙, 즉 ① 커뮤니케이션과학과 수사학(Communication Science & Rhetorical Studies) 전공과정, ② 라디오-TV-영화(Radio-TV-Film) 전공과정으로 나누어, 전자에서는 주로 수사학과 대인커뮤니케이션 분야에 관한 교육을, 후자에서는 방송과 영화에 초점을 둔 교육을 하기 시작했다.

커뮤니케이션과학과 수사학전공 2015-2016학년도 교과과정을 소개해 보면 [표 2-1-7-A]와 같은데, 이 표에서 볼 수 있듯이 교과목을 다시 기초(fundamentals), 핵심(core courses), 응용(applied communication), 이론 · 역사 · 비평(theory · history · criticism) 과목으로 나누어 가르치고 있다. 기초과목으로는 '커뮤니케이션과 인간행동'을 필수과목으로 가르치고 있으며, 핵심과목으로는 정치와 문화의 수사학입문, 위대한 연설가와 연설문, 캠페인과 혁명의 수사학, 커뮤니케이션 양적연구입

[표 2-1-7-A] 위스콘신대 커뮤니케이션아츠학과의 커뮤니케이션과학과 수사학전공 교과과정(2015-2016학년도)

구분	교과목
기초	커뮤니케이션과 인간행동(Communication & Human Behavior)
핵심	정치와 문화의 수사학입문(Introduction to Rhetoric in Politics and Culture), 위대한 연설가와 연설문(Great Speakers & Speeches), 캠페인과 혁명의 수사학(Rhetoric of Campaigns & Revolutions), 커뮤니케이션 양적연구입문(Intro. to Quantitative Research in Comm.), 설득이론과 실습(Theory and Practice of Persuasion)
응용	논증과 토론(Argumentation and Debate), 연설문작성(Speech Composition), 집단토론의 이론과 실습(Theory and Practice of Group Discussion), 대인커뮤니케이션개론(Intro. to Interpersonal Comm.)
이론·역사·비평	수사학과 커뮤니케이션과학(Topics in Rhetoric and Comm. Science), 매스미디어와 인간행동(Mass Media and Human Behavior), 온라인커뮤니케이션과 대인관계(Online Comm. & Personal Relationships), 정치와 문화의 수사학입문(Intro. to Rhetoric in Politics and Culture), 커뮤니케이션 양적연구입문(Intro. to Quantitative Research in Comm.), 설득이론과 실습(Theory and Practice of Persuasion), 커뮤니케이션과 갈등해소(Comm. and Conflict Resolution), 캠페인과 혁명의 수사학(Rhetoric of Campaigns & Revolutions), 종교수사학(Rhetoric of Religion), 디지털연구특강: 커뮤니케이션과학과 수사학(Topics in Digital Studies: Comm. Sci/Rhetoric), 커뮤니케이션심리학(Psychology of Comm.), 현대정치담론(Contemporary Political Discourse), 수사학과 기술(Rhetoric & Technology), 비평의 본질(Nature of Criticism), 인터넷담론의 수사학적 분석(Rhetorical Analysis for Internet Discourse), 디지털미디어와 정치커뮤니케이션(Digital Media and Political Comm.), 일상커뮤니케이션에서 디지털 기록(Digitally Documenting Everyday Comm.), 미디어·공적숙의·공공문제(Media, Public Deliberation & Public Issues), 커뮤니케이션이론(Comm. Theory), 논증과 논란(Argumentation & Controversy), 커뮤니케이션과 이민족간 행동(Comm. & Interethnic Behavior), 고전수사학이론(Classical Rhetorical Theory), 현대수사학이론(Contemporary Rhetorical Theory), 세계화와 다국적화 수사학(Rhetoric of Globalization & Transnationalism), 미국이민과 귀화의 수사학(Rhetoric of U.S. Immigration and Naturalization), 조직커뮤니케이션(Comm. in Complex Organizations), 수사학비평원리(Principles of Rhetorical Criticism), 온라인관계 다이내믹스(Dynamics of Online Relationships), 특강: 수사학(Special Topics: Rhetoric), 특강: 커뮤니케이션과학(Special Topics: Comm. Science), 매스미디어와 청년(Mass Media and Youth), 정보화시대의 헬스커뮤니케이션(Health Comm. in Information Age), 미국대중연설역사(History of American Public Address), 커뮤니케이션과 사회갈등(Comm. and Social Conflict)

출처: http://commarts.wisc.edu/undergraduate/major [2016-06-02]를 토대로 재구성.

문, 설득이론과 실습 등의 과목을 필수적으로 이수토록 한다. 응용과목으로는 논증과 토론, 연설문작성, 집단토론의 이론과 실습, 대인커뮤니케이션개론 등을 가르치고 있다. 그리고 이론·역사·비평 과목에서는 수사학과 인간의 커뮤니케이션 행동에 관한 여러 가지 다양한 과목들을 가르치고 있다. 예를 들면, 수사학에 대한 이론적 논의(고전수사학이론, 현대수사학이론)와 분석(정치와 문화의 수사학입문, 캠페인과 혁명의 수사학, 종교수사학, 수사학과 기술, 세계화와 다국적화 수사학, 미국이민과 귀화의 수사학) 등이 있다. 이 외에도 미디어·공적숙의·공공문제, 매스미디어와 인간행동, 온라인커뮤니케이션과 대인관계, 조직커뮤니케이션 등 다양한 층위의 인간 커뮤니케이션 행위에 관해 학습한다.

다음으로 위스콘신대학교 커뮤니케이션아츠학과 라디오-TV-영화전공 2015-2016학년도 교과과정도 [표 2-1-7-B]에서 보듯이 기초(fundamentals), 핵심(core courses), 제작(production), 이론·역사·비평(theory·history·criticism) 과목으로 나누어 가르치고 있다. 기초과목은 현대미디어실태조사, 핵심과목(필수)으로는 영화개론과 텔레비전산업, 제작과목으로는 미디어제작입문, 고급제작론, 편집과 포스트프로덕션: 비디오와 영화, TV와 영화대본 작법, 영화촬영과 녹음, 인터넷TV와 비디오제작, 특강: 제작론, 고급영화제작론워크숍 등 8개 과목을 개설하고 있다. 그리고 이론·역사·비평에 관한 여러 가지 다양한 과목들을 개설해서 그중에서 학생들이 자유롭게 선택해서 공부하도록 하고 있는데, 미디어의 역사(1960년 이전 영화의 역사, 1960년 이후 영화의 역사, 만화영화의 역사, 다큐멘터리 영화의 역사, 방송문화사), 영화이론(고전영화이론, 현대영화이론, 영화스타일과 장르, 텔레비전 장르), 외국영화 현황(프랑스 영화, 독일 영화, 러시아와 소련 영화, 이탈리아 영화, 미국 독립영화, 현대 할리우드 영화), 산업(미국영화산업, 현대미디어산업) 등에 대한 관한 것들이다. 전반적인 교과목의 현황을 보면, 직접적인 제작실습 경험보다는

[표 2-1-7-B] 위스콘신대 커뮤니케이션아츠학과 라디오-TV-영화전공 교과과정 (2015-2016학년도)

구분	교과목
기초	현대미디어실태조사(Survey of Contemporary Media)
핵심	영화개론(Introduction to Film), 텔레비전산업(Television Industries)
제작	미디어제작입문(Intro. to Media Production), 고급제작론(Advanced Production), 편집과 포스트프로덕션: 비디오와 영화(Editing & Post-Production: Video & Film), TV와 영화대본 작법(Writing for TV & Film), 영화촬영과 녹음(Cinematography and Sound Recording), 인터넷TV와 비디오제작(Producing for Internet TV and Video), 특강: 제작론(Special Topics: Production), 고급영화제작론워크숍(Advanced Motion Picture Production Workshop)
이론·역사·비평	영화와 미디어 연구(Topics in Film and Media Studies), 비판적 인터넷 연구(Critical Internet Studies), 인종·민족·미디어(Race, Ethnicity and Media), 1960년 이전 영화의 역사(Film History to 1960), 1960년 이후 영화의 역사(Film History Since 1960), 영화스타일과 장르(Film Styles and Genres), 만화영화의 역사(History of the Animated Film), 다큐멘터리 영화의 역사(History of Documentary Film), 디지털 연구 의제: 라디오·TV·영화(Topics in Digital Studies: Radio, TV, Film), 앨프리드 히치콕 영화연구(Films of Alfred Hitchcock), 라틴계 미국인과 미디어(Latino American and Media), 아시아계 미국인과 미디어(Asian American and Media), 미디어와 민족정체성(Media and National Identity), 사운드 문화: 팟캐스팅과 음악(Sound Culture: Podcasting and Music), 방송문화사(Cultural History of Broadcasting), TV비평(Television Criticism), 영화분석(Critical Film Analysis), 프랑스 영화(French Film), 러시아와 소련 영화(Russian and Soviet Film), 글로벌미디어 문화(Global Media Cultures), 뉴미디어와 사회(New Media and Society), 이탈리아 영화(Italian Film), 미국 독립영화(American Independent Cinema), 아방가르드 영화(Avant-Garde Film), 텔레비전 장르(Television Genres), 디지털게임 문화(Digital Game Cultures), 현대 할리우드 영화(Contemporary Hollywood Cinema), 미국영화산업: 스튜디오시스템시대(American Film Industry: Era of Studio System), 현대미디어산업(Contemporary Media Industries), 미디어와 문화연구 세미나(Topics Course: Media & Cultural Studies), 영화세미나(Topics Course: Film), 독일 영화(German Film), 고전영화이론(Classical Film Theory), 현대영화이론(Contemporary Film Theory)

출처: [표 2-1-7-A]와 동일.

비판적 분석과 이론적 탐색을 통한 창의적 표현의 개발에 초점을 두고 있다.

3. 스탠퍼드대학교 커뮤니케이션학과 교과과정

미국의 대학 중에는 커뮤니케이션에 관한 별도의 독립 대학이나 학부를 설치한 대학도 있지만, 학과만 설치하여 교육하는 대학들도 적지 않다. 그러한 대학들 중 하나의 실례로서 스탠퍼드대학교 커뮤니케이션학과(Department of Communication)의 교과과정을 살펴보기로 한다.

1) 커뮤니케이션학과의 설립 및 특성

스탠퍼드대학교 커뮤니케이션학과는 1920년대에 본래는 '저널리즘학과'로 출발했다. 그러나 1930년대 후반부터 저널리즘학을 사회과학으로 전환·발전시켜 나가기 시작했는데, 일찍부터 저널리즘학을 인문사회과학의 하나로 발전시키자고 주장했던 위스콘신대학교 블레이어의 제자 부시(Clinton Bush)가 1935년 스탠퍼드대학교 저널리즘학과 교수가 되자, 그의 스승의 뜻을 받들어 저널리즘학과 교육 프로그램을 사회과학의 하나로 발전시켜 나갔기 때문이다.

이러한 가운데 1955년 슈람(Wilbur Schramm)이 스탠퍼드대학교 교수로 부임,[2] 커뮤니케이션연구소(Institute for Communication Research)

---

2 슈람은 1935년부터 아이오와대학교(University of Iowa) 영문학과 교수로 봉직하다가, 1941년 12월 미국이 제2차 세계대전에 참가하자 전쟁정보국(Office of War Information) 연구요원으로 선전(宣傳)에 관한 연구에 참여했다. 그러면서 '선전'이라는 설득 커뮤니케이션 현상에 학문적 관심을 갖게 되었고, 또한 새로운 사회과학적 내지 행동과학적 연구방법도 배우게 되어, 1943년 대학으로 복귀하면서 아이오와대학교 저널리즘학부 학부장이 되었다. 1947년에는 일리노이대학교(University of Illinois at Urbana-Champaign) 커뮤니케이션연구소(Institute of Communications Research) 소장으로 자리를 옮겨 커뮤니케이션에 관한 여러 가지 연구를 하고 또한 학생들을 가르치면서 종래의 저널리즘학을 매스커뮤니케이션 내지 커뮤니케이션학으로 발전시키는 데 앞장섰다. 그러다가 1955년 스탠퍼드대학교로 자리를 옮겼다.

를 창설해 이끌어 나가면서 저널리즘학과 명칭을 커뮤니케이션학과로 고쳤다. 슈람은 1973년 정년퇴직할 때까지 18년 동안 스탠퍼드대학교 커뮤니케이션학과 교수로 재직하면서 커뮤니케이션 교육의 발전에 크게 이바지했다.

이와 같이 부시와 슈람 등이 발전시킨 스탠퍼드대학교 커뮤니케이션학과는 현재 인문·과학학부(School of Humanities & Sciences)에 소속되어 있는데, 커뮤니케이션 분야의 유능한 실무자 양성보다는 학자나 연구자의 양성에 더 비중을 두고 있다. 따라서 교과목들도 실무에 관한 것보다는 이론적인 것들에 초점을 맞추고 있다.

2) 커뮤니케이션학과의 교과과정

스탠퍼드대학교 커뮤니케이션학과의 2015-2016학년도 교과과정을 그 성격 등에 따라 분류하여 소개해 보면 [표 2-1-8]과 같다. 이 표에서 보듯이 교과과정은 크게 세 가지 유형, 즉 핵심과목, 집중과목 및 선택과목으로 나누어진다.

핵심과목이란 전공필수과목으로서 학생들 모두가 반드시 이수해야 한다. 핵심과목은 한 학기에 2~3개씩 개설되는데, 뉴스의 보도·기사작성과 이해, 매스미디어·사회·다큐멘터리, 커뮤니케이션 연구방법, 커뮤니케이션 정책과 규제, 민주주의의 대화, 숙의민주주의연습, 미디어 과정과 효과, 미디어경제학 등의 교과목을 가르친다.

집중과목이란 학생 각자가 집중적으로 공부하고 싶은 영역에 관한 과목들을 말한다. 집중과목은 크게 두 영역, 즉 영역 I과 영역 II에 관한 과목들로 나누어, 이들 중에서 하나의 영역을 자유롭게 선택해서 그에 관한 과목들을 최소한 네 과목 이상 수강하도록 규정하고 있다. 영역 I과 영역 II의 구분은 명확하게 밝혀 놓지 않았으나, 영역 I은

[표 2-1-8] 스탠퍼드대 커뮤니케이션학과 교과과정(2015-2016년도)

구분		교과목
2015 가을학기	핵심과목	매스미디어·사회·다큐멘터리(Mass Media, Society, and Democracy), 뉴스의 보도·기사작성과 이해(Reporting, Writing, and Understanding the News)
	집중과목: 영역 I	디지털미디어와 사회(Digital Media in Society), 내용분석: 커뮤니케이션 작품연구(Content Analysis: Studying Communication Artifacts)
	집중과목: 영역 II	미국저널리즘의 전망(Perspectives on American Journalism), 독재정권에서의 정보통제(Information Control in Authoritarian Regimes)
	선택과목	공공데이터저널리즘(Public Affairs Data Journalism), 멀티미디어 스토리텔링(Multimedia Storytelling: Reporting and Production Using Audio, Still Images, and Video), 뉴스보도와 기사작성의 기초(News Reporting & Writing Fundamentals), 정치심리학 세미나(Seminar in Political Psychology), 커뮤니케이션이론(Theory of Communication), 양적 사회과학연구방법(Quantitative Social Science Research Methods)
2015 겨울학기	핵심과목	뉴스의 보도·기사작성과 이해(Reporting, Writing, and Understanding the News), 커뮤니케이션 연구방법(Communication Research Methods), 커뮤니케이션 정책과 규제(Communication Policy and Regulation), 민주주의의 대화(The Dialogue of Democracy), 숙의민주주의연습(Deliberative Democracy Practicum)
	집중과목: 영역 I	캠페인·투표·미디어와 선거(Campaigns, Voting, Media, and Elections), 미국정치의 커뮤니케이션 심리학(The Psychology of Communication about Politics in America), 가상인간(Virtual People), 미디어 심리학(Media Psychology)
	집중과목: 영역 II	공론장과 컴퓨터 이용방법(Computational Methods in the Civic Sphere), 저널리즘법(Journalism Law)
	선택과목	모바일비디오저널리즘(Moving Pictures: How the Web, Mobile and Tablets are Revolutionizing Video Journalism), 환경저널리즘: 기사작성과 보도(Specialized Writing and Reporting: Environmental Journalism), 스포츠저널리즘: 기사작성과 보도(Specialized Writing and Reporting: Sports Journalism), 공공데이터저널리즘 II(Public Affairs Data Journalism II), 저널리즘 세미나(Journalism Seminar), 정치심리학 세미나(Graduate Seminar in Political Psychology), 질적 사회과학연구방법(Qualitative Social Science Research Methods), 사회과학철학(The Philosophy of Social Science), 정치과정의 규제(Regulation of the Political Process), 빅데이터와 인과추론(Big Data and Causal Inference), 냉전시대의 미디어문화(Media Cultures of the Cold War)
2016 봄학기	핵심과목	미디어 과정과 효과(Media Processes and Effects), 미디어경제학(Media Economics)
	집중과목: 영역 I	행동과 소셜미디어(Behavior and Social Media), 알 권리: 언론자유와 국가안보(Need to Know: The Tension Between a Free Press and National Security Decision Making), 숙의민주주의와 비판(Deliberative Democracy and Its Critics)
	집중과목: 영역 II	헌법(Constitutional Law), 고급 디지털미디어제작(Advanced Digital Media Production), 컴퓨터저널리즘(Computational Journalism), 탐사보도기법(Becoming a Watchdog: Investigative Reporting Techniques)
	선택과목	커뮤니케이션연구(Communication Research), 정치심리학 세미나(Graduate Seminar in Political Psychology), 언어와 기술(Language and Technology), 뉴스와 저널리즘 비교연구(Comparative Studies of News and Journalism), 조사와 실험연구 설문지 디자인: 인지사회적 관점(Questionnaire Design for Surveys and Laboratory Experiments: Social and Cognitive Perspectives), 심리과정 세미나(Seminar in Psychological Processing)

출처: http://comm.stanford.edu/courses/ [2016-06-02]를 토대로 재구성.

주로 경험적 입장의 연구영역으로 주요 교과목으로는 디지털미디어와 사회, 캠페인·투표·미디어와 선거, 미국정치의 커뮤니케이션 심리학, 미디어 심리학, 행동과 소셜미디어 등을 들 수 있다. 영역 II는 주로 규범적 입장의 연구영역으로 주요 교과목에는 미국저널리즘의 전망, 독재정권에서의 정보통제, 저널리즘법, 헌법, 컴퓨터 저널리즘, 탐사보도기법 등을 들 수 있다.

선택과목이란 학생들이 자유롭게 선택해서 공부할 수 있는 과목들을 말하는데, 선택과목들은 [표 2-1-8]에서 보듯이 커뮤니케이션 전반에 걸쳐 다양한 내용의 과목들을 상당히 많이 개설하여 학생들의 선택의 폭을 넓혀주고 있다.

이러한 스탠퍼드대학교 커뮤니케이션학과 교과과정에서 엿볼 수 있듯이, 이 대학은 커뮤니케이션 현상을 학문적으로 연구·교육하면서 실무자보다는 학자나 연구자의 양성에 중점을 둠으로써 이론적 성격의 과목의 비중이 크다. 물론 실무적 성격의 과목들도 일부 개설하고 있으나, 실무인력 양성의 목적보다는 학생들이 커뮤니케이션과 미디어 등의 실제를 직접 체험하면서 그것을 이해시키기 위한 방법으로서 의미를 갖는다.

나. 독일에서 커뮤니케이션학 교육과 주요 대학의 교과과정

앞에서는 미국의 커뮤니케이션 관련 학과와 학부에서는 주로 무엇을 가르치는지에 관하여 간단히 살펴보았다. 그러면 미국 다음으로 커뮤니케이션 현상에 관한 학문이 크게 발전한 독일의 경우는 어떠한가? 이에 관하여 살펴보기에 앞서, 우선 독일 대학들의 커뮤니케이션 연구와 교육의 역사부터 간단히 살펴보고 넘어가기로 한다.

1. 독일에서 커뮤니케이션학 연구 · 교육의 발전과 현황

독일에서는 미국보다도 2세기 빠른 17세기부터 신문 · 잡지 등에 관한 학문적 연구와 교육이 시작되었다. 17세기 초부터 독일에서도 「레라치온」(*Relation*, 1609년 창간)을 비롯하여 정기성(定期性)을 띤 여러 가지 근대적 인쇄신문과 잡지들이 출현하자, 자연히 그 기원 · 기능 · 본질 등에 관한 학문적 관심이 대두하게 되었다. 그러자 17세기 말 할레대학(Universität Halle)의 철학과 역사학 교수 루데비히(Ludewig)가 최초로 신문의 기원 · 기능 · 본질 등에 관해서 가르치기 시작했다(곽복산, 1971, p. 35). 그러나 독일의 대학에서 신문 · 잡지 등에 관한 본격적인 연구와 교육을 시작한 것은 미국과 비슷한 시기인 1910년부터였다.

1) '신문학'이라는 이름으로 시작해서 '공시학'으로 확대·발전

1916년 뷔허(Karl Bücher)가 독일의 대학 중에서는 최초로 라이프치히대학(Universität Leipzig)에 신문학연구소(Institut für Zeitungskunde)를 창설, 신문과 잡지 등에 관하여 연구 · 교육하기 시작하면서 이를 '신문학'(Zeitungskunde 또는 Zeitungswissenschaft)이라는 하나의 독립학문으로 발전시켜 나가기 시작했다. 그러자 1920년 쾰른대학(Universität Köln)과 뮌스터대학(Universität Münster)도 신문연구소를 설치했으며, 1924년에는 뮌헨대학(Universität München)과 베를린자유대학(Freie Universität Berlin)이, 1927년에는 하이델베르크대학(Universität Heidelberg) 등도 신문학연구소를[3] 설립했다. 그리하여 바이마르 공화국 시대(1919~1933)에만도 총 19개 대학이 신문학연구소를 설치해 신문학에 관한 연구와 교육을 했다(Averbeck, 2008, p. 4). 그러나 1920년대 말경까지는 미국에서와 마찬가지로 주로 신문·잡지 등에 관한 연구와 교육만 이루어졌다.

이와 같이 1920년대부터 주로 신문·잡지 등 인쇄매체에만 국한해 오다가 라디오와 영화 등 새로운 전파매체들이 출현하여 대중에게 각광을 받게 되자, 1930년대 초부터 그간에 신문·잡지 등에만 초점을 맞추어 온 신문학에 대한 비판이 신문학계 내부에서 제기되기 시작했다. 예컨대, 예거(Karl Jaeger)는 "신문학의 연구와 교육 대상은 신문·잡지 등의 인쇄매체를 넘어서 모든 형식의 커뮤니케이션 매체, 즉 대화·편지·기록물·포스터·전단·연감·서적 등으로 확대해야 된다"(Pietilä, 2008, p. 211에서 인용)고 주장하면서 '신문학'이라는 종래의 명칭도 '공시학'(Publizistikwissenschaft), 즉 영어로 직역하면 '공공커뮤니케이션학'(science of public communication)으로 바꿀 것을 제안했다(Pietilä, 2008, pp. 211-212).

예거 등의 이러한 주장과 제안에 따라 독일의 신문학은 바이마르 공화국 시대 말기부터 '공시학'으로 확대·발전하기 시작했다. 그러나 1933년 히틀러에 의해 제3제국(Third Reich)이 탄생하면서 독일의 공시학은 나치 정권의 선전을 위한 학문으로 전락하게 되었다(Pietilä, 2008, p. 213). 나치 정권은 모든 언론매체는 물론이고, 공시학 자체까지도 정치적·이데올로기적 관점에서 그들의 이데올로기를 국민에게 주입하고 각종 정책 등을 국민에게 선전하는 역할과 임무를 강요했기 때문이다.

---

3 독일의 연구소들에서는 연구뿐만 아니라 교육도 하면서 정식 학위를 수여하고 있다. 따라서 이들 신문(학)연구소에서는 신문학에 관한 교육도 하면서 학위를 수여함으로써 미국이나 우리나라의 언론 관계 학부(school)와 비슷한 역할을 하고 있다.

하지만 1945년 나치 독일이 제2차 세계대전에서 패망하자 1930년대 초 대두하기 시작했던 '공시학'이 부활하면서, 종래의 신문학이 "다양한 형태의 공공 커뮤니케이션 현상과 그에 관한 역사 · 이론 · 실증주의적 연구들과 직업적 교육" 등을 포괄하는 공시학으로 변모 · 발전하게 되었다(Simonson & Park, 2016, pp. 107-108). 이와 같은 공시학의 발전을 주도한 대표적 학자로는 뮌스터대학 공시학연구소(Institut für Publizistik) 교수 하게만(Walter Hagemann)을 들 수 있는데, 그는 1947년 간행한 『공시학의 개요』(*Grundzüge der Publizistik*)라는 저서에서 공시학을 "신문 · 잡지 · 서적뿐 아니라 방송 · 영화 · 음반 등은 물론 연설 · 대화 등에 이르기까지 모든 현실적 의식 내용의 공개적 메시지(Aussage)에 관한 학문"이라고 정의했다(Hagemann, 1947, p. 37). 그러면서 하게만 등은 1956년 「공시학」(*Publizistik*)이라는 학술지를 창간했는데, 그 부제(副題)를 "신문 · 라디오 · 텔레비전 · 영화 · 수사학 · 광고 · 여론형성 등에 관한 과학의 학술지"(Journal for the Science of the Press, Radio and Television Broadcasting, Film, Rhetoric, Advertising and Opinion Forming)라고 밝혀 놓았다.

2) 제2차 세계대전 이후 커뮤니케이션학 연구·교육의 변모와 발전

독일에서 공시학이 특히 학생들에게 크게 호응을 얻게 되자, 뮌스터대학을 비롯한 베를린대학, 뉘른베르크대학, 하이델베르크대학 등은 종래의 신문학연구소의 명칭을 공시학연구소로 바꾸었다. 그러나 뮌헨대학과 라이프치히대학은 신문학연구소의 명칭을 바꾸지 않았는데, 뮌헨대학 신문학연구소는 신문만을 연구대상으로 한정한 것이 아니라 뉴스 정보를 대상으로 하기 때문이라는 이유에서였고, 동독 지역의 라이프치히대학 신문학연구소에서는 마르크스-레닌주의적 의미에서의 저널리즘연구소로 발전했기 때문이었다(Beck, 2010/김진웅 역, 2013, p. 199).

한편 독일의 신문학이나 공시학은 1960년대부터 그 이전까지 주도적이었던 인문학적 접근방법에 사회과학적 접근방법도 가미하기 시작했다(Wiedelman, 2016, p. 109). 그리하여 신문학이나 공시학에 대한 기술적·인문학적 방법론 대신 과학적·양적 분석방법도 도입하면서 사회과학적 정향을 가진 커뮤니케이션학(Kommunikationswissenschaft)으로의 변화가 나타나기 시작했는데(Thiele, 2016, pp. 130-131), 이는 미국의 매스커뮤니케이션학 또는 커뮤니케이션학의 영향을 받았기 때문이라고 볼 수 있다. 그러나 또 한편으로는 1968년 이후 학생운동, 언론의 집중화 현상 및 마르크스주의적 담론과 비판이론을 배경으로 한 유물론적 또는 비판적 커뮤니케이션 연구와 교육도 대두하였다. 또한 1970년대 중반 이후부터는 실무 위주의 저널리즘 교육과 연구가 도르트문트대학, 아이히스테트대학 등에서 자리를 잡기도 했다.

1990년 10월 동서독의 통일 이후 동독 지역에서도 여러 대학에 커뮤니케이션 관련 학과와 연구소들을 설치했다(Beck, 2010/김진웅 역, 2013, p. 200). 그리하여 과거에 공산국가였던 동독 지역에서도 새로운 커뮤니케이션학이 발달하게 되었다.

2000년대 이후 독일에서의 커뮤니케이션 연구와 교육은 그 대상을 대인커뮤니케이션에서부터 매스커뮤니케이션에 이르기까지 모두 포괄하면서 커뮤니케이션의 이용과 효과에 대한 실증적 사회조사 연구가 강세를 보였다. 그러면서 미국에서와 마찬가지로 커뮤니케이터와 수용자 연구를 결합하는 새로운 이론적 분석틀이 나타났고, 의제설정 기능·이용과 충족·지식격차 가설 등에 관하여 사회과학적·실증적 연구방법 등을 원용하여 연구했다. 최근에는 시스템 이론, 행위자 이론, 문화연구 등 다양한 이론들을 도입해서 이에 관한 연구와 교육을 진행하고 있다(Hanitzsch, 2005; Averbeck, 2008).

이처럼 독일에서도 커뮤니케이션에 관한 연구와 교육이 점차 확대·발전하게 되자, 그에 맞게 학문의 명칭을 바꾸자는 제안들이 많이 나왔다. 그러나 그 명칭을 무엇으로 고칠 것인가에 관한 의견들이 분분해서, 독일에서도 미국이나 우리나라와 마찬가지로 커뮤니케이션학에 관한 명칭들이 통일되어 있지 않은 실정이다. 그리하여 신문학, 공시학, 커뮤니케이션학, 미디어 커뮤니케이션학, 미디어학 등 여러 가지로 부르고 있다. 이는 커뮤니케이션 학자들 대부분이 '커뮤니케이션학'으로 통일하는 것이 가장 적합하다는 것은 인정하지만, 각 대학이나 연구소의 전통·특성·교육목적 등이 각각 다르기 때문이다. 그 결과 어떤 대학의 커뮤니케이션 관련 연구소에서는, 예컨대 공시학과 미디어학을 위주로 운영하면서 '공시학연구소' 또는 '미디어연구소'라는 명칭을 붙이고 있는가 하면, 또 어떤 대학의 커뮤니케이션 관련 연구소는 인간사회에서의 모든 커뮤니케이션 현상을 연구·교육 대상으로 삼으면서 '커뮤니케이션학연구소'라는 명칭을 붙이고 있다. 그렇다면 현재 독일 주요 대학의 커뮤니케이션 관련 연구소들의 명칭은 무엇이며, 그곳에서는 주로 어떠한 교과목들을 가르치고 있는가?

독일에서도 주요 대학에서는 거의 모두가 커뮤니케이션 교육을 하고 있는데, 그중에서 대표적인 3개 대학, 즉 뮌헨대학, 베를린자유대학, 마인츠대학을 선정해 이들 각 대학의 커뮤니케이션 교과과정을 간단히 소개해 본다. 사례수는 적지만 이들 대학의 교과과정을 통하여 독일에서 커뮤니케이션 교육의 내용을 엿볼 수 있기 때문이다.

2. 뮌헨대학 커뮤니케이션학 및 미디어연구소 교과과정

뮌헨대학(정식 명칭은 Ludwig-Maximilians-Universität München)은 일찍이 1924년 데스터(Karl d'Ester)의 주도 아래 신문학연구소를 설치하여 신문학을 연구·교육하기 시작했다. 그러나 신문학의 연구·교육 대상을 모든 커뮤니케이션 현상으로 확대하면서 연구소 명칭도 '커뮤니케이션학 및 미디어연구소'(Institut für Kommunikationswissenschaft und Medienforschung)로 바뀌었다.

1) 커뮤니케이션 및 미디어연구소 교과과정 개관

독일의 대학에서는 교과과정을 통상적으로 6개 학기로 나누어 교육하는데, 2016학년도 뮌헨대학의 커뮤니케이션학 및 미디어연구소의 교과과정은 [표 2-1-9]에서 볼 수 있듯이 6개 학기로 나누어 총 180학점을 이수토록 하고 있다.

뮌헨대학 커뮤니케이션학 및 미디어연구소에서 1학기와 2학기는 커뮤니케이션학의 기초를 다지는 과정으로서, 기본적 입문과목과 방법론에 관한 교과목들, 예컨대 커뮤니케이션학개론·질적연구방법론 등의 필수과목과, 역사학·정치학 등의 선택과목 중에서 한 과목을 선택해서 학기당 모두 30학점씩 반드시 이수토록 한다.

3학기부터는 선택과목의 폭을 넓혀 5학기까지 10개 과목 중 5개 과목(15학점)을 이수해서 커뮤니케이션의 다양한 분야에 대한 이해를 도모하도록 한다. 이러한 과목들의 실례로는 미디어 효과, 미디어 변화, 정치커뮤니케이션, 이론과 이론의 역사, 커뮤니케이션과 미디어 역사, 커뮤니케이션 연구의 현안, 미디어경제학, 미디어법, PR 등을 들 수 있다. 4학기와 5학기에는 각각 12학점의 고급 이론 및 방법론에

[표 2-1-9] 뮌헨대 커뮤니케이션학 및 미디어연구소 교과과정

<table>
<tr><th>학기</th><th colspan="2">교과목 단위 및 학점</th><th>세부 교과목</th></tr>
<tr><td rowspan="4">1학기</td><td colspan="2">커뮤니케이션학의 기초 I(6)</td><td>커뮤니케이션학개론 I(3), 커뮤니케이션학개론 세미나 I(3)</td></tr>
<tr><td colspan="2">기초훈련(6)</td><td>과학적 작업(3), 커뮤니케이션 직업 I(3)</td></tr>
<tr><td colspan="2">방법론 I(6)</td><td>양적연구방법론(3), 질적연구방법론(3)</td></tr>
<tr><td colspan="2">부전공(12)</td><td>역사학, 교육학, 정치학, 심리학, 법학, 사회학, 경제학 중 택 1</td></tr>
<tr><td rowspan="4">2학기</td><td colspan="2">커뮤니케이션학의 기초 II(6)</td><td>커뮤니케이션학개론 II(3), 커뮤니케이션 직업 II(3)</td></tr>
<tr><td colspan="2">방법론 II(6)</td><td>통계학개론(3), 데이터분석법(3)</td></tr>
<tr><td colspan="2">선택과목:
현장실습(2개 과정: 6)</td><td>저널리즘(3), PR(3), 광고(3), 미디어·마케팅 조사(3), 디지털 미디어(3)</td></tr>
<tr><td colspan="2">부전공(12)</td><td>역사학, 교육학, 정치학, 심리학, 법학, 사회학, 경제학 중 택 1</td></tr>
<tr><td rowspan="5">3학기</td><td colspan="2">미디어 내용 연구방법론(6)</td><td>미디어내용연구방법(3), 미디어내용연구의 실증방법: 사례분석(3)</td></tr>
<tr><td colspan="2">송신자와 수용자 연구(6)</td><td>송신자와 수용자 연구(3), 송신자와 수용자 연구의 실증방법 사례분석(3)</td></tr>
<tr><td colspan="2">선택과목: 현장실습
(1개 과정: 3)</td><td>저널리즘(3), PR(3), 광고(3), 미디어·마케팅 조사(3), 디지털 미디어(3)</td></tr>
<tr><td colspan="2">선택과목: 연구분야
(1개 분야: 3)</td><td>저널리즘(3), 미디어 효과(3), 미디어 변화(3), 정치커뮤니케이션(3), 이론과 이론의 역사(3), 미디어경제학(3), PR(3), 미디어법(3), 커뮤니케이션과 미디어 역사(3), 커뮤니케이션 연구의 현안(3)</td></tr>
<tr><td colspan="2">부전공(12)</td><td>역사학, 교육학, 정치학, 심리학, 법학, 사회학, 경제학 중 택 1</td></tr>
<tr><td rowspan="4">4~5
학기</td><td>4학기</td><td>실증연구 프로젝트
(12)</td><td>실증연구의 이론과 모델(9), 실증연구방법론(3)</td></tr>
<tr><td>5학기</td><td>현대연구 프로젝트
(12)</td><td>현대연구이론과 모델(9), 현대연구방법론(3)</td></tr>
<tr><td rowspan="2">공통</td><td>선택과목: 연구분야
(2개 분야: 6)</td><td>저널리즘(3), 미디어 효과(3), 미디어 변화(3), 정치커뮤니케이션(3), 이론과 이론의 역사(3), 미디어경제학(3), PR(3), 미디어법(3), 커뮤니케이션과 미디어 역사(3), 커뮤니케이션 연구의 현안(3)</td></tr>
<tr><td>부전공(12)</td><td>역사학, 교육학, 정치학, 심리학, 법학, 사회학, 경제학 중 택 1</td></tr>
<tr><td rowspan="2">6학기</td><td colspan="2">인턴십(필수, 15학점)</td><td>인턴십 I(9), 인턴십 II(6)</td></tr>
<tr><td colspan="2">졸업과정(15)</td><td>연구 컬로퀴엄(3), 졸업논문(9), 구술심사(3)</td></tr>
</table>

주: ( ) 안은 학점수.

출처: http://www.uni-muenchen.de/studium/studienangebot/studiengaenge/studienfaecher/kommunika-/bachelor/index.html [2016-06-02]를 토대로 재구성.

관한 심화과정(실증연구 프로젝트, 현대연구 프로젝트)의 교과목을 필수적으로 이수케 함으로써 이론적 토대를 심화시킨다. 마지막 6학기에는 2개의 인턴십 과목을 이수하는 한편, 연구 컬로퀴엄에 참여하고 졸업논문을 제출하여 구술심사에 통과해야 학사학위를 수여한다.

2) 커뮤니케이션학 및 미디어연구소 교과과정의 주요 특색

뮌헨대학 커뮤니케이션학 및 미디어연구소의 교과과정을 보면 여러 가지 특성을 발견할 수 있다. 그중에서 가장 큰 특징으로는 커뮤니케이션과 미디어의 원리와 효과에 대한 이론적 탐색에 치중하면서, 특히 커뮤니케이션과 미디어에 관한 여러 가지 문제 · 관계 · 구조 · 메커니즘 등을 과학적으로 연구 · 분석하는 능력을 길러주기 위한 연구방법론에 상당히 높은 비중을 두고 있다는 점을 들 수 있다. 즉 연구방법론에 관한 교과목들을 1학기부터 매 학기마다 2개씩 가르치고 있다. 1학기에는 양적연구방법론, 질적연구방법론을 필수적으로 이수토록 하고, 2학기에는 통계학개론, 데이터분석법, 3학기에는 미디어내용연구방법, 미디어내용연구의 실증방법: 사례분석, 4학기에는 실증연구의 이론과 모델, 실증연구방법론, 5학기에는 현대연구이론과 모델, 현대연구방법론을 수강하고, 6학기에는 연구 컬로퀴엄에 참여토록 한다.

이처럼 뮌헨대학 커뮤니케이션학 및 미디어연구소는 커뮤니케이션과 미디어의 원리와 연구방법 등에 관한 교육에 치중하면서 실무에 관한 교과목은 그 수가 아주 적은 것이 또 하나의 특징이다. 그러나 이는 실무과목을 경시해서가 아니라, 실무에 관한 교육은 외부의 각종 커뮤니케이션 관련 기관들을 활용(위탁)해서 가르치는 방법을 택하고 있기 때문이다. 따라서 실무에 관한 교과목은 커뮤니케이션 관련 산업의 5개 분야, 즉 저널리즘 · PR · 광고 · 미디어마케팅 조사 · 디지털미디어별로 하나씩의 개론적 과목을 가르치고 나서, 각 분야 중 2개를 선택하여 인턴으로 나가서 한 분야에 최소한 160시간 이상(두 분야 합쳐 총 400시간 이상)의 현장교육('인턴십'이라는 명칭의 정규과목으로 설정)을 필수적으로 받도록 하고 있다.

또 다른 특징으로는, 커뮤니케이션 전공 학생들에게 인문사회과학의 다른 여러 분야, 예컨대 역사학 · 교육학 · 정치학 · 심리학 · 법학 · 사회학 · 경제학 등 중에서 한 분야를 선택해 부전공(副專攻)을 하도록 의무화하는 것을 들 수 있다. 부전공 과목은 1학기부터 5개 학기까지에 걸쳐 모두 60학점을 이수토록 하는데, 이는 커뮤니케이션 현상을 연구하고 이해하는 데에도 필요하지만, 또한 학생들이 다른 학문분야에 관한 이해의 폭도 넓히고, 졸업 후 다른 학문분야로 진출할 수도 있게 하기 위해서이다.

3. 베를린자유대학 공시학 및 커뮤니케이션학연구소 교과과정

베를린자유대학(Freie Universität Berlin)에서 커뮤니케이션 교육은 1924년 뢰겔레(Otto Roegele)와 모르(Martin Mohr) 등이 설립한 신문학연구소에서 시작되었다(차배근, 2017, p. 67). 그러나 그 뒤 신문학의 발전에 따라 연구소 명칭을 '공시학 및 커뮤니케이션학연구소'(Institut für Publizitik-und Kommunikationswissenschaft)로 바꾸어 커뮤니케이션에 관한 연구와 교육을 하고 있는데, 이 연구소는 정치 · 사회과학 학부(Fachbereich Politik-und Sozialwissenschaften)에 소속되어 있다.

1) 공시학 및 커뮤니케이션학연구소 교과과정 개관

베를린자유대학 공시학 및 커뮤니케이션학연구소의 교과과정은 [표 2-1-10]의 첫째 단(column)에 열거해 놓은 것과 같이 모든 교과목을 크게 8개 모듈(module)로 나누고 있는데, 교과목 단위로 보면[4] ① 공시학과 커뮤니케이션 입문, ② 연구방법, ③ 미디어제도의 역사와 구조, ④ 미디어 효과와 홍보, ⑤ 저널리즘 및 조직커뮤니케이션, ⑥ 미디어실무, ⑦ 공공커뮤니케이션, ⑧ 졸업논문과 컬로퀴엄이 있다. 이에 관련된 교과목들은 모두 6학기에 걸쳐 학기별로 단계적으로 이수토록 하고 있다.

1학기에는 '공시학과 커뮤니케이션 입문' 단위의 교과목으로서, '제3제국(1933~1945)에서 공공성: 작가회의'라는 제목의 토의 · 토론식 수업으로 미디어와 커뮤니케이션에 관한 학생들의 학문적 관심을 촉진하면서 미디어와 커뮤니케이션의 역사와 기본이론 등을 개괄적으로 이해토록 한다. 그다음 2학기부터는 미디어와 커뮤니케이션에 관한 본격적인 전공교육을 실시하는데, [표 2-1-10]에서 '연구방법'의 단위에 속하는 여러 교과목 중에서 우선 기초연구방법과 통계방법 등을 가르치고, 3학기에는 중급과 고급 방법론들을 교육한다. 한편 2~3학기에는 '미디어제도의 역사와 구조' 단위의 교과목들도 가르치는데, 이에서는 주로 독일 미디어제도의 역사적 · 경제적 · 정치적 · 법적 구조와 메커니즘에 관한 것들을 다루며, 이러한 교육은 3학기에도 계속하다가 마무리된다.

---

4 '모듈'(module)이란 교과목들을 주제별 및 단계별로 몇 개의 단위로 나누어 한 단위를 1개 학기 혹은 2개 학기에 걸쳐 이수하여, 각 단위의 학업평가시험을 모두 통과해야 학위를 수여하는 제도를 말한다.

[표 2-1-10] 베를린자유대 공시학 및 커뮤니케이션학연구소 교과과정

교과목 단위(모듈)	세부 교과목
공시학과 커뮤니케이션 입문(1학기)	제3제국(1933~1945)에서 공공성: 작가회의
연구방법 (2~3학기)	방법론 I: 종교와 매스미디어의 양적내용분석, 방법론 I: 관찰법, 방법론 I: 소수민족에 대한 미디어 표현의 질적내용분석, 방법론 I: 조사·실험연구, 방법론 I: 질적 심층인터뷰, 방법론 I: 디지털 데이터 및 온라인 아카이브에 대한 질적 방법, 방법론 II: 확률이론 및 통계방법, 커뮤니케이션학 통계
미디어제도의 역사와 구조(2~3학기)	독일 미디어제도의 기본구조, 1945년 이전의 커뮤니케이션 역사: 바이마르 공화국의 언론, 미디어경제학: 미디어 시장전략, 독일의 커뮤니케이션 정책과 미디어 거버넌스, 미디어법, 1945년 이후의 커뮤니케이션 및 미디어 역사, 독일과 유럽의 방송정책
미디어 효과와 홍보 (3~4학기)	미디어의 효과와 홍보에 관한 접근방법과 실증적 커뮤니케이션 연구결과들에 관한 여러 교과목들
저널리즘 및 조직커뮤니케이션 (3~4학기)	전략커뮤니케이션연구, 위기커뮤니케이션, PR이론, 공공헌신과 추론: 저자 한스 마그누스 엔첸스베르거, 저널리즘의 기본, 비교저널리즘: 공공의 생산, 신뢰위기의 독일 미디어, 테러와 저널리즘
미디어 실무 (3~5학기)	기초과정: 홍보실습방법론, 기초과정: 기자실무연습, 세미나연습: 홍보미디어 및 대인커뮤니케이션-랩 세미나, 세미나연습: 헬스커뮤니케이션, 세미나연습: 커뮤니케이션 콘크리트, 세미나연습: 뉴스룸에서의 의사결정, 세미나연습: 텔레비전과 온라인 저널리즘, 세미나연습: 정치학과 지방 온라인 저널리즘, 세미나연습: 문화산업(박물관 참여 큐레이팅)
공공커뮤니케이션 (5학기)	조직커뮤니케이션이론, 논문데이터분석, 영상커뮤니케이션정책, 문화와 미디어이론 세미나, 제3제국(1933~1945)에서 독일의 반파시스트, 1989년 이전 서베를린의 미디어전기, 젠더와 미디어 연구, 가족사와 TV 다큐멘터리
졸업논문과 컬로퀴엄 (6학기)	졸업논문 작성과 그에 관한 컬로퀴엄에 참여

출처: http://www.fu-berlin.de/vv/en/modul?id=126921&sm=231509 [2016-05-09]를 토대로 재구성.

'미디어제도의 역사와 구조'에 관한 교육은 3학기에도 계속되기는 하지만, 이보다는 주로 '미디어 효과와 홍보', '저널리즘 및 조직커뮤니케이션' 및 '미디어 실무' 단위 교과목들을 가르치기 시작한다. 그중에서 '미디어 효과와 홍보'에 관한 교육은 그에 대한 접근방법, 실증적 연구와 그 결과 등에 대한 논의로 이루어진다. 한편 '저널리즘 및 조직커뮤니케이션'과 '미디어 실무' 단위의 여러 교과목들을 주로 세미나 형식으로 가르치는데, '저널리즘 및 조직커뮤니케이션' 단위 교육은 4학기까지 계속되다가 끝나지만, '미디어 실무' 단위의 교육은 5학기까지 계속된다.

5학기에는 가장 높은 수준의 종합적인 이론적 · 실제적 탐색과정으로서, '공공커뮤니케이션' 단위 교과목들을 주로 가르치면서 공공커뮤니케이션의 다양한 영역에서 발생하는 현안과 문제점들을 파악하고 분석할 수 있는 능력을 길러준다. 마지막 6학기에는 졸업논문을 작성하면서 그에 관련된 컬로퀴엄에 참여토록 한다. 이와 같은 모든 단위의 교과과정을 이수하고 졸업논문 심사에도 통과해야 학사학위를 수여한다.

2) 공시학 및 커뮤니케이션학연구소 교과과정의 주요 특색

베를린자유대학 공시학 및 커뮤니케이션학연구소의 교과과정을 보면 몇 가지 주요 특성들을 발견할 수 있다. 첫째로는 앞서 살펴본 모듈을 통한 단계별 점층적 강화교육제도를 꼽을 수 있다. 즉 교과과정 단위를 모두 6개로 나누고 그에 관련된 세부 과목들을 학기별로 이수해서 각 단위를 모두 통과해야 학위를 수여하는 제도이다.

두 번째 특성으로는 연구방법에 관한 교육을 중요시해서 이에 관한 교과목들을 우선 2학기와 3학기에 이수토록 한다는 점인데, 연구방법 단위의 교과목들을 보면 [표 2-1-10]에 보듯이 질적연구방법에서 양적연구방법에 이르기까지 다양한 연구방법들을 가르치고 있다. 또한 커뮤니케이션학 통계, 확률이론 및 통계방법 등 통계방법도 가르치고 있는데, 이는 전통적으로 인문주의적 연구방법을 많이 사용해왔던 독일의 신문학과 공시학이 근래에는 사회과학으로 변모·발전하고 있다는 것을 말해주고 있다.

세 번째 특성으로는, 교과목들의 내용을 보면 외국보다는 독일의 커뮤니케이션 현상에 관한 탐색과 분석에 큰 비중을 두고 있다는 점이다. 이는 특히 '미디어제도의 역사와 구조' 단위의 교과목에서 두드러지게 나타나는데, 이는 구체적으로 독일 미디어제도의 기본구조, 1945년 이전의 커뮤니케이션 역사: 바이마르 공화국의 언론, 미디어 경제학: 미디어 시장전략, 독일의 커뮤니케이션 정책과 미디어 거버넌스, 1945년 이후 커뮤니케이션 및 미디어 역사, 독일과 유럽의 방송 정책 등의 과목을 통해서 엿볼 수 있다.

끝으로 또 하나의 특징으로는 세미나 과목들이 많다는 점을 들 수 있다. 특히 '미디어 실무' 단위의 교과목들을 보면 세미나연습: 홍보미디어 및 대인커뮤니케이션-랩 세미나, 세미나연습: 헬스커뮤니케이션, 세미나연습: 커뮤니케이션 콘크리트, 세미나연습: 뉴스룸에서의 의사결정, 세미나연습: 텔레비전과 온라인 저널리즘, 세미나연습: 정치학과 지방 온라인 저널리즘, 세미나연습: 문화산업(박물관 참여 큐레이팅) 등과 같은 '세미나연습' 교과목이 많은데, 이러한 교과목들에서는 교수의 일방적 강의방식보다는 일정한 주제를 놓고 그에 대하여 학생들이 분석하고 토의하는 방식으로 수업이 이루어지고 있다.

4. 마인츠대학 공시학연구소 교과과정

독일 마인츠대학(정식 명칭은 Johannes Gutenberg Universtät Mainz) 공시학연구소(Institut für Publizistik, 1966년 설립)의 초대 연구소장 노엘레-노이만(Elisabeth Noelle-Neumann)은 미국 등지에서 실증적 사회과학연구방법론을 공부하고 귀국, 여론조사기관을 설립하여 여론에 관한 연구를 하다가 연구소장으로 취임했다. 그녀는 연구소를 이끌어 나가면서 당시까지 역사학적 · 현상학적 접근방법을 주로 사용해왔던 독일의 공시학 내지 커뮤니케이션학을 미국에서처럼 실증적 사회과학의 하나로 발전시켜 나가면서 그에 맞게 교과과정도 개편해 나갔다. 그 결과 마인츠대학 공시학연구소의 교과과정은 미국 대학의 커뮤니케이션 관련 학과나 학부의 교과과정과 비슷하게 되었는데, 그렇다면 현재는 어떠한가?

1) 공시학연구소 교과과정 개관

2016년 3월 현재 마인츠대학 공시학연구소의 교과과정을 보면, 앞서 살펴본 베를린자유대학의 공시학 및 커뮤니케이션학연구소와 비슷하게 9개 단위(모듈)로 편성하여 이들을 단계별로 모두 6개 학기에 걸쳐 이수토록 하는데, 이러한 교과과정을 간단히 표로 소개해 보면 [표 2-1-11]과 같다.

이 표에서 보듯이 1학기에는 우선 '연구방법론과 통계학' 단위의 교과목부터 이수토록 하는데, 세부 교과목을 보면 매스커뮤니케이션 연구방법론, SPSS 자료분석 세미나, 통계학, 통계학 세미나 등으로서 통계방법에 관한 교과목들이 1학기 전체 과목의 대부분을 차지한다.

[표 2-1-11] 마인츠대 공시학연구소 교과과정(봄학기 시작 과정)

<table>
<tr><th>학기</th><th>교과목 단위(모듈)</th><th colspan="2">세부 교과목</th></tr>
<tr><td rowspan="2">1학기</td><td>연구방법론과 통계학</td><td>매스커뮤니케이션 연구방법론(2), SPSS 자료분석 세미나(4), 통계학(2), 통계학 세미나(3)</td><td rowspan="10">실습 교육: 인턴십 (14)</td></tr>
<tr><td>교양과정</td><td>타 학문 교과목(2)</td></tr>
<tr><td rowspan="2">2학기</td><td>매스커뮤니케이션 기초</td><td>매스커뮤니케이션개론(2), 매스커뮤니케이션의 개념과 이론 세미나(4), 텍스트 강독 및 쓰기 세미나(4)</td></tr>
<tr><td>저널리즘과 PR</td><td>저널리즘개론(2), PR개론(2), 직업으로서 저널리즘 세미나(4)</td></tr>
<tr><td rowspan="2">3학기</td><td>미디어의 이용과 충족</td><td>미디어 이용과 충족 이론에 관한 서베이(8), 미디어 이용에 관한 연구 세미나(4), 미디어의 이용과 충족의 분석방법(2)</td></tr>
<tr><td>뉴미디어</td><td>미디어융합(2), 뉴미디어/온라인 커뮤니케이션 세미나(4)</td></tr>
<tr><td rowspan="2">4학기</td><td>정치커뮤니케이션</td><td>공공커뮤니케이션 내용분석(8), 정치커뮤니케이션 세미나(4), 정치커뮤니케이션 (2)</td></tr>
<tr><td>미디어의 역사와 정책</td><td>미디어 역사와 정책(2), 미디어법(2), 미디어 역사·권리·정책 세미나(4)</td></tr>
<tr><td>5학기</td><td>미디어의 효과</td><td>미디어 수용과 효과 실험연구(8), 미디어 효과 세미나(4), 미디어 효과와 여론(2)</td></tr>
<tr><td>6학기</td><td>졸업논문과 구두시험</td><td>졸업논문(12), 졸업구두시험(5), 졸업논문 컬로퀴엄(2)</td></tr>
</table>

주: ( ) 안은 학점수.
겨울학기 시작 과정은 홀수학기와 짝수학기를 바꾸어 교과과정 편성.
출처: http://www.studium.ifp.uni-mainz.de/files/2016/05/Modulplan-BA-Publizistik-2016-14.04.2016.pdf [2016-06-09]를 토대로 재구성.

2학기에는 '매스커뮤니케이션 기초' 단위와 '저널리즘과 PR' 단위의 교과목들을 이수토록 하는데, 이들 중 '매스커뮤니케이션 기초' 단위의 교과목으로는 매스커뮤니케이션개론, 매스커뮤니케이션의 개념과 이론 세미나, 텍스트 강독 및 쓰기 세미나 등의 과목을 가르친다. 그리고 '저널리즘과 PR' 단위의 교과목으로는 저널리즘개론, PR 개론, 직업으로서의 저널리즘 세미나 등의 교과목을 이수토록 한다.

3학기에는 '미디어의 이용과 충족' 단위와 '뉴미디어' 단위 교과목들을 수강토록 하는데, 여기서 '미디어의 이용과 충족' 단위는 1959년 미국에서 카츠(Elihu Katz) 등이 제시한 미디어 이용과 충족 이론(the theory of uses and fratification)에 관한 서베이, 미디어 이용에 관한 연구 세미나, 미디어의 이용과 충족의 분석방법 등의 교과목들을 말하는데, 이처럼 '미디어의 이용과 충족' 이론에 관한 교과목들을 하나의 단위로 가르친다는 것이 흥미롭다. 한편 '뉴미디어' 단위의 세부 교과목으로는 미디어융합, 뉴미디어/온라인 커뮤니케이션 세미나 등이 있다.

4학기에는 정치커뮤니케이션, 정치커뮤니케이션 세미나, 공공커뮤니케이션 내용분석 등 '정치커뮤니케이션' 단위의 교과목들과, 미디어 역사와 정책, 미디어법, 미디어 역사 · 권리 · 정책 세미나 등 '미디어의 역사와 정책' 단위의 교과목들을 가르치고 있다.

5학기에는 주로 '미디어의 효과'에 관하여 교육하는데, 이 단위의 교과목들로는 미디어의 수용과 효과 실험연구, 미디어 효과 세미나, 미디어 효과와 여론 등을 들 수 있다.

마지막으로 6학기에는 졸업논문을 작성하고 졸업구두시험을 치르며 졸업논문 컬로퀴엄에 참여토록 한다. 그리하여 졸업논문의 심사와 구두시험에 합격하면 학사학위를 수여한다.

2) 공시학연구소 교과과정의 주요 특색

마인츠대학 공시학연구소 교과과정에서 특이한 점의 하나는, 다른 대학과는 달리 1학기에 커뮤니케이션 입문 과목이 아닌 연구방법론부터 먼저 가르친다는 것이다. 그러면서 특히 통계방법을 집중적으로 교육하고 있는데, 통계방법을 알아야 앞으로 공부할 때 읽게 될 수량적 연구논문들의 내용을 이해할 수 있기 때문이라 여겨진다. 또 한편으로는 통계 등의 연구방법을 통하여 학생들에게 과학적·분석적 사고방법과 능력을 길러주기 위해서라고 볼 수도 있다. 이는 3~5학기에 걸쳐 개설된 서베이, 내용분석, 실험연구 등 구체적인 방법론을 적용하여 커뮤니케이션 현상을 분석하는 고급과정(각 8학점)과 연계된다.

이러한 특이점 이외에 마인츠대학 공시학연구소 교과과정의 또 하나의 특색으로는, 그 내용이 미국 대학의 커뮤니케이션 관련 학부나 학과의 교과과정과 비슷하다는 점을 들 수 있는데, 이는 앞서 말했듯이 초대 연구소장 노엘레-노이만의 영향 때문이라고 볼 수 있다. 그녀는 미국 등지에서 실증적 사회과학연구방법론을 공부한 사람으로, 공시학연구소를 이끌어 나가면서 당시까지는 주로 역사학적·현상학적 접근방법을 주로 사용해왔던 독일의 공시학 내지 커뮤니케이션학을 미국에서처럼 실증적 사회과학의 하나로 발전시켜 나가면서 그에 맞게 교과과정도 개편했기 때문이다.

그러나 실무교육도 중시하는 미국 대학들과는 달리 마인츠대학 공시학연구소에서는 실무보다는 주로 이론교육에 주안점을 두고 있다는 점이 특이한데, 실무 과목들로는 '저널리즘과 PR' 단위의 저널리즘개론, PR개론, 직업으로서의 저널리즘 세미나 등의 교과목을 2학기에 가르치고 있을 뿐이다. 그리고 실습교육은 연구소에서 자체적으로 하지 않고 외부의 커뮤니케이션 관련 기관에 '인턴십' 형태로 위탁해서 하고 있다. 그렇다고 해서 실습교육을 경시하는 것은 결코 아닌데, 실습교육에 할당한 학점수는 14학점으로 한 학기분에 해당한다. 그러나 14학점을 한 학기에 취득토록 하는 것은 아니며, 6개 학기에 걸쳐 12주 동안 외부기관에서 인턴십을 의무적으로 이수하도록 하는데, 실습분야는 3개 분야, 즉 저널리즘, PR, 커뮤니케이션조사 분야 중에서 학생들이 하나의 분야를 선택토록 하며, 실습을 마친 뒤 해당 기관에서 인증을 받아오면 14학점을 부여한다.

다. 영국에서 커뮤니케이션학 교육과 주요 대학의 교과과정

앞서 유럽의 주요 국가 중에서 먼저 독일에서의 커뮤니케이션 교과과정부터 살펴보았는데, 그러면 영국은 어떠한가? 영국은 제1편 제1장에서 말했듯이 1644년 밀턴(John Milton)이 언론자유에 관한 세계 최초의 논문인 「아레오파지티카」(*Areopagitica*)를 발표하고, 또한 1885년 밀(Stuart Mill)이 표현의 자유를 주장한 「자유론」(*On Liberty*)을 발표해 서양에서 언론자유를 쟁취하는 데 큰 역할을 한 나라이다. 하지만 신문·잡지 등 저널리즘에 관한 연구와 교육은 20세기 초까지 제대로 발전하지 못했는데, 영국에서는 대학이 아니라 신문사나 잡지사들이 도제(apprenticeship)교육을 통해 자체적으로 언론인을 양성해왔기 때문이다.

1. 영국에서 커뮤니케이션학 연구 · 교육의 발전과 현황

이와 같은 영국의 전통 때문에, 1908년 버밍햄대학(Birmingham College)이 영국 최초로 언론인의 양성을 위하여 저널리즘 교육과정을 개설했지만 실효를 거두지 못하고 막을 내리고 말았다. 그 뒤 1919년 런던대학(London College)이 2년제 저널리즘 디플로마(Diploma for Journalism) 과정을 설치했지만, 지원자가 없어 강의를 하지 못하다가 1927년에야 처음으로 강의(주 1회)를 시작했다. 1935년 런던의 킹스대학(King's College)은 저널리즘에 관한 교양과정을 설치하여 이에 대한 교양교육을 실시했다. 그러나 1945년 제2차 세계대전이 끝날 때까지 영국에서는 저널리즘에 관한 연구와 교육이 제대로 이루어지지 않았다(Herbert, 2000, p. 113).

1) 제2차 세계대전 이후에야 커뮤니케이션 교육 본격화

제2차 세계대전 이후 영국의 주요 대학에서 저널리즘연구소를 설립하면서 저널리즘에 관한 연구와 교육이 본격적으로 이루어지기 시작했다. 그러면서 이들 연구소에서 할로란(James Halloran), 골딩(Peter Golding), 머독(Graham Murdock), 호가트(Richard Hoggart), 홀(Stuart Hall), 블럼러(Jay Blumler) 등 세계적 학자들을 배출했다(송우천, 2001). 하지만 대학의 저널리즘연구소에서는 주로 저널리즘에 관한 연구만 하고 교육은 거의 이루어지지 않았는데, 앞서 말했듯이 영국에서는 전통적으로 신문사·잡지사·방송국 등에서 현장교육(on-the-job training)을 통하여 자체적으로 저널리스트들을 양성하는 것이 일종의 관례였기 때문이다. 따라서 대학 졸업자들이 저널리스트가 되는 것을 꺼려해서, 1970년경 영국의 전체 저널리스트들 중에서 대학 졸업자의 비율이 고작 30% 정도에 그쳤다.

이처럼 대학 졸업자들 중에 저널리스트가 되려는 젊은이들이 많지 않자, 자연히 대학에서 저널리스트 양성교육에 힘을 쓰지 않게 되었다. 그러자 저널리즘 교육의 활성화를 위하여 1970년 웨일스의 카디프대학교(Cardiff University)가 대학원에 신문·방송저널리즘 전공과정을 신설했다. 하지만 이 과정도 직업교육보다는 저널리즘에 관한 학문적 교육에 더 비중을 두었다(Herbert, 2000, pp. 113-114).

이렇게 되자 저널리스트 양성교육은 지역의 단과대학(college)과 기술대학(polytechnics)이 맡기로 하고, 1970년대 후반부터 저널리즘 교육과정을 설치하여 졸업생들에게 저널리즘 디플로마(diploma)를 주기 시작했다. 그러면서 영국에서도 학사과정 수준의 저널리즘 교육이 본격적으로 이루어지게 되었는데, 교육내용을 보면 실무적 교과목들도 적지 않았으나 이론과목들이 더 많았다. 그런데 이들 이론과목의 내용을 보면, 심리학적 내용은 미국의 행동과학적 접근방법으로부터, 사회학적 내용은 미국의 커뮤니케이션 효과이론으로부터, 문화연구는 유럽의 구조주의와 기호학으로부터 많은 영향을 받은 것들이었다(송우천, 2001).

이와 같은 내용의 저널리즘 내지 커뮤니케이션 교육은 영국에서 커뮤니케이션 교육의 발전에 중요한 역할을 했으며, 이러한 역할은 일반 대학보다는 기술대학이 선도했는데, 예컨대 선더랜드기술대학(Sunderland Polytechnic)과 셰필드시립기술대학(Sheffield City Polytechnic)은 1971년부터 커뮤니케이션 전공 학사학위를 수여하기 시작했다(Lodge, 2016, pp. 209-210).

1980년대 전반부터는 여러 대학의 커뮤니케이션 교과과정에 '커뮤니케이션연구'·'미디어연구'·'문화연구'·'방송연구' 등의 명칭이 붙은 과목들이 등장했다. 그러면서 새로운 커뮤니케이션 교육 모델도 나타나기 시작했는데, 여기에는 사진·영화·TV·그래픽디자인 등에 관한 실무적 교과목과 함께, 이들 매체의 역사·기능·효과 등에 관한 이론적 과목들도 포함되었다. 또한 인간들 간의 커뮤니케이션 과정과 행동에 관한 이론들을 기반으로 하는 홍보·마케팅 등에 관련된 과목들도 등장했다(송우천, 2001).

2) 1990년대 이후 커뮤니케이션 교육의 발전 실태와 현황

1990년대 이후 영국에서도 커뮤니케이션 교육이 크게 발달하여 여러 대학에서 미디어와 커뮤니케이션에 관한 학사학위 교육과정(undergraduate program)을 설치, 이론적 교육과 함께 직업적 실무교육에도 힘쓰면서 이론과 현실의 거리를 좁히려고 노력했다. 그러면서 각 대학의 특성과 상황 등에 맞추어 미디어와 커뮤니케이션에 관한 연구와 교육 프로그램들을 탄력적으로 운용했다. 예컨대 글래스고 칼레도메인대학(Glasgow Caledomain College)은 미디어에 관련된 실무교육에, 퀸마거릿대학(Queen Margaret College)은 문화이론에 관한 교육에, 내피어대학(Napier College)은 광고와 PR에 관한 교육에 초점을 맞추었다. 또한 이른바 Post-92 대학들은[5] 좀 더 직업적 · 실무적 교육에 비중을 둔 반면, 러셀그룹(Russel Group) 대학들은[6] 학문적 · 이론적 교육에 더 큰 비중을 두었다(Lodge, 2016).

한편 각 대학의 특성에 따라 학위과정에도 차이를 두었는데, 예컨대 일부 대학은 전통적 저널리즘 교육을 별도의 독립된 학위과정으로 운영하는 반면, 다른 대학들은 이를 미디어나 커뮤니케이션 교육 프로그램에 포함시켜 운영하고 있다. 저널리즘 교육을 별도의 독립된 학위과정으로 운영한 대표적 대학교로는 버너머스대학교(Bournemouth

---

5 1992년 고등교육촉진법(Further and Higher Education Act)에 따라 종래의 단과대학(college)이나 기술대학(polytechnics)이 정규대학(University)으로 전환한 대학들을 말하는데, 이들을 흔히 'new universities'라고도 부른다. 이러한 대학들 중에서 대표적인 것들로는 University of Westminster, Staffordshire University, Napier University, Bournemouth University 등을 들 수 있다

6 1994년 케임브리지대학교와 옥스퍼드대학교를 비롯한 17개 대학 총장들이 런던의 러셀 광장(Russell Square)에 위치한 러셀 호텔(Hotel Russell)에 모여서 구성한 대학연합체에 소속된 대학들을 말하는데, 이들 대학교는 연구기금을 공동으로 운영하고 분배한다. 현재 러셀그룹 소속 대학은 총 24개 대학으로 증가하였다.

University), 스태포드셔대학교(Staffordshire University), 센추럴랭커셔대학교(University of Central Lancashire), 셰필드대학교(University of Sheffield) 등을 들 수 있는데, 이들 대학은 '전국저널리스트교육이사회'(National Council for Training of Journalists, NCTJ)로부터 승인을 얻어 저널리즘 학사과정(B. A. Hons journalism degrees)을 설치했다. 그리고 저널리스트가 되려는 학생들에게 지역과 국제 뉴스의 취재·보도·기사작성·편집·제작, 보도사진, 잡지저널리즘 등에 관한 실무와 언론법·언론윤리 등을 교육하면서, 근래에는 온라인 저널리즘 등도 가르치고 있다(Herbert, 2000).

대학들마다 차이가 있지만 영국 대학의 커뮤니케이션 관련 학과에서는 저널리즘을 비롯하여 영화·라디오·텔레비전, 그리고 문화 등 여러 가지 매체나 영역들을 조합하여 다양한 교과과정을 설치하여 교육하고 있다. 커뮤니케이션 전공 학사과정은 학과 단위뿐 아니라 여러 관련 학과들로 구성된 학부 단위로 운영하기도 하고, 또한 여러 학과나 학부들 간의 공동과정(joint honour programme)으로도 운영하고 있으며, 그 명칭도 가지각색이다. 따라서 영국의 대학들에 커뮤니케이션 교육 프로그램이 모두 몇 개나 설치되어 있는지 정확하게 파악하기 힘들다. 그러나 2016년 9월 현재 커뮤니케이션과 미디어에 관한 연구·교육과정을 개설하고 있는 대학은 모두 90개 이상으로 나타나 있다(http://goo.gl/yMTCC3 참조).

그러면 이들 대학에서는 어떤 교과목들을 가르치고 있을까? 이를 정확하게 알기 위해서는 90개 대학의 모든 커뮤니케이션 교과과정을 살펴보아야 하지만, 여기서는 그중 대표적 실례로서 셰필드대학교, 카디프대학교(Cardiff University), 리즈대학교(University of Leeds)의 교과과정만 간단히 살펴보기로 한다.

2. 셰필드대학교 저널리즘연구학과 교과과정

셰필드대학교는 사우스요크셔(South Yorkshire)의 셰필드에 있는 러셀 그룹 소속 공립대학교로, 1994년 저널리즘연구학과(Department of Journalism Studies)를 설치했다. 따라서 역사는 20여 년밖에 되지 않았지만, 2015년 이루어진 영국의 주요 3개 대학평가기구 평가 결과 모두 5위권에 든 유일한 저널리즘학과로 급성장했으며, 2016년도 영국 대학 순위(The Complete University Guide)에서는 1위에 선정되었다.

1) 저널리즘연구학과 교과과정 개관

영국 대학에서 학사전공과정은 통상 3년으로 되어 있다. 셰필드 대학교 저널리즘연구학과의 교과과정을 보면, 교과목들을 4개 필수모듈과 3개 선택모듈로 나누어 이들을 3년 동안에 걸쳐 학기별로 보통 3개씩 이수토록 하고 있는데, 각 모듈의 전체 학점은 20학점이며, 3년 동안 모두 360학점을 취득해야 졸업할 수 있다. 이와 같은 체제의 교과과정에서 학생들이 연차별(年次別)로 이수해야 하는 각 모듈의 교과목들을 소개해 보면 [표 2-1-12]와 같다.

1년차에서는 우선 '저널리즘연구입문'을 비롯한 저널리즘에 관한 기본과목들을 가르치는데, 이들은 모두 필수과목이다. 이들 교과목을 보면, 저널리즘기법 I, 조사연구와 보도, 지역보도연습: 국제적 관점 등의 실무적 과목들과 함께 저널리즘의 윤리적 이슈, 윤리와 저널리즘 등도 가르치고 있는데, 이는 학생들에게 우선 전문직으로서의 윤리의식부터 갖도록 하기 위해서이다.

2년차에는 필수과목으로는 방송저널리즘 1, 방송저널리즘 2, 저널리즘기법 II, 미디어법, 웹저널리즘 등을 가르친다. 그리고 선택과

[표 2-1-12] 셰필드대 저널리즘연구학과 교과과정

구분		교과목
1년차	필수	저널리즘연구입문, 저널리즘기법 I, 저널리스트행정, 조사연구와 보도, 저널리즘의 윤리적 이슈, 윤리와 저널리즘, 지역보도연습: 국제적 관점
2년차	필수	방송저널리즘 1, 방송저널리즘 2, 저널리즘기법 II, 미디어법, 웹저널리즘
	선택	대안미디어, 언어와 저널리즘
3년차	필수	방송저널리즘 3, 저널리즘기법 III, 잡지저널리즘과 피처기사작성법
	선택	언론자유와 검열, 탐사보도입문, 저널리즘과 정치커뮤니케이션, 방송저널리즘 포트폴리오, 온라인저널리즘 포트폴리오, 인쇄저널리즘 포트폴리오, 통계학, 학위논문

출처: https://www.shef.ac.uk/prospectus/courseDetails.do?id=P5002017 [2016-04-28]을 토대로 재구성.

목으로는 대안미디어, 언어와 저널리즘 등을 가르치는데, 학생들은 이 두 과목 중에서 하나만 선택해서 수강하면 된다.

3년차에는 필수과목으로는 방송저널리즘 3, 저널리즘기법 III 등의 교과목들을 가르치는데, 이들은 2년차보다 수준이 높은 과목들이다. 선택과목으로는 모두 8개 과목을 제공하면서 학생들이 자유롭게 몇 개 과목을 선택해서 수강토록 한다. 그중에는 최종 학기의 마무리로서 인쇄저널리즘 포트폴리오, 방송저널리즘 포트폴리오, 온라인저널리즘 포트폴리오 중에서 하나를 택하여 독립적인 작품을 제작하거나, 아니면 저널리즘 학위논문을 제출해야 한다. 이를 위한 방법론적 토대로서 통계학이 개설되어 있다.

2) 저널리즘연구학과 교과과정의 주요 특색

셰필드대학교 저널리즘연구학과의 교과과정을 보면 여러 가지 특색을 발견할 수 있다. 첫째로는, 그 명칭에서도 엿볼 수 있듯이 셰필드대학교 저널리즘연구학과는 저널리스트의 양성을 위하여 저널리즘에 관한 실무교육에 중점을 두고 있는 저널리즘 전공의 단일 학과라는 점을 들 수 있다. 따라서 교과목들도 [표 2-1-12]에서 보듯이 거의가 저널리즘에 관한 실무과목들이다. 그렇다고 해서 전통적 인쇄 저널리즘만 가르치는 것은 아니며, 방송저널리즘, 잡지저널리즘, 웹저널리즘, 온라인저널리즘 등 모든 장르의 저널리즘을 망라하여 가르치고 있다.

둘째로 실습교육을 매우 중시한다는 점을 들 수 있는데, 홈페이지(http://www.sheffield.ac.uk/journalism)에 따르면 총 300만 파운드(약 54억 원)를 투자하여 각종 실습실에 첨단장비와 소프트웨어 시스템 등을 갖추고, 이러한 실습실에서 주로 수업을 한다. 그러면서 셰필드 지역에서 일어난 사건이나 법정의 형사재판, 스포츠 경기 등을 실제로 취재해서 이를 신문·라디오·TV·웹 등에 보도하는 실습도 하고, 또한 각종 다큐멘터리를 제작해 본다.

셋째로는, 실무교육을 중시하고 있지만 언론의 책임과 윤리 등에 관한 교육도 중요시한다는 점을 들 수 있는데, 이는 책임과 윤리의식이 투철한 언론인의 양성을 위해서이다. 따라서 학생들에게 저널리즘의 윤리적 이슈, 윤리와 저널리즘 등의 교과목을 필수로 1년차부터 가르치고 있다.

넷째로, 또 하나의 특징으로는 필수과목이 많다는 점이다. 모두 24개의 전공교과목 중에서 14개가 필수이며, 선택과목은 10개로서 42%에 불과하다. 선택과목은 주로 3년차에 배정해 놓아 1~2년차에 공통적인 기초를 다진 후 각자 원하는 분야의 과목들을 수강하도록 하고 있다.

3. 카디프대학교 저널리즘 · 미디어 · 문화연구학부 교과과정

웨일스의 수도 카디프에 있는 카디프대학교(Cardiff University) '저널리즘 · 미디어 · 문화연구학부'(School of Journalism, Media and Cultural Studies)의 교과과정에 관하여 살펴보면, 이 학부는 그 명칭에서도 엿볼 수 있듯이 앞서 살펴본 셰필드대학교 저널리즘연구학과와 달리 저널리즘뿐 아니라 전반적인 미디어와 문화 현상까지 교육하는 학부(school)임을 알 수 있다. 이 학부는 본래 1970년 '카디프저널리즘학부'(Cardiff Journalism School)라는 이름으로 설립해서[7] 운영해 오다가 전공분야를 3개로 확대 · 개편하면서 그 명칭을 오늘날처럼 '저널리즘 · 미디어 · 문화연구학부'로 바꾸었다.

1) 저널리즘 · 미디어 · 문화연구학부 교과과정 개관

카디프대학교 저널리즘 · 미디어 · 문화연구학부는 3개 전공과정으로 구성되어 있는데, ① 저널리즘 · 커뮤니케이션 과정, ② 미디어 · 커뮤니케이션 과정, ③ 미디어 · 저널리즘 · 문화 과정이 그것이다. 이 밖에도 또한 다른 학부들과 연합한 4개 연계과정(joint honours programmes)도 운영하고 있는데, 이들 중 첫째는 법정학부(School of Law and Politics)와 연합해서 운영하는 저널리즘 · 커뮤니케이션 · 정치 과정(Journalism, Communications and Politics Programme)이고, 둘째는 영어 · 커뮤니케이션 · 철학학부(School of English, Communication and Philosophy)

7 '카디프저널리즘학부'는 홉킨슨 경(Sir. Tom Hopkinson)의 주도로 설립했는데, 앞서 말한 영국의 러셀그룹(Russel Group) 대학들 중에서는 맨 먼저 설립한 저널리즘학부로서, 교육내용과 학생들이 우수해서 흔히 '저널리즘의 옥스브리지'(Oxbridge of Journalism)라고 부르기도 한다.

와 연합한 저널리즘·미디어·영문학 과정(Journalism, Media and English Literature Programme)이며, 셋째는 사회과학부(School of Social Sciences)와 연합한 저널리즘·미디어·사회학 과정(Journalism, Media and Sociology Programme)이고, 넷째는 웰시학부(School of Welsh)와 연합한 웰시·저널리즘 과정(Welsh and Journalism Programme)이다.

이러한 연계과정들은 물론이고 저널리즘·미디어·문화연구학부의 교과과정도 모두 3년제 모듈로 편성되어 있으며, 각 모듈은 대부분 12주의 교육과 20학점으로 되어 있다. 사실상 3개의 전공별 교과목들은 공통점이 많으며 큰 차이가 없는데, 각 교과과정을 종합해 소개해 보면 [표 2-1-13]과 같다.

이에서 보듯이 1년차 학생들에게는 필수과목으로 미디어의 표현체계, 저널리즘연구의 이해, 매스커뮤니케이션의 역사와 문화, 미디어학연구 등을 가르친다. 그다음 2년차에서는 세 과정 모두 미디어연

[표 2-1-13] 카디프대 저널리즘 · 미디어 · 문화연구학부 교과과정

구분		교과목
1년차	필수	미디어의 표현체계, 저널리즘연구의 이해, 매스커뮤니케이션의 역사와 문화, 미디어학 연구
2년차	필수	미디어연구방법론, 대중문화, 광고와 소비사회*, 미디어·권력·사회*
3년차	선택	시각미디어역사, 미디어법, 미디어작문, PR과 뉴스미디어, 저널리즘·뉴미디어와 대중, 뉴스의 제작과 구성, 정치적 폭력의 중재, 창조문화산업, 대중음악과 정체성, 시민미디어, 스포츠와 미디어, 고급TV논쟁, 미디어·인종차별주의·갈등, 미디어와 어린이, 21세기 영국TV연구, 전략커뮤니케이션, 미디어커뮤니케이션 경영, 세계영화의 역사와 문화, 문화기구의 이론과 실제, 미디어산업의 이해, 학위논문 연구

주: *미디어·커뮤니케이션 과정 및 미디어·저널리즘·문화 과정만 수강.

출처: http://www.cardiff.ac.uk/study/undergraduate/courses/course/journalism-and-communications-ba;~/media-and-communications-ba;~/media-journalism-and-culture-ba [2016-04-28]을 토대로 재구성.

구방법론, 대중문화 과목을 필수로 이수하며, 미디어·커뮤니케이션 과정 및 미디어·저널리즘·문화 과정은 광고와 소비사회, 미디어·권력·사회 등의 교과목도 필수로 이수토록 한다.

3년차에는 필수과목은 없고 선택과목만 가르치는데, 모두 20여 개의 선택과목 중에서 학생들이 자유롭게 몇 개를 선택해서 수강토록 한다. 따라서 선택의 폭이 넓은 편인데, 선택과목들을 보면 시각미디어역사, 미디어법, PR과 뉴스미디어, 저널리즘·뉴미디어와 대중, 정치적 폭력의 중재, 창조문화산업, 대중음악과 정체성, 시민미디어, 스포츠와 미디어, 고급TV논쟁, 미디어·인종차별주의·갈등 등과 같이 교과목의 주제가 다양하고 흥미롭다.

2) 저널리즘·미디어·문화연구학부 교과과정의 주요 특색

카디프대학교 저널리즘·미디어·문화연구학부의 세 과정은 뚜렷한 차이를 보이지 않는다. 공통적으로 이들 과정은 현대사회를 이해하기 위해서는 미디어와 저널리즘, 그리고 문화산업이 우리 사회에서 담당하는 중심적인 역할을 알 필요가 있다는 전제하에서 시작한 것이기 때문이다. 따라서 미디어와 문화산업 연구의 역사적 및 문화적 토대, 현대사회에서의 역할을 이해하는 데 필요한 학습을 기본적인 교육목표로 두고 공통적으로 교과과정을 편성하고 있다.

또 하나의 두드러진 특징은 교육방식에 있는데, 이 학부에서는 강의와 세미나를 적절히 혼용하여 연차별로 단계를 높여 가면서 학생들을 가르치고 있다. 즉 1년차에는 강의를 통해 커뮤니케이션에 관한 주요 개념들과 역사 등을 이해시킨다. 그리고 2년차에는 '미디어연구방법론'을 제외한 그 밖의 교과목들은 주로 세미나 방식을 통하여 학생들이 일정한 주제나 문제 등을 놓고 서로 토론하면서 학습능력을 키우도록 한다. 마지막으로 3년차에서는 2년차와 비슷한 교육방식을 사용하되, 좀 더 다양하고 복잡한 도전적 과제들을 설정하여 그것들을 학생들 스스로 연구해 보도록 한다. 예를 들어, 학생들이 혼자 혹은 팀을 짜서 특정 연구주제를 선정하여 그에 관한 연구계획안을 작성하고 여러 가지 연구방법을 사용하여 실제로 연구해서 연구보고서를 작성해 보도록 한다. 그러면서 논리적 · 분석적 사고방법, 문제해결방법과 능력 등을 기르도록 한다.

한편 실무과목의 경우 뉴스나 기획기사를 작성하거나, 방송이나 영상 프로그램 등을 제작해 포트폴리오를 만들면서 실무적 기능(skill)과 능력 등을 기르도록 한다.

전반적으로는 이론적 · 학문적 경향이 강하며 비판적 · 분석적 사고의 기술을 함양하는 데 교육목표를 두고 있다. 미디어 작문(Writing for the Media Today)을 제외하고는 현업과 직접적으로 관련된 실무과목은 거의 개설되어 있지 않는 상태이며, 그 대신 기업과의 제휴 프로그램을 통해 현장실습 기회를 제공하고 있다.

4. 리즈대학교 미디어 · 커뮤니케이션학부 교과과정

영국의 대학 중에서 끝으로 웨스트요크셔(West Yorkshire)의 리즈에 위치한 리즈대학교(University of Leeds) 미디어 · 커뮤니케이션학부(School of Media and Communication) 교과과정을 살펴보면, 이 학부에서는 학사학위의 종류별로 교과과정을 편성해서 운영하고 있다.

리즈대학교는 1958년 '그래나다 텔레비전연구소'(Granada Television Research Fellowships)를 설립하면서 커뮤니케이션에 관한 연구를 시작했다. 그 후 1968년부터 1988년까지 20년 동안 블럼러(Jay Blumler) 교수의 주도 아래 정치 커뮤니케이션, 수용자, 공공서비스 방송 등에 관한 연구를 하면서 연구소 명칭을 '텔레비전연구센터'(Centre for Television Research)로 바꾸었다. 1988년 명칭을 다시 '커뮤니케이션학연구소'(Institute of Communications Studies)로 바꾸는 동시에 다학제적(interdisciplinary) 성격의 학과 형태로 개편하여 커뮤니케이션 교육도 실시해 오다가, 2014년 '미디어 · 커뮤니케이션학부'(School of Media and Communication)로 명칭을 또 바꾸었다.

이 학부는 학사학위의 종류별로 교과과정을 편성해서 운영하고 있다. 즉 커뮤니케이션 관련 학사학위의 종류를 ① 커뮤니케이션 · 미디어문학사(B. A. Hons Communication and Media), ② 방송저널리즘문학사(B. A. Hons Broadcast Journalism), ③ 영화 · 사진 · 미디어문학사(B. A. Hons Film, Photography and Media), ④ 디지털미디어문학사(B. A. Hons Digital Media)로 나누어 각 학위별로 교과과정을 편성, 학생들 각자가 원하는 학사학위의 교과과정을 선택해서 이를 이수하면 해당 학위를 수여한다.

리즈대학교 미디어 · 커뮤니케이션학부에서는 이와 같이 4개의 각 문학사 학위별로 교과과정을 따로 편성하여 교육하는데, 각 학위별 교과과정은 기본적으로 20학점의 모듈로 구성되며, 필수모듈(core module)과 선택모듈(optional module)로 나누어 다양한 교과목들을 연차(年次)와 학기별로 편성하고 있다. 그러나 '미디어와 커뮤니케이션 연구입문'(Introduction to Media and Communication Research)은 4개 학사과정의 공통필수과목이며, 나머지 필수모듈의 교과목들은 각 학위별로 특화되어 있는데, 이들 특화 교과목들은 주로 해당 학위에 관한 전문성과 실무능력을 길러주기 위한 것들이다. 아울러 4개 학사과정은 다수의 공통과목을 선택모듈로 개설하여 다양성을 넓히고 있으며, 과정에 따라 필수모듈 혹은 선택모듈로 설정하여 탄력적으로 운용한다. 그러면 각 학위의 종류별로 어떤 교과목들을 가르치고 있는지, 그 교과과정(2016년 현재)을 간단히 소개해 본다.

1) 커뮤니케이션 · 미디어문학사 학위 교과과정

커뮤니케이션 · 미디어문학사 학위의 교과과정은 [표 2-1-14]에서 볼 수 있듯이 커뮤니케이션과 미디어 분야에 관한 교과목들을 6개 학기로 나누어 3년에 걸쳐 이수하되, 필수모듈은 반드시 이수하고, 선택모듈은 그중에서 매 학기 1~2개를 자유롭게 선택해서 수강할 수 있도록 하였다. 그리하여 소정의 학점을 모두 취득하고 졸업논문을 제출하여 심사에 통과한 후 학사학위 자격시험에 합격해야 커뮤니케이션 · 미디어 문학사(B. A. Hons Communication and Media) 학위를 받을 수 있다.

이러한 학위를 취득하기 위하여 학생들이 수강해야 하는 교과목은 [표 2-1-14]에서 보듯이 실무보다는 이론 과목들이 많은데, 커뮤니케이션 · 미디어문학사 과정에서는 주로 학문적 입장에서 커뮤니케이션과 미디어에 관해 교육을 해서 이 분야의 연구자와 교육자 등을 양성하는 데 주 목적을 두고 있기 때문이다.

이러한 목적의 교과목들 중 우선 필수모듈부터 살펴보면, 커뮤니케이션과 미디어에 대한 기본 개념과 이론, 역사에 관한 과목들이다. 구체적으로 1년차 1학기에 미디어와 커뮤니케이션 연구입문, 미디어연구, 권력 · 정치 · 미디어 등을, 2학기에는 커뮤니케이션 역사, 미디어와 커뮤니케이션 이론입문 등을 가르친다. 그리고 2년차 1학기에는 시각커뮤니케이션, 미디어정책 등을, 2학기에는 커뮤니케이션연구방법론을 가르치고 난 다음, 3년차에서는 1, 2학기에 걸쳐 '학위논문연구'라는 과정을 필수적으로 이수하면서 졸업학위논문을 쓰도록 한다.

[표 2-1-14] 리즈대 커뮤니케이션 · 미디어문학사 학위 교과과정

구분		1학기 교과목	2학기 교과목
1년차	필수	미디어와 커뮤니케이션 연구입문, 미디어연구, 권력·정치·미디어	커뮤니케이션역사, 미디어와 커뮤니케이션 이론입문
	선택		카메라와 편집, 애니메이션과 상호작용성, 영화입문, 탐색과목모듈 중에서 택 1
2년차	필수	시각커뮤니케이션, 미디어정책	커뮤니케이션연구방법론
	선택	커뮤니케이션과 미디어기술, 커뮤니케이션 능력개발, 텔레비전 픽션물연구, 디지털 스토리텔링, PR입문, 장르영화연구, 탐색과목모듈 중에서 택 1	방송저널리즘윤리, 디지털미디어실습, 저널리즘 이슈, 영화연구, 음악커뮤니케이션, 탐색과목모듈 중에서 택 2
3년차	필수	학위논문연구	학위논문연구
	선택	다큐멘터리와 현실, 국제커뮤니케이션, 라디오기술·산업·문화, 인터넷정책, 미디어철학, 정치보도, TV다큐멘터리 저널리즘, 모바일미디어, 현장실습, 탐색과목모듈 중에서 택 2	영화이론과 미학, 말하기의 인류학, 페미니즘·정체성·미디어, 문화산업과 창의성, 시민미디어, 전쟁과 미디어, 판촉문화, 탐색과목모듈 중에서 택 2

출처: http://media.leeds.ac.uk/ug/communications-media/ [2016-04-12]를 토대로 재구성.

다음으로 선택모듈을 보면, 1년차 2학기부터 3년차 2학기까지 학기별로 하나 혹은 두 개의 선택모듈을 택해 본인의 진로와 관련된 교과목들을 수강하도록 되어 있다. 구체적인 교과목을 보면, 1년차 2학기에는 카메라와 편집, 애니메이션과 상호작용성, 영화입문, 그리고 탐색과목모듈 중에서 하나를 선택하게 되어 있다. 탐색과목모듈(Discovery Modules)이란 학생들이 개인적으로 관심 있는 분야에 관련된 과목을 선택, 수강해서 전공분야에 관한 지식과 기능 등을 심화시키기 위한 교과목들을 말하는 것으로 각 학기에 편성되어 있다. 2년차

1학기에는 커뮤니케이션과 미디어기술, 커뮤니케이션 능력개발, 텔레비전 픽션물연구, 디지털 스토리텔링, PR입문, 장르영화연구, 그리고 탐색과목모듈 중에서 한 과목을, 2학기에는 방송저널리즘윤리, 디지털미디어실습, 저널리즘 이슈, 영화연구, 음악커뮤니케이션, 그리고 탐색과목모듈 중에서 두 과목을 선택하게 되어 있다. 마지막으로 3년차 1학기에는 다큐멘터리와 현실, 국제커뮤니케이션, 라디오기술·산업·문화, 인터넷정책, 미디어철학, 정치보도, TV다큐멘터리 저널리즘, 모바일미디어, 현장실습, 그리고 탐색과목모듈 중에서 두 과목을, 2학기에는 영화이론과 미학, 말하기의 인류학, 페미니즘·정체성·미디어, 문화산업과 창의성, 시민미디어, 전쟁과 미디어, 판촉문화, 그리고 탐색과목모듈 중에서 두 과목을 자유롭게 선택하여 공부하도록 하고 있다.

2) 방송저널리즘문학사 학위 교과과정

방송저널리즘문학사 학위의 교과과정은 방송저널리즘 분야의 전문인력 양성을 교육목표로 삼고 있다. 따라서 그 교과과정에 대해 영국의 방송저널리즘교육위원회(Broadcast Journalism Training Council, BJTC)의 인증과 감독을 받는다. 방송저널리즘문학사 학위 교과과정은 [표 2-1-15]와 같으며, 3년 동안 6개 학기에 걸쳐 방송저널리즘에 관한 소정의 필수과목과 선택과목을 이수한 뒤, 졸업논문이나 개별 프로젝트 포트폴리오를 제출하여 심사에 통과하고, 또한 학사학위 자격시험에 합격해야 방송저널리즘 문학사(B. A. Hons Broadcast Journalism) 학위를 받을 수 있다.

이러한 학위의 취득을 위해서 모든 학생들은 우선 대학에서 지정한 필수모듈을 반드시 이수해야 한다. 방송저널리즘 과정의 필수모

[표 2-1-15] 리즈대 방송저널리즘문학사 학위 교과과정

<table>
<tr><th colspan="2">구분</th><th>1학기 교과목</th><th>2학기 교과목</th></tr>
<tr><td>1년차</td><td>필수</td><td>미디어와 커뮤니케이션 연구입문, 저널리즘·정치·사회, 저널리즘입문</td><td>저널리즘 뉴스기법, 저널리스트를 위한 카메라와 편집, 커뮤니케이션역사</td></tr>
<tr><td rowspan="2">2년차</td><td>필수</td><td>TV뉴스제작, 라디오뉴스제작</td><td>방송저널리즘윤리, 저널리즘이슈</td></tr>
<tr><td>선택</td><td>미디어정책, 커뮤니케이션 테크놀로지, 시각커뮤니케이션, PR입문, 탐색과목모듈 중에서 택 1</td><td>멀티미디어저널리즘, 디지털미디어실습, 커뮤니케이션연구방법, 음악커뮤니케이션, 커뮤니케이션과 미디어기술, 탐색과목모듈 중에서 택 1</td></tr>
<tr><td rowspan="3">3년차</td><td>필수</td><td>방송저널리즘 현장실습, 미디어법</td><td>미디어법</td></tr>
<tr><td rowspan="2">선택</td><td>졸업논문이나 방송저널리즘 개별 프로젝트 포트폴리오 중에서 택 1</td><td>졸업논문이나 방송저널리즘 개별 프로젝트 포트폴리오 중에서 택 1</td></tr>
<tr><td>TV다큐멘터리저널리즘, 국제커뮤니케이션, 모바일미디어, 정치보도, 수용자연구, 라디오기술·산업·문화, 다큐멘터리와 현실, 탐색과목모듈 중에서 택 1</td><td>전쟁과 미디어, 생방송뉴스제작론, 문화산업과 창의성, 말하기의 인류학, 판촉문화, 페미니즘·정체성·미디어, 시민미디어, 탐색과목모듈 중에서 택 1</td></tr>
</table>

출처: http://media.leeds.ac.uk/ug/broadcast-journalism/ [2016-04-12]를 토대로 재구성.

듈은 학부 공통필수과목 외에 저널리즘에 대한 이해와 제작을 도모하는 과목들로 구성된다.

즉 1년차 1학기에는 미디어와 커뮤니케이션 연구입문 외에 저널리즘·정치·사회, 저널리즘입문을, 2학기에는 저널리즘 뉴스기법, 저널리스트를 위한 카메라와 편집, 커뮤니케이션역사 등 필수모듈을 이수해야 한다. 그리고 2년차 1학기에는 TV뉴스제작, 라디오뉴스제작 등을, 2학기에는 방송저널리즘윤리, 저널리즘이슈 등을 반드시 수강해야 한다. 특히 3년차 1학기에는 방송저널리즘 현장실습을 반드시 이수해야 하며, 1~2학기에 걸쳐 미디어법을 수강해야 한다.

이러한 필수모듈 이외에 또한 2년차부터는 선택모듈 중에서 매 학기 하나 혹은 두 과목을 선택해서 이수해야 한다. 즉 2년차 1학기에는 미디어정책, 커뮤니케이션 테크놀로지, 시각커뮤니케이션, PR입문, 그리고 탐색과목모듈 중에서 한 과목을, 2학기에는 멀티미디어저널리즘, 디지털미디어실습, 커뮤니케이션연구방법, 음악커뮤니케이션, 커뮤니케이션과 미디어기술, 그리고 탐색과목모듈 중에서 한 과목을 선택해서 이수해야 한다.

그다음 3년차 1학기에는 TV다큐멘터리저널리즘, 국제커뮤니케이션, 모바일미디어, 정치보도, 수용자연구, 라디오기술 · 산업 · 문화, 다큐멘터리와 현실, 그리고 탐색과목모듈 중에서 한 과목을, 마지막 2학기에는 전쟁과 미디어, 생방송뉴스제작론, 문화산업과 창의성, 말하기의 인류학, 판촉문화, 페미니즘 · 정체성 · 미디어, 시민미디어, 그리고 탐색과목모듈 중에서 한 과목을 골라 이수해야 한다. 특히 3년차에는 1년에 걸쳐 이론적인 학위논문이나 실무적인 방송저널리즘 개별 프로젝트 포트폴리오 중 하나를 택해 이수하고 졸업작품을 제출해야 한다.

3) 영화 · 사진 · 미디어문학사 학위 교과과정

영화 · 사진 · 미디어문학사 학위 교과과정은 [표 2-1-16]과 같은데, 표에서 보듯이 이 과정에서는 특히 디지털 영화와 사진 등에 관한 이론적 지식 및 실무적 능력의 개발교육에 초점을 두고 있다. 또한 학생들에게 선택의 폭을 넓혀 주기 위하여 텔레비전 제작, 영화편집, 영화제작, 대본작성, 영화의 역사, 디지털 이미지화, 다큐멘터리 제작 등에 관한 다양한 교과목들을 가르치고 있다.

세부 교과목을 살펴보면, 영화 · 사진 · 미디어문학사 과정의 필

[표 2-1-16] 리즈대 영화 · 사진 · 미디어문학사 학위 교과과정

구분		1학기 교과목	2학기 교과목
1년차	필수	미디어와 커뮤니케이션 연구입문, 사진실습, 영화내러티브연구	카메라와 편집, 영화입문
	선택		커뮤니케이션역사, 미디어와 커뮤니케이션 이론입문 중에서 택 1
2년차	필수	단편영화제작론, 사진연구	영화학연구
	선택	커뮤니케이션 테크놀로지, 시각커뮤니케이션, 텔레비전픽션물연구, PR입문, 장르영화연구, 탐색과목모듈 중에서 택 1	창작실습, 커뮤니케이션연구방법 중에서 택 1 커뮤니케이션과 미디어 테크놀로지, 뉴미디어현장실습, 모션그래픽스, 컬트영화, 음악커뮤니케이션, 탐색과목모듈 중에서 택 1
3년차	선택모듈(1)	학위논문연구, 픽션물고급창작, 디지털단편영화창작, 사진이론 및 창작, 단편동영상창작 중에서 택 1	학위논문연구, 픽션물고급창작, 디지털단편영화창작, 사진이론 및 창작, 단편동영상창작 중에서 택 1
	선택모듈(2)	현장실습(20학점), 다큐멘터리와 현실, 인터넷정책, 모바일미디어, TV다큐멘터리저널리즘, 미디어철학, 국제커뮤니케이션, 탐색과목모듈 중에서 택 1	영화이론과 미학, 페미니즘·정체성·미디어, 시민미디어, 전쟁과 미디어, 판촉문화, 말하기의 인류학, 현대사진연구, 현대유럽영화, 디지털시대의 영화, 문화산업과 창의성, 탐색과목모듈 중에서 택 1

출처: http://media.leeds.ac.uk/ug/film-photography-media/ [2016-04-12]를 토대로 재구성.

수모듈은 학부 공통필수과목 외에 영상과 사진에 대한 이론 및 실기와 관련된 과목들로 구성된다. 즉 1년차 1학기에는 미디어와 커뮤니케이션 연구입문 외에 사진실습, 영화내러티브연구 등의 필수과목만 가르치고, 2학기에는 필수과목으로 카메라와 편집, 영화입문을, 2년차 1학기에는 필수과목으로 단편영화제작론, 사진연구 등을, 그다음 2년차 2학기에는 영화학연구를 반드시 이수하도록 되어 있다.

선택모듈의 경우, 1년차 2학기에 커뮤니케이션 · 미디어문학사의 필수모듈인 커뮤니케이션역사, 미디어와 커뮤니케이션 이론입문 중에서 한 과목만 선택해서 공부하도록 한다. 2년차 1학기에는 커뮤니케이션 테크놀로지, 시각커뮤니케이션, 텔레비전픽션물연구, PR입문, 장르영화연구, 그리고 탐색과목모듈 중에서 한 과목을 선택해서 이수하도록 한다. 그다음 2년차 2학기에는 창작실습, 커뮤니케이션연구방법 중에서 한 과목, 커뮤니케이션과 미디어 테크놀로지, 뉴미디어현장실습, 모션그래픽스, 컬트영화, 음악커뮤니케이션, 그리고 탐색과목모듈 중에서 한 과목을 선택해서 공부하도록 한다.

3년차에는 선택과목들만 가르치는데, 이들을 두 개의 모듈로 나누어 각 모듈 중에서 한 과목 이상을 선택해서 이수토록 한다. 1학기에는 선택모듈 1에서는 학위논문연구, 픽션물고급창작, 디지털단편영화창작, 사진이론 및 창작, 그리고 단편동영상창작 중에서 한 과목을 선택하고, 선택모듈 2에서는 현장실습, 다큐멘터리와 현실, 인터넷정책, 모바일미디어, TV다큐멘터리저널리즘, 미디어철학, 국제커뮤니케이션, 그리고 탐색과목모듈 중에서 한 과목을 선택해서 수강토록 한다. 마지막으로 3년차 2학기에는 선택모듈 1에서는 1학기 과목들 중에서 하나를 선택하고, 선택모듈 2에서는 영화이론과 미학, 페미니즘 · 정체성 · 미디어, 시민미디어, 전쟁과 미디어, 판촉문화, 말하기의 인류학, 현대사진연구, 현대유럽영화, 디지털시대의 영화, 문화산업과 창의성, 그리고 탐색과목모듈 중에서 하나를 선택해서 공부하도록 한다. 이와 같은 교과목들을 수강하여 소정의 학점을 모두 취득하고 이론적인 학위논문이나 혹은 창작작품을 제출하여 심사에 통과하면 영화 · 사진 · 미디어문학사(B. A. Hons Film, Photography and Media) 학위를 받게 된다.

4) 디지털미디어문학사 학위 교과과정

디지털미디어문학사 학위 교과과정은, 오늘날의 디지털과 인터랙티브 미디어 시대에 능동적으로 대처하는 데 필요한 지식과 능력 등을 교육해서 창조적이고 유능한 인재를 양성하는 데 목적을 두고 있다. 이와 같은 목적을 위하여 디지털미디어문학사 학위 교과과정에서는 디지털미디어에 관한 전문교육을 집중적으로 실시하고 있다.

우선 교과과정을 소개해 보면 [표 2-1-17]과 같은데, 이 표에서 보듯이 디지털미디어문학사 과정의 필수모듈은 학부 공통필수과목 외에 디지털미디어의 이해와 제작에 관련된 과목들로 구성되어 있다. 즉 1년차 1학기에는 미디어와 커뮤니케이션 연구입문 외에 디지털미디어디자인, 디지털미디어의 이해, 2학기에는 인터페이스디자인, 미디어와 커뮤니케이션 이론입문 등을, 2년차 1학기에는 시각커뮤니케이션, 다이내믹웹 프로그래밍 등을, 그리고 2학기에는 커뮤니케이션 연구방법, 디지털미디어실습 등을 반드시 수강하도록 되어 있다. 3학년 1학기에는 인터넷정책 과목을 필수모듈로 이수해야 한다. 특이한 점은 커뮤니케이션 · 미디어 과정의 필수모듈인 '미디어와 커뮤니케이션 이론입문'과 '커뮤니케이션연구방법' 같은 이론과목을 필수핵심과목으로 설정한 것인데, 이는 비판적 사고와 연구능력을 개발하여 디지털미디어 산물이 사회에 미치는 영향을 분석할 수 있는 역량을 배양할 목적으로 여겨진다.

한편 선택모듈의 경우 미디어 현상 및 이론과 디지털미디어 실무교육과 관련된 다양한 과목들로 구성되어 있다. 1년차 2학기에는 카메라와 편집, 애니메이션과 상호작용성, 커뮤니케이션역사, 그리고 탐색과목모듈 중에서 한 과목을 선택해서 수강토록 한다. 2년차 1학기에는 커뮤니케이션과 미디어테크놀로지, 미디어정책, 디지털스토리

[표 2-1-17] 리즈대 디지털미디어문학사 학위 교과과정

구분		1학기 교과목	2학기 교과목
1년차	필수	미디어와 커뮤니케이션 연구입문, 디지털미디어디자인, 디지털미디어의 이해	인터페이스디자인, 미디어와 커뮤니케이션 이론입문
	선택		카메라와 편집, 애니메이션과 상호작용성, 커뮤니케이션역사, 탐색과목모듈 중에서 택 1
2년차	필수	시각커뮤니케이션, 다이내믹웹 프로그래밍	커뮤니케이션연구방법, 디지털미디어실습
	선택	커뮤니케이션과 미디어테크놀로지, 미디어정책, 디지털스토리텔링, PR입문, 커뮤니케이션 능력개발, 탐색과목모듈 중에서 택 1	**[선택모듈(1)]** 음악커뮤니케이션, 모션그래픽스 중에서 택 1 혹은 **[선택모듈(2)]** 에코디자인, 색채론, 타이포그래피원리, 탐색과목모듈 중에서 택 2
3년차	필수	인터넷정책	
	선택	**[선택모듈(1)]** 학위논문연구(40학점) 또는 뉴미디어제작 프로젝트(40학점) 중 택 1 **[선택모듈(2)]** 현장실습, 다큐멘터리와 현실, 라디오테크놀로지·산업·문화, 국제커뮤니케이션, 정치보도, TV다큐멘터리 저널리즘, 모바일미디어, 미디어철학, 그래픽과 이미지디자인, 탐색과목모듈 중에서 택 2	**[선택모듈(1)]** 학위논문연구(40학점) 또는 뉴미디어제작 프로젝트(40학점) 중 택 1 **[선택모듈(2)]** 페미니즘·정체성·미디어, 말하기의 인류학, 문화산업과 창의성, 시민미디어, 전쟁과 미디어, 판촉문화, 탐색과목모듈 중에서 택 2

출처: http://media.leeds.ac.uk/ug/digital-media/ [2016-04-12]를 토대로 재구성.

텔링, PR입문, 커뮤니케이션 능력개발, 그리고 탐색과목모듈 중에서 한 과목을 선택해서 이수하게 한다. 2학기에는 선택모듈(1)의 음악커뮤니케이션, 모션그래픽스 중에서 한 과목을 택하거나 혹은 선택모듈(2)의 에코디자인, 색채론, 타이포그래피원리, 그리고 탐색과목모듈

중에서 두 과목을 선택해서 수강하도록 한다.

3년차에는 선택모듈(1)의 학위논문연구나 뉴미디어제작 프로젝트 중에서 하나를 택하여 1년 동안 수행하여 졸업을 위한 최종 성과물로 제출한다. 1학기에는 선택모듈(2)에서 현장실습, 다큐멘터리와 현실, 라디오테크놀로지 · 산업 · 문화, 국제커뮤니케이션, 정치보도, TV다큐멘터리 저널리즘, 모바일미디어, 미디어철학, 그래픽과 이미지디자인, 그리고 탐색과목모듈 중에서 두 과목을 택하여 이수토록 하고 있다. 마지막으로 2학기에는 1학기와 마찬가지로 선택모듈(1)의 학위논문연구 또는 뉴미디어제작 프로젝트 중에서 하나를 고르고, 선택모듈(2)에서는 페미니즘 · 정체성 · 미디어, 말하기의 인류학, 문화산업과 창의성, 시민미디어, 전쟁과 미디어, 판촉문화, 그리고 탐색과목모듈 중에서 두 과목을 선택해서 수강토록 하고 있다.

라. 일본에서 커뮤니케이션학 교육과 주요 대학의 교과과정

지금까지 서양 주요 국가들의 커뮤니케이션 관련 학과나 학부에서는 어떤 교과목들을 가르치고 있는지 간단히 살펴보았다. 그러면 동양에서는 어떠한지 일본의 주요 대학들을 실례로 들어 알아보기로 하되, 그에 앞서 일본에서 커뮤니케이션 교육의 역사와 현황부터 간단히 살펴보기로 한다.

1. 일본에서 커뮤니케이션학 연구 · 교육의 발전과 현황

일본에서는 1868년 메이지(明治) 유신 이후 「아사히신문」(朝日新聞),

「요미우리신문」(讀賣新聞), 「마이니치신문」(每日新聞) 등의 근대신문들이 창간되면서 신문산업이 크게 발전하기 시작하였다. 1920년대에 이르러서는 판매부수가 100만 부가 넘는 신문들까지 나타났다. 한편 그간에 잡지와 서적 출판도 크게 발전했으며 라디오가 등장해서 각종 매스미디어가 사회에 여러 가지 중요한 영향들을 미치게 되자, 이에 대한 사회적·학문적 관심의 대두와 함께, 저널리스트들을 위시하여 각종 매스미디어에 종사하는 전문인력의 양성을 위한 교육·연구기관의 필요성을 절실하게 느끼게 되었다(http://www.jmscom.org/etc/11MassCommunication.pdf 참조).

1) 커뮤니케이션학 교육의 시작과 확대·발전

이와 같은 필요성에 부응하여, 후에 일본 신문학의 창시자로 일컬어진 오노 히데오(小野秀雄)가 일본 정부와 학계의 지원을 받아 1929년 10월 1일 도쿄제국대학(東京帝國大學, 현 도쿄대학) 문학부 내에 신문연구실을 설립하여 신문학에 관한 연구와 교육을 시작했다[8](東京大學社會情報硏究所, 1995, p. 1). 그러면서 연구실장 오노는 대학에 신문학과를 설치하기 위해 일본 정부와 여러 번 교섭한 끝에 도쿄대학이 아니라 도쿄의 조치대학(上智大學) 신문과 설립을 1931년 12월 문부성으로부터 인가받아 1932년 4월 일본에서 최초로 조치대학 전문부에 신문과를 정식으로 설치했다. 초대 학과장으로 취임한 오노는 신문·잡지·출판·잡지계 등의 현업 전문인들로 강사진을 구성하여 대학에서

8 도쿄대학 신문연구실은 그 뒤 1949년 신문연구소로 발전했다가, 1992년 사회정보연구소로 개칭해서 운영했다. 그 후 2004년 도쿄대학이 법인화되면서 사회정보연구소는 대학원의 정보학환(情報學環)센터에 통합되어 현재에 이르고 있다.

정규 신문학 교육을 시작했다(上智大學文學部新聞學科, 1981, p. 4). 하지만 1931년 9월 18일 만주사변을 시작으로 일본이 중국 대륙에 대한 침략 전쟁을 감행하면서 전시체제로 돌입하자, 일본에서 신문학 교육은 일본제국주의의 선전방법과 기술 등을 연구하고 교육하는 수단의 하나로 변질되고 말았다.

1945년 8월 일본이 제2차 세계대전에서 패배하자, 미군을 위시한 연합군 총사령부(General Headquarters, GHQ)는 일본에 군정을 실시하면서 일본으로 하여금 제국주의적 야욕을 포기하고 군부와 유착했던 재벌들을 해체하여 민주국가를 건설토록 하면서 일본의 언론제도와 정책도 자유주의체제로 바꾸도록 했다. 그러면서 그에 필요한 저널리즘 교육과 함께 언론인의 양성을 적극 권장하게 된다.

그러자 1946년 와세다대학(早稻田大學)은 정경학부에 신문학과를 설치했으며,[9] 게이오대학(慶應義塾大學)은 신문연구실을, 메이지대학(明治大學)은 신문고등연구과를 설치했다. 1947년에는 니혼대학(日本大學)이 법학부에 신문학과를 신설했으며, 1948년에는 교토의 도시샤대학(同志社大學)이 문학부 사회학과에 신문학 전공과정을, 그리고 1949년에는 오사카의 간사이대학(關西大學)이 문학부에 신문학과를 설치했다. 그리하여 일본의 주요 대학에서 신문학 연구와 교육이 활발하게 이루어지게 되었으나, 당시까지의 신문학 연구는 주로 신문·방송·잡지 등 각종 미디어에서 나타나는 여러 가지 변화와 발전의 모습들을 사회학·정치학·역사학·법학 등의 입장에서 고찰하는 정도였고, 신문학 교육은 부수적으로 신입 저널리스트들과 현업 종사자들을 훈련시키는 정도였다.

1953년 일본에 텔레비전이 등장해서 사회와 문화 등에 커다란

9 그 후 1966년 폐지했다가 2008년 4월 대학원에 저널리즘 전공과정을 설치했다.

영향을 끼치게 되자 이에 대한 연구도 시작되었다. 또한 대인커뮤니케이션 현상에도 신문학자들이 학문적 관심을 갖게 되면서, 매스커뮤니케이션뿐만 아니라 다양한 유형과 형태의 커뮤니케이션 현상에 대한 연구와 교육이 진행되었다. 그 뒤 1970년대로 들어오면서 일본에서도 종래의 전통적 신문학에서부터 매스커뮤니케이션학 내지 커뮤니케이션학으로 변모·발전하게 되었다. 그러면서 1980년대부터는 '정보통신', '사회정보' 등의 단어가 붙는 학과나 연구소 등도 늘어나면서 연구·교육 영역도 점차 확대되어 갔다. 그러자 자연히 '정보'를 포함한 각종 커뮤니케이션 현상을 연구하고 교육하는 기관들도 급격히 늘어나게 되었다.

2) 1990년 이후 커뮤니케이션학 교육의 실태와 현황

1990년대에 일본에서도 인터넷 신문과 IT산업의 등장 등 사이버 스페이스라는 새로운 환경에서 언론환경이 급속하게 변하게 되자, 이러한 추세에 커뮤니케이션 교육도 초점을 맞추게 되면서 종래의 전통적 교과목은 점점 줄어들게 되었다. 이렇게 되자 도쿄경제대학은 1995년 일본에서 처음으로 '커뮤니케이션학부'를 설립하고 '인간과 커뮤니케이션', '조직과 산업커뮤니케이션', '이문화(異文化) 커뮤니케이션' 등의 교과목을 개설해서 교육했다. 1999년에는 도쿄공업대학도 미디어학부에 '미디어의 표현', '미디어의 환경', '미디어의 기술'의 세 가지 축을 중심으로 교과과정을 개편했는데, 이는 문과계와 이과계 교과목들을 융합하여 종래의 전통적 미디어 분야를 넘어서 더 광범위한 분야의 전문인력을 양성하기 위해서였다(鈴木雄雅, 2001).

도쿄경제대학과 도쿄공업대학의 이러한 방향에 대해 다른 대학들도 뒤를 따르게 됨으로써, 21세기에 들어와서는 종래의 신문학 관계 학과들이 신문기자와 편집자 등뿐만 아니라 커뮤니케이션 전문가 혹은 훌륭한 커뮤니케이터 양성 교육기관으로 변모·발전하면서 학과 명칭도 '커뮤니케이션학부', '매스커뮤니케이션학과', '미디어학과' 등으로 고쳤다. 커뮤니케이션 관련 전공과정이나 강좌 등 어떤 형태로든 커뮤니케이션 교육을 하고 있는 대학이 2000년 7월에는 국·공립 대학 31개, 사립대학이 211개(4년제 157개 대학, 전문대 54개 대학)에 달하게 되었다(松浦康彦, 2001). 그러나 이들 대학 중에서 커뮤니케이션 관련 학과나 학부를 별도로 설치해서 커뮤니케이션 교육을 하는 대학은 약 30개에 불과했다.

그 뒤 독립된 커뮤니케이션 관련 학과나 학부를 설치하는 대학들이 계속 늘어나 2016년 현재는 78개에 달하고 있는데(https://ja.wikipedia.org/wiki/ 참조), 이는 2000년의 30여 개에 비해 2배 이상 늘어난 수치이다. 이러한 커뮤니케이션 관련 학부와 학과들의 소속 대학이나 학부 등을 보면, 문과계(사회학부·경제학부·법정학부·문학부 등)에 소속된 것이 가장 많으나, 영상미디어학과나 미디어디자인학과 등은 예술학부에 소속되어 있는 경우도 많으며, 미디어통신학과나 디지털미디어학과 등은 공학부에 소속되어 있기도 하다. 그러면 이러한 일본의 커뮤니케이션 관련 학과들에서는 주로 무엇을 가르치는지, 조치대학(上智大學) 신문학과, 도시샤대학(同志社大學) 미디어학과 및 도카이대학(東海大學) 홍보미디어학과의 학사과정 교과목들을 실례로 들어서 간단히 소개한다.

2. 조치대학 문학부 신문학과 교과과정

도쿄(東京)에 있는 조치대학 신문학과는 일본에서 가장 오랜 역사와 전통을 갖고 있는데, 1932년 4월 3년제 전문부에 '신문과'라는 명칭으로 설치되었다. 그 후 1948년 학제개혁에 따라 신문학과가 되어, 현재는 철학과 · 사학과 · 일문학과 · 영문학과 · 독문학과 · 불문학과 등과 나란히 4년제 문학부에 소속되어 있다.

조치대학 신문학과는 민주주의 사회에 필수적인 저널리즘과 미디어의 세계를 이해하고, 그 세계에서 활동할 수 있는 지식과 능력을 습득하며, 정보화 사회에서 살아나가는 데 필요한 커뮤니케이션 능력과 미디어 리터러시 등을 습득시키는 것을 학과의 주요 목표로 삼고 있다.

1) 신문학과 교과과정 개관

이와 같은 교육목표를 달성하기 위한 조치대학 신문학과의 2016년도 교과과정을 소개하면 [표 2-1-18]과 같다. 일본의 다른 4년제 대학들과 마찬가지로 조치대학 신문학과도 졸업에 필요한 학점은 총 124학점이나, 그중에서 전공교과목 학점은 60학점 이상만 모두 8학기에 걸쳐서 취득하면 된다. 하지만 전공교과목을 모두 50여 개 개설해 놓고 그중에서 전공선택과목은 학생들이 자유롭게 선택해서 이수하도록 하고 있다.

조치대학 신문학과의 전공교과목을 보면, '커뮤니케이션 기본이론'을 제외하고는 주로 신문학, 즉 저널리즘에 초점을 맞추어 집중적으로 가르치고 있다. 이는 학과 명칭에서도 엿볼 수 있는데, 일본에서도 1990년대부터 종래의 신문학과들이 교육 · 연구 영역을 매스커뮤니케이션 내지 모든 커뮤니케이션 현상으로 확대하면서 학과 명칭을 '커뮤니케이션학부' · '매스커뮤니케이션학과' · '미디어학과' 등으로 고쳤으나, 조치대학 신문학과는 계속하여 주로 저널리즘을 가르치면서 '신문학과'라는 명칭도 고수해 오고 있다. 따라서 아직도 주로 저널리즘을 가르치는데, 이에 관한 교과목들은 크게 세 가지 유형, 즉

[표 2-1-18] 조치대 신문학과 교과과정

<table>
<tr><th>구분</th><th>1학기 교과목</th><th>2학기 교과목</th></tr>
<tr><td>커뮤니케이션 기본이론</td><td colspan="2">커뮤니케이션론, 저널리즘의 역사, 시사문제연구, 국제커뮤니케이션론, 인간행동과 매스미디어, 매스미디어론, 매스컴윤리법제론</td></tr>
<tr><td>저널리즘 연습</td><td colspan="2">연습IIa(저널리즘과 미디어 현상과 사상), 연습IIb(일본의 미디어저널리즘), 연습IIc(미디어저널리즘과 현대사회), 연습IId(매스커뮤니케이션 문제와 분석방법), 연습IIe(미디어통신저널리즘), 연습IIf(저널리즘과 매스미디어), 연습IIIa(저널리즘과 미디어 현상의 분석), 연습IIIb(일본의 미디어저널리즘), 연습IIIc(미디어저널리즘과 현대사회), 연습IIId(매스커뮤니케이션 문제와 분석방법), 연습IIIe(미디어통신저널리즘), 연습IIIf(저널리즘과 매스미디어), 연습IVa~f(졸업논문 지도), 졸업논문</td></tr>
<tr><td rowspan="4">저널리즘 각론</td><td colspan="2">신문론, 방송론, 잡지론, 출판론</td></tr>
<tr><td>외국저널리즘(중동), 외국저널리즘(미국 전파미디어)</td><td>외국저널리즘(아시아), 외국저널리즘(유럽), 외국저널리즘(미국 인쇄미디어)</td></tr>
<tr><td colspan="2">시사문제 특수연구(국내), 시사문제 특수연구(국제)</td></tr>
<tr><td>저널리즘특수I(여론), 저널리즘의 현재I</td><td>저널리즘특수II(저널리즘과 정치), 저널리즘의 현재II</td></tr>
<tr><td rowspan="7">제작실습</td><td colspan="2">보도영어I, 보도영어II</td></tr>
<tr><td>언론문장연습II</td><td>언론문장연습III</td></tr>
<tr><td colspan="2">연습I(신문제작), 연습I(방송제작)</td></tr>
<tr><td colspan="2">커뮤니케이션과 기술, TV제작I</td></tr>
<tr><td>TV제작IIa</td><td>TV제작IIb</td></tr>
<tr><td colspan="2">보도론</td></tr>
<tr><td>편집론</td><td>광고론</td></tr>
</table>

출처: http://www.sophia.ac.jp/syllabus/2006/gakubu/index.html [2016-06-12]를 토대로 재구성.

① 저널리즘 연습, ② 저널리즘 각론, ③ 제작실습으로 나누어진다.

그러나 이러한 저널리즘 관계 교과목들에 앞서 '커뮤니케이션 기본이론'에 관한 교과목으로 커뮤니케이션론, 국제커뮤니케이션론,

인간행동과 매스미디어, 매스미디어론, 매스컴윤리법제론 등을 가르친다. 그런 다음 '저널리즘 연습'이라는 명칭의 교과목들을 통하여 저널리즘과 미디어 현상과 사상, 일본의 미디어저널리즘, 미디어저널리즘과 현대사회, 매스커뮤니케이션 문제와 분석방법, 미디어통신저널리즘, 저널리즘과 매스미디어 등의 주제를 놓고 세미나 형식의 수업을 진행하면서 저널리즘에 관한 관심을 높이고, 또한 논리적 · 분석적 사고방식 등을 길러준다.

한편 '저널리즘 각론' 교과목에서는 신문저널리즘 이외에 방송저널리즘, 잡지저널리즘, 출판저널리즘 등에 관하여 소개하고, 저널리즘과 여론 및 정치현상과의 관계에 대해 가르친다. 그리고 '제작실습' 교과목에서는 저널리즘 각 분야와 영역 등에 관한 실무를 익히도록 한다.

2) 신문학과 교과과정의 주요 특색

앞서 조치대학 신문학과의 교과과정을 간단히 살펴보았는데, 그 내용을 자세히 보면 여러 가지 특색들을 지니고 있다. 그중에서 주요한 것들만 몇 가지 들어보면 다음과 같다.

첫째로는, 앞서 언급했듯이 '커뮤니케이션 기본이론'을 제외하고는 주로 신문학, 즉 저널리즘을 집중적으로 가르치면서 특히 실기와 실습교육을 중요시하고 있다는 점을 들 수 있다. 이는 조치대학 신문학과가 전통을 중시하면서 학과의 교육목표를 유능한 저널리스트의 양성에 두고 있기 때문이라고 볼 수 있다.

둘째로, 또 하나의 주요 특색으로는 '저널리즘 연습'이라는 명칭의 교과목을 들 수 있는데, 이 교과목에서는 앞서 말했듯이 저널리즘에 관련된 여러 가지 주제를 놓고 교수와 학생들이 서로 토론하며 세미나 형식으로 수업을 진행하면서 학생들에게 저널리즘에 관한 관심을 높여 주고, 학생들의 논리적·분석적 사고방식 등을 길러 주며, 또한 문제해결 방법과 연구방법도 익히게 해 준다는 것이 특색이다. 이러한 연습과목은 보통 한 명의 교수가 일정 기간 동안 연속적으로 동일 주제로 세 단계의 연습과목, 예컨대 연습IIa, 연습IIIa, 연습IVa 과목을 맡아 가르치면서 학생들이 선정한 주제에 관하여 계속 연구하고 토론하게 하며, 그것을 졸업논문으로 발전시키게 한다. 따라서 이러한 연습과목은 여러 가지 장점들을 지닌 독특한 교육방식이라 할 수 있다.

세 번째 주요 특색으로는, 학생들에게 일본뿐 아니라 외국의 저널리즘도 이해시키고, 또한 국제적 안목을 길러 주는 데에도 중점을 두고 있다는 점을 들 수 있다. 교과목들을 보면, '국제커뮤니케이션론' 이외에 외국 저널리즘에 관한 교과목들—미국저널리즘(인쇄미디어 및 전파미디어), 유럽저널리즘, 아시아저널리즘, 중동저널리즘—을 개설해서 세계 여러 지역의 저널리즘을 모두 이해시키려고 노력하고 있음을 알 수 있다.

3. 도시샤대학 사회학부 미디어학과 교과과정

다음으로 교토(京都)에 있는 도시샤대학(同志社大學) 사회학부 미디어학과의 교과과정에 관해 살펴보기로 한다. 도시샤대학에서 커뮤니케이션 관계 교육을 시작한 것은 1948년 4월 문학부 사회학과에 신문학 전공과정을 개설하면서부터이다. 이때부터 1980년대까지는 주로 전통적 신문학, 즉 저널리즘에 관하여 교육해왔다. 그러다가 1990년대부터 전통적 신문학이 커뮤니케이션학으로 확대·발전하자, 2005년 사회학과가 문학부에서 독립하여 사회학부로 개편하는 것을 계기로 종래의 사회학과 신문학 전공과정이 하나의 독립학과로 승격하여 그 명칭을 '미디어학과'로 개칭함과 동시에 그에 맞게 교과과정도 개편했다. 그리하여 사회학과·사회복지학과·산업관계학과·교육문화학과 등과 나란히 사회학부에 소속되어 커뮤니케이션 교육과 연구활동을 활발하게 전개해 나가고 있다.

1) 미디어학과 교과과정 개관

이처럼 2005년 새로 출범한 도시샤대학 미디어학과의 2016년 교과과정을 보면, 졸업에 필요한 학점은 일본의 다른 4년제 대학들과 마찬가지로 총 124학점이다. 그중에서 최소한 60학점은 전공과목에서 취득해야 하는데, 전공분야의 각 과목은 대체로 2학점이므로 전공과목을 30개 이상 수강해야 한다. 2016년 현재 미디어학과는 모두 44개의 전공교과목을 개설해 놓고 있는데, 이들을 소개해 보면 [표 2-1-19]와 같다.

이 표에서 보듯이 전공교과목을 우선 전공필수과목과 전공선택과목으로 나누어 편성했는데, 이들 중 필수과목은 미디어의 사회적 기능과 관련된 과제를 이해하고 올바른 정보를 읽고 풀어나가는 종합적인 능력을 습득하는 것을 목표로 1~4학년에 걸쳐 소규모 세미나 방식으로 가르치고 있다. 이들 필수과목에는 1학년에 First Year 세미나, 미디어학실습, 2학년에 미디어학기초연습 I·II, 3학년에 미디어학연습 I·II, 4학년에 미디어학연습 III·IV 등 모두 8개 과목(총 16학점)과 졸업논문이 있는데, 이들 필수과목은 미디어학과의 모든 학생들이 반드시 이수해야 한다.

다음으로 전공선택과목은 그 영역 내지 분야에 따라 5개 군(群), 즉 A군, B군, C군, D군, 공통군으로 나누어 편성해 놓았다. 이 중 A

[표 2-1-19] 도시샤대 미디어학과 교과과정

구분		1학년	2학년	3학년	4학년
전공 필수과목		First Year 세미나, 미디어학실습	미디어학기초 연습 I·II	미디어학연습 I·II	미디어학연습 III·IV, 졸업논문
전공선택과목	A군	저널리즘역사, 미디어역사	미디어 리터러시개론, 신문원론 I·II, 비교미디어론, 저널리즘론I·II		
	B군		젠더와 미디어, 정보행동론, 환경정보학, 영상정보학, 미디어사회론, 홍보정보론, 여론과 사회, 미디어산업론, 미디어법제·윤리		
	C군		커뮤니케이션론, 미디어문화사, 미디어심리학 I·II, 현대문화론, 광고론, 멀티미디어론, 국제커뮤니케이션론, 방송론		
	D군	사회학개론	사회통계학 I·II, 사회사상사, 외국원서강독(영국·독일·프랑스·중국·한국) I·II		
	공통군	현대사회론, 사회문제론, 매스커뮤니케이션론, 현대사회와 노동, 교육문화론			

출처: http://www.doshisha.ac.jp/attach/page/OFFICIAL-PAGE-JA-176/84256/file/social-studies_curriculum.pdf [2016-04-29]를 토대로 재구성.

군은 주로 저널리즘 분야에 관한 과목들, 예컨대 저널리즘역사, 미디어역사, 신문원론, 저널리즘론 등이며, B군은 정보와 홍보 분야에 관한 것들, 예컨대 정보행동론, 환경정보학, 영상정보학, 홍보정보론, 여론과 사회 등이며, C군은 커뮤니케이션 이론 분야에 관한 것들, 예컨대 커뮤니케이션론, 미디어문화사, 미디어심리학, 국제커뮤니케이션론 등이며, D군은 사회통계학, 사회사상사 등과 같은 사회학적 접근 과목들이고, 공통군은 사회학부 1학년들이 수강해야 할 기본적 선택과목들을 모아놓은 것이다. 그리하여 학생들이 원하는 군의 선택과목들을 집중적으로 선택해서 공부할 수 있게 만들었다.

2) 미디어학과 교과과정의 주요 특색

앞서 살펴보았듯이 도시샤대학 미디어학과의 교과과정을 보면, 교과목들을 비교적 체계적으로 잘 편성해 놓았다. 이 밖에도 여러 가지 특색들을 지니고 있는데, 그중에서 주요한 것들만 몇 가지 들어보면 다음과 같다.

첫 번째 주요 특색으로는, 도시샤대학 미디어학과 교과과정에는 전통적 신문학 내지 저널리즘에 관한 교과목의 비중이 비교적 낮으며, 그중에서도 특히 실기과목은 거의 없고 대부분이 이론적 교과목이라는 점을 들 수 있는데, 이는 도시샤대학 미디어학과의 성격과 교육목표 등을 그대로 반영하는 것이라고 볼 수 있다.

두 번째는 특히 전공선택과목 중에 사회학이나 그에 관련된 교과목들이 비교적 많다는 점을 들 수 있는데, 이러한 교과목들은 사회학개론을 위시하여 현대사회론, 사회문제론, 현대사회와 노동, 사회사상사 등 5개나 들어 있다. 이는 미디어학과가 본래는 1948년 사회학과의 신문학 전공과정에서 출범했다가 2005년 독립학과로 승격하면서 사회학부에 소속되었기 때문이라고 볼 수 있다.

세 번째는, 앞서 말했듯이 전공선택과목을 분야에 따라 5개 군(群)으로 나누어 편성해 놓아, 학생들이 원하는 군의 선택과목을 집중적으로 선택해서 공부할 수 있다는 점을 들 수 있다. 또한 전공선택과목 중에서 1학년에서 가르치는 것들을 제외한 나머지 교과목들은 2학년부터 4학년까지 3년 동안 학년에 관계없이 학생들이 자유롭게 선택해 수강할 수 있다는 점도 주요한 특징의 하나로 꼽을 수 있다.

네 번째 주요 특색으로는, [표 2-1-19]에는 나타나 있지 않으나 전공과목 이외에 또한 폭넓은 교양과목들을 통하여 전공과목의 교육적 토대를 구축해 주고, 앞으로 사회생활을 하는 데 필요한 기본적 소양을 길러주고 있다는 점을 들 수 있다. 예를 들면, 사회과학 분야에서는 법학·정치학·경제학·심리학 등, 자연과학 분야에서는 수학·생명과학·지구과학 등, 인문학 분야에서는 종교학·철학·논리학·역사 등, 그리고 국제문화 분야에서는 비교언어문화론과 문화간 커뮤니케이션 등에 관한 교양과목 중에서 12개 과목(총 24학점)을 선택해서 반드시 이수토록 한다. 또한 외국어 과목에서도 20학점 이상을 취득하되, 영어에서 12학점 이상을, 그리고 그 밖에 독일어·프랑스어·중국어·스페인어·러시아어·한국어 중에서 하나 또는 두 개를 골라서 모두 8학점 이상을 의무적으로 수강해야 한다.

4. 도카이대학 문학부 홍보미디어학과 교과과정

끝으로 도카이대학(東海大學) 홍보미디어학과의 교과과정을 살펴보면, 이 학과는 1961년 본래는 '광고학과'로 출범하여 운영되다가 2001년 4월 11개 학과와 4개 전공과정으로 개편한 문학부의 일원이 되면서 학과명을 현재와 같이 바꾸었다. 문학부 내의 다른 학과들을 보면 문명학과·아시아문명학과·유럽문명학과·미국문명학과·북유럽학과·역사학과·일본문학과·문예창작학과·영어문화커뮤니케이션학과·심리사회학과 등이다. 따라서 이들 학과와 비슷하게 홍보미디어학과도 인문사회과학적 토대 위에서 운영하고 있다. 그 결과 과거의 '광고학과' 때와는 달리 현재 홍보미디어학과의 기본적 성격과 교육대상은 일반적 커뮤니케이션학과와 거의 마찬가지이다.

1) 홍보미디어학과 교과과정 개관

도카이대학 홍보미디어학과의 2016년 3월 교과과정을 보면, 졸업에 필요한 학점은 앞서 살펴본 도시샤대학 미디어학과와 마찬가지로 모두 124학점인데 그중에서 60학점은 반드시 전공교과목 중에서 취득해야 한다. 각 과목은 기본적으로 4학점으로 전공과목을 약 15개 수강해야 한다. 현재 홍보미디어학과는 총 39개의 전공교과목을 개설해 놓고 있는데, 이들을 소개해 보면 [표 2-1-20]과 같다.

이에서 보듯이 전공교과목은 크게 6개 단위군(單位群)으로 나누어 편성해 놓았는데, 먼저 '전공기초'군은 주로 1학년생들을 대상으로 한 입문공통과목들로서, 개론과목인 홍보미디어기초연습을 비롯하여 각 전공분야의 입문과목인 신문 · 출판론, 방송론, 홍보 · 광고론, 매스커뮤니케이션역사 등과, 컴퓨터 조작기술을 가르쳐 주는 기초정보처리 1 등 기초적이고 기본적인 교과목들이 이에 속한다.

다음으로 '보도 · 저널리즘'군, '생활정보 · 엔터테인먼트정보'군, 'PR · 광고'군은 커뮤니케이션학에서 대표적인 3개 전공영역에 관한 심화교과목들로서, 가령 신문이나 방송기자가 되려는 학생들은 '보도 · 저널리즘'군의 교과목을, 일반정보 및 오락적인 콘텐츠에 관심을 갖고 있는 학생들은 '생활정보 · 엔터테인먼트정보'군 교과목을, 홍보나 광고 분야로 진출하려는 학생들은 'PR · 광고'군의 교과목들을 집중적으로 수강토록 한다. 따라서 이러한 과목들은 2학년부터 학생들 각자가 졸업 후 진출하고자 하는 분야를 결정해서 그에 필요한 교과목들을 집중적으로 수강토록 권유하고 있다.

'제작 · 실습'군의 교과목들은 명칭 그대로 커뮤니케이션 각 분야에 관한 실기와 실습과목들을 말한다. 그리고 '세미나'군의 교과목들은 [표 2-1-20]을 보아도 알 수 있듯이 홍보미디어 현장조사, 홍보

[표 2-1-20] 도카이대 홍보미디어학과 교과과정

전공교과목 단위군	세부 교과목
전공기초	홍보미디어기초연습(2), 신문·출판론(4), 방송론(4), 홍보·광고론(4), 매스커뮤니케이션역사(4), 미디어사회학(4), 기초정보처리 1(2)
보도·저널리즘	신문보도론(4), 방송저널리즘론(4), 다큐멘터리론(4), 여성과 미디어(4), 잡지미디어론(4), 스포츠미디어론(4), 미디어커뮤니케이션론(4)
생활정보·엔터테인먼트정보	엔터테인먼트 미디어론(4), 영상표현론(4), 지역미디어론(4), 웹미디어론(4), 시청자행동론(4), 커뮤니케이션조사방법(4)
PR·광고	PR·광고전략론(4), 행정홍보론(4), 기업홍보론(4), 프로그램·CM분석론(4), 홍보·광고기획(4)
제작·실습	매스컴 글쓰기연습(4), 저널리즘영어(4), 프로듀서실무(4), TV프로그램제작(4), 라디오프로그램제작(4), 매스컴 말하기연습(4), 잡지편집기술(4), 광고표현(4), 프레젠테이션 기초(2), 프레젠테이션 응용(2), CM제작(4)
세미나	홍보미디어 현장조사(2), 홍보미디어 액션 리서치(2), 세미나 A·B·C·D·E(4)

주: ( ) 안은 학점수.

출처: http://www.u-tokai.ac.jp/academics/undergraduate/letters/media-Studies/curriculum/ [2016-05-05]를 토대로 재구성.

미디어 액션 리서치 등과 같이 특정 주제나 분야에 관한 세미나 과목들을 말한다.

2) 홍보미디어학과 교과과정의 주요 특색

앞에서 도카이대학 홍보미디어학과의 교과과정을 간단히 살펴보았는데, 이 학과가 1961년 '광고학과'로 출범해서 2001년 4월 학과 명칭을 '홍보미디어학과'로 바꿀 때까지 55년 동안은 광고와 홍보 분야에 관한 전문적·실무적 교육만 주로 실시해왔다. 그러나 현재는 학과 명칭에 '홍보'라는 단어가 들어 있기는 하지만, 홍보와 광고뿐만 아니라 신문·방송저널리즘, 생활정보, 엔터테인먼트정보 등 커뮤니케이션의 거의 모든 분야에 관한 교육을 하고 있다. 그 교과과정을 보면 다른 대학의 커뮤니케이션 관련 학과와는 다른 특색 내지 특징들을 갖고 있는데, 그중에서 몇 가지만 들어보면 다음과 같다.

첫 번째 특색으로는, 교과과정에 별도로 '생활정보·엔터테인먼트정보'라는 교과목군을 설정하여 학생들에게 이 분야에 관한 집중적·심화적 교육을 하고 있다는 점을 들 수 있다. 이러한 정보들에 대한 연구와 교육을 하는 학과나 학부들은 그리 많지 않다.

두 번째는, 실기와 실습 과목들도 별도의 '제작·실습'군으로 편성해서 집중적이고 체계적으로 관리하고 있다는 점을 들 수 있다. 대부분의 다른 대학 커뮤니케이션 관련 학과나 학부에서는, 예컨대 '라디오프로그램제작' 과목은 방송분야 교과목에 포함시키고, '잡지편집기술'은 출판·잡지 분야의 교과목에 넣어 교과과정을 편성하는 것이 상례이기 때문이다.

셋째로, 도카이대학 홍보미디어학과 교과과정의 또 하나의 주요 특색으로, '세미나 A·B·C·D·E' 등 여러 개의 세미나 과목들을 개설해 놓고 학기마다 특정 주제나 주요 이슈 등에 관한 세미나 형식의 수업을 탄력적으로 운용할 수 있도록 하고 있다는 점을 들 수 있다. 대부분의 다른 커뮤니케이션 관련 학과나 학부에서는, 예컨대 '광고표현에 관한 세미나', '언론자유에 관한 세미나' 등의 식으로 세미나 과목의 주제를 미리 결정해 놓았지, '세미나 A', '세미나 B', '세미나 C' 등으로 세미나 주제 등을 개방해 놓는 경우는 드물기 때문이다.

지금까지 세계 여러 나라의 커뮤니케이션 관련 학과나 학부 등에서는 어떤 것들을 가르치고 있는지 알아보기 위하여 미국·독일·

영국·일본 주요 대학의 커뮤니케이션 관련 학과와 학부의 교과과정을 살펴보았다. 그러나 단지 네 나라에서 각각 3개 대학의 커뮤니케이션 관련 학과나 학부의 교과과정만을 가지고서는 세계 여러 나라에서 어떤 것들을 가르치고 있다고 일반화할 수 없을 것이다. 커뮤니케이션 교육의 내용은 나라마다 다르고 대학마다 다르며, 또한 학과나 학부마다 다르기 때문이다. 하지만 앞서 살펴본 네 나라, 12개 커뮤니케이션 관련 학과나 학부의 교과과정들을 보면 세계 주요 국가에서 이루어지고 있는 커뮤니케이션학 교육내용의 흐름을 파악하는 데 조금은 도움이 될 수 있을 것으로 생각한다.

제2장

한국의 커뮤니케이션학 교육 실태

앞서 제1장에서는 주요 외국 대학들의 커뮤니케이션 관련 학과에서는 무엇을 가르치는지 그 교과과정에 관하여 살펴보았다. 그러면 우리나라의 경우는 어떠한가? 우리나라 대학들의 커뮤니케이션학 교육 내용도 외국과 비슷하다. 특히 미국과는 거의 흡사한데, 이는 우리나라가 미국의 커뮤니케이션학 교육방식을 많이 도입했기 때문이다. 그러면 제2장에서는 우리나라 대학의 커뮤니케이션 관련 학과와 학부에서는 어떠한 과목들을 가르치고 있는지 알아보되, 학사(學士)과정의 교육내용만 살펴보기로 한다.

가. 커뮤니케이션 관련 학과 · 학부의 현황과 명칭

2016년 3월 현재 우리나라 4년제 대학에 설치되어 있는 커뮤니케이션학 관련 학과(department)와 학부(school)의 총수는 모두 105개나 된다. 따라서 대학의 수나 대학생 수의 비율로 볼 때, 우리나라는 전(全) 세계에서 미국 다음으로 커뮤니케이션 관련 학과와 학부가 많은 실정이다. 그런데 이들 학과와 학부의 명칭을 보면 '신문방송학과', '언론정보학과(부)', '미디어커뮤니케이션학과(부)', '광고홍보학과(부)', '방송영상학과(부)' 등 그 명칭이 매우 다양하다. 이는 이들 각 학과나 학부가 커뮤니케이션학의 여러 분야 중에서 특히 어떤 분야를 집중적으로 교육하느냐에 따른 것이기도 하지만, 또 한편으로는 앞서 제1편 제1장에서 살펴보았듯이 커뮤니케이션학이 본래 수사학과 신문학(journalism)으로부터 출발해서 매스커뮤니케이션학으로, 다시 커뮤니케이션학으로 확대 · 발전하면서 그에 따라 학과나 학부 등의 명칭이 변하면서 또한 교육내용도 변화했기 때문이다. 그러면 우선 우리나라 대학에서 커뮤니케이션 관련 학과나 학부 등의 명칭부터 간단히 살펴본 다음, 이들 학과나 학부에서는 주로 무엇을 가르치고 있는지 알아보기로 한다.

1. 커뮤니케이션 관련 학과 · 학부의 명칭과 변화

우리나라 4년제 대학에서 최초로 커뮤니케이션 관련 학과를 설치한 대학은 1954년 봄 홍익대학교였으며, 학과 명칭은 '신문학과'(Department of Journalism)였다. 그 뒤 1958년 봄 중앙대학교도 '신문학과'를 설치했는데, 당시 신문학과에서는 명칭 그대로 신문 · 잡지 등 인쇄 커뮤니케이션 현상에 관해서만 주로 연구하고 교육했다.

1) '신문학과'에서 '신문방송학과'로 명칭 확대

1960년대에는 모두 6개의 4년제 대학에서 커뮤니케이션 관련 학과들을 신설했는데, 그 명칭을 보면 이화여자대학교(1960년), 한양대학교(1963년), 성균관대학교(1967년)는 '신문학과'였으나, 고려대학교(1965년)는 '신문방송학과', 경희대학교(1965년)는 '홍보학과', 서강대학교(1968년)는 '보도예술학과'였다. 이러한 명칭을 붙인 것은 1960

년대부터 우리나라의 신문학도 선진 외국에서처럼 '매스커뮤니케이션학' 내지 '커뮤니케이션학'으로 확대·발전하고 있었기 때문이었다. 이는 학과의 영문 명칭을 보아도 알 수 있는데, 고려대 신문방송학과의 영문 명칭은 'Department of Mass Communication'이었고, 서강대 '보도예술학과'의 영문 명칭은 'Department of Communication Arts'였다. 그러나 'Mass Communication'이라는 영어에 꼭 맞는 우리말을 찾지 못해 고려대는 '신문방송학과'라는 명칭을 붙였고, 서강대는 'Communication Arts'를 우리말로 '보도예술'이라고 번역해서 '보도예술학과'라는 명칭을 붙였던 것 같다.

이처럼 커뮤니케이션 관련 학과들의 명칭이 다양해지게 되자, 1969년 문교부(현 교육부)가 그 명칭들을 통일하도록 종용했다. 그러자 대학들이 '매스커뮤니케이션학과'로 통일해 줄 것을 건의했으나, 문교부는 외래어 사용을 금지했다. 결국 '매스커뮤니케이션'에 꼭 맞는 우리말을 찾지 못해, 종래에 '신문학과'라는 명칭을 사용하던 대학들 중에서 한양대학교를 제외한 나머지 대학들은 모두 '신문방송학과'로 명칭을 고쳤다.

1970년대에는 또 5개의 4년제 대학에서 커뮤니케이션 관련 학과를 신설했는데, 그중 연세대학교(1972년)와 청주대학교(1978년)는 '신문방송학과'라는 명칭을 붙였다. 그러나 서울대학교(1975년)는 '신문학과'라는 명칭을 사용하되, 이를 광의로 '커뮤니케이션'으로 해석하기로 하면서 영어 명칭은 '커뮤니케이션학과'(Department of Communication)라고 했다. 한편 한국외국어대학교(1978년)는 '홍보학과'라는 이름을 붙였으나, 영어로는 '인터내셔널 커뮤니케이션학과'(Department of International Communication)라고 불렀다. 그리고 중앙대학교는 기존의 신문방송학과와는 별도로 1974년 '광고홍보학과'도 설치했는데, 이 학과는 광고와 PR을 집중적으로 가르치는 학과였기 때문에 '광고홍보'

라는 명칭을 붙였다.

1980년대는 주로 지방에 총 16개의 커뮤니케이션 관련 학과가 신설되었는데, 이들은 모두 '신문방송학과'라는 이름으로 창설했다.[1] 한편 한양대도 1983년 종전의 '신문학과'를 '신문방송학과'로 개칭했으며, 한국외국어대 홍보학과도 '신문방송학과'로 개칭했다. 그리하여 1980년대 말에는 서울대 신문학과와 그 밖의 특수학과들, 즉 중앙대의 광고홍보학과, 한양대 안산캠퍼스의 광고홍보학과(1989년 신설), 광주개방대 출판광고학과(1989년 신설)를 제외한 모든 일반적 커뮤니케이션 관련 학과의 명칭이 '신문방송학과'로 통일되면서, '신문방송학'이 커뮤니케이션학의 공식적 명칭이 되다시피 했다. 그렇다고 해서 이러한 '신문방송학과'에서 신문학과 방송학만 가르친 것은 아니었으며, 인류사회의 모든 커뮤니케이션 현상에 관하여 연구하고 가르쳤다. 그러나 '(매스)커뮤니케이션'이라는 영어 단어에 알맞은 우리말을 찾지 못한 데다가, 교육부가 학과 명칭에 외래어 사용을 금지했기 때문에 부득이 '신문방송학과'로 부르게 되었던 것이다.

2) '신문방송학과'에서 다시 여러 명칭으로 다양화

1990년대에는 전국에 무려 40여 개의 커뮤니케이션 관련 학과나 학부가 신설되었는데, 그중에서 광고, PR, 출판 등 특수분야만 전문적으로 가르치는 학과들은 각각 '광고홍보학과'나 '출판학과' 등의 명칭을 붙였다.[2] 그러나 이러한 학과들과는 달리, 커뮤니케이션 전반

---

1 이들 중 국립대학은 전남대(1980), 경북대(1984), 전북대(1988), 강원대(1989), 부산대(1989), 충남대(1989)였고, 사립대학은 계명대(1981), 원광대(1981), 우석대(1981), 한양대 반월캠퍼스(현 에리카캠퍼스, 1983), 광주개방대(1983), 경남대(1984), 수원대(1984), 건국대 충주캠퍼스(현 글로컬캠퍼스, 1984년), 동아대(1987년), 경성대(1989) 등이었다.

을 다루는 학과나 학부의 대부분은 '신문방송학과'라는 이름으로 창설했다.[3] 따라서 1990년대에도 '신문방송학과'라는 명칭이 대세를 이루었다.

하지만 1990년대 후반부터 이러한 학과 명칭에 조금씩 변화가 일어나기 시작했다. 그중에서 가장 큰 변화의 하나는 학과나 학부 명칭에 '언론' 혹은 '정보'라는 용어를 붙이기 시작한 것이었는데, 이러한 변화는 크게 세 가지 양태로 나타났다. 첫째 양태는 기존 학과·학부의 명칭을 '언론정보학과'로 변경한 것이었는데, 1997년 서울대 신문학과가 학과 명칭을 '언론정보학과'로 고친 후 다른 대학의 신문방송학과들도 '언론정보학과'로 개칭하기 시작했다. 예컨대 2001년 충남대 신문방송학과도 언론정보학과로 학과명을 바꾸었다. 그다음 둘째 양태는 새로 설립하는 커뮤니케이션 관련 학과나 학부들이 '신문방송학과'라는 명칭 대신 새로운 명칭을 붙이기 시작한 것이었다. 예컨대, 인하대(1998년)와 창원대(1998년)는 '언론정보학과'로, 제주대(1998년)와 숭실대(1999년)는 '언론홍보학과'로, 영남대(1997년)는 '매체정보학과'(2002년 '언론정보학과'로 개칭), 숙명여대(1995년)는 '정보방송학과,' 대구대(1999년)는 '언론매체학과' 등의 명칭으로 학과를 개설하였다. 그리고 셋째 양태는 기존의 신문방송학과가 학부체제로 확대되거

---

2 이러한 학과들 중에서 가장 많은 것은 광고홍보학과였는데, 이들은 경주대(1994), 동국대(1995), 목원대(1995), 세명대(1995), 청주대(1995), 한신대(1995), 협성대(1995), 가야대(1996), 남서울대(1996), 중부대(1996), 서원대(1997), 숙명여대(1997), 신라대(1997), 한세대(1998), 홍익대(1998), 계명대(1999), 동의대(1999) 등의 광보홍보학과였다.

3 이들 신문방송학과는 대진대(1994), 순천향대(1994), 조선대(1994), 호남대(1994), 동신대(1995), 동의대(1995), 선문대(1995), 동국대(1996), 성공회대(1996), 경원대(현 가천대, 1996), 인제대(1996), 한서대(1996), 한일장신대(1996), 광주여대(1997), 한림대(1997), 부경대(1998), 아주대(1998), 영남대(1998), 영산대(1998), 세종대(1998), 인천대(1998) 등이었으며, 국민대(1997)는 사회과학대학 매스컴 전공, 서울여대(1998)는 경상정보학부 신문방송학 전공으로 출발하였다.

나, 한 대학 내의 신문방송학과와 광고홍보학과 등을 통합하여 하나의 학부로 만들거나, 처음부터 커뮤니케이션 관련 학부를 창설하면서 그 명칭을 언론학부·언론영상홍보학부 등으로 명명(命名)한 것이었다. 예컨대, 기존의 신문방송학과를 한림대는 '언론정보학부'(1998년)로, 이화여대는 '언론영상홍보학부'(1998년)로 고쳤으며, 국민대는 사회과학대 매스컴 전공을 1998년 '언론학부'(2002년 다시 '언론정보학부'로 개칭)로 개칭하였고, 한동대는 '언론정보문화학부'(1998년)라는 명칭으로 창설했다.

이처럼 1990년대 후반부터 커뮤니케이션 관련 학과와 학부의 명칭에 변화가 일어나기 시작했는데, 그 주요 이유는 1980년대부터 각종 뉴미디어의 등장과 함께 우리나라가 정보화 사회로 진입하면서 커뮤니케이션학의 학문적·교육적 영역이 인터넷 커뮤니케이션 현상 등으로까지 확장되자, 이러한 학문을 더 이상 '신문방송학'이라는 이름으로는 대변할 수 없게 되었기 때문이다. 그리하여 1990년대 후반부터 우선 과거의 '신문방송학과'라는 명칭 등을 '언론정보학과' 등으로 고치기 시작하다가, 2000년대 후반부터는 다시 '커뮤니케이션학과', '미디어학과' 등으로 변경하게 되었는데, 이는 교육부가 학과나 학부 또는 학문 명칭의 외래어 사용을 공식적으로 허용했기 때문이기도 했다. 그리하여 2006년 서강대가 종래의 신문방송학과를 '커뮤니케이션학부'로 변경한 것을 시작으로 성신여대는 '미디어커뮤니케이션학과'(2009년), 고려대는 '미디어학부'(2010년), 숙명여대도 '미디어학부'(2011년), 한양대는 '미디어커뮤니케이션학과'(서울캠퍼스, 2011년), 단국대는 '커뮤니케이션학부'(2011년), 중앙대는 '미디어커뮤니케이션학부'(2012년), 한국외국어대도 '미디어커뮤니케이션학부'(2013년), 이화여대는 '커뮤니케이션·미디어학부'(2016년), 동국대는 '미디어커뮤니케이션학과'(2016년) 등으로 고쳤다. 한편 지방에서도 청운대가 '미디어커뮤니케이션학과'(2010년)로 바꾼 것을 시작으로 선문대(2015년), 동아대(2016년), 대진대(2016년)도 '미디어커뮤니케이션학과'로 학과명을 바꾸었다. 그러나 이러한 대학들과는 달리 아직도 종전대로 '신문방송학과' 등의 명칭을 그대로 고수하고 있는 대학들도 적지 않다. 그래서 자못 혼란스럽기도 한데, 그러면 그 실태는 어떠한가?

2. 커뮤니케이션 관련 학과 · 학부 명칭의 실태와 현황

2016년 3월 현재 우리나라의 전국 각 대학(전문대학 제외)에 설치되어 있는 커뮤니케이션학 관련 학과와 학부는 모두 합쳐 105개나 된다. 이들 학과와 학부의 여러 명칭을 비슷한 것끼리 묶어서 나누어보면 [표 2-2-1]과 같이 크게 다섯 가지 유형, 즉 신문방송학과, 언론(정보·영상)학과나 학부, 미디어/커뮤니케이션학과나 학부, 광고홍보학과와 방송영상학과로 분류할 수 있다.[4] 이들 중 광고홍보학과와 방송영상학과는 커뮤니케이션학의 여러 분야 중에서 광고·PR 분야와 방송·영상 분야만 각각 전문적으로 가르치는 학과들이다.[5] 따라서 그러한

4 그런데 일부 대학에서는 2개 이상의 커뮤니케이션 관련 학과나 학부를 별도로 설치한 경우도 있다. 예컨대 동국대(미디어커뮤니케이션학과, 광고홍보학과), 숙명여대(미디어학부, 홍보광고학과), 중앙대(미디어커뮤니케이션학부, 광고홍보학과), 중부대(신문방송학과, 광고홍보학과, 방송영상학과), 청운대(미디어커뮤니케이션학과, 광고홍보학과, 방송영화영상학과), 청주대(신문방송학과, 광고홍보학과) 등을 들 수 있다.

5 2~3년제 전문대학도 특정 분야인 광고·PR 분야와 방송·영상 분야, 혹은 출판분야를 특화하여 전문적으로 가르치는 학과들을 개설하고 있다. 광고·PR 분야는 동원대(광고편집과), 대전과학기술대(광고홍보디자인과), 경인여대(광고디자인과), 을지대(의료홍보디자인학과) 등이 있다. 방송·영상 분야는 부산경상대(방송영상영화과), 경남정보대(방송영상과), 경인여대(영상방송과), 백제예술대(방송연예과), 대전보건대(방송문화콘텐츠과), 대구과학대(방송엔터테인먼트코디과), 극동대(영상제작학과)가 개설하고 있으며, 한국영상대와 동아방송예술대는 방송·영상 특화대학으로서 제작·보도·연출·촬영·편집·음향·기술 등 다양한 분야를 학과 단위로 운영하고 있다. 출판분야는 신구대학(디지털인쇄정보학과), 서일대학(미디어출판과) 등이 있다.

[표 2-2-1] 전국 4년제 커뮤니케이션 관련 학과 · 학부 현황(2016년 3월)

학과(학부)명		대학명
신문방송학과 (24개)		• 국공립: 강원대, 경북대, 부경대, 부산대, 인천대(시립), 전남대, 전북대, 창원대 • 사립: 건국대(충주 글로컬캠퍼스), 경남대, 광주대, 대구대, 동의대, 성공회대, 성균관대, 세종대, 순천향대, 인제대, 조선대, 중부대, 청주대, 한서대, 한양대(안산 에리카캠퍼스), 호남대
언론 (정보 · 영상) (20개)	학과 (12)	• 국립: 서울대(언론정보학과), 충남대(언론정보학과), 제주대(언론홍보학과) •사립: 경희대(언론정보학과), 수원대(언론정보학과), 영남대(언론정보학과), 인하대(언론정보학과), 가천대(언론영상광고학과), 극동대(언론홍보학과), 숭실대(언론홍보학과), 신한대(언론학과), 목원대(광고홍보언론학과)
	학부 (8)	• 서울: 국민대(언론정보학부), 연세대(언론홍보영상학부), 서울여대(언론영상학부) • 지방: 계명대(언론광고학부), 대구가톨릭대(언론광고학부), 동명대(언론영상광고학부), 상지대(언론광고학부), 한동대(언론정보문화학부)
미디어/ 커뮤니 케이션 (27개)	학과 (13)	• 서울: 건국대(서울, 미디어커뮤니케이션학과), 동국대(미디어커뮤니케이션학과), 명지대(디지털미디어학과), 성신여대(미디어커뮤니케이션학과), 한양대(서울, 미디어커뮤니케이션학과), 한국방통대(미디어영상학과), 서울디지털대(미디어영상학과) • 지방: 경기대(미디어영상학과), 대진대(미디어커뮤니케이션학과), 동아대(미디어커뮤니케이션학과), 선문대(미디어커뮤니케이션학과), 청운대(미디어커뮤니케이션학과), 우석대(미디어영상학과)
	학부 (14)	• 서울: 고려대(미디어학부), 광운대(미디어영상학부), 서강대(커뮤니케이션학부), 숙명여대(미디어학부), 이화여대(커뮤니케이션 · 미디어학부), 중앙대(미디어커뮤니케이션학부), 한국외대(미디어커뮤니케이션학부) • 지방: 경성대(커뮤니케이션학부), 단국대(커뮤니케이션학부), 동서대(미디어커뮤니케이션학부), 한림대(미디어커뮤니케이션학부), 한세대(미디어영상학부), 한신대(미디어영상광고홍보학부), 협성대(미디어광고영상학부)
광고홍보 (21개)	학과 (19)	• 서울: 동국대(광고홍보학과), 숙명여대(홍보광고학과), 중앙대(광고홍보학과), 한양사이버대(광고미디어학과) • 지방: 고신대(광고홍보학과), 남서울대(광고홍보학과), 동명대(광고홍보학과), 동의대(광고홍보학과), 서원대(광고홍보학과), 세명대(광고홍보학과), 신라대(광고홍보학과), 영산대(광고홍보학과), 우석대(광고홍보학과), 중부대(광고홍보학과), 청운대(광고홍보학과), 청주대(광고홍보학과), 평택대(광고홍보학과), 한라대(광고홍보학과), 한양대(안산 에리카캠퍼스, 광고홍보학과)

학과(학부)명		대학명
	학부 (2)	가톨릭관동대(광고크리에이티브학부), 홍익대(광고홍보학부)
방송영상학과(학부) (13개)		나사렛대(방송미디어학과), 동덕여대(방송연예학과), 동신대(방송연예학과), 전주대(영상방송제작학과), 중부대(방송영상학과), 평택대(방송연예학과), 영산대(방송연예학부), 대전대(방송공연예술학과), 청운대(방송영화영상학과), 경주대(공연방송연예학과), 공주대(영상학과), 부산외대(영상미디어학과), 호서대(문화미디어학부 영상미디어전공)

주: 미디어 환경의 변화와 대학 구조조정에 따른 학과 통폐합 및 학과명의 개칭 등이 이루어지면서 2016년 3월 이후 약간의 변동이 있음.
출처: 각 대학 홈페이지 참조.

경우를 제외하고 커뮤니케이션학의 모든 분야를 포괄적으로 가르치는 학과나 학부의 명칭들만 보면 크게 세 가지 유형, 즉 신문방송학과, 언론(정보·영상)학과나 학부, 미디어/커뮤니케이션학과나 학부로 나눌 수 있는데, 사실상 이들은 명칭만 다를 뿐 교육내용은 많은 공통점을 갖고 있다.

1) 모든 커뮤니케이션 현상을 가르치는 학과·학부의 명칭

첫째로 '신문방송학과'라는 명칭을 아직도 고수하고 있는 곳은 모두 24개로서 전체(105개)의 22.8%에 달하고 있다. 이러한 학과 명칭을 사용하는 대학들은 [표 2-1-1]에서 보듯이 국립대학인 강원대, 경북대, 부경대, 부산대, 전남대, 전북대, 창원대와 시립대학인 인천대, 그리고 사립대학인 건국대(충주 글로컬캠퍼스), 경남대, 광주대, 대구대, 동의대, 성공회대, 성균관대, 세종대, 순천향대, 인제대, 조선대, 중부대, 청주대, 한서대, 한양대(안산 에리카캠퍼스), 호남대 등이다.

둘째로 '언론(정보·영상)'학과나 학부라는 명칭을 사용하는 곳은 모두 20개로서 전체(105개)의 19.0%를 차지하는데, 구체적 학과나 학부 명칭은 [표 2-1-1]에서 보듯이 다양하다. 예컨대, 서울대, 충남대, 경희대, 수원대, 영남대, 인하대는 '언론정보학과'이고, 제주대는 '언론홍보학과', 가천대는 '언론영상광고학과', 극동대와 숭실대는 '언론홍보학과', 목원대는 '광고홍보언론학과'이다. 그리고 학부 중에서는 국민대는 '언론정보학부', 서울여대는 '언론영상학부', 연세대는 '언론홍보영상학부', 계명대 · 대구가톨릭대 · 상지대는 '언론광고학부', 동명대는 '언론영상광고학부', 한동대는 '언론정보문화학부'이다.

셋째로 미디어학과(부), 커뮤니케이션학과(부) 또는 미디어커뮤니케이션학과(부) 등의 명칭을 사용하는 곳을 보면 모두 27개로서 전체(105개)의 25.7%에 달해서 수위를 차지했다. 이러한 명칭을 사용하는 학부나 학과 중에서 학과들은 주로 '미디어커뮤니케이션학과'라는 명칭을 사용하는데, 이러한 대학으로는 건국대(서울캠퍼스), 동국대, 성신여대, 한양대(서울캠퍼스), 대진대, 동아대, 선문대, 청운대 등을 들 수 있다. 그러나 이들과는 조금 달리 명지대는 '디지털미디어학과'라고 부르며, 한국방통대 · 서울디지털대 · 경기대 · 우석대는 '미디어영상학과'라는 명칭을 붙였다. 한편 커뮤니케이션 관련 학부 중에서 서강대 · 경성대 · 단국대는 '커뮤니케이션학부', 이화여대는 '커뮤니케이션 · 미디어학부', 중앙대 · 한국외대 · 동서대 · 한림대는 '미디어커뮤니케이션학부', 고려대와 숙명여대는 '미디어학부', 광운대와 한세대는 '미디어영상학부', 한신대는 '미디어영상광고홍보학부', 협성대는 '미디어광고영상학부'라고 부르고 있는데, 이는 각 대학마다 교육내용이 조금씩 다르기 때문이다.

2) 광고홍보와 방송영상 분야 학과 · 학부의 명칭

한편 커뮤니케이션학의 여러 분야 중에서 광고·PR 분야를 전문적으로 가르치는 광고홍보학과(부)와, 방송·영상 분야만 전문적으로 가르치는 방송영상학과(부)의 명칭도 각 대학에 따라 다양한 실정이다. 우선 광고홍보 분야 학부와 학과를 보면, 전국 4년제 대학에 21개의 광고홍보 관련 학과(부)가 설치되어 있는데, 그중에서 학부체제를 취하고 있는 홍익대는 '광고홍보학부,' 가톨릭관동대는 '광고크리에이티브학부'라고 부른다. 그러나 대부분 학과체제의 대학들(동국대·숙명여대·중앙대·남서울대·동명대·동의대·서원대·세명대·신라대·영산대·중부대·청운대·청주대·평택대·한라대, 한양대 에리카캠퍼스)은 모두 '광고홍보학과'라는 명칭을 붙이고 있으며, 한양사이버대는 '광고미디어학과'로 칭하고 있다.

끝으로 방송영상 분야 학과(부)는 4년제 대학 13개 학교에 있는데 그 명칭도 매우 다양하다. 공주대는 '영상학과', 전주대는 '영상방송제작학과', 중부대는 '방송영상학과', 청운대는 '방송영화영상학과', 호서대는 '문화미디어학부'(영상미디어전공), 나사렛대는 '방송미디어학과', 부산외대는 '영상미디어학과', 동덕여대·동신대·평택대는 '방송연예학과', 영산대는 '방송연예학부', 대전대는 '방송공연예술학과,' 경주대는 '공연방송연예학과' 등 다양한 학과명을 제가끔 사용하고 있다. 이러한 방송영상 분야 관련 학과(부)의 다양한 명칭은 각 대학마다 교육적 특색을 나타내기 위해서이다.

나. 커뮤니케이션 관련 학과·학부 교과과정 실례

앞에서는 각 대학에 설치되어 있는 커뮤니케이션학 관련 학과와 학부의 명칭과 현황에 관하여 살펴보았는데, 그러면 이들 학과나 학부에서는 주로 무엇을 가르치고 있는가? 이들 모든 학과와 학부의 교육과정을 일일이 살펴보는 것은 불가능하다. 그러므로 여기서는 앞서 살펴본 학과명 유형별로 몇 개 대학의 학과와 학부를 임의로 선정하여 그 교과과정[6]을 살펴보기로 한다. 즉 ① '신문방송학'이라는 명칭의 학과 중에서는 전남대 신문방송학과와 청주대 신문방송학과, ② '언론(정보·영상)학'이라는 명칭을 사용하는 대학 중에서는 서울대 언론정보학과와 서울여대 언론영상학부, ③ '미디어/커뮤니케이션학' 등의 명칭을 사용하는 대학 중에서는 동아대 미디어커뮤니케이션학과와 한림대 미디어커뮤니케이션학부, ④ 광고홍보학과(부) 중에서는 중앙대 광고홍보학과와 홍익대 광고홍보학부, ⑤ 방송영상 관련 학과(부)에서는 중부대 방송영상학과와 한국영상대 영상연출과의 교과과정만 몇 가지 실례로서 살펴보기로 한다.

1. 전남대학교 신문방송학과 교과과정

먼저 '신문방송학과'라는 명칭을 사용하는 대학 중 지방 국립대학에서는 전남대학교 사회과학대학 신문방송학과(1980년 신설)의 교과과정

---

6 교과과정이란 어떤 교육목표의 달성을 위하여 각종 학교나 학과 등에서 계획적으로 작성해 놓은 모든 학습 및 활동의 프로그램들을 말하나, 여기서는 커뮤니케이션 관련 학과나 학부에서 편성해 놓은 교과목들과 강의·실습활동 등을 뜻한다.

을 살펴보기로 한다. 이 학과는 "미디어·문화·정보 산업에 종사할 고급 인력과 전문 연구자의 양성"을 기본 교육목표로 이론교육과 실기교육을 병행하고 있는데(학과 홈페이지 http://comm.jnu.ac.kr 참조), 이러한 교육을 위한 2016년 3월 현재 교과과정을 소개하면 [표 2-2-2]와 같다.

[표 2-2-2] 전남대 신문방송학과 교과과정(2016년 3월)

학년	1학기			2학기		
	과목명	구분	성격	과목명	구분	성격
전 학년	글로벌커뮤니케이션 잉글리시	교필	실기	현장실습2(18학점)	전선	실기
	현장실습1(2학점)	전선	실기	현장실습3(30학점)	전선	실기
1학년	글쓰기(전체)	교필	실기	글쓰기	교필	실기
	커뮤니케이션과 사회	전선	이론	방송학	전선	이론
	대중매체의 이해	전선	이론	신문학	전선	이론
	스피치커뮤니케이션	전선	실기	언론문장연습	전선	실기
2학년	인간커뮤니케이션	전선	이론	매스컴효과	전선	이론
	언론사	전선	이론	대중문화	전선	이론
	광고학	전선	이론	신문제작	전선	실기
	취재보도	전선	실기	PR론	전선	이론
	라디오제작	전선	실기	정보사회와 멀티미디어	전선	이론
	포토저널리즘	전선	실기	지역언론	전선	이론
	영상제작	전선	실기			
3학년	커뮤니케이션과 국제문화	전선	이론	언론학연구방법	전필	이론
	사이버커뮤니케이션	전선	이론	언론사상	전선	이론
	매스컴영어	전선	실기	커뮤니케이션의 비판적 이해	전선	이론
	매체비평	전선	이론	광고PR제작	전선	실기
	미디어기획	전선	실기	미디어문화연구	전선	이론
				디지털 저널리즘	전선	이론
4학년	언론윤리법제	전선	이론	언론학세미나	전선	이론
	미디어정책	전선	이론	문화기획세미나	전선	이론
	영상커뮤니케이션	전선	이론	미디어세미나	전선	이론
	미디어와 현대정치	전선	이론			

주: 구분 항의 '교필'은 교양필수, '전선'은 전공선택, '전필'은 전공필수임.

출처: http://comm.jnu.ac.kr/user/indexSub.action?codyMenuSeq=57204siteId=comm&menuUIType=top [2016-05-18]을 토대로 재구성.

표에서 보듯이 전공과목에서는 '언론학연구방법'(3학년)만을 필수과목으로 선정하여 본격적인 커뮤니케이션 교육을 위한 토대를 마련하고자 하며, 나머지 과목들은 모두 선택과목으로 교육이 이루어진다. 1학년 1학기에는 커뮤니케이션과 사회, 대중매체의 이해, 스피치 커뮤니케이션 등 기본과목들을 가르치며, 2학기에는 방송학, 신문학 등의 신문방송학 입문과목과, 글쓰기를 위해 언론문장연습을 가르치고 있다. 2학년부터 커뮤니케이션학 각 분야에 관한 과목들을 가르치고 있는데, 이들 교과목을 분야별로 나누어보면 저널리즘과 커뮤니케이션 분야에 관한 과목이 27개로서 전체의 64.3%를 차지하며, 그다음 방송영상과 뉴미디어 분야 과목이 7개(16.7%), 광고와 홍보 분야 과목이 5개(11.9%) 등이다.

이 밖에 언론사, 언론사상, 언론윤리법제, 커뮤니케이션과 국제문화, 인간커뮤니케이션, 미디어와 현대정치, 매스컴효과, 미디어정책 등 다양한 과목들을 가르치고 있으며, '비판커뮤니케이션' 관계 과목으로는 커뮤니케이션의 비판적 이해, 미디어문화연구 등도 개설하고 있다. 또한 방송학, 영상커뮤니케이션, 정보사회와 멀티미디어, 사이버커뮤니케이션, 광고학, PR론 등 방송·영상·뉴미디어·광고·홍보 분야 과목들도 가르치고 있으나, 그 비중은 상대적으로 낮으며 내용도 개론적 수준에 머물고 있다.

한편 전남대 신문방송학과는 실기교육도 중시해서 실기과목의 비율이 전체의 38.1%(16개 과목, 현장실습 포함)에 달하고 있다. 그러나 그 과목들을 보면 취재보도, 포토저널리즘, 언론문장연습, 신문제작, 매스컴영어 등 저널리즘에 관한 과목들이 많다. 반면 방송 관계 실기과목은 2개(영상제작, 라디오제작)이고, 광고와 PR 관계 실기과목은 한 개(광고PR제작)에 불과하며, 뉴미디어(멀티미디어)에 관한 실기과목은 개설되어 있지 않다. 또한 전 학년에 걸쳐 현장실습과목 세 강좌를 개설하여 외부기관을 통한 실기교육을 도모하고 있다. 전반적으로 전통적인 언론학 분야의 이론과 저널리즘이 강조되고 신문 중심의 실무교육이 이루어지고 있다고 할 수 있다.

2. 청주대학교 신문방송학과 교과과정

청주대학교 신문방송학과는 우리나라에서 4년제 지방대학으로는 최초로 1978년 창설되었다. 이 학과는 "언론과 방송영상, 뉴미디어 등 커뮤니케이션 전문가로서 필요한 능력을 배양하며, 신문·방송·출판·뉴미디어·설득·스피치·휴먼커뮤니케이션 등 제반 분야에 전문인으로서 진출하는 데 필요한 이론과 실기를 병행해 익힌다"는 교육목표를 갖고 있다(학과 홈페이지 http://www.cju.ac.kr/ejucom/index.do 참조). 이에 따른 2016년 3월 현재 교과과정을 소개해 보면 [표 2-2-3]과 같다.

이 표에서 보듯이 전공과목은 크게 전공필수와 전공선택으로 나뉘는데, 1학년의 커뮤니케이션 기본 입문과목인 인간커뮤니케이션의 이해, 매스커뮤니케이션의 이해, 멀티미디어의 이해, 방송영상미디어의 이해 등과, 2학년 1학기의 신문학개론, 그리고 각 학기에 배정된 진로 및 취업상담 과목을 필수과목으로 배정하고, 나머지는 모두 선택과목으로 되어 있다. 선택과목에서 이론과목은 3학점으로 총 20개 과목, 실기과목은 2학점으로 12개 과목으로 구성되어 있다. 이론과목들은 필수과목인 '신문학개론'과 '방송영상미디어의 이해'와 더불어 다양한 미디어에 대한 각론적 기본과목을 주로 가르친다. 예컨대, 스피치학개론, 출판학개론, 영화매스컴론 등의 전통적 미디어와, 사이버스페이스 커뮤니케이션론, 텔레커뮤니케이션론, 소셜미디어의 이론과 실제 등과 같은 뉴미디어에 대한 이해를 도모하는 과목들을 가르친다. 또한 커뮤니케이션의 기본과목인 커뮤니케이션사, 매스커뮤

[표 2-2-3] 청주대 신문방송학과 교과과정(2016년 3월)

학년	1학기			2학기		
	과목명	구분	성격	과목명	구분	성격
1학년	인간커뮤니케이션의 이해	전필	이론	멀티미디어의 이해	전필	이론
	매스커뮤니케이션의 이해	전필	이론	방송영상미디어의 이해	전필	이론
	진로지도 1	전필	상담	진로지도 2	전필	상담
2학년	신문학개론	전필	이론	아나운싱 및 리포팅실습	전선	실기
	방송연출론	전선	이론	토론과 화법실습	전선	실기
	스피치학개론	전선	이론	신문편집과 제작실습	전선	실기
	출판학개론	전선	이론	보도사진실습	전선	실기
	취재보도론	전선	이론	커뮤니케이션사	전선	이론
	국제커뮤니케이션론	전선	이론	초급TV편성제작실습	전선	실기
	진로지도 3	전필	상담	진로지도 4	전필	상담
3학년	멀티미디어제작실습	전선	실기	라디오편성제작실습	전선	실기
	커뮤니케이션연구방법	전선	이론	매스커뮤니케이션효과론	전선	이론
	디지털콘텐츠산업론	전선	이론	정치커뮤니케이션론	전선	이론
	문화간 커뮤니케이션론	전선	이론	위기관리커뮤니케이션	전선	이론
	고급TV편성제작실습	전선	실기	뉴미디어와 사회변동	전선	이론
	취업지도 1	전필	상담	언론정보학특강	전선	이론
				취업지도 2	전필	상담
				현장실습	전선	실기
				캡스톤디자인 1	전선	실기
4학년	영화매스컴론	전선	이론	커뮤니케이션사상과 철학	전선	이론
	소셜미디어의 이론과 실제	전선	이론	텔레커뮤니케이션론	전선	이론
	사이버스페이스 커뮤니케이션론	전선	이론	미디어비평실습	전선	실기
	취업 및 창업지도 1	전필	상담	취업 및 창업지도 2	전필	상담
				캡스톤디자인 2	전선	실기

출처: http://www.cju.ac.kr/cjucom/selectTnHaksaCurriculumList.do?key=1857& [2016-05-19]를 토대로 재구성.

니케이션효과론, 커뮤니케이션사상과 철학, 정치커뮤니케이션론 등에 대해서도 교육이 이루어진다. 한편, 실기과목의 경우 주요 미디어에 대한 기본적인 실기과목들을 가르치고 있다. 즉 신문(신문편집과 제작실습), 사진(보도사진실습), TV(초급TV편성제작실습, 고급TV편성제작실습), 라디오(라디오편성제작실습), 스피치(토론과 화법실습) 등이 그것이다. 하지만 청주대에는 신문방송학과와 별도로 광고홍보학과(1995년)가 창설되었기 때문에 광고홍보 분야의 교과목들은 배제되어 있다. 전반적으로 커뮤니케이션의 기본 핵심과목과 다양한 미디어의 기본 입문과목을 통해 이론을 배우고, 주요 미디어에 대한 제작실습을 통해 실무를 익히는 교과과정을 운영하고 있다고 할 수 있다.

3. 서울대학교 언론정보학과 교과과정

다음으로 '언론(정보·영상)학과(부)'라는 명칭을 사용하는 대학 중에서 먼저 서울대학교 언론정보학과 교과과정(학사)을 살펴보고자 한다. 이 학과는 1975년 창설하면서 '신문학과'라는 명칭을 사용하되, 이를 광의로 '커뮤니케이션'으로 해석하면서 영어 명칭은 '커뮤니케이션학과'(Department of Communication)라고 했다. 그러나 1997년 우리말 학과명만 '언론정보학과'로 바꾸고 영어 명칭은 바꾸지 않았다. 서울대 언론정보학과는 "개인 차원의 일상부터 집단생활, 전(全) 사회적 상호작용에 이르기까지 인간과 사회현상을 관통하는 모든 커뮤니케이션 현상"을 연구와 교육 대상으로 삼으면서(학과 홈페이지 http://communication.snu.ac.kr 참조) 이를 사회과학의 틀 안에서 탐구하고 교육하고 있다.

2016년 3월 현재 교과과정을 소개하면 [표 2-2-4]와 같다. 이들 교과목을 살펴보면, 커뮤니케이션 전반에 관한 총론적 과목들이 26개로서 전체 45개 과목 중 66.7%를 차지하고 있으며, 각론적 과목들은 방송·영상·뉴미디어 분야의 과목들이 10개(25.6%), 광고와 홍보 분야의 과목들이 2개(5.1%) 등이다. 하지만 총론적 과목들도 세분화되어 있는 것들이 많은데, 예컨대 커뮤니케이션 역사 분야의 과목으로

[표 2-2-4] 서울대 언론정보학과 교과과정(2016년 3월)

학년	1학기			2학기		
	과목명	구분	성격	과목명	구분	성격
1학년	커뮤니케이션의 이해	전필	이론	커뮤니케이션의 이해	전필	이론
2학년	언론정보문화특강	전필	이론	언론정보문화특강	전선	이론
	저널리즘의 이해	전선	이론	한국미디어사	전선	이론
	설득커뮤니케이션	전선	이론	영상커뮤니케이션*	전선	이론
	방송과 콘텐츠	전선	이론	대인커뮤니케이션*	전선	이론
	커뮤니케이션학사	전선	이론	HCI와 커뮤니케이션	전선	이론
	미디어테크놀로지의 역사	전선	이론	인터넷과 디지털문화*	전선	이론
	디지털미디어의 이해		이론			
3학년	커뮤니케이션이론	전필	이론	커뮤니케이션이론	전필	이론
	커뮤니케이션연구방법	전필	이론	커뮤니케이션연구방법	전필	이론
	영상문화분석	전선	이론	커뮤니케이션·문명·사회변동	전선	이론
	현대문화의 이해	전선	이론	비판커뮤니케이션론	전선	이론
	방송분석	전선	이론	정치커뮤니케이션	전선	이론
	탐사보도분석과 기획	전선	실기	미디어법률과 제도	전선	이론
	인터넷시대의 읽기와 쓰기	전선	실기	모바일미디어*	전선	이론
				미디어산업과 정책	전선	이론
				드라마와 사회읽기	전선	이론
4학년	미디어현장연습	전선	실기	미디어 현장연습	전선	이론
	언론현장연습	전선	실기	언론 현장 연습	전선	이론
	언론사상사	전선	이론	글로벌 커뮤니케이션	전선	이론
	커뮤니케이션통계분석	전선	이론	현대저널리즘이론과 분석	전선	이론
	커뮤니케이션특강	전선	이론	PR론	전선	이론
	커뮤니케이션효과연구	전선	이론	컴퓨터매개커뮤니케이션*	전선	이론
	광고론	전선	이론			
	선거캠페인과 미디어전략*	전선	이론			

주: *는 격년 개설함.

출처: http://communication.snu.ac.kr/?page_id=519 [2016-05-19]를 토대로 재구성.

한국미디어사, 언론사상사뿐만 아니라 커뮤니케이션학사도 가르치고 있다. 또한 연구방법론도 커뮤니케이션연구방법 이외에 커뮤니케이션통계분석도 별도로 가르치고 있다. 그런가 하면 미디어법률과 제도, 글로벌 커뮤니케이션 등을 비롯하여 커뮤니케이션효과연구, 설득커뮤니케이션, 대인커뮤니케이션, 미디어산업과 정책, 커뮤니케이션·문명·사회변동, 현대문화의 이해 등의 교과목들도 개설해서 커뮤니케이션 현상 전반에 관한 폭넓은 교육을 하고 있다.

한편 '저널리즘의 이해'와 '현대저널리즘이론과 분석', '영상커뮤니케이션'과 '영상문화분석', '방송과 콘텐츠'와 '방송분석' 및 '드라마와 사회읽기', '정치커뮤니케이션'과 '선거캠페인과 미디어전략' 등과 같은 연계 과목들을 개설해서 이론과 실제를 결합시켜 커뮤니케이션 현상을 이해하도록 도모하고 있다. 또한 뉴미디어와 정보사회에 관한 탐색적 과목들, 예컨대 디지털미디어의 이해, 모바일미디어, 미디어테크놀로지의 역사, 인터넷과 디지털문화, 언론정보문화특강, HCI와 커뮤니케이션, 컴퓨터매개커뮤니케이션 등의 과목들도 다수 개설해서 커뮤니케이션의 변화와 영향 등을 이해하면서 그에 대처토록 하고 있다.

기본적으로 서울대 언론정보학과는 커뮤니케이션 분야의 실무자 양성보다는 연구·교육자 양성 교육에 주안점을 두고 있어 실기과목보다는 이론교육의 비중이 높다. 그렇다고 해서 실무나 실기과목이 전혀 없는 것은 아닌데, 그 실례로는 인터넷시대의 읽기와 쓰기, 탐사보도분석과 기획, 미디어현장연습, 언론현장연습 등이 있다. 그러나 이들 과목은 특정 미디어에 관한 실기과목이라기보다는 일반적 미디어에 관한 포괄적 성격의 실기과목이라고 할 수 있다.

한편 [표 2-2-4]에는 나타나 있지 않으나, 서울대 언론정보학과는 학생들에게 인문사회과학에 관한 폭넓은 지식을 함양시키기 위하여 인접 학과의 과목들도 전공과목으로 인정해 주고 있다. 이러한 과목들로는 사회언어학(언어학과), 영상미학(미학과), 영상사회학(사회학과), 문화와 의사소통(인류학과), 사회심리학 및 실험(심리학과), 현대정치사상(정치외교학부), 소비자행동(경영학과), 스포츠와 미디어(체육교육과) 등을 들 수 있다.

4. 서울여자대학교 언론영상학부 교과과정

서울여자대학교 언론영상학부의 교과과정을 살펴보면, 이 학부는 단일학과인 서울대 언론정보학과와는 달리 다전공학부제(多專攻學部制)[7]로 운영하고 있다. 서울여대 언론영상학부는 본래 1998년 3월 경상정보학부 신문방송학전공으로 출발하여 1999년 언론영상학전공으로 바꾸었다가 2006년 '언론영상학부'라는 명칭의 다전공학부로 전환하면서 그 아래 2개의 전공분야, 즉 언론학전공과 영상학전공을 두었다. 이러한 두 전공은 2008년 언론홍보학전공과 방송영상학전공으로 확대하였으며, 2016년부터 ① 저널리즘전공, ② 디지털영상전공, ③ 비즈니스커뮤니케이션전공의 3개 전공체제로 전환했다.

1) 교과과정의 기본 편성방침과 공통과목

서울여대 언론영상학부는 "21세기 정보화 사회와 영상시대를 맞이하여 새롭게 부상하는 디지털 커뮤니케이션 산업과 대중문화를 선도할 '실무형 여성언론전문가'의 양성"을 목표로 커뮤니케이션 교육을 하고 있다(학과 홈페이지 http://www.swu.ac.kr/univ1/02_soc_05_0301.html

---

7 다전공학부제는 해당 학문의 모든 분야를 백화점식으로 가르치는 단일학과의 단점을 보완하기 위한 대안의 하나로 채택한 제도로서, 곧 해당 학문분야별로 전공을 세분하여 각 분야를 특화해서 집중교육을 실시함으로써 전문성을 제고하려는 것이 그 목적이다. 이러한 다전공학부제에서 전공분야는 2개에서부터 4개까지 학교에 따라 다양하게 개설하고 있다.

참조). 그러면서 종전의 이론과 실기의 '이분법'을 지양하고 양자의 융합을 도모하고 있는데, 2016년 3월 현재 교과과정을 보면 총 77개 교과목 중에서 이론과목이 20개(26.0%), 실기과목이 21개(27.3%), 이론과 실기를 융합한 과목이 36개(46.8%)나 된다.

다전공학부제로 운영하는 서울여대 언론영상학부의 교과과정은 우선 크게 두 가지, 즉 공통교과과정과 전공교과과정으로 나뉘는데, 공통교과과정은 이 학부 3개 전공분야의 모든 학생들이 공통으로 이수하는 기본적 교과목들을 말하며, 전공교과과정은 3개 전공분야에서 각각 2학년부터 제공하는 교과목들을 말한다. 이러한 두 가지 교과과정 중에 먼저 공통교과과정부터 살펴보면, [표 2-2-5]에서 보듯이 모두 24개 과목(기초입문과목인 '미디어와 사회'와 '졸업인증' 과목은 전공필수, 나머지 과목들은 전공선택)을 개설해서 커뮤니케이션학에 관한 이론적 토

[표 2-2-5] 서울여대 언론영상학부 공통교과과정(2016년 3월)

학년	1학기			2학기		
	과목명	구분	성격	과목명	구분	성격
1학년	미디어와 나	전선	융합	미디어와 사회	전필	이론
	디지털그래픽입문	전선	융합	영상언어입문	전선	융합
2학년	사회학으로 미디어 이해하기	전선	이론	미디어독서와 토론	전선	실기
	인간커뮤니케이션	전선	융합	매스컴영어	전선	이론
	영상이미지와 현대사회	전선	이론	미디어이론	전선	이론
				테크놀로지사회학	전선	융합
3학년	미디어시사글쓰기	전선	융합	대중문화론	전선	실기
	한국언론과 문화의 역사	전선	이론	미디어 이용자 조사와 분석	전선	융합
	진로탐색 세미나	전선	융합	미디어현장연구	전선	융합
	미디어심리학	전선	융합	설득커뮤니케이션	전선	융합
4학년	졸업인증	전필	이론	졸업인증	전필	이론
	미디어윤리와 법제	전선	이론	데이터시각화연습	전선	융합
	스피치커뮤니케이션	전선	실기	English Forum	전선	이론

출처: http://www.swu.ac.kr/univ1/02_soc_95_0303.html [2016-05-19]를 토대로 재구성.

대를 갖추도록 하고 있다. 대체로 이런 기본과목들은 1~2학년에 이수토록 하는 것이 상례이나, 1학년부터 4학년까지 골고루 배치해 놓고 있는 것이 서울여대의 특징이다.

1학년에서는 우선 미디어에 대한 접근과목으로서 미디어와 나, 미디어와 사회, 디지털그래픽입문, 영상언어입문 등을 가르친다. 그리고 2학년에서는 미디어 이해하기, 인간커뮤니케이션, 영상이미지와 현대사회, 미디어독서와 토론 등의 미디어 이해 과목과 함께 미디어 이론도 가르친다. 그다음 3~4학년에서는 좀 더 수준 높은 과목들을 가르치면서, 4학년에서는 1년 동안 '졸업인증'이라는 필수과목을 반드시 이수토록 한다.

2) 전공분야별 교과과정 주요 내역

서울여대 언론영상학부의 전공분야별 교과과정을 살펴보면, 우선 저널리즘 전공분야에서는 [표 2-2-6]에서 보듯이 전통적 인쇄저널리즘뿐 아니라 방송저널리즘을 포함한 모든 저널리즘 교육을 지향하고 있다. 그러면서 이론과 실기, 그리고 이들을 융합한 과목들을 조화롭게 편성해 놓았는데, 이론과목으로는 저널리즘의 이해, 방송의 이해, 온라인저널리즘, 미디어취재보도 등을 가르치며, 실기과목으로는 글로벌커뮤니케이션, 대안미디어 세미나 등을 가르치고 있다. 그러나 이런 과목들보다는 이론과 실기를 융합해서 가르치는 과목들이 가장 많은데, 이와 같은 융합과목으로는 미디어글쓰기 기초, 방송화법, 미디어로 현실읽기, 미디어와 정치, 방송콘텐츠기획과 구성, 미디어인터뷰, 미디어쟁점과 토론, 방송진행자론 등이 있다.

한편 디지털영상 전공분야의 교과과정을 소개해 보면 [표 2-2-7]과 같은데, 이에서 보듯이 커뮤니케이션학의 여러 분야 중 특히 디

[표 2-2-6] 서울여대 언론영상학부 저널리즘전공 교과과정(2016년 3월)

학년	1학기			2학기		
	과목명	구분	성격	과목명	구분	성격
2학년	방송의 이해	전선	이론	미디어 비평	전선	이론
	저널리즘의 이해	전선	이론	미디어로 현실읽기	전선	융합
	미디어글쓰기 기초	전선	융합	미디어취재보도	전선	이론
3학년	온라인저널리즘	전선	이론	미디어인터뷰	전선	융합
	방송화법	전선	융합	미디어쟁점과 토론	전선	융합
	미디어와 정치	전선	융합	방송진행자론	전선	융합
	방송콘텐츠기획과 구성	전선	융합			
4학년	글로벌커뮤니케이션	전선	실기	대안미디어 세미나	전선	실기
	기사작성실무	전선	융합	저널리즘특강	전선	실기

출처: http://www.swu.ac.kr/univ1/02_soc_05_010309.html [2016-05-19]를 토대로 재구성.

지털영상 분야를 전공하려는 학생들을 위한 여러 가지 이론과 실기 및 이들을 융합한 과목들을 가르치고 있다. 특히 디지털 시대에 초점을 맞추어 디지털미디어의 이해, 디지털영상편집실습, 디지털그래픽실습, 웹포트폴리오, 웹·모바일 서비스기획, 모바일앱제작, 디지털영

[표 2-2-7] 서울여대 언론영상학부 디지털영상전공 교과과정(2016년 3월)

학년	1학기			2학기		
	과목명	구분	성격	과목명	구분	성격
2학년	디지털미디어의 이해	전선	융합	스튜디오제작실습	전선	실기
	영상커뮤니케이션	전선	융합	디지털그래픽실습	전선	실기
	디지털영상편집실습	전선	실기	웹퍼블리싱	전선	융합
3학년	웹포트폴리오	전선	융합	그래픽디자인 포트폴리오	전선	실기
	TV드라마기획 세미나	전선	실기	웹·모바일 서비스기획	전선	실기
	영상미디어제작 I	전선	실기	영상미디어제작 II	전선	실기
	영상콘텐츠 스토리텔링	전선	융합			
4학년	콘텐츠산업과 정책	전선	융합	UX세미나	전선	융합
	모바일앱제작	전선	실기	디지털영상 세미나	전선	융합

출처: http://www.swu.ac.kr/univ1/02_soc_05_0303.html [2016-05-19]를 토대로 재구성.

[표 2-2-8] 서울여대 언론영상학부 비즈니스커뮤니케이션전공 교과과정(2016년 3월)

학년	1학기			2학기		
	과목명	구분	성격	과목명	구분	성격
2학년	광고의 이해	전선	이론	PR의 이해	전선	이론
	소비자행동론	전선	이론	브랜드 & 마케팅커뮤니케이션	전선	이론
	Online Media Management	전선	이론	미디어 창의성 프로젝트	전선	실기
3학년	프레젠테이션 실습	전선	실기	PR 캠페인 기획	전선	실기
	광고기획실습	전선	융합	카피라이팅	전선	융합
	광고크리에이티브	전선	융합	문화트렌드 읽기	전선	융합
	PR전략론	전선	융합	인터렉티브 광고	전선	융합
4학년	PR프로젝트	전선	실기	온라인PR	전선	융합
	Media Marketing Strategy	전선	실기	광고실무세미나	전선	융합
	비즈니스 커뮤니케이션실무	전선	이론			

출처: http://www.swu.ac.kr/univ1/02_soc_05_0203.html [2016-05-19]를 토대로 재구성.

상 세미나 등과 같은 첨단과목들을 많이 가르치고 있다.

마지막으로 비즈니스커뮤니케이션 전공분야의 교과과정은 [표 2-2-8]과 같은데, 표에서 보듯이 대체로 광고의 이해, PR의 이해, 소비자행동론, 브랜드 & 마케팅커뮤니케이션 등과 같은 전통적인 광고·PR 관련 과목에 토대를 두고 있으나, Online Media Management(온라인미디어경영), 인터랙티브 광고, 온라인PR 등 디지털 미디어 환경에 대처할 과목들도 가르치고 있다. 그러면서 특히 3학년에서는 이론과 실기를 융합한 과목들을 많이 가르치고 있는데, 이러한 과목들로는 광고기획실습, 광고크리에이티브, PR전략론, 카피라이팅, 문화트렌드 읽기 등을 들 수 있다.

5. 동아대학교 미디어커뮤니케이션학과 교과과정

'미디어', '커뮤니케이션' 또는 '미디어커뮤니케이션' 등의 명칭을 붙인 대학 중 먼저 단일학과인 동아대학교 미디어커뮤니케이션학과를 대상으로 어떤 과목들을 가르치고 있는지에 대해 알아보기로 한다. 이 학과는 1988년 3월 '신문방송학과'라는 명칭으로 첫 신입생을 선발하여 교육을 시작했다. 그 후 근 30년 동안 '신문방송학과'로 불러오다가, 2016년 3월 학과명을 '미디어커뮤니케이션학과'로 변경하면서 교과과정도 개편했다. 그간에 새로운 뉴미디어들이 출현하면서 이를 응용한 미디어 산업이 발달하자, 그에 관한 교육을 강화하는 동시에 "이론과 실기교육의 조화를 통하여 예비 언론인을 양성"하기 위해서였다(학과 홈페이지 http://comm.donga.ac.kr/ 참조). 따라서 기존의 교과과정에 새로운 과목들을 많이 추가하는 동시에 이론과 실기 과목들이 서로 조화를 이루도록 교과과정을 개편했는데, 2016년 3월 현재 교과과정을 소개하면 [표 2-2-9]와 같다.

이 표에서 보듯이 동아대 미디어커뮤니케이션학과에서는 1학년에는 교양필수과목으로서 커뮤니케이션학개론, 광고홍보학개론, 매스미디어개론, 정보사회와 커뮤니케이션을 반드시 이수토록 하고 있다. 그리고 2학년에는 6개의 전공필수과목, 즉 커뮤니케이션이론, 미디어저널리즘, 광고기획론, 뉴미디어론, 인간커뮤니케이션, 커뮤니케이션연구방법론 등은 반드시 이수하고, 그 밖의 전공선택과목(7개) 중에서 자유롭게 과목을 선택해서 이수하도록 하는데, 1~2학년을 대상으로 한 전공필수과목(10개)의 비중(26.3%)이 다른 대학 커뮤니케이션 관련 학과들보다 높은 것이 특징이다. 한편 3~4학년에는 전공필수과목이 없으며, 총 16개의 전공선택과목 중에서 자유롭게 선택해서 수강토록 하고 있다.

[표 2-2-9] 동아대 미디어커뮤니케이션학과 교과과정(2016년 3월)

학년	1학기			2학기		
	과목명	구분	성격	과목명	구분	성격
1학년	커뮤니케이션학개론	교필	이론	매스미디어개론	교필	이론
	광고홍보학개론	교필	이론	정보사회와 커뮤니케이션	교필	이론
2학년	커뮤니케이션이론	전필	이론	인간커뮤니케이션	전필	이론
	미디어저널리즘	전필	이론	커뮤니케이션연구방법론	전필	이론
	광고기획론	전필	이론	방송영상론	전선	이론
	뉴미디어론	전필	이론	보도사진	전선	실기
	스피치커뮤니케이션	전선	실기	디지털영상의 기획과 촬영I	전선	실기
	디지털미디어의 이해	전선	이론	디지털콘텐츠스토리텔링	전선	실기
	디지털미디어 글쓰기	전선	실기	광고기획실습	전선	실기
3학년	PR론	전선	이론	설득커뮤니케이션이론	전선	이론
	디지털콘텐츠기획과 제작	전선	실기	정치커뮤니케이션	전선	이론
	디지털음향설계	전선	실기	그래픽과 애니메이션 제작	전선	실기
	디지털영상의 기획과 촬영II	전선	실기	모바일과 소셜미디어콘텐츠	전선	실기
				인터넷서비스디자인	전선	이론
				디지털미디어와 선전	전선	이론
4학년	디지털미디어의 정책	전선	이론	이미지론	전선	이론
	디지털콘텐츠제작 세미나	전선	실기	영상산업과 마케팅	전선	이론
	사이버커뮤니케이션	전선	이론	미디어법과 윤리	전선	이론

출처: http://comm.donga.ac.kr/01_about/about 04.php [2016-05-19]를 토대로 재구성.

2016년 3월 현재 동아대 미디어커뮤니케이션학과에서 개설하고 있는 전공교과목은 모두 34개인데, 이들을 분야별로 나누어 보면 방송영상과 뉴미디어 분야의 교과목이 18개(전체의 52.9%)로서 가장 많다. 그중에서도 특히 뉴미디어에 관한 과목이 13개(38.2%)로서 가장 높게 나타나 이 분야에 대한 중점 교육이 이루어지고 있음을 알 수 있다. 구체적으로 뉴미디어 관련 교과목들을 들면, 정보사회와 커뮤니케이션, 디지털미디어의 이해, 뉴미디어론, 인터넷서비스디자인, 디지털미디어의 정책, 사이버커뮤니케이션, 디지털콘텐츠스토리텔링, 디지털미디어 글쓰기, 디지털콘텐츠기획과 제작, 디지털음향설계, 그래픽과 애니메이션 제작, 모바일과 소셜미디어콘텐츠, 디지털콘텐츠제작 세미나 등 이론과 실습 과목을 망라하고 있다. 이러한 뉴미디어 관련 과목에 비해서 다른 분야의 과목들은 상대적으로 적은 편인데, 예컨대 저널리즘 분야 과목은 모두 합쳐 11개(전체의 32.4%)이며, 광고·홍보 분야 과목은 5개(14.7%)이다.

한편 동아대 미디어커뮤니케이션학과 교과목 중에서 이론과목과 실기과목의 비율을 보면, 이론과목이 64.7%(22개 과목)이고 실기과목이 35.3%(12개 과목)인데, 이론과목들은 주로 1~2학년에 배치하고 필수과목인 반면, 실기과목들은 주로 3~4학년에서 대부분 선택과목으로 가르치고 있다.

6. 한림대학교 미디어커뮤니케이션학부 교과과정

이번에는 '미디어커뮤니케이션'이라는 명칭을 사용하는 대학 중 단일학과가 아니라 다전공학부인 한림대학교 미디어커뮤니케이션학부에서는 어떤 과목들을 가르치고 있는지 살펴보기로 한다. 이 학부는 본래 1997년 '신문방송학과'로 출발하였다가 1998년 '언론정보학부'로 전환하여 언론전공, 방송·통신전공, 광고·홍보전공 등의 세 전공을 두었으며, 2002년 다시 인터넷미디어전공을 신설·추가하였다. 그러나 2015년부터 광고홍보 전공분야가 별도의 학과로 분리되자 나머지 3개 전공분야만 운영하다가, 2016년 3월 이들 전공분야를 개편하여 2개 분야, 즉 언론방송융합미디어전공과 디지털미디어콘텐츠전공 분야로 나누는 동시에 학부 명칭도 '미디어커뮤니케이션학부'로 바뀠다.

1) 다전공 · 다트랙제로 교과과정 운영, 그러나 기본교육도 중시

이와 같이 현재 한림대학교 미디어커뮤니케이션학부는 전공분야를 크게 2개 분야로 나누어 각 분야별로 집중교육을 하고 있다. 그러면서 "현장중심의 실무형 전문가 양성"이라는 교육목표의 달성에 필요한 심도 있는 특화교육을 위하여, 언론방송융합미디어 전공분야는 다시 3개 트랙(track), 즉 신문저널리즘, 방송저널리즘, 방송콘텐츠제작 트랙으로 나누고, 디지털미디어콘텐츠 전공분야는 4개 트랙, 즉 게임콘텐츠, 디지털영상콘텐츠, 정보콘텐츠, 디지털북콘텐츠 트랙으로 나누어 트랙별로 심도 있는 교육을 하고 있다(학과 홈페이지 http://comm.hallym.ac.kr/sub_02/sub_02_a.php?type=2 참조).

이처럼 한림대학교 미디어커뮤니케이션학부는 '다전공 · 다트랙제'를 채택하여 트랙별로 특화교육을 하면서, 특히 디지털 미디어 콘텐츠를 전통적 미디어 분야와 분리해서 별도의 전공분야로 특화하여 영상을 넘어선 다양한 디지털 콘텐츠로 넓힘으로써 새롭게 확장되는 영역을 커뮤니케이션 관점에서 흡수하고 취업시장의 확대를 도모하고 있다. 그러나 커뮤니케이션 분야의 모든 전문가들에게 반드시 필요한 기본적 교육도 중시하고 있다. 따라서 모든 학생들에게 [표 2-2-10]과 같은 기본공통과목(기본공통교과과정)을 이수토록 하는데, 이는 3단계, 즉 수준 1(전공진입 단계)−수준 2(전공습득 단계)−수준 3(전공심화 단계)으로 나누어 점차 난이도를 높여 이수토록 하고 있다. 그 중에서도 학생들의 전공분야나 트랙에 관계없이 모두 커뮤니케이션개론, 조사방법론, International Communication[8] 등의 전공필수과목은 반드시 이수해야 하고, 멀티미디어제작기초나 Media and Culture,

---

8 과목명이 영어로 된 과목은 영어원강으로 교육이 이루어진다.

[표 2-2-10] 한림대 미디어커뮤니케이션학부 기본공통교과과정(2016년 3월)

수준	1학기			2학기		
	과목명	구분	성격	과목명	구분	성격
1	LOHAS 커뮤니케이션개론	전필	이론	International Communication	전필	이론
	오디세이세미나 3	전필	실기	오디세이세미나 3	전선	실기
	LOHAS 멀티미디어제작기초	전선	융합	Media and Culture	전선	이론
	LOHAS 영상제작실습기초	전선	융합			
2	LOHAS 조사방법론	전필	이론	LOHAS 조사방법론	전필	이론
	Media Representaions	전선	이론			
3	졸업논문 및 작품	전필	이론	졸업논문 및 작품	전필	이론
	New Media and Society	전선	이론	Media Audiences & Effects	전선	이론

출처: 「2016 한림대학교 안내」, pp. 95-98을 토대로 재구성.

New Media and Society 등의 과목은 학생들이 선택해서 이수토록 하고 있다. 또한 졸업논문 및 작품을 반드시 제출해야 졸업할 수 있다.

2) 전공분야별 교과과정 주요 내역

전공분야별 교과과정 중에서 우선 언론방송융합미디어전공 교과과정을 보면 [표 2-2-11]과 같은데, 이들 전공분야의 교과목도 그 수준을 3단계로 나누어 이수토록 하고 있다. 그러나 모든 과목들은 선택과목으로서 학생들이 자유롭게 선택해서 이수하도록 하되 3개 트랙, 즉 신문저널리즘, 방송저널리즘, 방송콘텐츠제작 트랙 중에서 학생들의 희망에 따라 하나의 트랙을 선정해 그 트랙에 관련된 과목들을 집중적으로 이수하도록 권장하고 있다. 예컨대, 신문저널리즘 트랙을 선택한 학생들은 취재보도문장 I 및 II, 보도사진, 신문제작연습, 라이프스타일저널리즘, 지역신문 수습기자 등의 과목을 듣도록 하고, 방송저널리즘 트랙의 경우 방송뉴스입문, 텔레비전뉴스, 시사다큐멘

[표 2-2-11] 한림대 미디어커뮤니케이션학부 언론방송융합미디어전공 교과과정 (2016년 3월)

수준	1학기			2학기		
	과목명	구분	성격	과목명	구분	성격
1	취재보도문장 I	전선	융합	취재보도문장 I	전선	융합
	취재보도문장 II	전선	융합	취재보도문장 II	전선	융합
	시사독서와 미디어콘텐츠 읽기	전선	융합	영상미학	전선	이론
	영상편집실습기초	전선	융합	영상편집실습기초	전선	융합
	한국언론사	전선	이론	언론개론	전선	이론
	영화의 역사	전선	이론	Olympic English	전선	이론
	보도사진	전선	융합	보도사진	전선	융합
	방송뉴스입문	전선	융합	방송뉴스입문	전선	융합
	세계의 방송과 통신	전선	이론	영화개론	전선	이론
				미디어법과 윤리	전선	이론
2	커뮤니케이션기술과 문화	전선	이론	스튜디오사진	전선	융합
	언론과 사회	전선	이론	비판적 사고방법	전선	이론
	텔레비전뉴스	전선	융합	올림픽스포츠저널리즘	전선	융합
	스튜디오사진	전선	융합	미디어와 건강	전선	이론
	언론홍보마케팅	전선	융합	텔레비전스튜디오제작	전선	융합
	텔레비전스튜디오제작	전선	융합	라이프스타일저널리즘	전선	융합
	정치커뮤니케이션	전선	이론	시사상식의 이해	전선	융합
	데이터 저널리즘	전선	융합	방송기획 및 구성 II	전선	융합
	방송기획 및 구성 I	전선	융합			
3	신문제작연습	전선	융합	시사다큐멘터리제작	전선	융합
	텔레비전 분석과 비평	전선	이론	Olympic Media Issues	전선	이론
	History of the American Press	전선	이론	지역신문 수습기자	전선	융합
	When classic Meets Cinema	전선	이론	When Classic Meets Cinema	전선	이론
	Modernity and Cinema in Korea	전선	이론	다큐멘터리이론과 실제	전선	융합
	International Media Survey	전선	이론	진로지도특강	전선	융합
	영상기획 및 구성	전선	융합	영상특강	전선	이론
				Asian Cinema	전선	이론
				방송산업론	전선	이론

출처: 「2016 한림대학교 안내」, pp. 95-96을 토대로 재구성.

터리제작 등의 과목을 이수토록 하며, 방송콘텐츠제작 트랙을 선택한 학생들은 텔레비전과 분석과 비평, 영화개론, 영상미학, 텔레비전스튜디오제작, 방송기획 및 구성 등의 과목들을 이수하도록 한다. 이러한 전공과정 교과목들은 다시 두 가지, 즉 '이론'과목과 '융합'과목으로 나누어지는데, '융합'과목이란 이론(강의)과 실기(실습)를 합쳐서 가르치는 과목을 말한다. 그런데 언론방송융합미디어전공 교과과정을 보면 총 52개 과목 중 융합과목이 28개로서 전체의 53.8%나 된다.

한편 디지털미디어콘텐츠전공 교과과정을 보면 [표 2-2-12]와 같은데, 이 전공분야에서도 앞서 언론방송융합미디어 전공분야와 마찬가지로 교과목의 수준을 3단계로 나누어 이수토록 하고 있다. 이 역시 모든 과목은 학생들이 자유롭게 선택해서 이수하되 4개 트랙, 즉 게임콘텐츠, 디지털영상콘텐츠, 정보콘텐츠, 디지털북콘텐츠 트랙 중에서 학생들의 희망에 따라 하나의 트랙을 선정해 그 트랙에 관련된 과목들을 집중적으로 이수하도록 권장하고 있다. 예컨대, 게임콘텐츠 트랙은 디지털게임과 현대사회, 게임기획실무, 3D게임디자인, 게임스토리텔링워크숍, 게임제작기초실습 등의 과목을 이수하고, 디지털영상콘텐츠 트랙은 아이디어발상과 스토리텔링, 디지털애니메이션 스토리텔링, 스토리텔링과 디지털콘텐츠, 영상시나리오작법, 콘텐츠기획, 콘텐츠실습, 콘텐츠프로젝트 등의 과목을 수강토록 한다. 그리고 정보콘텐츠 트랙은 인터넷취재와 콘텐츠구성, Introduction to Web Programming, 소셜뉴스와 에디팅실무, 소셜웹기획 등을, 그리고 디지털북콘텐츠 트랙은 디지털북세미나, 디지털북, 하이브리드앱개발 등 각각 그 트랙에 관계된 과목들을 수강하도록 지도한다. 디지털미디어콘텐츠전공 교과과정에서도 융합과목의 비중이 높아 총 49개 과목 중 융합과목이 32개로서 전체의 65.3%나 된다.

[표 2-2-12] 한림대 미디어커뮤니케이션학부 디지털미디어콘텐츠전공 교과과정 (2016년 3월)

수준	1학기			2학기		
	과목명	구분	성격	과목명	구분	성격
1	Digital Graphic Design	전선	융합	Fundamental Graphic Design	전선	융합
	Introduction to Web Programming	전선	이론	디지털게임과 현대사회	전선	이론
	디지털미디어의 글쓰기	전선	융합	아이디어발상과 스토리텔링	전선	융합
	인터넷취재와 콘텐츠 구성	전선	융합	소셜뉴스와 에디팅실무	전선	융합
	방송과 콘텐츠	전선	이론	글로벌콘텐츠론	전선	이론
2	Contents and Culture	전선	이론	Visual Contents History	전선	이론
	헬스케어콘텐츠와 커뮤니케이션	전선	이론	인터랙션디자인	전선	융합
	소셜웹기획	전선	융합	게임제작기초실습	전선	융합
	디지털북세미나	전선	이론	인터넷서비스디자인	전선	이론
	영상이론	전선	이론	방송기획과 편성론	전선	이론
	콘텐츠장르론	전선	이론	영상특수효과론	전선	융합
	디지털애니메이션 스토리텔링	전선	융합	캐릭터디자인기획	전선	이론
	콘텐츠비즈니스론	전선	이론	디지털콘텐츠취업특강	전선	융합
	디지털영상효과	전선	융합	디지털영상편집	전선	융합
	3D게임디자인	전선	융합	스토리텔링과 디지털콘텐츠	전선	융합
	LOHAS 콘텐츠실습	전선	융합	캡스톤디자인-소셜콘텐츠	전선	융합
	게임기획실무	전선	이론			
	캡스톤디자인-소셜뉴스	전선	융합			
	게임스토리텔링워크숍	전선	융합			
	미디어산업과 정책	전선	이론			
3	Motion Design	전선	융합	캡스톤디자인-디지털북	전선	융합
	콘텐츠프로젝트	전선	융합	캡스톤디자인-콘텐츠기획	전선	융합
	디지털영화연출	전선	융합	Motion Graphic	전선	융합
	하이브리드앱개발	전선	융합	디지털미디어법제	전선	이론
				모바일콘텐츠디자인	전선	융합
				영상시나리오작법	전선	융합
				3D애니메이션제작	전선	융합
				디지털영상실습	전선	융합
				스마트모바일웹	전선	융합

출처: 「2016 한림대학교 안내」, pp. 97-98을 토대로 재구성.

7. 광고홍보학과 및 학부의 교과과정 실례

지금까지 커뮤니케이션학의 모든 분야를 포괄적으로 가르치는 학과 및 학부들의 교과과정을 살펴보았는데, 명칭은 각각 다르고 또한 각 학과나 학부에 따라 차이가 있기는 하지만 전체적으로는 대동소이하다. 그러나 커뮤니케이션학의 여러 분야 중에서 특정 분야인 광고·PR 분야만 전문적으로 가르치는 광고홍보학과(부)나, 또는 방송·영상 분야만 전문적으로 가르치는 방송영상학과의 교과과정은 신문방송학과, 언론(정보·영상)학과(부), 미디어커뮤니케이션학과(부)의 그것과 크게 다르다.

그러면 이러한 광고홍보학과(부)와 방송영상학과에서는 주로 무엇을 가르치는지 관해서 알아보기로 하되, 우선 광고홍보학(부)의 교과과정부터 살펴보기로 한다.

앞서 [표 2-2-1]에서 살펴보았듯이, 2016년 3월 현재 전국의 대학에 모두 21개의 4년제 광고홍보 관련 학과(부)들이 설치되어 있다. 이 중 단일학과 중에서는 역사가 가장 오랜 중앙대학교 광고홍보학과와, 그리고 학부체제를 갖추고 있는 홍익대학교 광고홍보학부의 교과과정만 간단히 살펴보기로 한다.

1) 중앙대학교 광고홍보학과 교과과정

중앙대학교 광고홍보학과는 우리나라의 광고홍보 관련 학과 중에서 최초로 1974년 기존의 중앙대 신문방송학과(1958년 창설)에서 광고홍보 전공과정을 분리해 독립학과로 설치했는데, 이는 당시 한창 성장 중이던 광고산업과 홍보 분야의 전문인력 양성을 위해서였다. 이런 목적에서 신설했던 중앙대 광고홍보학과는 1982년 신문방송학과와 통합했다가 1989년 다시 분리하여 단일학과로서 현재는 경영경제대학에 소속되어 있다(학과 홈페이지 http://iadpr.cau.ac.kr/new/adpr/introduction.php 참조).

2016년 3월 현재 중앙대 광고홍보학과 교과과정을 소개하면 [표 2-2-13]과 같은데, 이 표에서도 볼 수 있듯이 교과과정은 전공기초 및 전공필수, 전공선택과목으로 구성되어 있다. 전공기초과목(광고학개론, 설득커뮤니케이션개론, 홍보학개론)은 1학년 과정에서 가르치고, 전공필수과목(광고홍보연구방법, 기업홍보론, 통합적 마케팅커뮤니케이션, 브랜드커뮤니케이션캠페인)은 1~3학년 과정에서 나누어 이수하도록 의무화하고 있다. 그 외의 전공과목들은 선택과목으로 운영되며, 기획 · 제작 · 홍보 · 매체 등의 분야별로 이론과 실기를 안배하여 교육이 이루어지고 있다.

'기획'분야에서는 이론중심의 과목인 광고와 마케팅, 광고와 사회, 광고윤리법제, 광고와 심리, 광고와 소비자행동 등과, 실무적 성격을 가미한 광고기획, 퍼블릭스피치와 프레젠테이션, 크리에이티브디렉터론, 인터랙티브브랜드커뮤니케이션, 인터랙티브브랜드커뮤니케이션 기획실습 등의 과목을 가르치고 있다.

'제작'분야는 좀 더 실기 위기로 구성되어 광고크리에이티브전략, 카피라이팅실습, 광고사진실습, 인쇄광고제작실습, 광고디자인실습, 광고의 발상과 표현 등의 과목들을 가르친다.

'홍보'분야는 광고 과목과는 독립적으로 구성되어 PR커뮤니케이션기법, 홍보제작실습, 홍보캠페인사례, 위기관리론, 홍보기획, 홍보관리론 등 이론과 실기를 골고루 교육하고 있다.

'매체'분야에서는 광고매체론, 광고조사론, 매체기획론, 광고효과론 등 광고와 관련된 매체기획과 활용 등에 관한 과목들을 가르친다. 전반적으로 일반적인 커뮤니케이션 분야의 이론과 실기 과목을

[표 2-2-13] 중앙대 광고홍보학과 교과과정(2016년 3월)

학년	1학기			2학기		
	과목명	구분	성격	과목명	구분	성격
1학년	광고학개론	전기	이론	홍보학개론	전기	이론
	설득커뮤니케이션개론	전기	이론	광고홍보연구방법	전필	이론
	광고와 마케팅(기획)	전선	이론			
2학년	광고기획(기획)	전선	이론	기업홍보론	전필	이론
	광고크리에이티브전략(제작)	전선	실기	광고사진실습(제작)	전선	실기
	전략적브랜드자산관리론(기획)	전선	이론	인쇄광고제작실습(제작)	전선	실기
	카피라이팅실습(제작)	전선	실기	광고와 소비자행동(기획)	전선	이론
	퍼블릭스피치와 프레젠테이션(기획)	전선	이론	홍보제작실습(홍보)	전선	실기
	PR커뮤니케이션기법(홍보)	전선	실기			
3학년	통합적 마케팅커뮤니케이션	전필	이론	브랜드커뮤니케이션캠페인	전필	이론
	광고디자인실습(제작)	전선	실기	광고와 사회(기획)	전선	이론
	광고매체론(매체)	전선	이론	매체기획론(매체)	전선	이론
	광고조사론(매체)	전선	이론	위기관리론(홍보)	전선	이론
	인터렉티브브랜드커뮤니케이션(기획)	전선	이론	홍보기획(홍보)	전선	이론
	홍보캠페인사례(홍보)	전선	이론	크리에이티브디렉터론(기획)	전선	이론
4학년	광고의 발상과 표현(제작)	전선	실기	광고윤리법제(기획)	전선	이론
	인터렉티브브랜드커뮤니케이션 기획실습(기획)	전선	실기	광고와 심리(기획)	전선	이론
	판매촉진론(매체)	전선	이론	광고효과론(매체)	전선	이론
	홍보관리론(홍보)	전선	이론	국제커뮤니케이션(홍보)	전선	이론
	광고홍보특강 1(공통)	전선	이론	광고홍보특강 2(공통)	전선	이론

주: 구분 항에서 '전기'는 전공기초과목, '전필'은 전공필수과목, '전선'은 전공선택과목을 말함.
출처: https://www.cau.ac.kr/02_univ/university/economy/business04.php [2016-10-08]을 토대로 재구성.

설득커뮤니케이션 혹은 전략커뮤니케이션의 견지에서 접근하고 적용하는 집중교육이 이루어지고 있다.

2) 홍익대학교 광고홍보학부 교과과정

홍익대학교 광고홍보학부는 1998년 세종캠퍼스에 설립되었는데, 2016년 3월 현재 재학생 700여 명, 전임교수 16명으로 광고홍보 전공학과로는 상당히 큰 규모이다. "통합적인 시각을 지닌 특성화된 광고홍보 전문인 양성을 교육목표로 하고, 크리에이티브를 이해하는 기획자, 기획을 이해하는 크리에이터 육성"을 지향한다(학과 홈페이지 http://adpr.hongik.ac.kr/ 참조).

2016년 3월 현재 홍익대 광고홍보학부 교과과정을 소개하면 [표 2-2-14]와 같다. 표에서 볼 수 있듯이 1학년에서는 전공필수과목인 광고학개론, PR학개론, 커뮤니케이션개론, 마케팅개론 등과, 전공선택과목인 광고디자인의 이해, 광고크리에이티브를 가르치는데, 이는 2학년 이후의 광고와 PR과 관련한 다양한 세부과목을 수강하는 데 필요한 기본적 입문과정으로서의 의미를 갖는다. 전공분야는 크게 광고·홍보·커뮤니케이션·마케팅·크리에이티브/제작·매체 등의 영역으로 나뉘어져 있다. '광고'분야에서는 필수과목인 광고학개론을 비롯하여 프레젠테이션, 광고기획론, 광고심리학, 광고PR조사, 카피라이팅, 광고PR기획실습 등을 가르치고 있다. '홍보'분야에서는 필수과목인 PR학개론을 비롯하여 PR기획론, PR글쓰기와 활용, 위기관리커뮤니케이션, 헬스커뮤니케이션 등을 가르친다. '커뮤니케이션' 분야에서는 필수과목인 커뮤니케이션개론을 비롯하여 매스커뮤니케이션, 설득커뮤니케이션 등을, '마케팅' 분야에서는 필수과목인 마케팅개론을 비롯하여 브랜드관리, 브랜드전략, 소비자행동, IMC, 마케팅트렌드, 마케팅PR과 기업정신, 마케팅전략과 비즈니스모델 등을 가르친다. '크리에이티브/제작' 분야에서는 1학년 선택과목인 광고크리에이티브와 광고디자인의 이해를 비롯하여 인쇄광고제작, 영상광고제작,

[표 2-2-14] 홍익대 광고홍보학부 교과과정(2016년 3월)

학년	1학기			2학기		
	과목명	구분	성격	과목명	구분	성격
1학년	광고학개론(광고)	전필	이론	커뮤니케이션개론(커뮤니케이션)	전필	이론
	PR학개론(홍보)	전필	이론	마케팅개론(마케팅)	전필	이론
	광고디자인의 이해 (크리에이티브/제작)	전선	이론	광고크리에이티브 (크리에이티브/제작)	전선	이론
2학년	광고기획론	전선	이론	매체기획론(매체)	전선	이론
	프레젠테이션(광고)	전선	이론	PR기획론(홍보)	전선	이론
	광고PR조사(광고)	전선	이론	설득커뮤니케이션 (커뮤니케이션)	전선	이론
	매스커뮤니케이션(커뮤니케이션)	전선	이론	카피라이팅(광고)	전선	실기
	광고심리학(광고)	전선	실기	세일즈프로모션	전선	실기
	PR글쓰기와 활용(홍보)	전선	이론	인터랙티브광고(매체)	전선	실기
	마케팅전략과 비즈니스모델 (마케팅)	전선	실기			
3학년	위기관리커뮤니케이션(홍보)	전선	이론	IMC(마케팅)	전선	이론
	브랜드관리(마케팅)	전선	실기	데이터분석과 활용	전선	이론
	매체기획실습(매체)	전선	실기	소비자행동(마케팅)	전선	실기
	사진과 커뮤니케이션	전선	실기	브랜드전략(마케팅)	전선	실기
	영상광고제작 (크리에이티브/제작)	전선	실기	창의적아이디어발상	전선	이론
	광고PR기획실습(광고)	전선	실기	헬스커뮤니케이션(홍보)	전선	이론
	글로벌마케팅커뮤니케이션	전선	이론	옥외광고(매체)	전선	이론
				인쇄광고제작 (크리에이티브/제작)	전선	실기
				인터랙티브광고실습 (크리에이티브/제작)	전선	실기
4학년	인쇄광고제작심화 (크리에이티브/제작)	전선	이론	영상광고제작심화 (크리에이티브/제작)	전선	이론
	마케팅트렌드(마케팅)	전선	실기	마케팅PR과 기업가정신(마케팅)	전선	이론
	소셜미디어(매체)	전선	이론	미디어윤리법제	전선	이론
	통합캠페인(1)	전선	이론	통합캠페인(2)	전선	이론

출처: http://adpr.hongik.ac.kr/ [2016-10-08]을 토대로 재구성.

인터랙티브광고실습, 인쇄광고제작심화, 영상광고제작심화 등을, 그리고 '매체'분야에서는 매체기획론, 매체기획실습, 인터랙티브광고, 옥외광고, 소셜미디어 등의 과목을 가르치고 있다. 전반적으로 광고/홍보 기획 등의 이론교육뿐만 아니라 광고/홍보 제작 및 디자인 등의 크리에이티브 실습교육을 고려한 이론과 실기의 상호보완적 교육과정을 지향하고 있다.

8. 방송영상 관련 학과의 교과과정 실례

끝으로 방송·영상 관련 학과에서는 어떤 과목들을 가르치는지에 관하여 살펴보기로 하는데, 2016년 3월 현재 우리나라에는 13개 대학에 여러 가지 명칭의 방송·영상 관련 학과들이 설치되어 있다. 그러나 여기서는 4년제 대학 중에서는 중부대학교 방송영상학과의 교과과정을, 그리고 참고로 2~3년제 전문대학 중에서 한국영상대학교 영상연출학과의 교과과정만 간단히 소개해 보기로 한다.

1) 중부대학교 방송영상학과 교과과정

중부대학교 방송영상학과는 영상 관련 산업 전문가의 육성을 교육목표로 삼고 있다. 구체적으로 방송영상연출가, 디지털예술전문가, 방송작가, 광고기획전문가, 연극영화 2급정교사, 게임기획전문가 등 현장 실무인력의 양성에 교육목표를 삼고 있다(학과 홈페이지 http://web.joongbu.ac.kr//tvart/ 참조).

2016년 3월 현재 중부대 방송영상학과 교과과정은 [표 2-2-15]와 같은데, 표에서 보는 바와 같이 1학년 1학기 과정에서 필수과목인 방송학총론, 방송문장론을 통해 기본입문과정에 대해 교육한다. 그

[표 2-2-15] 중부대 방송영상학과 교과과정(2016년 3월)

학년	1학기 과목명	구분	성격	2학기 과목명	구분	성격
1학년	방송학총론	전필	이론	서사문장론	전선	이론
	방송문장론	전필	이론	미디어디자인 1	전선	이론
				디지털영상제작	전선	실기
2학년	희곡론	전선	이론	시나리오론	전선	이론
	연극학총론	전선	이론	드라마의 이해	전선	이론
	영상표현실습	전선	실기	영화의 역사	전선	이론
	디지털영상편집 1	전선	실기	디지털영상편집 2	전선	실기
				방송기획	전선	실기
3학년	시나리오실습	전선	실기	TV촬영실습	전선	실기
	연극사	전선	이론	영화예술의 이해	전선	이론
	TV다큐멘터리연출	전선	실기	구성작가론	전선	이론
	TV방송제작론	전선	실기	TV방송실습	전선	실기
	미디어디자인 2	전선	실기			
	뮤직비디오제작	전선	실기			
4학년	방송연출론	전선	실기	WEB PD론	전선	이론
	연극연출론	전선	실기	영상산업과 정책	전선	이론
	영상작품워크샵	전선	실기	TV다큐멘터리워크샵	전선	실기
	WEB 기획론	전선	실기	졸업작품연구	전선	실기

출처: http://web.joongbu.ac.kr/tvart/sub03_01.do [2016-10-08]을 토대로 재구성.

외 과목들은 선택과목들로 졸업 후 진출 분야에 따라 영역별로 특화해서 과목을 선택하도록 하고 있다. 방송영상연출가를 목적으로 하는 학생들은 영화예술의 이해, 드라마의 이해, 방송기획, TV방송제작론, 방송연출론 등을, 디지털예술전문가를 목적으로 하는 학생들은 디지털영상제작, 디지털영상편집 1 · 2, 미디어디자인 1 · 2 등을, 방송작가를 목적으로 하는 학생들은 희곡론, 시나리오론, 구성작가론 등의 과목을 통해 이론과 실기를 학습한다. 아울러 이러한 학과교육 외에 외부 방송사나 프로덕션을 통한 현장실습을 실시한다. 또한 이 학과는 다른 학교와는 달리 중등학교정교사(2급) 연극영화과정도 마련하여 교직과목을 수강케 하고 '임용고시 준비반'에 참여해서 교육자에게 필요한 전문지식과 소양을 습득하도록 교육한다. 전반적으로 중부대 방송영상학과는 철저한 직업교육을 통해 문화산업 분야의 다양한 영역에 활동할 전문가 배양을 위한 집중적 특화교육을 지향하고 있다.

2) 한국영상대학교 영상연출과 교과과정

지금까지 4년제 대학을 중심으로 교과과정을 살펴보았는데, 마지막으로 2~3년제 방송영상 전문대학 중에서 다양한 영상제작 관련 분야를 각각 별도의 학과단위로 운영하고 있는 특화대학인 한국영상대학교의 여러 학과 중에서 영상연출과 교과과정만 살펴보기로 한다. 이 학과는 2003년 3월 방송영상제작 계열의 연출전공으로 개설된 후, 2005년 영상연출과로 승격하였다. 교육목표를 "21세기 디지털방송영상산업 시대를 이끌어갈 방송 PD(교양, 드라마, 예능), VJ, 교육 및 홍보영상 PD, 3D입체영상연출자 등을 양성"에 두고 있다(학과 홈페이지 http://pd.pro.ac.kr/KoreaClass.pro?cxt=dbme 참조).

2016년 3월 현재 한국영상대 영상연출과 교과과정은 [표 2-2-16]과 같다. 표에서 보는 바와 같이, 3년제 6학기 체제의 교육과정을 갖고 있기 때문에 4년제 대학보다 좀 더 집중적인 실기교육을 하고 있다. 특이한 것은 한국영상대는 모든 학과에 대해서 1학년 1학기에 창업과 경영, 창업과 경영실무 두 과목을 공통과목으로 수강하도록 함으로써 졸업 후 창업에 대해 미리 준비시키고 있다는 점이다. 전공과목의 경우 창의융합설계(2학년 2학기) 및 캡스톤디자인(3학년 1학기) 두 과목만 필수과목이고, 나머지는 모두 선택과목이다. 선택과목의 경우 이론 성격의 영상개론, 문화비평, 디지털스토리텔링, 기획기

[표 2-2-16] 한국영상대 영상연출과 교과과정(2016년 3월)

학년	1학기			2학기		
	과목명	구분	성격	과목명	구분	성격
1학년	창업과 경영	공통	이론	디지털스토리텔링	전선	이론
	창업과 경영실무	공통	이론	기획기초	전선	이론
	영상개론	공통	이론	프로덕션실무	전선	실기
	문화비평	전선	이론	방송대본구성	전선	실기
	영상편집기초	공통	실기	트레일러제작실습	전선	실기
	영상사운드이해	공통	실기			
	촬영조명기초	공통	실기			
2학년	영상문법	전선	이론	창의융합설계	전필	실기
	TV드라마연출실습	전선	실기	미디어마케팅	전선	실기
	VJ연출실습	전선	실기	다큐멘터리연출실습	전선	실기
	라인프로듀서실습	전선	실기	TV스튜디오연출실습	전선	실기
	예능연출실습	전선	실기	포스트프로덕션실무	전선	실기
3학년	캡스톤디자인	전필	실기	창의융합제작 I, II, III	전선	실기
	중계연출	전선	실기	실무현장실습 I, II, III	전선	실기
	영상분석세미나	전선	이론			
	방송포맷의 이해	전선	실기			
	영상프레젠테이션	전선	이론			

주: 구분 항의 '공통'은 한국영상대 전 학과가 공통으로 수강하는 과목을 뜻함.
출처: http://pd.pro.ac.kr/webService.pro?menuCode=K0101M000101 [2016-10-08]을 토대로 재구성.

초, 영상문법, 영상분석세미나, 영상프레젠테이션 등의 과목을 제외하고는 모두 실기과목이다. 이러한 과목들은 제작 부문별(기획, 대본, 연출, 촬영, 조명, 편집, 음향 등) 및 장르별(드라마, 다큐멘터리, VJ, 예능 등) 혹은 연출방식(스튜디오연출, 트레일러제작, 라인프로듀서, 중계연출 등) 등 보다 구체적인 세부 분야의 실기경험을 제공한다. 또한 2학년 여름방학 중에 4주간 현장실습을 하도록 되어 있고, 3학년 2학기에는 학과 내 교육 없이 창의융합제작과 실무현장실습(각 18학점) 중 하나를 택하여 이수함으로써 전 과정을 마무리하도록 되어 있다.

지금까지 우리나라 커뮤니케이션 관련 학과의 교육과정 몇몇 사례들을 살펴보았다. 이러한 교육과정에서 최근 경향을 보면 다음과 같은 새로운 모습을 발견할 수 있다. 첫째, 이론중심의 교육을 기본으로 하면서 실무인력을 양성할 수 있는 실기교육을 점진적으로 강화시키고 있고, 둘째, 시대적 조류에 맞춰 멀티미디어 혹은 디지털 콘텐츠 등 ICT 분야의 교육이 새롭게 보강되고 있으며, 셋째, 전공교육을 더 구체화하고 세분화하여 단계별 심화교육을 시행하고 있다는 점이다.

제3편

커뮤니케이션학에서는 무엇을 연구하는가

제1장

커뮤니케이션 관련 학회 분과들을 통해 본 연구분야

커뮤니케이션학이란 무엇인가를 알아보기 위해 제1편에서는 그 본질과 연구대상, 연구방법 등에 관하여 살펴보았다. 그리고 제2편에서는 커뮤니케이션학에서는 무엇을 가르치는지에 관하여 살펴보았다. 여기 제3편에서는 커뮤니케이션학에서는 무엇을 연구하는지에 관하여 알아보기로 한다. 커뮤니케이션 학자들은 크게 두 가지 임무, 즉 교육과 연구의 임무를 갖고 있다. 따라서 제2편에서 먼저 커뮤니케이션학에서 무엇을 가르치는지에 관하여 살펴보았으며, 여기 제3편에서는 무엇을 연구하고 있는지 살펴보기로 한다.

가. 커뮤니케이션학의 연구내용을 알아보는 두 가지 방법

앞서 제1편에서 말했듯이 커뮤니케이션학 고유의 연구대상은 커뮤니케이션 현상이다. 그러나 커뮤니케이션 현상은 매우 다양하고 복잡하다. 또한 커뮤니케이션 현상에는 여러 가지 종류 내지 유형들이 있다. 게다가 학자들에 따라 연구분야와 연구주제 등도 각각 다르다. 그러므로 커뮤니케이션학에서 어떤 것을 연구한다고 간단히 말하기는 매우 어렵다. 그러나 이를 알아볼 방법이 없지 않은데, 그중에서 두 가지만 들어보면, 첫째는 커뮤니케이션 학자들의 전공분야를 통해 알아보는 방법이며, 둘째는 커뮤니케이션 학자들이 학술지에 발표한 논문들의 연구주제를 통해 알아보는 방법이다.

1. 커뮤니케이션 학자들의 전공분야를 통해 알아보는 방법

커뮤니케이션학뿐 아니라 모든 학문분야의 학자들은 각각 주전공(主專攻) 분야를 갖고 그 분야를 집중적으로 연구한다. 만약 커뮤니케이션학 관련 학과의 교수나 대학원생들에게 전공분야를 물어보면, '커뮤니케이션 이론과 연구방법론'이라든지, '커뮤니케이션 역사'라든지, '국제커뮤니케이션'이라든지, '미디어법제론'이라든지, '신문저널리즘'이라든지, '방송과 영상'이라든지, 또는 '광고'라고 답한다. 따라서 커뮤니케이션 학자들의 전공분야를 살펴보면 커뮤니케이션학에서 주로 어떤 것들을 연구하는지도 대체로 알 수 있다. 그러면 커뮤니케이션 학자들의 전공분야를 어떻게 알아볼 수 있는가?

이는 설문조사를 통해서도 알아볼 수 있으나, 커뮤니케이션 관련 학회(學會)의[1] 연구분과들을 통해서도 살펴볼 수 있다. 거의 모든 학회는 전공분야가 같은 회원들끼리 분과(分科, division)를 만들고, 분과별로 발표회 · 세미나 · 토론회 등의 학술활동을 벌이고 있다. 예

1 '학회'(learned society, scholarly society, academic association)란 각 학문분야의 학자들이 해당 분야의 학문을 발전시키기 위하여 결성한 단체로, 학술적 지식과 정보 등을 교환하며 학술발표회와 토론회 등을 갖고 학술잡지도 발간한다. 학자들이 이러한 학회를 결성하기 시작한 것은 15세기 말부터였다고 하는데, 세계 최초의 학회는 1448년경 독일의 인문학자들이 조직한 '소달리타스 리터라럼 비스툴라나'(Sodalitas Litterarum Vistulana, 영어로는 Literary Sodality of Vistula)로 알려져 있다.

컨대, 미국의 3대 커뮤니케이션 학회 중 하나인 '저널리즘과 매스 커뮤니케이션 교육학회'(Association for Education in Journalism and Mass Communication, AEJMC)의 경우를 보면, 그 산하에 광고 분과(Advertising division), 커뮤니케이션 기술 분과(Communication Technology Division), 커뮤니케이션 이론과 방법론 분과(Communication Theory and Methodology Division), 홍보 분과(Public Relations Division), 스포츠 커뮤니케이션 분과(Sports Communication Division) 등 모두 18개의 정규 분과들이 설치되어 있다.

여기 제3편 제1장에서는 우선 커뮤니케이션 학회들에 어떤 연구 분과들이 설치되어 있는지 살펴본 뒤에, 그 결과를 바탕으로 커뮤니케이션학에서 어떤 것들을 연구하고 있는지 알아보기로 한다. 그러나 현재 전(全) 세계에는 수백 개의 커뮤니케이션 학회들이 결성되어 있어, 이 모든 학회의 분과들을 살펴볼 수는 없다. 따라서 미국의 3대 커뮤니케이션 학회(AEJMC, NCA, ICA)와 유럽 및 우리나라 주요 학회의 연구분과들만 살펴보기로 한다.

2. 학술논문들의 연구주제를 통해 알아보는 방법

커뮤니케이션학에서 어떤 것을 연구하고 있는지는 커뮤니케이션 관련 학술지에 발표된 논문들의 주제를 통해 더 구체적으로 알아볼 수 있다. 커뮤니케이션 학회들의 연구분과를 살펴보면 커뮤니케이션학 연구분야를 대강 엿볼 수 있으나, 같은 분과 안에서도 학자들에 따라 구체적인 연구주제가 달라진다. 그러나 커뮤니케이션 학술지에 발표된 논문의 주제를 살펴보면 커뮤니케이션 학자들의 연구내역을 더 구체적으로 알 수 있다. 실제 모든 학문분야의 학회들은 그 회원들이 연구결과와 학술정보를 교환하고 공유(共有)하도록 학술지(academic journal, '학회지'라고도 부르나 여기서는 '학술지'로 약칭함)를 정기적으로 발행하고 있다. 이는 커뮤니케이션학 분야에서도 마찬가지인데, 예컨대 앞서 언급한 저널리즘과 매스커뮤니케이션 교육학회(AEJMC)는 「저널리즘 앤드 매스커뮤니케이션 쿼털리」(*Journalism & Mass Communication Quarterly*, 1924년 창간, 계간)라는 학술지를 비롯하여 「저널리즘 앤드 매스커뮤니케이션 에듀케이터」(*Journalism and Mass Communication Educator*, 1944년 창간), 「저널리즘 앤드 커뮤니케이션 모노그래프」(*Journalism and Communication Monographs*, 1966년 창간) 등의 학술지를 발간한다.

제3편 제1장에서 우선 커뮤니케이션 관련 주요 학회의 연구분과 내지 전공분야를 살펴본 다음, 제2장에서 커뮤니케이션 관련 주요 학술지에 발표된 연구논문들의 주제를 살펴보기로 한다.

나. 미국의 3대 커뮤니케이션 학회를 통해 본 연구분야

미국의 3대 커뮤니케이션 학회로는 앞서 언급한 저널리즘과 매스커뮤니케이션 교육학회(AEJMC)와 전국커뮤니케이션학회(National Communication Association, NCA) 및 국제커뮤니케이션학회(International Communication Association, ICA)[2]가 꼽히고 있다. 그러면 이들 학회는 어떤 분과들을 설치하여 어떤 것들을 연구하고 있는가?

---

2 여기서 국제커뮤니케이션학회는 '국제커뮤니케이션'(international communication) 분야의 학회, 즉 Association of International Communication이 아니라, 커뮤니케이션에 관한 국제적 · 세계적 학회를 말한다.

1. 저널리즘과 매스커뮤니케이션 교육학회 분과를 통해 본 연구분야

저널리즘과 매스커뮤니케이션 교육학회(AEJMC)의 분과들을 살펴보기에 앞서, 이 학회의 역사와 현황부터 간단히 살펴본다. AEJMC는 커뮤니케이션학 분야에서 세계 최초의 학회로, 1912년 11월 30일 당시 미국의 대학에서 저널리즘을 가르치던 18명의 교수들(당시 미국 전체의 저널리즘 교수는 모두 31명이었다고 함)이 시카고에 모여 '미국저널리즘교사협회'(American Association of Teachers of Journalism, AATJ)라는 명칭으로 창립했다. 창립 목적은 두 가지였다. 첫째는 저널리즘 교육에 관심 있는 사람들이 모여서 매년 학술회를 개최하여 저널리즘 교육에 관한 지식 · 정보 · 의견 등을 교환하는 것이었고, 둘째는 저널리즘 교육에 관련된 각종 통계자료 등을 수집하고 공유하는 것이었다.

1) 저널리즘과 매스커뮤니케이션 교육학회의 역사와 현황

이와 같은 목적으로 창립된 미국저널리즘교사협회(AATJ)는 위스콘신대학교(University of Wisconsin at Madison)의 저널리즘 교수였던 블레이어(William Bleyer)를 초대 학회장으로 선출해 그의 지휘 아래 활동을 시작했다. 창립 이후 매년 연구발표회를 개최하고, 1924년에 미국저널리즘학부 · 학과협회(American Association of Schools and Departments of Journalism, AASD)와 공동으로 세계 최초의 저널리즘 관련 학술지인 「저널리즘 불레틴」(*Journalism Bulletin*, 현재의 *Journalism & Mass Communication Quarterly*의 전신)을 창간하여 매년 4호씩 발간했다.

1950년에 미국저널리즘교사협회는 명칭을 저널리즘교육학회(Association for Education in Journalism, AEJ)로 고쳤다. 1982년 이 명칭에 '매스커뮤니케이션'이라는 단어를 추가해서 저널리즘과 매스커뮤니케이션 교육학회(Association for Education in Journalism and Mass Communication, AEJMC)가 되었는데, 이는 종래의 저널리즘학이 매스커뮤니케이션학으로 확대·발전됐기 때문이다. 2000년에 이르러 회원수가 3,300명으로 증가했는데, 그중에는 외국 회원들도 다수 섞여 있었다. 한편 2000년 3종의 세계적 학술지를 계간으로 발행했고, 2종의 연감을 매년 발간했으며, 뉴스레터(newsletters)를 매년 6회 발행했다.

저널리즘과 매스커뮤니케이션 교육학회는 2011년에 회원수가 3,700명에 달했으며, 회원들의 소속 국가의 수도 50개를 넘게 되면서 세계적 학회로 발전했다. 2016년 현재 학회는 회원수는 전 세계에 걸쳐 4,000여 명에 달한다. 학회의 목적으로는 ① 높은 수준의 저널리즘과 커뮤니케이션 교육의 지원, ② 넓은 범위의 커뮤니케이션 연구의 촉진, ③ 교과과정의 구성에서 다문화적 접근의 지원, ④ 바람직한 언론 생산과 수용을 위한 소통의 자유 수호를 표방하고 있다(http://www.aejmc.org 참조).

2) 저널리즘과 매스커뮤니케이션 교육학회 분과 현황

저널리즘과 매스커뮤니케이션 교육학회는 1964년부터 분과(division)들을 설치하기 시작하였다. 이때 10개의 분과가 설치됐는데, 이들은 ① 커뮤니케이션 이론과 방법론 분과(Communication Theory and Methodology Division), ② 저널리즘과 매스커뮤니케이션 역사 분과(Journalism and Mass Communication History Division), ③ 국제커뮤니케이션 분과(International Communication Division), ④ 그래픽예술 분과(Graphic Arts Division), ⑤ 중등학교 저널리즘 교육 분과(Secondary School Journalism Education Division), ⑥ 신문 분과(Newspaper Division), ⑦ 잡

지 분과(Magazine Division), ⑧ 라디오-텔레비전 저널리즘 분과(Raido-Television Journalism Division), ⑨ 광고 분과(Advertising Division), ⑩ 홍보 분과(Public Relations Division)였다. 그러나 뒤에 이들 중 '그래픽예술 분과'는 '시각커뮤니케이션 분과'(Visual Communication Division)로, '중등학교 저널리즘 교육 분과'는 '학교저널리즘 분과'(Scholastic Journalism Division)로 명칭을 바꾸었다.

2001년에는 새로 6개 분과, 즉 ① 커뮤니케이션 테크놀로지와 정책 분과(Communication Technology and Policy Division), ② 커뮤니케이션 법 분과(Communication Law Division), ③ 매스커뮤니케이션과 사회 분과(Mass Communication and Society Division), ④ 미디어경영과 경제 분과(Media Management and Economics Division), ⑤ 소수집단과 커뮤니케이션 분과(Minorities and Communication Division), ⑥ 질적 연구 분과(Qualitative Studies Division)를 설치하여 분과의 수가 모두 16개가 되었다.

이들 분과 이외에 '인터레스트 그룹'(interest group)이라는 준분과(準分科)도 설치됐다. 준분과는 회원 30명 이상이 학회 이사회에 신청하면 결성할 수 있으며, 이후 회원수가 늘어나 2년 연속으로 학회 전체 회원의 1%를 넘게 되면 이사회의 승인을 받아 정식 분과가 된다. 이러한 준분과는 현재 10개가 있는데, 이들은 ① 공동사회저널리즘 그룹(Community Journalism Interest Group), ② 오락연구 그룹(Entertainment Studies Interest Group), ③ 성이상자 그룹(Lesbian, Gay, Bisexual, Transgender & Queer Interest Group), ④ 대학원생 그룹(Graduate Student Interest Group), ⑤ 인턴십과 취업 그룹(Internship and Careers Interest Group), ⑥ 정치커뮤니케이션 그룹(Political Communication Interest Group), ⑦ 참여저널리즘 그룹(Participatory Journalism Interest Group), ⑧ 종교와 미디어 그룹(Religion and Media Interest Group), ⑨ 작은 프로그램 그룹(Small Program Interest Group), ⑩ 스포츠커뮤니케이션 그룹(Sports Communication Interest Group)이다(http://www.aejmc.org/home/about/groups 참조).

저널리즘과 매스커뮤니케이션 교육학회는 이후로도 새로운 분과와 준분과들을 설치하거나 개편 또는 폐지해, 2016년 3월 현재 모두 18개의 정규 분과와 10개의 준분과(interest groups)가 설치되어 있다. 이 중에서 18개 정규 분과의 주요 연구대상과 학술지 등을 소개하면 [표 3-1-1]과 같다.

[표 3-1-1] 저널리즘과 매스커뮤니케이션 교육학회 산하 18개 분과 현황(2016년 3월)

분과명	주요 연구대상·발간 학술지 등
① 광고 분과 (Advertising Division)	광고에 관한 연구분과로 학술지 *Journal of Advertising Education* 발행
② 과학·건강·환경·위기커뮤니케이팅 분과(Communicating Science, Health, Environment, Risk Division)	과학·건강·환경·위기에 관한 정보의 보급·확산 등을 연구. 1991년 'Science Communication Interested Group'으로 출발했다가 2009년 'Communicating Science, Health, Environment, Risk Interest Group'으로 개칭한 후 2010년 현재 명칭의 정규 분과로 승격
③ 커뮤니케이션 기술 분과 (Communication Technology Division)	새로운 커뮤니케이션 기술과 블로그나 팟캐스트 등의 뉴미디어들이 사회를 어떻게 변화시키며, 이들을 어떻게 활용해야 되는지 연구
④ 커뮤니케이션 이론과 방법 분과 (Communication Theory and Methodology Division)	1965년 설치된 분과로 커뮤니케이션에 관한 기초이론과 연구방법 개발에 초첨을 두고 있음.
⑤ 문화와 비판이론연구 분과 (Cultural and Critical Studies Division)	문학으로부터 시작해서 문화, 비판이론 등을 연구하는 분과로 커뮤니케이션에 관한 인문주의적이고 다학제적(interdisciplinary) 연구 장려
⑥ 전자뉴스 분과 (Electronic News Division)	이전 'Radio-Television Journalism Division'을 개칭. 전자미디어(electronic media)를 통한 뉴스와 저널리즘에 관하여 연구. 학술지 *Electronic News* 발간
⑦ 역사 분과 (History Division)	매스미디어의 기능과 발전과정 등을 역사적으로 조명하는 것이 목적
⑧ 국제커뮤니케이션 분과 (International Communication Division)	국제적 사회(arena)에서 매스커뮤니케이션의 흐름과 효과 등에 관한 연구분과로 학술지 *International Communication Research Journal* 발행
⑨ 미디어법과 정책 분과 (Law and Policy Division)	매스커뮤니케이션 관련 법과 정책에 관한 연구 주도. 언론자유, 취재와 보도의 자유, 명예훼손, 지적재산권 등에 관한 각종 법률과 미디어의 책임에 대해 연구

분과명	주요 연구대상·발간 학술지 등
⑩ 잡지 분과 (Magazine Division)	잡지의 기사작성, 편집·경영 등에 관한 연구와 교육에 관한 분과로 학술지 *Magazine Forum* 발행
⑪ 매스커뮤니케이션과 사회 분과 (Mass Communication and Society Division)	매스커뮤니케이션과 사회의 관계, 매스커뮤니케이션의 역할, 매스커뮤니케이션이 사회에 미치는 영향 등에 관해 연구. AEJMC에서 가장 회원이 많고 활동적임.
⑫ 미디어윤리 분과 (Media Ethics Division)	매스미디어의 윤리와 책임에 관한 연구분과로 1999년 설치. 미디어 윤리의 향상방법 등에 관한 연구도 수행
⑬ 미디어경영과 경제 분과 (Media Management and Economics Division)	미디어 경영과 경제에 관한 다양한 주제들, 예컨대 미시경제모형, 인사관리, 뉴미디어 기술, 마케팅, 미디어 상품 차별화, 가격결정, 경영전략 등에 관해 연구
⑭ 소수집단과 커뮤니케이션 분과 (Minorities and Communication Division)	인종적·민족적·성적 소수집단과 매스커뮤니케이션에서 정치적·법적·경제적·윤리적·사회적·교육적 문제 등에 관한 연구분과
⑮ 신문과 온라인뉴스 분과 (Newspaper and Online News Division)	저널리즘 교육, 신문산업과 사회, 새로운 기술과 신문, 뉴스 수용실태 등에 관해 연구. 이전 'Newspaper Division'을 개칭. 학술지 *Newspaper Research Journal* 발행
⑯ PR 분과 (Public Relations Division)	홍보(Public Relations)에 관한 연구 및 교육에 중점을 두며 학술지 *Journal of Public Relations Research* 발행
⑰ 학교 저널리즘 분과(Scholastic Journalism Division)	초·중등학교에서 신문·잡지 등의 발간과 저널리즘 교육 등에 관해 연구 및 교육
⑱ 시각커뮤니케이션 분과(Visual Communication Division)	시각커뮤니케이션에 관한 연구·교육 분과로 학술지 *Visual Communication Quarterly*를 연 4회 발행

출처: AEJMC 웹사이트 http://www.aejmc.org/ [2016-06-02] 내용을 토대로 재구성.

2. 전국커뮤니케이션학회 분과를 통해 본 연구분야

앞서 살펴본 저널리즘과 매스커뮤니케이션 교육학회(AEJMC)는 명칭에서도 엿볼 수 있듯이 커뮤니케이션 현상 중 저널리즘과 매스커뮤니케이션 분야를 전공하는 학자와 교육자들의 학술단체이다. 반면 1914년 창립된 전국커뮤니케이션학회(NCA)는 본래 스피치커뮤니케이션과 대인커뮤니케이션 현상에 관해 연구·교육하는 학술단체였다. 그러나 현재는 모든 형태(forms)·양식(modes)·매체(media)의 커뮤니케이션 현상과 그 기능·영향 등을 인문학적(humanistic)·사회과학적(social scientific)·미학적(aesthetic) 방법 등을 통하여 탐구해 커뮤니케이션학의 발전을 추구하는 비영리적(not-for-profit)이고 회원중심적(membership-based)인 학술단체이다(http://www.natcom.org 참조). 그러면 이 학회는 어떤 분과들을 설치해서 연구활동을 하고 있는가?

1) 전국커뮤니케이션학회의 역사와 현황

전국커뮤니케이션학회(NCA)는 저널리즘과 매스커뮤니케이션교육학회(AEJMC) 설립 시기보다 2년 뒤인 1914년 설립했다. 당시 17명의 스피치 교육자들이 시카고에서 '전국대중연설교사협회'(Natonal Association of Academic Teachers of Public Speaking, NAATPS)라는 명칭으로 창설하고, 위스콘신대학교의 제임스 오닐(James M. O'Neil) 교수를 초대 회장으로 선출했다. 1915년 시카고에서 60명의 회원이 모여 첫 번째 학술대회를 개최하였는데, 설립 초기에는 대중연설과 설득에 관한 연구와 교육에 중점을 두었다.

창설 이후 약 10년 동안 전국대중연설교사협회의 회원수가 910명으로 크게 늘어나며 회원들의 학문적 관심도 다양해졌다. 그러자 1923년 학회 명칭을 전국스피치교사협회(National Association of Teachers of Speech, NATS)로 바꾸었다. 창설 20년 만인 1934년에는 회원수가 2,000명에 달했으며, 1946년 전국스피치교사협회는 그 명칭을 다시 '미국스피치학회'(Speech Association of America, SAA)로 바꾸었다. 1970년 미국스피치학회는 다시 스피치커뮤니케이션학회(Speech Communication Association)로 명칭을 고쳤다. 종래의 스피치학이 커뮤니케이션학의 한 분야로 발전했으며, '미국'이라는 단어를 삭제해 이 학회가 세계적 학회임을 보여주기 위해서였다.

1997년 스피치커뮤니케이션학회는 스피치커뮤니케이션 현상뿐 아니라 "모든 형태(forms) · 양식(modes) · 매체(media)의 커뮤니케이션 현상"을 연구 · 교육 대상으로 삼겠다고 선언하며 명칭을 다시 전국커뮤니케이션학회(National Communication Association, NCA)로 고쳤다. 2016년 이 학회의 회원수는 7,100여 명에 달하며, 이들의 소속 국가 수는 50개를 넘는다. 발간 학술지도 11종에 달한다.

2) 전국커뮤니케이션학회 분과 현황

전국커뮤니케이션학회에서도 산하에 분과(division)들을 설치하여 회원들 각자가 분과별 학회활동을 벌이도록 하고 있다. 분과 이외에 '섹션'(section)이라는 모임과 '코커스'(caucus)라는 준분과(準分科)도 설치하고 있다. 2016년 3월 현재 전국커뮤니케이션학회 산하에는 모두 48개 분과(division), 7개 섹션(section), 6개 코커스(caucus)가 설치되어 있는데, 이들 중 분과들의 명칭을 열거해 보면 [표 3-1-2]와 같다.

이 표에서 볼 수 있듯이 전국커뮤니케이션학회는 무려 48개의 분과를 설치하고 있다. 이는 이 학회가 "모든 형태 · 양식 · 매체의 커뮤니케이션 현상"을 연구 · 교육 대상으로 삼는 만큼 연구분야가 다양하고 광범위함을 보여주고 있다. 각 분과에서 구체적으로 무엇을 연구하는지는 전국커뮤니케이션학회 홈페이지(www.natcom.org)를 보면 알 수 있다.

전국커뮤니케이션학회는 이들 분과 이외에도 2016년 3월 현재 7개의 섹션(section)과 6개의 코커스(caucus)를 설치해서 다양한 문제들을 연구하게 하고 있다. 이들 중 7개 섹션은 ① 아메리칸센터즈 섹션(American Centers Section), ② 지역사회대학 섹션(Community College Section), ③ 초 · 중등교육 섹션(Elementary & Secondary Education Section),

[표 3-1-2] 전국커뮤니케이션학회 산하 48개 분과 명칭(2016년 3월)

영어 분과명	우리말 번역 분과명
Activism and Social Justice Division	행동주의와 사회정의 분과
African American Communication and Culture Division	아프리칸 미국인 커뮤니케이션과 문화 분과
American Studies Division	미국연구 분과
Applied Communication Division	응용커뮤니케이션 분과
Argumentation and Forensics Division	논증과 토론 분과
Asian/Pacific American Communication Studies Division	아시아/태평양 미국인 커뮤니케이션 연구 분과
Basic Course Division	기초과정 분과
Communication and Aging Division	커뮤니케이션과 노령화 분과
Communication and the Future Division	커뮤니케이션과 미래 분과
Communication and Law Division	커뮤니케이션과 법률 분과
Communication and Sport Division	커뮤니케이션과 스포츠 분과
Communication Apprehension and Competence Division	커뮤니케이션 이해와 능력 분과
Communication Assessment Division	커뮤니케이션평가 분과
Communication as Social Construction Division	사회구성으로서의 커뮤니케이션 분과
Communication Ethics Division	커뮤니케이션윤리 분과
Communication and Social Cognition Division	커뮤니케이션과 사회인식 분과
Critical and Cultural Studies Division	비판이론과 문화연구 분과
Environmental Communication Division	환경커뮤니케이션 분과
Ethnography Division	민족지학 분과
Experiential Learning in Communication Division	커뮤니케이션에서 경험학습 분과
Family Communication Division	가족커뮤니케이션 분과
Feminist and Women Studies Division	페미니스트와 여성연구 분과
Freedom of Expression Division	표현의 자유 분과
Game Studies Division	게임연구 분과
Gay, Lesbian, Bisexual, Transgender, and Queer Communication Studies Division	동성애커뮤니케이션연구 분과
Group Communication Division	집단커뮤니케이션 분과
Health Communication Division	건강커뮤니케이션 분과
Human Communication and Technology Division	인간커뮤니케이션과 기술 분과
Instructional Development Division	교육개발 분과
International and Intercultural Communication Division	국제·문화간 커뮤니케이션 분과
Interpersonal Communication Division	대인커뮤니케이션 분과
Language and Social Interaction Division	언어와 사회적 상호작용 분과
Latino/Latina Communication Studies Division	라틴계 커뮤니케이션연구 분과
Mass Communication Division	매스커뮤니케이션 분과
Nonverbal Communication Division	비언어적 커뮤니케이션 분과
Organizational Communication Division	조직커뮤니케이션 분과
Peace and Conflict Communication Division	평화와 갈등 커뮤니케이션 분과
Performance Studies Division	퍼포먼스연구 분과
Philosophy of Communication Division	커뮤니케이션철학 분과
Political Communication Division	정치커뮤니케이션 분과
Public Address Division	대중연설 분과
Public Dialogue and Deliberation Division	공공대화와 숙의 분과
Public Relations Division	홍보(PR) 분과
Rhetorical and Communication Theory Division	수사학적 커뮤니케이션이론 분과
Spiritual Communication Division	영적 커뮤니케이션 분과
Theatre, Film, and New Multi-Media Division	연극·영화·뉴멀티미디어 분과
Training and Development Division	훈련과 발달 분과
Visual Communication Division	시각(영상)커뮤니케이션 분과

출처: NCA 웹사이트 http://www.natcom.org/ [2016-06-02] 내용을 토대로 재구성.

④ 은퇴회원 섹션(Emeritus/Retired Members Section), ⑤ 석사교육 섹션(Master Education Section), ⑥ 학생 섹션(Student Section), ⑦ 학사과정 대학·대학교 섹션(Undergraduate College & University Section)이다. 그리고 6개 코커스는 ① 아시아/태평양 미국인 코커스(Asian/Pacific American Caucus), ② 흑인 코커스(Black Caucus), ③ 장애인 문제 코커스(Caucus on Disabilities Issues), ④ 동성애자 문제 코커스(Caucus on Lesbian, Gay, Bisexual, Transgender and Queer Concerns), ⑤ 라틴계 미국인 코커스(La Raza Caucus), ⑥ 여성 코커스(Women's Caucus)이다.

3. 국제커뮤니케이션학회 분과를 통해 본 연구분야

국제커뮤니케이션학회(ICA)는 '국제커뮤니케이션'(international communication) 분야의 학회가 아니라 커뮤니케이션에 관한 국제적 내지 세계적 학회인데, 우선 이 학회의 역사를 간단히 살펴본 뒤에 각 분과들에 관하여 알아보기로 한다.

1) 국제커뮤니케이션학회의 역사와 현황

국제커뮤니케이션학회는 1950년 1월 미국 텍사스주 오스틴(Austin)에서 앞서 언급한 미국스피치학회(Speech Association of America, 현재의 National Communication Association) 부속학회(subsidiary organization)의 하나로 출발했다. 당시는 '전국커뮤니케이션연구학회'(National Society for the Study of Communication, NSSC)라는 명칭으로 창설됐다. 이 학회가 창설된 이유는 미국스피치학회가 스피치와 수사학(rhetoric)의 연구·교육에 중점을 두고, 커뮤니케이션에 관한 기본 연구는 부속학회를 조직해 맡기기로 했기 때문이다. 그래서 커뮤니케이션에 관한 기본 연구를 맡을 전국커뮤니케이션연구학회가 조직되고 미국스피치학회의 젊은 학자들이 참여했다. 이들은 학회를 만들자마자 학회지 창간 준비를 서둘러 이듬해 「저널 오브 커뮤니케이션」(*Journal of Communication*)이라는 학술지 창간호를 발행했다.

전국커뮤니케이션연구학회는 1967년 미국스피치학회에서 공식적으로 독립하고 회원 자격을 미국 이외의 다른 나라 학자들에게도 개방했다. 그리고 1969년 학회 명칭을 국제커뮤니케이션학회(International Communication Association, ICA)로 바꾸는 동시에 학회의 성격과 조직을 국제화하기 시작했다. 그러자 미국 이외의 여러 나라 커뮤니케이션 학자들이 속속 가입하여 명실공히 세계적 커뮤니케이션 학회로 성장했으며, 2003년에는 유엔(UN)의 공식적 비정부단체(NGO)의 하나가 되었다.

현재 국제커뮤니케이션학회는 커뮤니케이션 관련 국제학회 중 가장 규모가 큰 학회로 성장했다. 2016년 1월 현재 개인회원은 약 4,800명에 달하며, 이들 회원의 소속 국가는 85개국에 이른다. 개인회원의 인적 분포를 보면, 전체 회원 중 약 3분의 2가 대학교수, 대학원생, 연구원 등이며, 나머지 3분의 1은 정부관리, 미디어 종사자, 커뮤니케이션 기술자, 경영인, 법률인, 의료인 등이다. 국제커뮤니케이션학회에는 50여 개의 단체회원(institutional members)도 있는데, 주로 커뮤니케이션 관련 학과, 학회, 기관 등이다(http://www.icahq.org 참조).

2) 국제커뮤니케이션학회 분과 현황

국제커뮤니케이션학회도 1969년부터 분과(division)들을 설치하기 시작하여 점차 그 수를 확대해 나갔으며, 분과 이외에 '인터레스트 그룹'(interest group)이라는 준분과도 설치했다. 2016년 3월 현재 국제커뮤니케이션학회는 23개의 분과와 8개의 준분과 등 모두 31개의 학술모임을 두고 있다. 이들을 소개해 보면 [표 3-1-3]과 같다.

표에서 보듯이 국제커뮤니케이션학회는 다양한 분과들을 설치해 회원들이 각자의 전공분야에 관련된 분과에 가입해 학술적 지식과

[표 3-1-3] 국제커뮤니케이션학회 산하 분과와 준분과 명칭(2016년 3월)

영어 분과명	우리말 번역 분과명
Children, Adolescents and the Media Division	어린이·청소년과 미디어 분과
Communication and Technology Division	커뮤니케이션과 기술 분과
Communication History Division	커뮤니케이션역사 분과
Communication Law and Policy Division	커뮤니케이션법과 정책 분과
Communication Science & Biology Interest Group	커뮤니케이션과학과 생물학 그룹
Computational Methods Interest Group	컴퓨터사용연구방법론 그룹
Environmental Communication Division	환경커뮤니케이션 분과
Ethnicity and Race in Communication Division	커뮤니케이션에서 민족·인종 분과
Feminist Scholarship Division	페미니스트연구 분과
Game Studies Division	게임연구 분과
Global Communication and Social Change Division	국제커뮤니케이션과 사회변화 분과
Health Communication Division	건강커뮤니케이션 분과
Information Systems Division	정보시스템 분과
Instructional and Developmental Communication Division	교육과 발달커뮤니케이션 분과
Intercultural Communication Division	문화간 커뮤니케이션 분과
Intergroup Communication Interest Group	집단간 커뮤니케이션 그룹
Interpersonal Communication Division	대인커뮤니케이션 분과
Journalism Studies Division	저널리즘연구 분과
Language and Social Interaction Division	언어와 사회적 상호작용 분과
Lesbian, Gay, Bisexual, Transgender and Queer Studies Interest Group	동성애자연구 그룹
Mass Communication Division	매스커뮤니케이션 분과
Media Industry Studies Interest Group	미디어산업연구 그룹
Mobile Communication Studies Interest Group	모바일커뮤니케이션연구 그룹
Organizational Communication Division	조직커뮤니케이션 분과
Philosophy, Theory and Critique Division	철학·이론·비평 분과
Political Communication Division	정치커뮤니케이션 분과
Popular Communication Division	대중커뮤니케이션 분과
Public Diplomacy Interest Group	공공외교 그룹
Public Relations Division	홍보(PR) 분과
Sports Communication Interest Group	스포츠커뮤니케이션 그룹
Visual Communication Studies Division	시각커뮤니케이션연구 분과

출처: ICA 웹사이트 http://www.icahdq.org/ [2016-06-02] 내용을 토대로 재구성.

정보를 교환하도록 하고 있다. 따라서 분과들을 보면 커뮤니케이션 학자들이 어떤 것들을 연구하는지 대체로 알 수 있다. 또한 다양한 커뮤니케이션 유형들도 알 수 있는데, 국제커뮤니케이션학회는 커뮤니케이션 유형을 환경커뮤니케이션, 국제커뮤니케이션, 건강커뮤니케이션, 교육커뮤니케이션, 발달커뮤니케이션, 문화간 커뮤니케이션, 집단간 커뮤니케이션, 대인커뮤니케이션, 매스커뮤니케이션, 모바일커뮤니케이션, 조직커뮤니케이션, 정치커뮤니케이션, 대중커뮤니케이션, 스포츠커뮤니케이션, 시각커뮤니케이션 등으로 나누어 각 유형의 커뮤니케이션 현상에 관하여 연구하고 있다.

지금까지 미국의 3대 커뮤니케이션 학회의 분과들을 살펴보았는데, 학회에 따라 분과명이나 그 수가 다르다. 이는 각 학회의 성격과 전통이 조금씩 다르기 때문이다. 저널리즘과 매스커뮤니케이션 교육학회(AEJMC)는 주로 저널리즘과 매스커뮤니케이션을 전공하는 학자들의 학회이다. 반면 전국커뮤니케이션학회(NCA)는 본래 스피치 커뮤니케이션 학자들을 주축으로 한 학회였으나, 오늘날에는 모든 형태 · 양식 · 매체의 커뮤니케이션 현상을 연구하는 종합적 학회로 발전했다. 한편 국제커뮤니케이션학회(ICA)는 여러 국가 커뮤니케이션 학자들의 공통 관심분야와 관련된 분과들을 주로 가지고 있다.

다. 유럽의 2대 커뮤니케이션 학회를 통해 본 연구분야

지금까지 미국의 3대 커뮤니케이션 학회의 분과들에 대하여 살펴보았다. 다음으로 유럽의 2대 커뮤니케이션 학회인 국제미디어 · 커뮤니케이션 연구학회(International Association for Media and Communication Research, IAMCR)와 유럽커뮤니케이션 연구 · 교육학회(European Communication Research and Education Association, ECREA)의 분과들을 살펴보기로 한다.

1. 국제미디어 · 커뮤니케이션 연구학회 분과를 통해 본 연구분야

국제미디어 · 커뮤니케이션 연구학회(IAMCR)는 유네스코(UNESCO)의 지원을 받아 1957년 프랑스 파리에서 창립됐다. 미디어와 커뮤니케이션 학자들의 국제적 학술단체로 유럽에 기반을 두고 있으나, 2016년 6월 현재 현역 회원들(active members)만도 전 세계 100여 개 국가 2,000여 명에 달하고 있다. IAMCR은 산하에 모두 15개의 분과(thematic sections)와 16개의 준분과(working groups)를 설치하고 있다.

1) 국제미디어 · 커뮤니케이션 연구학회의 역사와 현황

IAMCR은 1946년 유네스코가 주최한 '매스미디어의 기술적 필요에 대한 위원회'(Committee on Technical Needs in the Mass Media)에서 커뮤니케이션과 미디어에 관한 연구 필요성이 제기되면서 그 설립에 관한 논의가 시작되었다. 그러다 10년 뒤인 1957년 12월 프랑스 파리에서 유네스코의 후원 아래 IAMCR은 '국제매스커뮤니케이션 연구학회'(International Association for Mass Communication Research, IAMC)라는 이름으로 창립됐다. 창립 목적은 매스커뮤니케이션 관련 연구기관들 간의 학술 교류와 개인 회원들 간의 협력을 촉진하려는 데에 있었다. 또 하나의 목적은 매스커뮤니케이션 연구를 하나의 과학적 독립분야로 인식시키려는 것이었다. 이러한 목적으로 창립된 IAMCR은 급속히 발전해 오늘날 명실상부한 국제학회로 발돋움했다. 이는 커뮤니케이션 분야의 확대와 이에 관한 관심의 증대 및 커뮤니케이션 교육의 필요성 때문인 데다가, 유네스코의 적극적인 지원이 뒷받침되었다.

1996년 IAMCR은 호주 시드니에서 열린 정기총회에서 학회 명칭 가운데 '매스'(mass)라는 단어를 '미디어'(media)로 바꿔 '국제 미디어 · 커뮤니케이션 연구학회'(International Association for Media and Communication Research, IAMCR)로 이름을 고쳤다. 당시 유럽에서도 1990년대부터 커뮤니케이션 연구의 영역을 '매스커뮤니케이션'을 넘어 모든 커뮤니케이션 현상으로 확대하고 있었으므로 학회 명칭에 '매스'라는 단어를 넣을 필요가 없었기 때문이다.

IAMCR은 2016년 6월 현재 현역 회원수(단체 회원 포함)가 100여 개 국가에 걸쳐 약 2,000여 명에 달하고 있다. 그러나 IAMCR은 국제 학회로서 국제적 · 지정학적(地政學的, geopolitic) 균형을 유지하는 데에 적지 않은 어려움을 겪었다. 창립 초기 IAMCR을 서유럽의 커뮤니케이션 학자들이 주도하면서 동서 간 균형(East-West balance), 즉 서방세계와 공산세계 회원들의 수적(數的) · 안배적(按配的) 균형을 맞추는 것이 문제가 되었다. 하지만 이 문제는 1989년 구소련 붕괴 이후 동유럽 국가 학자들이 IAMCR에 대거 참여함으로써 해결되었다.

한편 IAMCR은 남북 간 균형(North-South balance), 즉 북부의 부유한 국가와 남부의 빈곤한 국가의 회원들 간 균형을 유지하는 것에서도 문제점을 노출했다. 그러나 이 문제는 1972년 라틴아메리카에서는 처음으로 아르헨티나의 부에노스아이레스(Buenos Aires)에서 정기총회 겸 학술대회를 개최한 이후, 남아메리카의 브라질 · 페루 · 우루과이 등의 커뮤니케이션 학자들이 대거 참여했으며, 이후 아프리카의 이집트, 아시아의 이스라엘 · 인도 · 인도네시아 · 일본과 호주 등의 학자들이 대거 IAMCR에 참여함으로써 해소되었다. 하지만 영어 사용 회원들과 스페인어 사용 회원들 간의 균형이 또 문제가 되기도 했다.

그런가 하면 유럽 지역 회원들과 미국·캐나다 등 북미 지역 회원들 간의 균형을 맞추는 것도 문제였는데, 미국과 캐나다의 커뮤니케이션 학자들은 주로 ICA(International Communication Association)에 참여해 IAMCR 회원이 많지 않았기 때문이다. 그러나 이러한 문제들은 세계 각국 회원들의 수가 점차 증가하고 여러 국가 회원들이 학회장 등 학회 지도자에 골고루 선출되며 점차 개선됨으로써 IAMCR의 국제 학회로서의 성격도 굳어지게 되었다.

2) 국제미디어·커뮤니케이션 연구학회 분과의 현황

IAMCR이 처음으로 분과를 설치한 것은 1959년 10월 이탈리아의 밀라노(Milano)에서 개최한 제1차 총회에서였다. 이 총회에서 학회 내에 분과(section)들을 설치하여 학술활동을 촉진하기로 이결하고 우선 4개 분과를 설치했다. 이들 분과는 ① 매스커뮤니케이션 역사연구 분과(Historical Research Section), ② 언론법과 정치연구 분과(Legal and Political Research Section), ③ 심리학적·사회학적 연구분과(Psychological and Sociological Research Section), ④ 미디어경제와 기술연구 분과(Economic and Technical Research Section)였다.

그 뒤 1966년도 유고슬라비아의 헤르체그노비(Herceg Novi)에서 개최한 총회에서 또 3개의 분과, 즉 ① 용어와 방법론 분과(Terminology and Methodology Section), ② 직업훈련 분과(Professional Training Section), ③ 마케팅과 광고 분과(Marketing and Advertising Section)를 새로 설치했다. 1968년 에스파냐의 팜플로나(Pamplona)에서 개최한 총회에서 또 참고문헌 분과(Bibliographies Section)와 매스미디어와 국제적 이해 분과

(Research on Mass Media and International Understanding Section)가 설치되었다. 그리고 1972년 라틴아메리카 처음으로 아르헨티나의 부에노스 아이레스(Buenos Aires)에서 '커뮤니케이션과 발전'(Communication and Development)이라는 주제 아래 정기총회 겸 학술대회를 개최하면서, '미디어와 개발도상국에 관한 연구분과'(Section for Research on Media and Developing Countries)를 새로 설치했다.

그 뒤에도 IAMCR은 학문의 변화에 따라 새로운 분과를 설치하거나 기존 분과를 변경 또는 폐지했다. 2016년 6월 현재 모두 15개의 주제별 분과(thematic sections)와 16개의 준분과(working groups)가 설치되어 있다(http://iamcr.org 참조). 이들 분과와 준분과의 명칭을 소개해 보면 [표 3-1-4]와 같다.

이 표에서 볼 수 있듯이 IAMCR의 분과들도 앞서 살펴본 미국의 3대 커뮤니케이션 학회의 분과들과 유사한 점이 많다. 그러나 미국의 학회에 없는 분과들도 있다. 예컨대, 신진학자 네트워크 분과(Emerging Scholars Network Section)와 성(性)과 커뮤니케이션 분과(Gender and Communication Section)는 미국 학회에는 없는 분과들이다. 준분과(working groups) 중에 만화예술 그룹(Comic Art Group), 커뮤니케이션과 HIV/AIDS 그룹(Communication and HIV/AIDS Group), 디아스포라와 미디어 그룹(Diaspora and Media Group), 이슬람과 미디어 그룹(Islam and Media Group), 포스트사회주의와 포스트권위주의 그룹(Post-Socialist, Post-Authoritarian Group), 시각문화 그룹(Visual Culture Group) 등도 미국의 학회에서 발견할 수 없다. 그렇다면 유럽과 미국에서 커뮤니케이션학 연구분야에 차이가 있는 것인가? 이러한 문제에 관해서는 IAMCR 이외에 유럽의 또 하나의 대표적 커뮤니케이션 학회인 유럽커뮤니케이션 연구·교육학회(European Communication Research and Education Association)를 살펴본 뒤에 논의해 본다.

[표 3-1-4] 국제미디어 · 커뮤니케이션 연구학회 분과 명칭(2016년 6월)

주제별 분과(Thematic Sections, 15개)	준분과(Working Groups, 16개)
수용자 분과(Audience Section, AUD)	만화예술 그룹(Comic Art Group, COA)
커뮤니케이션정책과 기술 분과(Communication Policy & Technology Section, CPT)	커뮤니케이션과 HIV/AIDS 그룹(Communication and HIV/AIDS Group, HCC)
공동체커뮤니케이션 분과(Community Communication Section, COC)	위기커뮤니케이션 그룹(Crisis Communication Group, CRI)
신진학자 네트워크 분과(Emerging Scholars Network Section, ESN)	디아스포라와 미디어 그룹(Diaspora and Media Group, DIM)
성과 커뮤니케이션 분과(Gender and Communication Section, GEC)	정보격차 그룹(Digital Divide Group, DID)
커뮤니케이션역사 분과(Communication History Section, HIS)	환경·과학·위기커뮤니케이션 그룹(Environment, Science & Risk Communication Group, ESR)
국제커뮤니케이션 분과(International Communication Section, INC)	사회윤리와 커뮤니케이션윤리 그룹(Ethics of Society & Ethics of Communication Group, ETH)
저널리즘연구·교육 분과(Journalism Research and Education Section, JRE)	글로벌미디어정책 그룹(Global Media Policy Group, GMP)
법·미디어·스포츠 분과(Law, Media and Sports Section, LAW, Media & MES)	건강커뮤니케이션과 변화 그룹(Health Communication and Change Group, HCC)
미디어교육 연구분과(Media Education Research Section, MER)	이슬람과 미디어 그룹(Islam and Media Group, IAM)
매개커뮤니케이션 분과(Mediated Communication Section)	미디어제작분석 그룹(Media Production Analysis Group, MPA)
여론과 사회 분과(Public Opinion & Society Section, MPS)	대중문화 그룹(Popular Culture Group, POC)
참여커뮤니케이션 연구분과(Participatory Communication Research Section, PCR)	포스트사회주의와 포스트권위주의 그룹(Post-Socialist, Post-Authoritarian Group, PSP)
정치커뮤니케이션 연구분과(Political Communication Research Section, POR)	공공서비스미디어정책 그룹(Public Service Media Policies Group, PSP)
정치경제 분과(Political Economy Section, POE)	종교·커뮤니케이션·문화 그룹(Religion, Communication & Culture Group, RCC)
	시각문화 그룹(Visual Culture Group, VIC)

출처: IAMCR 웹사이트 http://iamcr.org/ [2016-06-02] 내용을 토대로 재구성.

2. 유럽커뮤니케이션 연구 · 교육학회 분과를 통해 본 연구분야

유럽커뮤니케이션 연구·교육학회(ECREA)의 분과들을 살펴보기에 앞서 이 학회의 역사와 현황부터 알아보기로 한다. ECREA는 앞에서 살펴본 국제미디어·커뮤니케이션 연구학회(International Association for Media and Communication Research, IAMCR)나 미국의 국제커뮤니케이션학회(International Communication Association, ICA)와 유사한 점이 많다. 그러나 '유럽커뮤니케이션 연구·교육학회'라는 명칭에서 보듯 주로 유럽 지역의 커뮤니케이션 연구자와 교육자들의 학술단체라는 성격을 띠고 있다.

1) 유럽커뮤니케이션 연구 · 교육학회의 역사와 현황

ECREA는 유럽커뮤니케이션학회(European Communication Association, ECA)와 유럽커뮤니케이션연구컨소시엄(European Consortium for Communications Research, ECCR)이 2005년 11월 25일 네덜란드의 암스테르담(Amsderdam)에서 합병해 창립되었다. 새로 탄생한 ECREA의 창립 목적은 ① 유럽 지역에서 커뮤니케이션에 관한 연구와 교육에 종사하는 회원들 상호간의 학술적 교류를 위한 포럼(forum)을 제공하고, ② 커뮤니케이션 연구의 발전과 체계적 교육을 장려하며, ③ 미디어와 커뮤니케이션에 관한 학문적 관심을 자극하고 회원들 간의 학술적 교류를 촉진하며, ④ 커뮤니케이션 연구와 교육에 관한 정보의 교류를 조정하고, ⑤ 특히 젊은 연구자들의 연구와 학술발표 활동을 장려하고 지원하며, ⑥ 커뮤니케이션에 관한 각종 연구기관과 단체들 간의 교류를 발전시키며, ⑦ 각종 연구활동에 관한 정보들을 수집·배포하고, ⑧ 커뮤니케이션과 미디어에 관한 교육을 발전·개선·촉진하는 데 두고 있다(http://www.ecrea.eu/ 참조).

ECREA의 회원들은 주로 유럽의 커뮤니케이션 연구자와 교육자들이지만, 그 외 지역의 커뮤니케이션 학자들도 가입할 수 있다. 2016년 6월 현재 전체 회원수(개인 회원들의 경우만)는 약 2,700명에 이른다. ECREA는 매년 유럽의 주요 도시를 선정해 그곳에서 총회 겸 학술대회(Conferences)를 개최하고 있다. 학회 본부는 현재 벨기에의 브뤼셀자유대학(University Libre de Bruxelles)에 있다.

2) 유럽커뮤니케이션 연구 · 교육학회 분과 현황

ECREA도 연구분야별로 분과(分科)와 준분과(準分科)를 설치해 전공분야가 같거나 학문적 관심이 같은 회원들끼리 모여 학술활동을 벌이도록 권장하고 있다. 분과는 '주제별 섹션'(thematic sections)이라고 부르며, 준분과는 '임시 워킹그룹'(temporary working groups)이라고 부른다. 2016년 6월 현재 ECREA에는 21개 분과와 7개 준분과, 총 28개의 학술모임이 있는데, 이들을 소개해 보면 [표 3-1-5]와 같다.

ECREA의 분과수는 앞서 살펴본 국제미디어 · 커뮤니케이션 연구학회(IAMCR)의 분과수(분과 15개, 준분과 16개, 총 31개)와 비슷하다. 또한 분과들의 내용도 앞서 살펴본 IAMCR의 분과들과 거의 비슷하다. 그러나 '이슬람과 미디어 그룹'(Islam and Media Group)은 ECREA에 없으며, 또 유럽 지역에서 유행했던 비판이론의 후신인 포스트사회주의와 포스트문화연구에 관한 분과도 없다.

한편 ECREA의 분과들은 미국의 3대 커뮤니케이션 학회 분과들과도 비슷하다. 그러나 광고에 관한 분과가 아직 정식 분과(section)가 아니라 준분과인 것이 미국과 다르다. 또한 앞서 살펴본 IAMCR에는 아예 광고에 관한 분과나 준분과가 없다. 이는 유럽에서 전통적으로 광고를 커뮤니케이션학이 아니라 경영학과 디자인학에서 다루어왔기 때문이다.

[표 3-1-5] 유럽커뮤니케이션 연구 · 교육학회 분과 명칭(2016년 6월)

주제별 분과(Thematic Sections, 21개)	준분과(Temporary Working Groups, 7개)
수용자와 수용행동연구 분과(Audience and Reception Studies Section)	광고연구 그룹(Advertising Research Group)
커뮤니케이션과 민주주의 분과(Communication and Democracy Section)	어린이 · 청소년과 미디어 그룹(Children, Youth and Media Group)
커뮤니케이션역사 분과(Communication History Section)	커뮤니케이션과 유럽의 공론장 그룹(Communication and the European Public Sphere Group)
커뮤니케이션법과 정책 분과(Communication Law and Policy Section)	저널리즘과 커뮤니케이션교육 그룹(Journalism and Communication Education Group)
위기커뮤니케이션 분과(Crisis Communication Section)	미디어와 도시 그룹(Media & the City Group)
디아스포라 · 이민 · 미디어 분과(Diaspora, Migration and the Media Section)	미디어와 종교 그룹(Media and Religion Group)
디지털문화와 커뮤니케이션 분과(Digital Culture and Communication Section)	시각문화 그룹(Visual Cultures Group)
디지털게임연구 분과(Digital Games Research Section)	
영화연구 분과(Film Studies Section)	
성과 커뮤니케이션 분과(Gender & Communication Section)	
국제 · 문화간 커뮤니케이션 분과(International and Intercultural Communication Section)	
대인커뮤니케이션과 사회적 상호작용 분과(Interpersonal Communication and Social Interaction Section)	
저널리즘연구 분과(Journalism Studies Section)	
미디어산업과 문화생산 분과(Media Industries and Cultural Production Section)	
미디어화 분과(Mediatization Section)	
조직 · 전략커뮤니케이션 분과(Organisational and Strategic Communication Section)	
커뮤니케이션철학 분과(Philosophy of Communication Section)	
정치커뮤니케이션 분과(Political Communication Section)	
라디오연구 분과(Radio Research Section)	
과학 · 환경커뮤니케이션 분과(Science and Environment Communication Section)	
텔레비전연구 분과(Television Studies Section)	

출처: ECREA 웹사이트 http://www.ecrea.eu/ [2016-06-02] 내용을 토대로 재구성.

라. 한국의 주요 커뮤니케이션 학회를 통해 본 연구분야

여기서는 한국의 주요 커뮤니케이션 학회의 분과들을 통해 우리나라의 커뮤니케이션 학계에서는 연구분야를 어떻게 나누어 연구하는지 알아본다. 이에 앞서 우리나라 주요 커뮤니케이션 학회의 실태부터 간단히 살펴보기로 한다.

1. 우리나라 커뮤니케이션 학회의 실태

우리나라에서 커뮤니케이션 관련 학회를 처음 설립한 것은 1959년 6월 30일이었다. 첫 번째 학회는 한국신문학회(韓國新聞學會, The Korean Society of Journalism, 현 한국언론학회이므로 이하 '한국언론학회'로 호칭)로 창립되었다. 그 뒤 1988년까지 다른 학회가 설립되지 않아 한국언론학회가 30년 동안 우리나라 커뮤니케이션 학계를 주도해왔다. 그러다가 1988년 한국방송학회와 1989년 한국광고학회의 설립을 시작으로, 1990년대에는 모두 5개의 커뮤니케이션 관련 학회, 즉 한국여성커뮤니케이션학회(1993년 설립), 사이버커뮤니케이션학회(1996년 설립), 한국PR학회(1997년 설립), 한국언론정보학회(1998년 설립), 한국광고홍보학회(1998년 설립)가 등장하여 다학회(多學會) 시대가 되었다(이하 차배근, 2017, 제5장에서 주로 인용).

다학회 시대의 문을 연 것은 1988년 9월 10일 창립한 한국방송학회(Korean Association for Broadcasting and Communication Studies)였다. 창설 목적은 "현대 방송의 사회적 영향력이 더욱 중시됨에 따라 방송연구 또한 보다 전문적인 학문의 대상으로서 체계와 종합성이 요구됨을 인식하고, 방송학의 연구를 위한 구심점이 되며, 또한 그 구성원은 학계 및 방송계 실무인을 포함해 방송학이 이론과 방송 실제를 연구하는 학술 기구로 기능하고자 함"이었다. 이러한 목적에서 창설한 한국방송학회는 연례사업으로 정기학술대회의 개최, 정기연구논문집 발간, 정기학술토론회 개최, 국제학술교류, 산학협동 등의 활동을 전개했으며, 학술지로 「한국방송학보」(1989년 창간)를 매년 정기적으로 발간하고 있다.

한국방송학회에 이어 1989년 10월 한국광고학회(Korea Advertising Society)도 창설되었다. 이 학회는 경영학 분야의 유봉노·황창규·김원수 교수 등이 중심이 되어 설립했다. 그 뒤 광고홍보학 전공 교수들과 미술대학 광고디자인 전공자들도 참여함으로써 여러 학문분야의 통합적 학회가 되었다. 학회의 설립 목적은 "광고 및 이에 관련되는 이론과 실제의 연구·발표를 통하여 우리나라 광고발전에 기여함과 회원 상호간의 친목을 도모함"(정관 제2장)이었다. 이러한 목적의 한국광고학회는 광고의 이론과 실무에 관한 연구, 회보와 회지 및 연구서적 간행, 연구발표, 국내외 학회와의 제휴 등에 관한 활동을 벌이면서 학술지로 「광고학연구」(1990년 창간)를 발간하고 있다.

1993년 4월 3일엔 한국여성커뮤니케이션학회(Korean Women's Association for Communication Studies)가 등장했다. 이 학회는 "정보사회로의 전환과 함께 미디어 영역에의 여성의 참여와 역할이 증대되는 상황에서 여성의 관점으로 커뮤니케이션과 미디어에 대한 이해를 도모하고, 나아가 학계나 언론계에서 아직 소수에 속하는 여성들의 연구활동의 장을 스스로 마련하여 여성인력의 역량을 발휘할 여건을 능동적으로 갖출 필요성에서 설립했다." 이 학회의 주요 사업은 정기학술세미나 개최, 커뮤니케이션학·언론학·페미니즘 관련 연구 및 조사, 연구지와 출판물 발행, 연구발표회 및 강연회 개최, 그 밖에 회원 및 여성 커뮤니케이션 전공자들의 권익 증진을 위한 활동과 해당 학회와 목적을 같이하는 국내외 관련 학술 및 사회단체와의 교류 등이며, 학회지로는「미디어 · 젠더 & 문화」를 발행하고 있다.

1996년 9월에는 사이버커뮤니케이션학회(The Korean Academic Society for Cybercommunications)가 창설됐는데, 이 학회는 한국언론학회 소속 사이버커뮤니케이션연구회에서 활동하던 연구자들이 인문 · 사회과학을 통괄하는 조직의 필요성에서 설립했다. 창립 목적으로 "사이버 세계에 대한 체계적이고 분석적인 사회과학적 연구와 정보통신학 관련 분야의 발전을 위한 정책 대안을 제시함으로써 한국 사회의 정보화를 촉진하는" 것을 내세웠다. 정기학술세미나, 춘계 · 추계 학술대회, 특별 심포지엄, 국제 심포지엄 등을 개최하면서, 매년 특정 주제를 설정하여 학제 간 교류와 연구를 위한 행사도 개최했다. 학술지로「사이버커뮤니케이션학보」를 연 4회 발간하고 있다.

1997년 2월 한국PR학회(Korean Academic Society of Public Relations)도 창립했는데, 그 목적은 "Public Relations에 관련되는 이론과 실제의 연구와 발표 및 교육, 국내외 관련 기관 및 업계와의 협력 및 교류를 통하여 우리나라의 PR 발전에 기여함과 동시에 회원 상호간의 친목 도모"였다. 이러한 목적을 위해 한국PR학회는 PR의 이론과 실무에 관련된 연구, 회지 · 회보 및 연구도서의 간행, PR 이론과 실제에 관한 발표회 및 강연회 개최, 해당 학회와 목적을 같이하는 국내외 단체와의 교류, PR의 발전을 위한 교육 및 연구활동, 기타 해당 학회의 목적 달성에 필요한 사업 등을 벌이고 있다. 학술지로「홍보학연구」(1997년 창간)를 발행하고 있다.

1998년 4월에는 또 한국언론정보학회(Korean Association for Communication and Information Studies)가 출현했는데, 이 학회에 관해서는 잠시 뒤에 살펴보기로 한다. 2001년 10월에는 한국광고홍보학회(Korean Association for Advertising and Public Relations)가 설립됐다. 이 학회는

1998년 8월 본래는 한국광고교육학회로 설립된 것을 2001년 10월 한국광고홍보학회로 개정한 것이었다. 설립 목적은 "광고홍보를 현대 사회의 중요한 커뮤니케이션 도구로 인식하고, 이에 관련된 사회과학적 연구와 소비자 교육을 통해 광고홍보 문화를 창달함으로써 광고홍보와 사회와의 바람직한 관계를 형성 및 발전시키는 데 기여함"으로 되어 있다. 주요 사업은 각종 학술회의 개최와 학술지 발간 등인데, 학술지로 「광고홍보학보」(1999년 창간)를 발간하고 있다.

2. 한국언론학회와 한국언론정보학회 분과를 통해 본 연구분야

이와 같은 커뮤니케이션 학회 이외에 지역별로도 지방언론학회들이 설립되어 지역 단위로 학술활동을 전개하고 있다. 그러나 여기서는 흔히 우리나라 3대 커뮤니케이션 학회로 꼽히는 한국언론학회, 한국방송학회, 한국언론정보학회 중에서 한국언론학회와 한국언론정보학회의 분과들만 살펴보기로 한다. 한국방송학회는 커뮤니케이션 분야 가운데 방송에 집중하고 있기 때문이다.

1) 한국언론학회와 한국언론정보학회의 역사와 현황

한국언론학회는 앞서 말했듯이 1959년 6월 30일 '한국신문학회'라는 명칭으로 창립된 우리나라 최초의 커뮤니케이션 관련 학회이다. 창립 당시의 규약 제2장 제3조에 "본회는 신문(journalism)에 관한 연구, 조사 및 회원 상호간의 협력, 친목을 꾀하며 이의 국내·국제적 향상발전에 도움이 될 수 있는 모든 노력을 다하여 다음과 같은 사업을 목적으로 한다. ① 신문의 학술적 연구, 조사 및 장려, ② 학술연구회, 강연회 및 연구보고회의 개최, ③ 회지(會誌) 및 학술연구서의 간행, ④ 신문교육보급에 도움이 될 수 있는 사업에의 협동, ⑤ 외국 학계 및 언론기관과의 연구, 조사에 관한 연락 및 업적교환, ⑥ 전기(前記) 목적을 달성함에 필요하다고 인정되는 기타의 일체 사업"이라고 밝혀 놓았다(「신문학보」 제1호, 1960, p. 68).

이러한 목적으로 창립된 한국신문학회는 26년 만인 1985년 4월 28일부터 학회 명칭을 '한국언론학회'로 바꿨는데, 그동안 신문학이 매스커뮤니케이션학으로 확대됐다가 대인커뮤니케이션까지 포함한 커뮤니케이션학으로 발전했기 때문이다. 그러나 '커뮤니케이션'이라는 영어에 적합한 우리말 용어를 찾지 못하여 '한국언론학회'로 개칭했으며, 영문 명칭은 "Korean Society of Journalism and Communication Studies"로 개정됐다. 하지만 학술지 「신문학보」의 제호는 7년 동안이나 바뀌지 않다가, 1992년 12월 발행된 제28호부터 「한국언론학보」로 개제됐다. 한국언론학회는 1959년 창설 당시 회원수가 50여 명에 불과했으나, 2016년 6월 현재 1,300여 명으로 늘어나 우리나라 커뮤니케이션 학회 중에서 회원수가 가장 많다. 지금도 우리나라 커뮤니케이션 학계에서 모학회(母學會)로 자리하고 있다.

한편 한국언론정보학회(Korean Association for Communication and Information Studies)는 1998년 2월 창립했던 '한국사회언론연구회'를 동년 4월 사단법인화하고 '한국언론정보학회'로 개칭해 출범했다. 창립 목적은 "매체 · 통신을 통한 커뮤니케이션 현상의 사회과학적 연구 및 교육을 수행하고, 국내외 관련 기관과의 교류 협력을 통하여 한국 커뮤니케이션 구조의 올바른 정립과 바람직한 정보화 사회의 발전에 기여"하기 위해서였다. 이러한 창설 목적을 달성하기 위해 학술대회 개최, 학술지 발간 등의 사업을 벌이고 있다.

2) 한국언론학회와 한국언론정보학회 분과 현황

한국언론학회와 한국언론정보학회는 모두 산하에 분과들을 설치하여 분과별로 각종 학술활동들을 전개하고 있다. 한국언론학회의 경우 1974년 5월 18일 열린 정기총회에서 분과를 설치하기로 의결, 5월 24일 5개의 연구분과위원회, 즉 ① 매스컴이론 및 방법 연구분과위원회, ② 매스컴사 연구분과위원회, ③ 매스컴법제 연구분과위원회, ④ 국제커뮤니케이션 연구분과위원회, ⑤ 광고 및 PR 연구분과위원회를 설치하였다.[3] 이어서 각 연구분과위원회 간사들이 동년 6월 18일 회의를 열고 사업계획과 운영방안을 논의했으며, 11월 16일 개최한 1974년도 추계연구발표회에서는 각 분과별 연구방향이 구체적으로 논의됐다. 하지만 당시는 학회 회원수가 많지 않아서였는지 분과별 연구활동이 제대로 이루어지지 않았다.

그러나 이것이 씨앗이 되어 14년 뒤인 1988년 11월 15일 가을 한국언론학회 임시총회에서 연구분과위원회를 활성화하기로 의결하고, '각 연구분과위원회 설치 및 분과위원장 선출에 관한 내규'를 제정하기로 했다. 이어서 1989년 9월 2일 개최한 이사회에서 전문(全文) 6개조로 된 '분과연구회에 관한 내규'를 제정했다. 그 골자는 분과연구회를 설치하려면 10인 이상의 연기명으로 발의하되, 설치 계획을 회장에게 제출하여 이사회의 승인을 얻도록 하며, 각 연구회는 언론학회의 봄·가을 정기학술회의에 적극적으로 참여해야 하고, 정기학

3 이들 5개 연구분과위원회는 당시 미국의 대표적 커뮤니케이션 학회인 저널리즘교육협회(Association for Education in Journalism)의 4개 분과, 즉 ① Division of Communication Theory and Methodology, ② Division of Communication History, ③ Division of Communication Law and Institution, ④ Division of International Communication에다 광고 및 PR 분과를 추가한 것이다.

[표 3-1-6] 한국언론학회와 한국언론정보학회의 분과 현황(2016년 6월)

한국언론학회(23개)		한국언론정보학회(5개)
과학·보건·환경·위험 커뮤니케이션 분과	정치커뮤니케이션 분과	커뮤니케이션정치경제 분과
광고 분과	조직커뮤니케이션 분과	문화정치 분과
국제커뮤니케이션 분과	종교와 커뮤니케이션 분과	저널리즘학 분과
문화·젠더 분과	지역언론 분과	비교미디어정책 분과
미디어경제·경영 분과	출판과 커뮤니케이션 분과	신진포럼 분과
미디어교육 분과	커뮤니케이션정책 분과	
방송과 뉴미디어 분과	커뮤니케이션철학과 사상 분과	
언론과 사회 분과	커뮤니케이션과 역사 분과	
언론법제윤리 분과	통일커뮤니케이션 분과	
인터랙션 분과	미디어콘텐츠 분과	
저널리즘 분과	홍보 분과	
	휴먼커뮤니케이션 분과	

출처: 한국언론학회 웹사이트 http://www.comm.or.kr/ [2016-06-02]와 한국언론정보학회 웹사이트 http://www.kacis.or.kr/ [2016-06-02] 내용을 토대로 재구성.

술회의 외에 매년 적어도 2회 이상 연구회가 주관하는 공개학술회의를 가져야 하며, 이를 한국언론학회가 적극 지원한다는 것 등이었다. 이와 같은 '분과연구회에 관한 내규'가 공포되자, 같은 전공분야 회원들이 서로 뜻을 모아 분과연구회를 결성하기 시작하여, 1989년 1월부터 이듬해 2월 사이에 모두 12개가 만들어졌다. 그 뒤 계속해서 새로운 분과연구회가 결성되어, 2016년 6월 현재 모두 23개에 달하게 되었다. 이들 분과를 열거해 보면 [표 3-1-6]과 같다.

한편 한국언론정보학회도 창립 이후 분과를 설치하기 시작하여 2016년 6월 현재는 [표 3-1-6]에서 보듯이 모두 5개 분과, 즉 커뮤니케이션정치경제 분과, 문화정치 분과, 저널리즘학 분과, 비교미디어정책 분과, 신진포럼 분과를 두고 있다.

마. 7대 커뮤니케이션 학회 분과의 종합적 분석을 통해 본 연구분야

지금까지 미국의 3대 커뮤니케이션 학회, 유럽의 2대 커뮤니케이션 학회 및 한국의 2대 커뮤니케이션 학회의 분과들을 살펴보았다. 이들을 통해 커뮤니케이션 학자들이 커뮤니케이션학의 연구 내지 전공분야를 어떻게 나누어 연구하는지를 엿볼 수 있다. 7개 학회의 전체 분과의 수(數)는 준분과를 합쳐 200개에 가깝다. 이들 분과를 커뮤니케이션학 연구분야의 분류기준에 따라 종합적으로 분석해 보았다.

1. 커뮤니케이션학 고유영역의 여러 연구분야

우선 종합적 분석의 방법부터 소개하자면, 커뮤니케이션학의 연구영역을 벡(Beck, 2013)의 분류기준을 참조해 크게 두 가지, 즉 '고유영역'과 '확장영역'으로 나누었다. 첫째로 고유영역이란 커뮤니케이션학에서 전통적으로 연구·교육해오고 있는 커뮤니케이션학 고유의 연구분야로서, 저널리즘·출판·방송·광고·홍보 분야 등을 말한다. 둘째로 확장영역이란 커뮤니케이션 현상을 다른 학문분야와 연계해서 학제적(學際的)으로 연구하는 분야이다. 예컨대, 법학(法學)과 연계해서 연구하는 미디어법(media law) 분야, 경제학과 연계한 미디어경제학(media economics) 분야, 역사학과 연계한 커뮤니케이션역사(communication history) 분야, 교육학과 연계된 커뮤니케이션교육(communication education) 분야 등을 말한다. 따라서 이러한 확장영역의 연구분야들은 연계 학문의 종류에 따라 인문학, 사회과학, 과학기술, 예체능 등으로 나누기로 했다. 이러한 분류기준에 따라 앞에서 살펴본 7개 학회의 분과들을 종합적으로 분석해 보았다.

1) 커뮤니케이션학 고유영역의 연구분야 분석 결과

분석 결과 커뮤니케이션학의 고유영역은 8개 연구분야(기타 제외)로 나누어졌고, 확장영역은 4개 연계 학문에 모두 22개 연구분야로 나누어졌다. 종합하면 연구분야가 모두 30개로 나눠진 것이다. 우선 커뮤니케이션학의 고유영역에 해당하는 연구분야와 이 분야에 속하는 커뮤니케이션학회 분과들을 분류해 보았다. 그 결과 [표 3-1-7]과 같이 나타났다.

표에서 보듯이 커뮤니케이션학의 고유영역은 9개 분야, 즉 ① 저널리즘(journalism), ② 방송 · 영상(broadcasting and visual communication), ③ 광고(advertising), ④ 홍보(public relations), ⑤ 대인커뮤니케이션(interpersonal communication), ⑥ 집단커뮤니케이션(group communication), ⑦ 매스커뮤니케이션(mass communication), ⑧ 커뮤니케이션 이론과 연구방법론(communication theory and methodology), ⑨ 기타 커뮤니케이션(miscellany communication)으로 나누어졌다.

그러나 유럽 커뮤니케이션 학회 분석 결과를 보면 '매스커뮤니케이션'이라는 명칭의 연구분야나 분과가 없다. 또한 커뮤니케이션 연구방법론도 별도의 연구분야로 나타나지 않지만, 앞서 제2편에서 살펴보았듯이 유럽 주요 대학의 커뮤니케이션 관련 학과들은 커뮤니케이션 연구방법과 통계를 많이 가르치고 있다. 이는 연구방법론이 커뮤니케이션 학계에서 별도의 분야로 연구되지는 않으나, 학생들에게 교육과정으로 중요시되고 있음을 보여준다. 한편, 우리나라의 경우 출판(book publishing)이 별도의 연구분야로 나타났으며, 그 밖의 분야들은 미국의 경우와 거의 비슷했다. 그렇다면 이와 같은 커뮤니케이션학 고유영역의 연구분야에서는 각각 무엇을 주로 연구하는가?

[표 3-1-7] 커뮤니케이션학 고유영역에 해당되는 연구분야

연구분야	연구분야별 커뮤니케이션 학회 분과(준분과 포함)의 실례
저널리즘	**저널리즘(Journalism), **저널리즘연구(Journalism Studies), *저널리즘연구와 교육(Journalism Research and Education), 전자뉴스(Electronic News), 잡지(Magazine), 신문과 온라인 뉴스(Newspaper and Online News)
방송·영상	*라디오연구(Radion Studies), *텔레비전연구(TV Studies), **방송과 뉴미디어, 시각커뮤니케이션(Visual Communication), 시각커뮤니케이션연구(Visual Communication Studies)
광고	광고(Advertising), *광고연구(Advertising Research)
홍보	홍보(Public Relations)
대인 커뮤니케이션	대인커뮤니케이션(Interpersonal Communication), **휴먼커뮤니케이션(Human Communication), 휴먼커뮤니케이션과 기술(Human Communication and Technology), *대인커뮤니케이션과 사회적 상호작용(Interpersonal Communication and Social Interaction), 평화와 갈등 커뮤니케이션(Peace and Conflict Communication), 수사학과 커뮤니케이션이론(Rhetorical and Communication Theory), 대중연설(Public Address), 논증과 토론(Argumentation and Forensics)
집단 커뮤니케이션	집단커뮤니케이션(Group Communication), 집단간 커뮤니케이션(Intergroup Communication), 조직커뮤니케이션(Organizational Communication), *조직과 전략커뮤니케이션(Organizational and Strategic Communication), 가족커뮤니케이션(Family Communication)
매스 커뮤니케이션	매스커뮤니케이션(Mass Communication), 응용커뮤니케이션(Applied Communication), 매스커뮤니케이션과 사회(Mass Communication & Society), **출판과 커뮤니케이션, *미디어생산분석(Media Production Analysis), *미디어산업과 문화생산(Media Industries and Cultural Production), *미디어와 도시(Media and the City)
커뮤니케이션 이론과 연구방법론	*수용자(Audience), *수용자와 수용행동연구(Audience and Reception Studies), 커뮤니케이션이론과 연구방법론(Communication Theory and Methodology), 컴퓨터응용연구방법론(Computational Methods), 민족지학(Ethnography)
기타 커뮤니케이션	비언어커뮤니케이션(Nonverbal Communication)

주: 분과 명칭 중에서 같은 것은 하나만 기재했으며, 표시가 없는 것은 미국 커뮤니케이션 학회 분과, *는 유럽 학회 분과, **는 한국 학회 분과임.
출처: 국내외 각 학회 웹사이트([2016-06-02]) 내용을 토대로 재구성.

2) 커뮤니케이션학 고유영역의 각 연구분야 개요

커뮤니케이션학의 고유영역에 속하는 연구분야에 관련된 커뮤니케이션 학회 분과들을 열거해 보면 [표 3-1-7]의 둘째 칸(column)

과 같이 나타났다. 각 학회의 홈페이지에 나타난 분과 설명을 중심으로 각 연구분야에 관하여 소개해 보면 다음과 같다.

(1) 저널리즘 분야

저널리즘 이론과 방법론을 주로 연구하는데, 신문 저널리즘뿐 아니라 잡지 · 라디오 · 텔레비전 · 온라인 저널리즘 등 모든 저널리즘 현상을 연구한다. 예컨대, 뉴스 미디어의 조직, 뉴스의 취재 · 보도 · 편집, 뉴스 지면과 프로그램, 뉴스 미디어의 기능과 역할, 뉴스의 수용, 뉴스의 공정성과 객관성, 뉴스 미디어의 윤리, 전자뉴스(electronic news), 온라인 뉴스(online news division) 등을 주요 연구주제로 삼고 있다. 그 밖에 지역뉴스 미디어, 국제뉴스, 외국의 뉴스 프로그램, 인터넷과 데이터 등의 기술이 뉴스 제작과 소비에 미치는 영향, 저널리즘 생태계 등으로 연구범위를 넓히고 있다. 잡지(magazine)와 출판(book publishing)도 저널리즘의 한 분야로 연구되고 있으나, 한국언론학회에서는 저널리즘 분과와는 별도로 '출판과 커뮤니케이션 분과'를 설치해 출판커뮤니케이션 현상을 연구한다.

(2) 방송 · 영상 분야

방송과 영상미디어의 제작과 전달, 미디어광고, 디지털영상, 영화, 그래픽디자인, 멀티미디어, 웹디자인, 포토저널리즘, 광고이미지, 시각이미지와 문화, 비주얼 정치캠페인, 시각이미지의 생산-전달-해독, 기업과 조직 이미지, 기술과 인간의 상호작용, 엘리트와 대중문화, 비주얼산업 정책과 법 등 다양한 주제를 연구한다. 이 분야는 근래 각 학회의 비주얼 커뮤니케이션 분과(Visual Communication Division)에서 주로 연구되고 있다. 참고로 한국방송학회의 경우를 보면, 방송 콘텐츠의 범위 · 방향 · 관련 정책 등과, 스마트 미디어 시대의 영상수용자의 개념과 태도 및 변화 등을 연구하고, 또한 영상이미지의 확산으로 인한 우리 사회의 변화와 영상이미지의 기능과 역할에 대하여 연구하고 있다. 근래에는 다양한 영상이미지의 일상적 편재성, 엄청난 부가가치를 창출하는 영상(콘텐츠)산업의 성장, 영상이미지가 우리 삶의 일상에 미치는 영향 등에 관한 연구도 많이 하고 있다.

(3) 광고 분야

광고에 관한 모든 연구를 하는 분야이다. 미국에서는 광고에 관한 실증적 연구를 많이 하지만, 유럽에서는 규범적 연구를 많이 하는 편이다. 유럽의 커뮤니케이션 학회 중에서 유일한 광고 분과인 유럽 커뮤니케이션 연구·교육학회(ECREA) 산하 광고연구 분과(Advertising Research Section)에 대한 설명을 보면, "유럽이 지켜온 사상·학문·과학·문화의 다양성을 반영하는 광고 연구를 지원한다"고 밝히고 있다. 반면 한국언론학회의 광고 분과에서는 광고메시지와 그 효과뿐 아니라 광고경영, 광고매체조직, 광고의 사회적 영향, 소비자와의 관계, 광고법제, 광고 관련 이슈 등을 연구하면서 설득커뮤니케이션 이론, 마케팅이론, 소비자행동론 등을 주요 이론적 배경으로 하고 있다고 소개하고 있다.

(4) 홍보 분야

PR(Public Relations)에 관한 모든 연구를 하는 분야이다. 예컨대, PR 대상의 분석, 각종 기관이나 기업체, 단체 등에서 내적·외적 커뮤니케이션의 통합, PR 시스템의 분석, PR 채널의 효율성 등에 관한 연구를 한다. 앞서 살펴본 미국의 3대 커뮤니케이션 학회에는 모두 PR 분과가 설치되어 있으며, 한국언론학회도 홍보 분과를 설치해 민간 및 정부 조직의 퍼블리시티 활동, 이미지 관리 방안, 조직커뮤니케이션 전략 등 사회조직과 공중 간의 원활하고 전략적 커뮤니케이션 방안을 연구하고 있다. 근래에는 홍보 분야에서 위기커뮤니케이션(crisis communication)에 대해 연구하고 있는데, 한 사회나 조직체 등에서 정치적·경제적 위기, 중요 인물이나 조직의 스캔들, 전쟁과 테러, 재난·재해 등의 상황에서 효과적 커뮤니케이션의 내용과 양식을 연구한다. 유럽의 커뮤니케이션 학회에서는 홍보 분과를 별도로 설치하고 있지 않으나, ECREA는 위기커뮤니케이션 분과를 두고 있다.

(5) 대인커뮤니케이션 분야

개인들 간의 대면적(對面的) 또는 전화·인터넷 등을 통한 커뮤니케이션 현상을 연구하는 분야이다. 대부분의 커뮤니케이션 학회에서는 대인커뮤니케이션 분과(Interpersonal Communication Division)라는 명칭의 분과에서 연구하고 있으나, 인간커뮤니케이션 분과(Human Communication Division)라는 명칭을 사용하는 학회도 있다. 또한 대인커뮤니케이션의 유형에 따라, 스피치커뮤니케이션에 관한 연구는 스피치커뮤니케이션 분과(Speech Communication Division)에서, 대중연설에 관한 연구는 대중연설 분과(Public Address Division)에서, 논증과 토론에 관한 연구는 논증과 토론 분과(Argumentation and Forensics Division), 인간커뮤니케이션과 커뮤니케이션 기술에 관한 연구는 인간커뮤니케이션과 기술 분과(Human Communication and Technology)에서 연구하며, 수사학과 커뮤니케이션 이론에 관한 연구는 수사학과 커뮤니케이션 이론 분과(Rhetorical and Communication Theory Division)에서 맡고 있다. 그런가 하면 평화와 갈등의 해결을 위한 커뮤니케이션에 관한 연구는 평화와 갈등 커뮤니케이션 분과(Peace and Conflict Communication Division)에서 맡고 있는데, 이 분과에서는 주로 인간들 간의 평화와 분쟁, 협상·중재·분쟁시스템의 설계 등에 관한 문제들을 연구하고 있다. 한편 유럽에서는 ECREA만 대인커뮤니케이션과 사회적 상호작용(Interpersonal Communication and Social Interaction) 분과를 설치해 이 분야를 연구하고 있다.

(6) 집단커뮤니케이션 분야

조직이나 집단 내 또는 집단 간 커뮤니케이션을 주요 연구대상으로 삼으면서, 조직이나 단체의 구성원과 외부 사람들과의 커뮤니케이션 채널과 양태, 효과적 커뮤니케이션 방법, 조직이나 구성원의 문화·국적·성별·연령·종교 등이 커뮤니케이션 활동과 그 결과에 미치는 영향 등을 연구하는 분야이다. 또한 가족커뮤니케이션(family communication)에서 가족성원의 정체성·애착·갈등·폭력·이혼·양육·건강·사랑 등이 가족 내의 커뮤니케이션에 어떤 영향을 미치는지에 관한 연구도 한다. 이러한 연구를 미국의 3대 커뮤니케이션 학회에서는 조직커뮤니케이션 분과(Organizational Communication Division), 집단커뮤니케이션 분과(Group Communication Division), 집단간 커뮤니케이션 분과(Intergroup Communication Division), 또는 가족커뮤니케이션 분과(Family Communication Division) 등에서 맡고 있다. 한편 유럽의 ECREA에서는 조직과 전략 커뮤니케이션 분과(Organisational and Strategic Communication Section)를 설치해 각종 상황에서 조직체가 자기 조직을 외부에 효과적으로 알리는 방법을 연구한다.

(7) 매스커뮤니케이션 분야

전통적 매스미디어와 뉴미디어 등의 콘텐츠 양식·내용·구조·전달과정·효과 등을 다양한 방법론으로 연구해 매스커뮤니케이션 이론을 개발할 뿐 아니라, 매스미디어 관련 정책과 산업적 대안 등도 제시하는 분야이다. 미국의 3대 커뮤니케이션 학회에서 모두 매스커뮤니케이션 분과를 설치하고 있다. 또한 응용커뮤니케이션 분과(Applied Communication Division), 매스커뮤니케이션과 사회 분과(Mass Communication and Society Division)를 설치하여 매스커뮤니케이션 이론과 사회적 기능(機能) 등을 연구하고 있다. 유럽의 IAMCR은 매스커뮤니케이션 분야 분과의 하나로 미디어생산분석 분과(Media Production Analysis Section)를 설치해 미디어 조직 내외의 생산과정을 연구하고 있다. 특히 뉴미디어 기술의 도입과 세계화 추세로 인한 미디어 생산 관행의 변화와 경제적 변화 등을 연구한다. 또한 IAMCR은 미디어화 분과(Mediatization Section)도 설치해 미디어가 사회변화의 핵심 요인으로 작용한다는 전제 아래, 사회 · 정치 · 문화 등이 미디어에 의존해서 변화 · 발전하는 경향 등을 연구하고 있다.

(8) 커뮤니케이션 이론과 연구방법 분야

커뮤니케이션 현상에 관한 기본 이론과 여러 가지 연구방법들을 개발하고 연구하는 분야이다. 미국 3대 커뮤니케이션 학회는 모두 커뮤니케이션 이론과 방법론 분과를 설치해서 이 분야를 연구하고 있다. 한편 일부 커뮤니케이션 학회는 컴퓨터를 응용한 연구방법론 분과(Computational Methods Division)와 민족지학 분과(Ethnography Division)를 별도로 설치해 통계분석 방법이나 참여관찰 방법 등도 연구하고 있다.

(9) 기타 커뮤니케이션 분야

앞서 살펴본 연구분야 이외에도 커뮤니케이션학의 고유영역에는 여러 분야들이 있을 수 있다. 그중의 하나로 비언어커뮤니케이션(nonverbal communication) 분야를 들 수 있는데, 이 분야에서는 커뮤니케이션 현상에서 주로 비언어적 요소들에 관하여 연구하고 있다. 예컨대, 비언어커뮤니케이션이 수용자들의 설득 · 감정유발 · 인지처리 등에 미치는 효과 등을 연구한다. 이 분야에 관한 연구분과는 미국의 전국커뮤니케이션학회(NCA)에만 설치되어 있다.

2. 커뮤니케이션학 확장영역 중 인문학 연계 연구분야

커뮤니케이션학 연구분야에는 앞에서 살펴본 고유영역의 연구분야 이외에 확장영역에 해당되는 여러 연구분야들이 있다. 확장영역이란, 앞서 말했듯이 커뮤니케이션 현상을 다른 학문분야와 연계해 학제적(學際的)으로 연구하는 분야이다. 여기에서는 연계 학문의 종류에 따라 7개 학회의 분과들이 22개 분야로 분류됐다. 구체적으로 인문학과 연계된 9개 분야, 사회과학과 연계된 7개 분야, 자연과학·기술·의학과 연계된 4개 분야, 예체능과 연계된 2개 분야로 나타났다.

1) 커뮤니케이션학 확장영역 중 인문학 연계 연구분야 분석 결과

인문학과 연계한 확장영역에서 연구분야는 모두 9개로 나타났는데, 이들은 [표 3-1-8]의 첫째 칸(column)에서 보듯이 ① 커뮤니케이션역사(communication history), ② 커뮤니케이션윤리(communication ethics), ③ 커뮤니케이션철학(philosophy of communication), ④ 문화·오락커뮤니케이션(culture and entertainment communication), ⑤ 언어커뮤니케이션(verbal communication), ⑥ 여성과 커뮤니케이션(women and communication), ⑦ 소수자와 커뮤니케이션(minorities and communication), ⑧ 종교커뮤니케이션(religious communication), ⑨ 커뮤니케이션교육(communication education) 분야였다.

이들 연구분야별 학회 분과들을 살펴보면, 미국과 유럽의 분과들은 대동소이하지만, 유럽 학회에는 언어커뮤니케이션 분야와 소수자와

[표 3-1-8] 커뮤니케이션학 확장영역 중 인문학 연계 연구분야

연구분야	연구분야별 커뮤니케이션 학회 분과(준분과 포함) 실례
커뮤니케이션 역사	커뮤니케이션역사(Communication History), 미디어발달사(Development of Media), **커뮤니케이션과 역사(Comm. and History)
커뮤니케이션 윤리	커뮤니케이션윤리(Comm. Ethics), 미디어윤리(Media Ethics), *사회윤리와 커뮤니케이션윤리(Ethics of Society and Ethics of Comm.)
커뮤니케이션 철학	커뮤니케이션철학(Philosophy of Comm.)
문화·오락 커뮤니케이션	**문화연구(Cultural Studies), 비판·문화연구(Critical and Cultural Studies), **문화·젠더(Culture and Gender), **문화정치(Cultural Politics), *미디어산업과 문화생산(Media Industries and Cultural Production), 문화간 커뮤니케이션(Inter-cultural Comm.), *대중문화(Popular Culture), 대중커뮤니케이션(Popular Comm.), *디지털문화와 커뮤니케이션(Digital Culture and Comm.), 엔터테인먼트연구(Entertainment Studies), 게임연구(Game Studies), *디지털게임연구(Digiral Games Research), *시각문화(Visual Culture)
언어 커뮤니케이션	기호학(Semiotics), 언어와 사회적 상호작용(Language and Social Interaction)
여성과 커뮤니케이션	*성과 커뮤니케이션(Gender and Comm.), 페미니스트와 여성연구(Feminist and Women Studies)
소수자와 커뮤니케이션	소수자와 커뮤니케이션(Minorities and Comm.), 동성애커뮤니케이션연구 분과(Gay, Lesbian, Bisexual, Transgender, and Queer Comm. Studies), 동성애자연구 그룹(Lesbian, Gay, Bisexual, Transgender and Queeer Studies Interest Group)
종교 커뮤니케이션	종교와 미디어(Religion and Media), **종교와 커뮤니케이션(Religion and Comm.), *종교·커뮤니케이션·문화(Religion, Comm. and Cultue), *미디어와 종교(Media and Religion), *이슬람과 미디어(Islam and Media), 영적 커뮤니케이션(Spiritual Comm.)
커뮤니케이션 교육	*저널리즘과 커뮤니케이션교육(Journalism & Comm. Education), **미디어교육(Media Education), *미디어교육연구(Media Education Research), 커뮤니케이션에서 경험학습(Experiential Learning in Comm.), 교육개발(Instructional Develop-ment), 어린이·청소년과 미디어(Children, Adolescents and the Media), 교수와 발달커뮤니케이션(Instructional & Developmental Comm.), 기초과정(Basic Course), 학교저널리즘(Scholastic Journalism)

주: 표시가 없는 것은 미국 학회 분과, *는 유럽 학회 분과, **는 한국 학회 분과임.
출처: 국내외 각 학회 웹사이트([2016-06-02]) 내용을 토대로 재구성.

커뮤니케이션 분야가 없다. 그리고 미국 학회에는 여성과 커뮤니케이션이 하나의 독립분야이나, 유럽 학회에서는 이를 성(性)과 커뮤니케이션

(gender and communication)이라는 연구분야에 포함시키고 있다. 그렇다면 이들 각 연구분야에서는 주로 무엇을 연구하고 있는가?

2) 커뮤니케이션학 확장영역 중 인문학 연계 연구분야 개요

주요 커뮤니케이션 학회 홈페이지에서 각 분과에 대해 소개한 내용을 바탕으로 인문학 연계 연구분야별 연구주제를 소개하면 다음과 같다.

(1) 커뮤니케이션역사 분야

커뮤니케이션과 미디어 등의 역사에 관한 연구분야로, 커뮤니케이션 현상이 시대에 따라 어떻게 변화했는지를 통시적(通時的)으로 고찰하며, 역사연구방법 등도 분석한다. 이 분야에 관한 연구분과들은 거의 모든 커뮤니케이션 학회에 설치되어 있다. 한국언론학회에서도 '커뮤니케이션과 역사'라는 분과를 설치해 신문을 비롯한 다양한 미디어와 커뮤니케이션 수단·행위 등의 발전과정에 관하여 연구하며, 이를 정치·경제·사회적 요인들과 연결해 고찰하고 있다.

(2) 커뮤니케이션윤리 분야

언론과 미디어 종사자와 커뮤니케이션 참여자 등에게 요구되는 윤리적 규범과 사회적 책임 등에 관한 연구분야이다. 이 분야에 관한 연구분과들도 미국의 3대 커뮤니케이션 학회에 커뮤니케이션윤리 분과(Communication Ethics Division) 또는 미디어윤리 분과(Media Ethics Division) 등의 명칭으로 설치되어 있다. 한편 유럽의 IAMCR은 '사회윤리와 커뮤니케이션윤리 분과'(Ethics of Society & Ethics of Communication Section)를 설치하여 커뮤니케이션의 윤리적 가치를 정보·엔터테인먼트·설득의 세 가지 차원에서 연구하며, 커뮤니케이션윤리와 사회윤리의 관계를 집중적으로 연구하고 있다.

(3) 커뮤니케이션철학 분야

미디어와 커뮤니케이션 현상에 관련된 철학적 문제들을 연구하거나, 커뮤니케이션 현상을 철학적 입장이나 관점에서 분석하고 연구하는 분야이다. 철학적 분석방법으로는 기호학·현상학·해석학·비판이론·담론분석 등 다양한 방법을 사용한다. 이 분야에 관한 연구분과로서 미국의 ICA는 철학·이론·비평 분과(Philosophy, Theory and Critique Division)를, 유럽의 ECREA는 커뮤니케이션철학 분과(Philosophy of Communication Section)를 설치해 커뮤니케이션 이론과 철학과의 관계에 대하여 존재론·인식론·언어철학·사회철학·정치철학·윤리학 등을 원용해서 연구하고 있다.

(4) 문화·오락커뮤니케이션 분야

이 분야는 다시 문화·비판연구(cultural and critical studies) 분야, 문화간 커뮤니케이션(intercultural communication) 분야, 대중문화(popular culture) 분야 등으로 나눌 수 있다. 첫째로 문화·비판연구 분야는 미디어와 문화현상을 비판이론(critical theory)의 입장에서 연구하며, 문화의 생산과 수용, 권력관계의 해독, 담론과 실천 등을 비롯하여 비판적 미디어 읽기와 사회현상 분석은 물론, 미디어 리터리시(literacy)와 철학적 비평까지 다루고 있다. 미국의 AEJMC와 NCA에 문화와 비판 이론연구 분과(Cultural and Critical Studies Division)가 설치되어 이 분야를 이끌어가고 있다. 둘째로 문화간 커뮤니케이션 분야에서는 문화가 다른 개인이나 집단의 커뮤니케이션 현상과 커뮤니케이션 행위에 미치는 영향 등을 연구한다. 셋째, 대중문화 분야에서는 대중적 영화 · 음악 · 방송프로그램뿐 아니라 게임(game) 등도 연구한다. 이 분야에 관한 커뮤니케이션 학회 분과로는 유럽 학회에 엔터테인먼트연구 분과(Entertainment Studies Section)와 게임연구 분과(Game Studies Section) 등이 설치되어 있다. 게임연구 분과에서는 디지털 게임의 내용 · 형식 · 이용 실태 등에 관하여 연구한다.

(5) 언어커뮤니케이션 분야

언어학(linguistics), 언어사회학(social linguistics), 기호학(semiotics), 화용론(pragmatics) 등과 연계한 커뮤니케이션 연구분야이다. 미국의 NCA과 ICA에 언어와 사회적 상호작용 분과(Language and Social Interaction Division)가 설치되어 이 분야의 연구를 이끌어가고 있다.

(6) 여성과 커뮤니케이션 분야

여성과 페미니즘(feminism)에 관한 연구분야로, 커뮤니케이션에서의 성별 차이, 여성을 위한 대안 미디어, 페미니스트 문화, 여성교육 등에 관한 문제들을 탐구한다. 미국의 NCA와 ICA는 각각 페미니스트와 여성연구 분과(Feminist and Women Studies Division)를, 유럽의 IAMCR과 ECREA는 각각 성과 커뮤니케이션 분과(Gender and Communication Section)를, 한국언론학회는 문화/젠더 분과를 설치하고 있다. 이 분야에서는 성을 주제로 하는 미디어, 커뮤니케이션 메시지, 문화상품 등에 관하여 연구하고, 페미니스트미디어 · 동성애 · 대중문화 · 인종 · 민족정체성 · 미디어산업 · 포스트구조주의 등에 관해 논의하며, 성별 격차를 해소하는 정책적 대안도 제시하고 있다.

(7) 소수자와 커뮤니케이션 분야

소수자들의 모든 커뮤니케이션 현상을 연구하는 분야이나, 근래에는 특히 동성애자들과 관련된 커뮤니케이션 연구가 많아지고 있는 편이다. 즉 게이(gay)·레즈비언(lesbian)·양성애자(bisexual)·성전환자(transgender)·남성동성애자(queer) 등의 정체성과 커뮤니케이션 행위, 삶의 차이, 문화적 관습, 사회제도 등에 관하여 연구한다. 민족주의·집단주의·교육제도 등이 동성애자들에 대한 차별적 이데올로기와 사회적 장치로 작동하는 불합리에 관한 연구도 한다. 이 분야에 관한 연구는 미국의 AEJMC에서 소수자와 커뮤니케이션 분과(Minorities and Communication Division), NCA에서의 동성애커뮤니케이션연구 분과(Gay, Lesbian, Bisexual, Transgender, and Queer Communication Studies)와 ICA에서의 동성애자연구 그룹(Lesbian, Gay, Bisexual, Transgender and Queer Studies Interest Group)이 주도하고 있다.

(8) 종교와 커뮤니케이션 분야

종교와 커뮤니케이션에 관한 연구분야로, 미국 AEJMC의 준분과인 종교와 미디어 인터레스트 그룹(Religion and Media Interest Group)은 종교에 관한 미디어의 보도실태, 종교기관의 메시지 전파방식, 종교 메시지가 미디어 수용자에게 미치는 영향 등을 연구한다고 밝히고 있다. 한편 NCA는 영적 커뮤니케이션 분과(Spirituality Communication Division)를 설치하여 종교와 커뮤니케이션 문제를 연구하고 있다. 이 분과에 대한 소개를 보면, "커뮤니케이션은 개인과 집단이 일상생활의 불확실성을 극복하는 영적 통로이며, 사회 구성원들 간의 인식의 공통점을 형성해서 지역사회의 단결을 유도하고, 영적 논의와 경험을 통해 의미 있는 삶을 가능하게 하는 것"이라면서, 이러한 기능을 수행하는 영적 커뮤니케이션 현상을 연구하는 것이 목적이라고 밝히고 있다. 유럽의 IAMCR은 이슬람과 미디어 분과(Islam and Media Section)를 설치하여 이슬람교를 중심으로 종교와 미디어 간의 관계와 상호작용,

종교단체의 미디어 이용실태, 종교의 정치적 연합체의 성장 가능성, 여론이 바라보는 종교의 복잡성, 종교의 사회적 기여도, 신앙과 신념의 자유로운 표현, 종교 미디어의 효과적 이용과 수용 등에 관하여 연구하고 있다. 우리나라의 한국언론학회에도 종교와 커뮤니케이션 분과가 설치되어 이 분야에 관하여 연구하고 있다.

(9) 커뮤니케이션교육 분야

이 분야는 크게 3개 연구분야로 나누어 볼 수 있다. 첫째는 초·중등학교나 대학에서 정규 교과목의 하나로 커뮤니케이션 교육에 관한 방법과 내용 등을 연구하는 분야로, 이에 해당하는 대표적 분과로 미국 AEJMC의 학교저널리즘 분과(Scholastic Journalism Division)를 들 수 있다. 이 분과에서는 초·중등학교에서 신문·잡지 등의 발간과 저널리즘 교육 등에 관하여 주로 연구하고 있다. 둘째는 미디어 교육(media education) 분야로, 여기에서는 어린이와 청소년들에게 각종 매스미디어의 기능과 효과적 이용방법 등을 가르쳐주거나, 대중에게 각종 정보와 미디어에 대한 접근방법 등을 알려준다. 특히 새로운 디지털 환경에서 정보와 미디어에 대한 접근의 불평등과 정보의 격차(digital divide) 문제 등을 연구하고 있다. 셋째는 커뮤니케이션 수단을 통하여 어린이와 청소년 등이 어떻게 사회적 지식이나 정보 등을 학습하고 있는지에 관한 연구분야인데, 미국 커뮤니케이션 학회들을 보면 커뮤니케이션에서의 경험학습 분과(Experiential Learning in Communication Division), 어린이·청소년과 미디어 분과(Children, Adolescents and the Media Division), 교수와 발달커뮤니케이션 분과(Instructional & Developmental Communication Division) 등이 이 분야의 연구를 수행하고 있다.

3. 커뮤니케이션학 확장영역 중 사회과학 연계 연구분야

사회과학과 연계한 확장영역에 해당되는 연구분야들을 미국 · 유럽 · 한국의 경우로 나누어 분석해 보았다. 그 결과 유럽은 3개 분야, 즉 국제커뮤니케이션(문화간 커뮤니케이션 포함) 분야, 미디어법과 정책 분야, 정치커뮤니케이션 분야로 나타났다. 미국의 경우는 이들 3개 분야 이외에 4개 분야, 즉 미디어경제 · 경영 분야, 커뮤니케이션심리 분야, 사회커뮤니케이션 분야, 민족 · 인종커뮤니케이션 분야가 더 있어 모두 7개 분야에서 활발한 분과활동을 보여주었다. 한편 한국은 미국과 비슷하게 6개 분야에서 분과를 설치했다.

1) 커뮤니케이션학 확장영역 중 사회과학 연계 연구분야 분석 결과

사회과학 연계 연구분야는 [표 3-1-9]의 첫째 칸(column)에서 보듯이 ① 미디어경제 · 경영(media economics and management) 분야, ② 국제커뮤니케이션(international communication) 분야, ③ 커뮤니케이션법과 정책(communication law and policy) 분야, ④ 커뮤니케이션심리(communication psychology) 분야, ⑤ 사회커뮤니케이션(social communication) 분야, ⑥ 정치커뮤니케이션(political communication) 분야, ⑦ 민족 · 인종커뮤니케이션(ethnic communication) 분야로 나타났다. 그러면 이들 각 연구분야에서는 주로 무엇을 연구하고 있는가?

우선 [표 3-1-9]의 둘째 칸을 보면 연구분야별 커뮤니케이션 학회 분과(준분과 포함)들이 열거되어 있는데, 이들을 보면 각 분야에서 주로 어떤 것들을 연구하는지 대체로 짐작할 수 있다. 그러나 같은 연구분야도 다시 여러 개의 분야로 나누어지기 때문에 커뮤니케이션학

[표 3-1-9] 커뮤니케이션학 확장영역 중 사회과학 연계 연구분야

연구분야	연구분야별 커뮤니케이션 학회 분과(준분과 포함)의 실례
미디어 경제·경영	**미디어경제·경영(Media Economics and Management), 미디어산업연구(Media Industry Studies), 미디어경영·경제·기업정신(Media Management, Economics & Entrepreneurship), *커뮤니케이션 정치경제학(Communication Political Economy)
국제커뮤니케이션	국제커뮤니케이션(International Comm.), 국제커뮤니케이션과 사회변화(Global Comm. & Social Change), 문화간 커뮤니케이션(Intercultural Comm.), *국제간·문화간 커뮤니케이션(Internationa and Intercultural Comm.)
커뮤니케이션법과 정책	커뮤니케이션법과 정책(Comm. Law and Policy), 커뮤니케이션과 법률(Comm. and Law), **언론법제윤리(Comm. Law and Ethics), 표현의 자유(Freedom of Expression), **커뮤니케이션정책(Comm. Policy), *커뮤니케이션정책과 기술(Comm. Policy & Technology), **비교미디어정책(Comparatie Media Policy), *글로벌미디어정책(Global Media Policy), *공공서비스와 미디어정책(Public Service Media Policies)
커뮤니케이션심리	커뮤니케이션의 이해와 능력(Comm. Apprehension and Competence), 커뮤니케이션과 사회인식(Comm. and Social Cognition), **인터랙션(Interaction), **미디어심리(Media Psychology)
사회커뮤니케이션	사회정보시스템(Social Information System), 사회구성으로서 커뮤니케이션(Comm. as Social Construction), **언론과 사회(Comm. and Society)
정치커뮤니케이션	정치커뮤니케이션(Political Comm.), *정치커뮤니케이션연구(Political Comm. Research), **커뮤니케이션 정치경제(Comm. Political Economy), 공공외교(Public Diplomacy), *커뮤니케이션과 민주주의(Comm. and Democracy), *매개커뮤니케이션·여론과 사회(Mediated Comm., Public Opinion and Society), *공동체커뮤니케이션(Community Comm.), 참여저널리즘(Participatory Journalism) *참여커뮤니케이션연구(Participatory Comm. Research), 행동주의와 사회정의 (Activism and Social Justice), *커뮤니케이션과 유럽의 공론장(Comm. & The European Public Sphere), 공공대화와 숙의(Public Dialogue and Deliberation), 지역사회 저널리즘(Community Journalism), 포스트사회주의와 포스트권위주의(Post-Socialist and Post-Authoritarian)
민족·인종 커뮤니케이션 (문화인류학과 연계)	미국학(American Studies), 커뮤니케이션에서 민족과 인종(Ethnicity and Race in Comm.), 아프리칸 아메리칸 커뮤니케이션과 문화(African American Comm. and Culture), 아시아/태평양지역 출신 미국인 커뮤니케이션연구(Asian/Pacific American Comm. Studies), 라틴인 커뮤니케이션 연구(Latino/Latina Comm. Studies), *디아스포라·이민과 미디어(Diaspora, Migration and Media) **지역언론(Community Journalism), **통일커뮤니케이션(Unification Comm.)

주: 표시가 없는 것은 미국 학회 분과, *는 유럽 학회 분과, **는 한국 학회 분과임.
출처: 국내외 각 학회 웹사이트([2016-06-02]) 내용을 토대로 재구성.

분과들의 명칭은 매우 다양하게 나타났다. 이는 커뮤니케이션학의 연구주제나 문제 등이 지역이나 국가에 따라 다르기 때문이기도 하다. 예컨대, 한국언론학회의 경우는 통일커뮤니케이션 분과를 별도로 설치해 남북 간 커뮤니케이션 문제들을 연구하고 있다.

2) 커뮤니케이션학 확장영역 중 사회과학 연계 연구분야 개요

주요 커뮤니케이션 학회 홈페이지에서 각 분과에 대해 소개한 내용을 바탕으로 사회과학 연계 연구분야별 연구주제를 소개하면 다음과 같다.

(1) 미디어경제 · 경영 분야

미디어의 경제와 경영에 관한 문제들을 경제학 및 경영학과 연계하여 연구하는 커뮤니케이션학의 확장영역 중 한 분야이다. 미국 AEJMC의 미디어경영과 경제 분과(Media Management and Economics Division)를 보면, 미디어의 경영과 경제에 관한 다양한 주제, 예컨대 미시경제모형, 인사관리, 뉴미디어 기술, 마케팅, 미디어 상품의 차별화, 가격결정, 경영정책, 경영평가, 경영전략 등에 관한 연구와 교육을 목적으로 한다고 밝혀 놓았다. 한편 ICA의 미디어산업연구 분과(Media Industry Studies Division)에 대한 소개를 보면, 미디어산업의 역사 · 조직구조 · 시장 · 관리 · 생산 · 문화양식 등을 다양하게 분석하고 연구하는 분과라고 밝히고 있다.

우리나라의 한국언론학회에서도 미디어경제 · 경영 분과를 설치하여 각종 언론사의 경영, 언론시장, 마케팅 등에 관한 연구를 하고 있다.

(2) 국제커뮤니케이션 분야

세계 여러 나라의 커뮤니케이션 양태 등을 국제정치학과 연계하여 비교 연구하면서, 각 나라의 지정학적(地政學的) 요인에 따라 커뮤니케이션 양태가 어떻게 달라지는지를 밝히고, 각 국가들 간의 커뮤니케이션 흐름도 연구하는 분야이다. 이 분야에 관한 연구는 AEJMC의 국제커뮤니케이션 분과(Internation Communication Division)에서 주도하며, NCA의 국제 및 문화간 커뮤니케이션 분과(International and Intercultural Communication Division)도 문화간 커뮤니케이션 현상 연구를 이끌고 있다. 한편 ICA에서는 글로벌 커뮤니케이션과 사회변화 분과(Global Communication and Social Change Division)가 글로벌 미디어와 세계 커뮤니케이션 시스템과 구조에 대한 관리와 정책 등에 관한 연구와 함께, 국제적 미디어 환경이 사회의 변화에 따라 어떻게 변하는지에 관한 연구를 주도하고 있다. 유럽 IAMCR의 국제커뮤니케이션 분과(International Communication Section)에서는 국가간 커뮤니케이션 현상의 전반을 다루고 있으며, ECREA의 국제간·문화간 커뮤니케이션 분과(International and Intercultural Communication Section)에서는 세계화의 흐름에서 발생할 수밖에 없는 이질적 문화간 커뮤니케이션 현상을 집중적으로 연구하고 있다.

우리나라에서는 한국언론학회가 국제커뮤니케이션 분과를, 한국언론정보학회가 비교미디어정책 분과를 설치하고 있다. 전자(前者)는 국제간·문화간 커뮤니케이션, 국제사회에서 정보의 흐름, 문화제국주의, 발전커뮤니케이션 등에 관한 연구를 한다. 후자(後者)는 국내외 미디어들의 정세와 정책을 분석하고, 방송통신융합, 글로벌 미디어 체제의 산업중심적 환경, 각 국가의 미디어의 공공성과 공익적 가치의 확보를 위한 노력 등에 관하여 연구한다.

(3) 커뮤니케이션법 · 행정 · 정책 분야

커뮤니케이션에 관련된 법과 정책 등에 관한 연구분야로, 언론자유, 취재와 보도의 자유, 명예훼손, 사생활 침해, 지적재산권 등에 관한 각종 법률과 미디어의 책임, 미디어에 대한 정부의 정책 등에 관하여 연구한다. 이 분야에 관한 연구를 미국의 AEJMC에서는 미디어법과 정책 분과(Law and Policy Division), ICA에서는 커뮤니케이션법과 정책 분과(Communication Law and Policy Division), NCA에서는 커뮤니케이션과 법 분과(Communication and Law Division) 등이 담당하고 있다. NCA는 표현의 자유 분과(Freedom of Expression Division)도 설치하여 언론의 자유와 그에 관한 여러 가지 규제들을 연구하고 있다. 또한 유럽 IAMCR의 커뮤니케이션정책과 기술 분과(Communication Policy & Technology Division)에서는 커뮤니케이션과 미디어 기술 변화에 따른 정책적 대안에 관한 연구에 초점을 맞추고 있으며, 공공서비스 미디어정책 그룹(Public Service Media Policies Group)에서는 주로 공영방송의 역할과 책임을 논의하며 이를 지원할 정책을 개발하고 있다.

한편 한국언론학회는 언론법제윤리 분과와 커뮤니케이션정책 분과를 각각 두고 있다. 전자는 커뮤니케이션의 법규 · 제도 · 정책 등과 윤리를 함께 연구하며, 후자는 미디어 관련 정책의 내용과 구성, 정책결정 과정과 체계, 기술적 · 경제적 측면 등을 주로 연구한다.

(4) 커뮤니케이션심리 분야

커뮤니케이션에 관련된 심리학적 문제들을 심리학과 연계하여 연구하는 분야이다. 이 분야에 관한 커뮤니케이션 학회 분과들로는 NCA에 커뮤니케이션의 이해와 능력 분과(Communication Apprehension and Competence Division) 및 커뮤니케이션과 사회인지 분과(Communication and Social Cognition Division)가 설치되어 있다. 전자는 커뮤니케이션 내용 등에 관한 이해와 그 능력 등에 관하여 연구하며, 후자는 커뮤니케이션 메시지에 대한 수용자들의 인지·수용 과정과 그 결과로서의 사회적 영향, 사회적 인식 등에 관한 문제들을 주로 연구하고 있다. 또한 ICA는 발달커뮤니케이션 분과(Developmental Communication Division)를 설치하여 아동들의 커뮤니케이션 행동 발달과정 등에 관한 연구를 한다. 유럽의 IAMCR은 수용자 분과(Audience Section)와 수용자와 수용방식 연구분과(Audience and Reception Studies Section)를 두고 수용자 여론조사, 시장수익성 조사, 콘텐츠판매 실태 등에 관하여 연구한다.

한편 한국언론학회에서는 인터랙션 분과를 만들어서 인간들의 미디어 이용행동과 메시지의 수용과정 등을 심리학적·행동과학적 관점에서 연구하고 있다.

(5) 사회적 커뮤니케이션 분야

커뮤니케이션에 관련된 여러 가지 사회적 문제들을 사회학과 연계하여 연구하는 분야이다. 이에 관한 분과로는 NCA와 ICA에 각각 언어와 사회적 상호작용 분과(Language and Social Interaction Division)가 있다. 이들 분과에서는 그 명칭에서 보듯이 언어 또는 커뮤니케이션과 사회적 상호작용 이론(social interaction theory)과 사회구성 이론(social construction theory) 등을 주로 연구하고 있다.

(6) 정치커뮤니케이션 분야

정치에 관련된 커뮤니케이션 현상 등을 정치학과 연계해서 연구하는 분야로, NCA와 ICA는 각각 정치커뮤니케이션 분과(Political Communication Division)를 두고 있다. 이 분과들은 언론과 정부의 관계, 정치캠페인, 정치에 대한 미디어의 보도, 대통령이나 정치인의 수사(rhetoric), 정치토론, 정치에의 시민참여, 공공영역, 여성과 정치, 국제와 비교정치, 미국의 정치커뮤니케이션 등에 관하여 연구하고 있다. 또한 유럽의 ECREA는 정치커뮤니케이션 분과(Political Communication Section)를, IAMCR은 정치커뮤니케이션 연구분과(Political Communication Research Section)를 설치하여 시민들의 정치적 사회화(political socialization), 정치참여, 정치캠페인, 여론, 정치단체와 미디어의 관계, 정치적 거버넌스에서 미디어의 역할 등에 관하여 연구한다.

한편 한국언론학회는 정치커뮤니케이션 분과를, 한국언론정보학회는 커뮤니케이션정치경제 분과를 두고 언론과 정치권력의 관계, 선거보도, 정치참여, 정치적 대화 등에 관하여 연구하고 있다. 한국언론정보학회 커뮤니케이션정치·경제 분과는 정치커뮤니케이션 현상을 비판커뮤니케이션론의 시각과 방법론을 통해 접근하고 있다.

(7) 민족 · 인종커뮤니케이션 분야

특정 민족이나 인종 간의 커뮤니케이션 행태 등을 문화인류학과 연계해 연구하는 분야이다. 이 분야에 관한 연구를 AEJMC는 소수자와 커뮤니케이션 분과(Minorities and Communication Division)에서 담당하고 있으나, ICA는 커뮤니케이션에서 민족과 인종 분과(Ethnicity and Race in Communication Division)를 별도로 설치해 연구하고 있다. NCA는 주요 민족이나 인종별로 모두 4개의 분과, 즉 아프리칸 아메리칸 커뮤니케이션과 문화 분과(African American Communication and Culture Division), 아시아/태평양지역 출신 미국인 커뮤니케이션연구 분과(Asian/Pacific American Communication Studies Division), 라틴인 커뮤니케이션연구 분과(Latino/Latina Communication Studies Division) 및 미국연구 분과(American Studies Division)로 나누어 집중적으로 연구하고 있다. 또한 NCA는 민족지학 분과(Ethnography Division)도 별도로 설치해 민족이나 인종별 커뮤니케이션 행태 등에 관한 연구방법을 개발하고 있다.

한편 유럽의 ECREA는 디아스포라·이민·미디어 분과(Diaspora, Migration and the Media Section)를, IAMCR은 디아스포라와 미디어 그룹(Diaspora and Media Group)이라는 준분과를 설치해 이민(移民)과 관련된 커뮤니케이션 현상을 집중적으로 연구하고 있다.

(8) 지역커뮤니케이션 분야

특정 지역 내에서의 커뮤니케이션 현상을 연구하는 분야로, 지역은 크게는 유럽·아프리카 등 5대주(5大洲)의 하나가 될 수 있고, 특정 국가도 될 수 있으며, 작게는 우리나라의 도(道)나 군(郡) 등이 될 수도 있다. 이와 같은 지역 내 커뮤니케이션 현상에 관한 연구분과로 미국 NCA의 미국연구 분과(American Studies Division)를 들 수 있다. 우리나라에서는 한국언론학회의 지역언론 분과와 통일커뮤니케이션 분과 등을 들 수 있다. 전자는 특정 지역의 언론사와 지역 뉴스 등에 관한 연구를 하며, 후자는 남한과 북한의 언론제도와 실태 등을 한국의 지정학적 입장에서 연구하고 통일 관련 연구도 하고 있다.

4. 커뮤니케이션학 확장영역 중 과학·기술·의학 연계 연구분야

커뮤니케이션학의 확장영역에서 과학·기술·의학 등과 연계한 연구분야를 분석해 보면, [표 3-1-10]의 첫째 칸(column)에서 보듯이 ① 커뮤니케이션과학(communication science) 분야, ② 과학·환경·위기 커뮤니케이션(communicating science, environmental and risk communication) 분야, ③ 건강커뮤니케이션(health communication) 분야, ④ 커뮤니케이션기술(communication technology) 분야로 나누어진다.

1) 커뮤니케이션학 확장영역 중 과학·기술·의학 연계 연구분야 분석 결과

이처럼 과학·기술·의학 등과 연계한 커뮤니케이션학 연구분야는 모두 4개로 나타났으나, 이 분류는 지역별로 다소 차이를 보였다. 유럽의 경우는 3개 분야, 즉 과학·환경·위기커뮤니케이션 분야, 커뮤니케이션기술 분야 및 건강커뮤니케이션 분야로 나누어진 반면, 미국의 경우는 이들 이외에 커뮤니케이션과학 분야가 더 있어 4개로 분류되었다.

[표 3-1-10]에서 두 번째 칸을 보면, 각 연구분야에 관한 커뮤니케이션 학회 분과들이 열거되어 있다. 그러면 이들 4개 커뮤니케이션학 연구분야에서는 각각 무엇을 주로 연구하는가?

[표 3-1-10] 커뮤니케이션학 확장영역 중 과학 · 기술 · 의학 연계 연구분야

연구분야	연구분야별 커뮤니케이션 학회 분과(준분과 포함)의 실례
커뮤니케이션과학	커뮤니케이션과학과 생물학(Communication Science & Biology)
과학·환경·위기 커뮤니케이션	커뮤니케이팅 과학·건강·환경·위기(Communicating Science, Health, Environment, Risk), 환경커뮤니케이션(Environmental Comm.), *과학과 환경커뮤니케이션(Science and Environmental Comm.), 위기커뮤니케이션(Risk Comm.), *위기커뮤니케이션(Crisis Comm.), *과학·보건·환경·위기커뮤니케이션(Science, Health, Environmental, Risk Comm.), *환경·과학·위기커뮤니케이션(Environment, Science and Risk Comm.)
건강커뮤니케이션	건강커뮤니케이션(Health Comm.), *건강커뮤니케이션과 변화(Health Comm. and Change), *커뮤니케이션과 HIV/AIDS(Comm. and HIV/AIDS), 커뮤니케이션과 노화(Comm. and Aging)
커뮤니케이션기술	커뮤니케이션기술(Comm. Technology), 커뮤니케이션과 기술(Comm. and Technology), 커뮤니케이션과 미래(Comm. and the Future), 정보시스템(Information System), 모바일커뮤니케이션연구(Mobile Comm. Studies), **방송과 뉴미디어(Broadcasting and New Media), *커뮤니케이션정책과 기술(Comm. Policy & Technology)

주: 표시가 없는 것은 미국 학회 분과, *는 유럽 학회 분과, **는 한국 학회 분과임.
출처: 국내외 각 학회 웹사이트([2016-06-02]) 내용을 토대로 재구성.

2) 커뮤니케이션학 확장영역 중 과학·기술·의학 연계 연구분야 개요

주요 커뮤니케이션 학회 홈페이지에서 각 분과에 대해 소개한 내용을 바탕으로 과학·기술·의학 연계 연구분야의 연구주제를 소개하면 다음과 같다.

(1) 커뮤니케이션과학 분야

언어장애에 관한 언어병리학(speech pathology)과 청각학(audiology) 등에 관한 연구가 많다. 이 분야에 관한 연구를 위하여 미국 AEJMC는 '과학커뮤니케이션 인터레스트 그룹'(Science Communication Interest Group)이라는 준분과(準分科)를 설치했으며, ICA는 '커뮤니케이션과학과 생물학 분과'(Communication Science & Biology Division)를 설치해 연구하고 있다.

(2) 과학 · 환경 · 위기커뮤니케이션 분야

과학·환경·위기 등에 관한 정보와 지식의 신속한 전달·보급·전파(傳播) 등에 관한 연구분야이다. 이 분야에서는 커뮤니케이션 과학이나 환경 등을 연구하는 것이 아니라, 과학이나 환경·위기(지진·태풍 등의 재해)에 관한 정보와 지식 등을 각종 매체를 통하여 신속하고 광범위하게 전달하는 방법 등을 연구한다. 미국의 AEJMC에서는 이 분야에 관심 있는 회원들이 1991년 '과학커뮤니케이션 인터레스트 그룹'(Science Communication Interested Group)이라는 준분과를 만들었고, 2009년 가을 '커뮤니케이팅 과학·건강·환경·위기 분과'(Communicating Science, Health, Environment, Risk Division)로 발전시켰다. 한편 NCA과 ICA는 각각 환경커뮤니케이션 분과(Environmental

Communication Division)를 설치하여 환경문제에 관한 정보와 지식 등의 보급과 전파 등에 관하여 연구하고 있다. 유럽의 ECREA는 과학·환경커뮤니케이션 분과(Science and Environment Communication Section)를 설치해 생명공학과 기후변화 등에 관한 문제들을 연구하며, 이를 민주주의·시민권·권력 등의 문제와 연결해 논의하고 있다. 또한 ECREA는 위기커뮤니케이션 분과(Crisis Communication Section)를 설치해 국가사회에서 정치적·경제적 위기, 주요 인물이나 조직의 스캔들, 전쟁과 테러, 재난과 재해 등의 상황에서 효과적 커뮤니케이션의 내용과 양식 등을 연구하고 있다.

(3) 건강커뮤니케이션 분야

국민의 건강에 관련된 지식과 정보 등의 보급과 전파 등에 관한 연구분야이다. 미국의 NCA과 ICA에서는 각각 이 분야에 관한 독립 분과로서 건강커뮤니케이션 분과(Health Communication Division)를 설치해 건강에 관한 지식과 정보 등의 보급과 전파 등에 관한 문제뿐 아니라, 의료 서비스 공급자와 환자의 상호작용, 사회적 지원 네트워크, 의료정보시스템, 의료윤리, 보건정책과 건강증진 문제 등도 연구한다. 또한 NCA는 커뮤니케이션과 노화 분과(Communication and Aging Division)를 별도로 설치해 국민의 노령화와 노인복지문제 등을 연구하면서 커뮤니케이션 연구를 간호학, 심리학, 노인학, 보건정책 등으로 확장시키고 있다. 유럽의 IAMCR은 건강커뮤니케이션과 변화 분과(Health Communication and Change Section)와 커뮤니케이션과 HIV/AIDS 분과(Communication and HIV/AIDS Section)를 설치해 건강과 의학 관련 커뮤니케이션 실태를 조사하고, 건강에 대한 국민의 인식과 신념의 변화 및 비판적 사고 등에 관해 연구한다.

(4) 커뮤니케이션기술 분야

새로운 커뮤니케이션 기술(communication technology)에 관한 연구 분야이나, 기술 자체보다 기술이 미디어 환경과 사회변화에 미치는 영향 등을 주로 연구한다. 근래에는 특히 소셜미디어, 모바일미디어, 팟캐스팅(podcasting) 등과 같은 뉴미디어나 빅데이터, 크라우드소싱과 같은 커뮤니케이션 관련 기술에 주목하며, 이러한 기술의 혁신과 채택, 정보격차, 인간과 컴퓨터의 상호작용, 컴퓨터 매개 커뮤니케이션 등에 관하여 폭넓게 연구하고 있다. 또한 각종 형태의 커뮤니케이션에서 뉴미디어의 채택행위, 이용수준, 메시지 내용, 커뮤니케이션 네트워크와 정보시스템 등을 관찰하고, 뉴미디어가 사회를 어떻게 변화시키며, 뉴미디어를 어떻게 활용해야 하는지에 관해서도 연구한다.

이러한 연구를 위하여 미국의 AEJMC와 ICA는 각각 커뮤니케이션기술 분과(Communication Technology Division)를 설치하고 있으며, NCA는 커뮤니케이션의 미래 분과(Communication Future Division)를 설치해서 운영하고 있다. ICA는 정보시스템 분과(Information Systems Division)도 설치해 정보와 언어의 인지시스템, 통신기술, 인터페이스, 논리와 추론의 인공지능 프로그램 등도 커뮤니케이션 관점에서 연구하고 있다. 또한 ICA는 모바일커뮤니케이션연구 분과(Mobile Communication Studies Division)를 별도로 설치해 미디어의 이동성에 초점을 맞춰 연구하고 있다.

한편 한국언론학회는 방송과 뉴미디어 분과를 통해 케이블과 위성방송을 비롯한 뉴미디어에 관한 경영·편성·정책을 주로 연구하며, 미디어 기술이 수용자에게 끼치는 영향 등을 분석하고 있다.

5. 커뮤니케이션학 확장영역 중 예체능 연계 연구분야

끝으로 커뮤니케이션학의 확장영역 중에서 예체능과 연계한 연구분야를 살펴보면, [표 3-1-11]에서 보듯 스포츠커뮤니케이션(sports communication) 분야와 예술커뮤니케이션(artistic communication) 분야 두 가지로 분류된다. 미국과 유럽의 커뮤니케이션 학회에서 각각 스포츠커뮤니케이션 분과와 예술커뮤니케이션 분과를 설치하고 있는데, 이들 분과의 개요를 중심으로 각 분야별 연구내용을 소개하면 다음과 같다.

(1) 스포츠커뮤니케이션 분야

스포츠를 소재로 한 저널리즘·방송·광고 등을 연구하며, 스포츠마케팅(sports marketing), 스포츠홍보(sports public relations), 스포츠기구의 조직, 스포츠의 향유와 영향, 지역 스포츠 등을 분석한다. 미국의 3대 커뮤니케이션 학회가 모두 스포츠커뮤니케이션에 관련된 분과나 준분과를 설치하여 이 분야에 관한 연구와 교육을 발전시키고 있다. 한편 유럽의 IAMCR은 미디어와 스포츠 분과(Media and Sport Section)를 설치하여 주로 미디어와 스포츠 및 국가 정체성과의 관계에 대한 연구를 하고 있다.

[표 3-1-11] 커뮤니케이션학의 확장영역 중 예체능 연계 연구분야

연구분야	연구분야별 커뮤니케이션 학회 분과(준분과 포함)의 실례
스포츠커뮤니케이션	스포츠커뮤니케이션(Sports Communication), 커뮤니케이션과 스포츠(Communication and Sport), *미디어와 스포츠(Media and Sports)
예술커뮤니케이션	*영화연구(Film Studies), 영화·연극(Film and Theatre), 공연연구(Performance Studies), *만화예술(Comic Art)

주: 표시가 없는 것은 미국 학회의 분과, *는 유럽 학회의 분과임.
출처: 국내외 각 학회 웹사이트([2016-06-02]) 내용을 토대로 재구성.

(2) 예술커뮤니케이션 분야

연극(theatre arts), 영화(film), 공연예술(performance arts) 등에 관한 연구분야이다. 이 분야에 관한 연구분과로는 영화연구 분과(Film Studies Section), 영화·연극 분과(Film and Theatre Division), 공연연구 분과(Performance Studies Division) 등이 있다. 유럽 ECREA의 영화연구 분과에서는 전통영화는 물론 DVD, 인터넷, 디지털카메라, 다양한 형태의 동영상에 관하여 연구하고 있다. 한편 공연연구 분과에서는 예술작품이나 예술행위 등에 대한 사회적 인식과 감상의 확장, 비평과 분석의 촉진 등에 관한 연구를 주로 하고 있다.

제2장

커뮤니케이션 연구논문들을 통해 본 연구주제

제2장에서는 주요 커뮤니케이션 학술지에 실린 연구논문의 주제들을 살펴보기로 하는데, 이를 보면 커뮤니케이션 학자들이 어떤 것을 연구하고 있는지 더 구체적으로 알 수 있기 때문이다. 따라서 커뮤니케이션 관련 국내외 대표적 학술지에 실린 주요 연구논문의 주제어들(key words)을 분석해본 다음, 그 결과를 바탕으로 커뮤니케이션 학자들이 어떤 것을 연구하는지 알아보기로 한다.

가. 외국 커뮤니케이션 학술지를 통해 본 주요 연구주제

세계 주요 학회에서는 각각 몇 종씩 학술지를 발간해 회원들이 연구논문과 학술정보 등을 교환하며 커뮤니케이션학의 발전에 기여하도록 돕고 있다. 따라서 커뮤니케이션학을 공부하려면 이들 학술지를 반드시 읽어야 한다. 그러면 커뮤니케이션학 관련 주요 학술지에는 어떤 것들이 있는지부터 간단히 알아보기로 한다.

1. 세계 주요 커뮤니케이션 학회 발행 학술지 개황

전(全) 세계에서는 수백 개의 커뮤니케이션 관련 학술지들이 발행되고 있어 이 학술지들을 모두 소개할 수는 없다. 따라서 여기서는 앞서 제1장에서 살펴본 세계적 커뮤니케이션 학회에서 발행하는 주요 학술지들만 간단히 소개하겠다. 즉 미국의 3대 커뮤니케이션 학회인 저널리즘과 매스커뮤니케이션 교육학회(Association for Education in Journalism and Mass Communication, AEJMC), 전국커뮤니케이션학회(National Communication Association, NCA), 국제커뮤니케이션학회(International Communication Association, ICA) 및 유럽의 2대 커뮤니케이션 학회인 국제미디어·커뮤니케이션 연구학회(International Association for Media and Communication Research, IAMCR)와 유럽커뮤니케이션 연구·교육학회(European Communication Research and Education Association, ECREA)에서 발간하는 학술지들만 간단히 소개해 보기로 한다.

1) 미국의 저널리즘과 매스커뮤니케이션 교육학회 주요 학술지

미국의 저널리즘과 매스커뮤니케이션 교육학회(AEJMC)는 앞서 제1장에서 말했듯이 커뮤니케이션학 분야에서 세계 최초의 학회로, 1912년 '미국저널리즘교사협회'(American Association of Teachers of Journalism, AATJ)라는 명칭으로 창립됐다. 그리고 1924년 미국저널리즘학부·학과협회(American Association of Schools and Departments of Journalism, AASD)와 공동으로 세계 최초의 저널리즘 관계 학술지인 「저널리즘 쿼털리」(*Journalism Quarterly*, 현재의 *Journalism & Mass Communication Quarterly*의 전신)을 창간하여 매년 4호씩 발간해오고 있다. 한편 1950년 미국저널리즘교사협회(AATJ)는 명칭을 저널리즘교육학회(Association for Education in Journalism, AEJ)로 고치고, 1958년에는 미국신문학부교육행정가협회(ASJSA)가 1944년부터 6개월마다 발행해오던 「저널리즘 불레틴」(*Journalism Bulletin*)을 인수해 신문학 교육에 관한 전문 학술지로 발전시키는 동시에 「저널리즘 에듀케이터」(*Journalism Educator*)로 개제하여 계간으로 발행하기 시작했다. 1966년에는 「저널리즘 모노그래프」(*Journalism Monographs*, 계간)라는 또 하나의 학술지를 창간해 깊이 있는 논문들을 실었다.

1982년 저널리즘교육학회(AEJ)는 저널리즘과 매스커뮤니케이션 교육학회(AEJMC)로 학회 이름을 고치면서 종전 학술지 「저널리즘 쿼털리」를 「저널리즘 앤드 매스커뮤니케이션 쿼털리」(*Journalism and Mass Communication Quarterly*)로, 「저널리즘 에듀케이터」를 「저널리즘 앤드 매스커뮤니케이션 에듀케이터」(*Journalism & Mass Communication Educator*)로, 「저널리즘 모노그래프」를 「저널리즘과 커뮤니케이션 모노그래프」(*Journalism & Communication Monographs*)로 각각 개제했다.

2016년 현재 미국의 저널리즘과 매스커뮤니케이션 교육학회(AEJMC)는 위와 같은 3종의 세계적 학술지들을 계간으로 발행하고 있으며([표 3-2-1] 참조), 이들 이외에 2종의 연감을 매년 발간하고, 회원들 대상의 뉴스레터인 *AEJMC News*를 매년 6회 발행하고 있다. 또한 저널리즘과 매스커뮤니케이션 분야의 석·박사 논문들의 초록집(抄錄集)인 「저널리즘 앤드 매스커뮤니케이션 앱스트랙스」(*Journalism and Mass Communication Abstracts*)를 1962년부터 발간해오다가, 2000년 가을부터는 온라인판도 발간하기 시작했다. 이런 간행물들 이외에 각 분과에서도 여러 가지 학술지들을 발행하고 있다.

[표 3-2-1] 저널리즘과 매스커뮤니케이션 교육학회(AEJMC)의 3대 학술지

학술지 제호	창간	개요
Journalism and Mass Communication Quarterly	1924	AEJMC 발행 학술지 중 가장 오래되고 대표적인 학술지(계간)로 저널리즘과 매스커뮤니케이션 연구에 초점을 두고 있음. 커뮤니케이션이론, 연구방법론, 국제커뮤니케이션, 저널리즘 역사, 광고와 PR 등에 관한 오리지널 논문들 게재. 동료 회원들로 구성된 논문심사위원회의 심의(peer-review)를 통과해야 게재할 수 있음. ISI-인증 학술지. 말미에 서평도 게재함.
The Journalism & Mass Communication Educator	1944	대학과 중등학교의 저널리즘과 매스커뮤니케이션 교육자와 행정가들을 위한 전문 학술지(계간)로 교육방법, 새로운 교과목, 교육테크놀로지 등에 관한 논문들을 주로 싣고 있음. 수강 학생의 수, 장래 직업, 새로운 교육과정의 경향, 각종 조사 결과도 게재. 논문은 동료 회원들로 구성된 논문심사위원회의 심의를 받아야 함.
Journalism & Communication Monographs	1966	저널리즘과 매스커뮤니케이션학의 학문적 발전을 제고하기 위한 학술지로, 이 분야의 특정 주제에 관한 깊이 있는 연구논문들을 주로 게재. 1년에 4회 발행(계간). 논문은 동료 회원들로 구성된 논문심사위원회의 심의를 통과해야 게재할 수 있음.

출처: AEJMC 웹사이트 http://www.aejmc.org/ [2016-06-02] 내용을 토대로 재구성.

2) 미국의 전국커뮤니케이션학회 주요 학술지

미국의 전국커뮤니케이션학회(NCA)는 전국대중연설교사협회(National Association of Academic Teachers of Public Speaking, NAATPS)라는 명칭으로 1914년 창립하여, 이듬해인 1915년 「더 쿼털리 저널 오브 퍼블릭 스피킹」(*The Quarterly Journal of Public Speaking*)이라는 학술지를 창간했다. 그러나 1917년 제호를 「더 쿼털리 저널 오브 스피치 에듀케이션」(*The Quarterly Journal of Speech Education*)으로 고쳤다가, 1928년 제호에서 '교육'(Education)이라는 단어를 삭제해 「쿼털리 저널 오브 스피치」(*Quarterly Journal of Speech*)로 다시 바꿨다.

한편 그 이전인 1923년 전국대중연설교사협회(NAATPS)는 그 명칭을 전국스피치교사협회(National Association of Teachers of Speech,

NATS)로 고쳤으며, 회원수가 1934년에는 2천여 명에 달할 정도로 성장했다. 이에 따라 그해에 「스피치 모노그랩스」(*Speech Monographs*, 현 *Communication Monographs*)라는 또 하나의 학술지를 창간했다. 1946년에 전국스피치교사협회(NATS)는 다시 명칭을 미국스피치학회(Speech Association of America, SAA)로 고쳤으며, 1952년 1월에는 「스피치 티처」(*Speech Teacher*, 현재의 *Communication Education*)라는 세 번째 학술지를 창간했다.

1970년 미국스피치학회(SAA)는 학회 명칭을 다시 스피치커뮤니케이션학회(Speech Communication Association, SCA)로 고쳤으며, 회원수가 급증하고 연구·교육 대상도 크게 확대했다. 이런 분위기에서 1973년에는 네 번째 학술지 「저널 오브 어플라이드 커뮤니케이션」(*Journal of Applied Communication*, 현재의 *Journal of Applied Communication Research*)을 창간했고, 1984년에는 다섯 번째 학술지 「크리티칼 스터디즈 인 매스커뮤니케이션」(*Critical Studies in Mass Communication*, 현재의 *Critical Studies in Media Communication*)을, 1986년에는 여섯 번째 학술지 「커뮤니케이션 티처」(*Communication Teacher*)를, 1989년에는 일곱 번째 학술지 「텍스트 앤드 퍼포먼스 쿼털리」(*Text and Performance Quarterly*)를 창간했다.

1997년에 스피치커뮤니케이션학회(SCA)는 학회 명칭을 전국커뮤니케이션학회(National Communication Association, NCA)로 다시 변경했다. 그리고 2001년에는 「더 리뷰 오브 커뮤니케이션」(*The Review of Communication*)을, 2008년에는 「저널 오브 인터내셔널 앤드 인터컬처럴 커뮤니케이션」(*Journal of International and Intercultural Communication*)을, 2004년에는 「커뮤니케이션 앤드 크리티컬/컬처럴 스터디스」(*Communication and Critical/Cultural Studies*)라는 학술지를 창간했다. 그런가 하면 1962년부터 발행해오던 「프리 스피치 이어북」(*Free Speech Yearbook*)이라는 연감을 「퍼스트 어멘드먼트 스터디즈」(*First Amendment*

Studies)라는 명칭의 학술지로 바꾸었다. 그래서 2016년 말 현재 전국커뮤니케이션학회는 모두 11종의 학술지(academic journal)를 발간하고 있다([표 3-2-2] 참조). 이 밖에도 전국커뮤니케이션학회는 「스펙트라」(*Spectra*)라는 학술지를 연 4회 계간으로 발간하는데, 여기에는 커뮤니케이션 학자, 교육자, 실무자 등에 관한 피처 기사(feature article)들을 주로 싣고 있다.

[표 3-2-2] 미국의 전국커뮤니케이션학회 발간 학술지들(2016년 말)

학술지 제호	창간	개요
Quarterly Journal of Speech	1915	전국커뮤니케이션학회의 대표 학술지로 커뮤니케이션 분야에서 가장 오래됨.
Communication Monographs	1934	1934년 *Speech Monographs*라는 제호로 창간·발행되어 오다, 1975년 현재의 제호로 개제(계간). 휴먼커뮤니케이션 분야에 관한 깊이 있는 연구논문들을 주로 게재
Communication Education	1952	커뮤니케이션 교육에 관한 종합적 학술지
First Amendment Studies	1962	본래 *Free Speech Yearbook*으로 창간. 언론 자유와 규제에 관한 논문들이 주류
Journal of Applied Communication Research	1973	커뮤니케이션 실무가 아니라 커뮤니케이션의 실제에 관한 연구논문들을 주로 게재
Text and Performance Quarterly	1980	본래 *Literature in Performance*로 창간. 각종 커뮤니케이션 텍스트와 수행에 관한 연구가 많음.
Critical Studies in Media Communication	1984	1984년 *Critical Studies in Mass Communication*으로 창간·발행되어 오다, 1999년 현재의 제호로 개제. 미디어와 매스커뮤니케이션 현상을 문화적·비판적 시각에서 다루는 논문들을 주로 게재
Communication Teacher	1986	커뮤니케이션 교육에서 교수법과 강의안 등을 주로 다루는 학술지
The Review of Communication	2001	커뮤니케이션학 발전을 촉진하기 위해 커뮤니케이션학에 관한 각종 연구들을 비판·평가하는 논문들을 주로 게재
Communication and Critical/ Cultural Studies	2004	커뮤니케이션과 비판적·문화적 연구에 관한 종합적 학술지
Journal of International and Intercultural Communication	2008	국제커뮤니케이션과 문화간 커뮤니케이션에 관한 논문들을 주로 게재

출처: NCA 웹사이트 https://www.natcom.org/ [2016-06-02] 내용을 토대로 재구성.

3) 미국의 국제커뮤니케이션학회 주요 학술지

미국에 본부를 둔 국제커뮤니케이션학회(International Communication Association, ICA)도 모두 5종의 학술지를 발행하고 있다. 이 학회는 1950년 전국커뮤니케이션연구학회(National Society for the Study of Communication)라는 명칭으로 미국스피치학회(Speech Association of America, 현 National Communication Association) 산하 단체의 하나로 창립했다. 다음해인 1951년 「저널 오브 커뮤니케이션」(*Journal of Communication*)이라는 제호의 학술지를 창간했다. 1967년에는 미국스피치학회에서 독립하면서 학회 명칭을 국제커뮤니케이션학회(ICA)로 바꿨다.

ICA는 1974년 또 하나의 학술지로 「휴먼 커뮤니케이션 리서치」(*Human Communication Research*)를 창간했으며, 1991년에는 세 번째 학술지로 「커뮤니케이션 이론」(*Communication Theory*)도 창간했다. 1995년에는 또 「저널 오브 컴퓨터-미디에이티드 커뮤니케이션」(*Journal of Computer-Mediated Communication*)을 창간했으며, 2008년에는 「커뮤니케이션, 컬처 앤드 크리틱」(*Communication, Culture & Critique*)도 창간했다. 2016년 말 현재 이 학회 학술지들을 소개하면 [표 3-2-3]과 같다.

ICA에서는 회원들을 위한 웹(web-based) 소식지인 「뉴스레터」(*Newsletter*)를 매달 발행하며, 「커뮤니케이션 이어북」(*Communication Yearbook*)이라는 연감도 발간하고 있다. 또한 여러 가지 총서(叢書, book series)도 발간하고 있는데, 그중 대표적인 것으로는 『공익에서 커뮤니케이션』(*Communication in the Public Interest*), 『커뮤니케이션 핸드북』(*Handbooks of Communication*), 『주제별 세션 총서』(*Theme Sessions Series*) 등을 들 수 있다. 또한 ICA는 여러 권으로 구성된 『커뮤니케이션 백과사전』(*The Encyclopedia of Communication*)도 발간했다.

[표 3-2-3] 미국의 국제커뮤니케이션학회 발간 학술지들(2016년 말)

학술지 제호	창간	개요
Journal of Communication	1951	국제커뮤니케이션학회의 대표적 학술지로, 커뮤니케이션 전반에 관한 여러 가지 이론과 연구방법을 사용한 논문들과 서평 게재
Human Communication Research	1974	휴먼커뮤니케이션 분야에 관한 실증적 연구논문들을 주로 게재. 특히 커뮤니케이션 이론의 형성과 새로운 이론적 모형 등의 개발에 관한 사회과학적 연구에 주안점을 둠. 서울대학교 언론정보학과 이은주 교수가 편집위원장을 맡고 있음.
Communication Theory	1991	커뮤니케이션 전반에 관한 실증적 연구논문, 이론적 논문(theoretical essays), 비평 등을 게재. 이론적 논문은 커뮤니케이션 이론의 형성과 발전에 기여할 수 있는 것이어야 함. 연구방법에는 제한이 없음.
Journal of Computer-Mediated Communication	1995	컴퓨터매개커뮤니케이션(computer-mediated communication) 분야에 관한 온라인 학술지(online-only journal). 관련 분야에 관한 사회과학적·실증적 연구논문들을 게재. 학계에서 인정받는 연구방법론을 사용해야 함.
Communication, Culture & Critique	2008	인간사회에서 커뮤니케이션의 역할, 문화비평 등에 관한 비판적·해석적·질적 연구논문들을 주로 게재. 연구대상은 인쇄미디어, 방송, 영상(still and moving images), 인터넷과 모바일 전화 등 모든 매체의 텍스트(text)들을 망라하고 있음.

출처: ICA 웹사이트 http://www.icahdq.org/ [2016-06-02] 내용을 토대로 재구성.

4) 유럽의 2대 커뮤니케이션 학회 주요 학술지

유럽의 2대 커뮤니케이션 학회로 꼽히는 국제미디어·커뮤니케이션 연구학회(International Association of Media Communication Research, IAMCR)와 유럽커뮤니케이션 연구·교육학회(European Communication Research and Education Association, ECREA)는 어떤 학술지들을 발행하고 있는가?

1957년 창립한 IAMCR은 1964년 6월 오스트리아의 비엔나(Vienna)에서 개최한 제3차 총회에서, 당시 네덜란드에서 발행하던 「인터내셔널 커뮤니케이션 가제트」(*International Communication Gazette*,

1955년 창간)라는 영문 학술지를 IAMCR의 공식 학술지로 지정했다. 그러나 이를 못마땅하게 여긴 프랑스 회원들의 반대로 흐지부지되고 말았으며, 그 뒤 IAMCR은 학술지를 발행하지 않았다. 다만 정치경제 분과(Political Economy Section)에서 2013년 「더 폴리티컬 이코노미 오브 커뮤니케이션」(*The Political Economy of Communication*)이라는 학술지를 창간해 발행하고 있다. 이처럼 IAMCR은 자체적으로 하나의 분과 학술지만 발행하고 있으나, 그 대신 세계 여러 나라의 커뮤니케이션 관련 학회나 대학, 연구소 등과 제휴해 2016년 현재 모두 104종의 학술지를 여러 언어로 발간하고 있는데, 이들 제휴 학술지(affiliated academic journal)들을 소개하면 [표 3-2-4]와 같다.

한편 ECREA는 2016년 현재 2종의 분과 학술지와 1종의 제휴 학술지를 발행하고 있다. 이들 중 2종의 분과 학술지는 ECREA의 커뮤니케이션철학 분과(Philosophy of Communication Section)에서 발행하는 「엠페도클레스: 유럽피언 저널 포 더 필로소피 오브 커뮤니케이션」(*Empedocles: European Journal for the Philosophy of Communication*)[1]과, 라디오연구 분과(Radio Research Section)에서 발행하는 「라디오, 사운드 앤드 소사이어티 저널」(*Radio, Sound & Society Journal*)이다. 그리고 1종의 제휴 학술지는 호주의 멜버른대학교 문화·커뮤니케이션학부(School of Culture and Communication, University of Melbourne)와 제휴해서 발행하는 「플랫폼: 저널 오브 미디어 앤드 커뮤니케이션」(*PLATFORM: Journal of Media and Communication*)이라는 학술지이다. 2008년 창간된 이 학술지는 문화와 커뮤니케이션 분야의 대학원생들을 위한 온라인 학술지(online

1 이 학술지의 제호에서 '엠페도클레스'(Empedocles)는 고대 그리스의 철학자(490~430? B.C.)로, 우주의 만물은 흙·물·공기·불의 네 가지 원소로 이루어지며, 이것들이 인간의 사랑과 미움의 힘으로 결합하고 분리하여 여러 가지 사물이 태어나고 멸망한다고 주장했다.

[표 3-2-4] IAMCR 제휴 커뮤니케이션 관련 학술지 일람(2015년 말, 104종)

학술지 제호	개요
African Journal of Information & Communication Technology	ICT 분야의 국제적 학술지
American Communication Journal	커뮤니케이션 연구에서 주요 과제와 방법론 등에 관한 학술지
Baltic Screen Media Review	다양한 스크린 미디어(screen media)의 양태와 현상에 관한 학술지. Tallinn University Baltic Film and Media School에서 2013년 창간. 영어로 발행
Belphégor (French)	대중문학과 문화에 관한 다학제적 학술지. 프랑스어로 발행
Canadian Journal of Communication	커뮤니케이션 분야에 관한 캐나다의 학술지. 계간. 인쇄본과 온라인 버전 발행
Case Studies in Strategic Communication	전략적 커뮤니케이션(strategic communication)의 사례연구에 관한 학술지. 미국 University of Southern California의 Annenberg School for Communication & Journalism에서 발행
Chasqui (Spanish)	여러 가지 미디어와 커뮤니케이션 과정 등에 관한 학술지. 스페인에서 스페인어로 발행
Ciência da Informação (Portuguese)	포르투갈에서 발행하는 정보와 커뮤니케이션에 관한 학술지. 포르투갈어로 발행
Cogent Social Sciences	미디어와 커뮤니케이션에 관한 이론, 실증연구, 방법론 등에 관한 다학제적 국제 학술지
Commons: Revista de Comunicación y Ciudadanía Digital (Spanish)	전자커뮤니케이션에 관해 연 2회 발행하는 학술지. 스페인어로 발행
Commposite (French)	커뮤니케이션 전반에 관한 다학제적 학술지. 프랑스어로 발행
Communications in Information Literacy	정보 리터러시(information literacy)에 관한 전자 학술지. Association of College and Research Libraries에서 발행
Community Informatics	공동체에서 정보와 커뮤니케이션의 활용에 관한 학술지
Comunicación y Sociedad (Spanish)	사회적 커뮤니케이션에 관한 전문 학술지. 스페인어로 발행
Comunicar (Spanish/English)	교육과 커뮤니케이션의 상호관계에 관한 과학적 학술지. 스페인어와 영어로 발행
Cuadernos de Información (Spanish)	정보와 커뮤니케이션에 관한 학술지. 남미 칠레의 가톨릭 주교대학(Pontificia Universidad Católica) 커뮤니케이션학부에서 스페인어로 발행
Cyberpsychology: Journal of Psychosocial Research on Cyberspace	가상공간(cyberspace)에 관한 사회과학적 학술지. 2007년 9월 창간
Democratic Comuniqué: Journal of the Union for Democratic Communications	커뮤니케이션의 자유에 관한 학자, 실천가, 예술가 등을 위한 학술지

학술지 제호	개요
Derecho a Comunicar (Spanish)	멕시코의 Asociación Mexicana de Derecho a la Información (Amedi)에서 발간하는 정보와 커뮤니케이션에 관한 학술지. 스페인어로 발행
Digital Humanities Quarterly	휴머니티(humanities)와 관련된 디지털 미디어의 모든 측면에 관한 학술지. Alliance of Digital Humanities Organizations에서 발행
Disertaciones	디지털 커뮤니케이션에 관한 학술지로, 남미 컬럼비아의 로사리오대학(Universidad del Rosariod), 베네수엘라의 로스 안데스 대학(Universidad de Los Andes) 및 스페인의 마드리드 컴플루텐스대학(Universidad Complutense de Madrid)이 공동으로 발행
Doc On-line – Digital Magazine on Documentary Cinema	다큐멘터리 영화에 관한 다학제적 입장의 학술지. 포르투갈의 University of the Beira Interior와 브라질의 State University of Campinas가 공동 발행. 2006년 12월 창간. 포르투갈어·스페인어·프랑스어로 1년에 2회 온라인 발행
EastBound	미디어와 문화에 관한 서유럽과 동유럽 학자들의 국제적 플랫폼(platform) 제공을 위해 만들어진 다학제적 학술지
E-Journal of Intermedia	커뮤니케이션 과학에 관한 전자저널(E-Journal)로 터키 Istanbul Commerce University의 Faculty of Communication and Media와 Communication Systems Department에서 2014년부터 1년에 2회(12월과 6월) 인터넷을 통해 발행
eJournalist	저널리즘, 뉴미디어, 커뮤니케이션, 그래픽, 웹사이트 등에 관한 학술지. PDF 버전 논문들은 무료 다운로드 가능
Electronic Journal of Information Systems in Developing Countries	개발도상 국가들에서 나타나는 디지털 디바이드(digital divide)에 초점을 둔 학술지
Em Questão (Portuguese)	정보와 커뮤니케이션에 관한 학술지. 포르투갈에서 포르투갈어로 발행
Fibreculture Journal	'섬유문화'(Fibreculture) 네트워크와 사회정보의 확산 등에 관한 국제적 학술지
First Monday	인터넷에 관한 전문 학술지로 무료 개방함.
FlowTV	급속히 변화·발전하는 현대 미디어에 관한 소개와 논의 등에 관한 일반적 학술지
Global Media Journal	*Global Communication Association*의 전 세계판. 2007년 가을 창간. 2015년 말 현재 모두 11개 판(edition), 즉 Global판, African판, American판, Arabic판, Australian판, Chinese판, Indian판, Persian판, Polish판, Spanish판, Turkish판 발행

학술지 제호	개요
Glocal Times	발전(development)과 커뮤니케이션에 관한 웹 형태 잡지로, 스웨덴의 Malmö University의 Master in Communication for Development에서 발간. 2005년 6월 창간
Human Technology	정보와 커뮤니케이션 기술에 의한 사회의 변화 및 인간의 역할에 대한 각종 문제와 도전을 연구하는 학술지
IC: Revista Científica de Información y Comunicación (Spanish)	영문 제호는 *IC: Scientific Information and Communication Journal*로, 정보·커뮤니케이션·문화에 관한 다학제적 학술지. 온라인과 인쇄판을 각각 스페인어로 발행
Informação & Informação (Portuguese)	정보와 커뮤니케이션 관계 학술지로, 포르투갈 Universidade Estadual de Londrina의 Departamento de Ciência da Informação에서 포르투갈어로 발간. 1996년 창간
Information Technologies and International Development	국제사회의 발전에서 정보기술과 커뮤니케이션 간 상호작용에 관한 학술지
INICIACOM: Revista Brasileira de Iniciação Científica em Comunicação Social (Portuguese)	현대사회에서 커뮤니케이션의 기능 등에 관한 다학제적 학술지. 포르투갈에서 포르투갈어로 발행
Inmedia	영어 사용권에서의 신문·사진·회화·영화·TV·비디오게임·음악·라디오·인터넷 등에 관한 현황과 연구들을 비교분석. 프랑스의 학술지로 영어로 발행
Innoeduca: International Journal of Technology and Educational Innovation (Portuguese)	기술과 교육개혁에 관한 국제적 학술지. 포르투갈에서 포르투갈어로 발행
Inovcom: Revista Brasileira de Inovação Científica em Comunicação (Portuguese)	포르투갈에서 발행하는 커뮤니케이션 관련 학술지로, 마리리아대학교(Universidade de Marília, UNIMAR)의 커뮤니케이션학부(Faculdade de Comunicação)에서 발행
Intercom: Revista Brasileira de Ciências da Comunicação (Portuguese)	브라질에서 포르투갈어로 발행하는 사회적 커뮤니케이션 관련 학술지
International Journal of Communication	국제커뮤니케이션와 멀티미디어에 관한 학술지
International Journal of Computer and Network Security	컴퓨터 과학과 커뮤니케이션, 네트워크 보안(network security)에 관한 국제적 학술지
International Journal of Computer Science Issues	컴퓨터 과학 전반에 관한 학술지
The International Journal of Education and Development using Information and Communication Technology	국가나 지역, 또는 교육 등의 발전에서 정보-커뮤니케이션 기술(ICT)의 역할과 활용 등에 관한 학술지. 전자저널(E-Journal)로 무료 접속 가능
International Journal of Internet Science	인터넷과 사회적 영향 등에 관한 실증적 연구결과, 연구방법, 사회과학적 이론 등에 관한 학술지. 누구나 접속 가능

학술지 제호	개요
Invisible Culture	문화행위의 물질적·정치적 차원 등에 대한 탐색과 연구를 주로 하는 학술지
Javnost: The Public	European Institute for Communication and Culture에서 발행하는 커뮤니케이션과 문화의 관계를 연구하는 학술지
JCOM: Journal of Science Communication	과학커뮤니케이션에 관한 온라인 학술지
Journal of Communications	커뮤니케이션 이론, 방법론, 알고리즘(algorithms)에 관한 학술지(월간). ICA의 대표적 학술지 *Journal of Communication*과 다름. 제호가 *Communication*이 아니라 *Communications*(복수)로 되어 있음.
Journal of Computer-Mediated Communication	인터넷, 월드와이드웹(World Wide Web), 무선 등을 통한 컴퓨터-매개(computer-mediated) 커뮤니케이션에 관한 사회과학적 학술지(web-based 저널). 본래 1995년 Margaret McLaughlin과 Sheizaf Rafaeli가 처음 발행했으나, 2004년 ICA(International Communication Association)의 공식 학술지로 되었음.
Journal of E-Working	개인·기업·사회에서 새로운 작업환경에 대해 연구자들과 실무자들 간의 커뮤니케이션을 촉진하기 위한 온라인 학술지
Journal of Global Mass Communication	지구촌 환경에서 매스미디어의 기능, 영향, 과정 등에 관한 이해를 촉진하기 위한 학술지
Journal of ICT Research and Applications	*ITB Journal of Information and Communication Technology*(2007-2012)의 후신으로, 정보와 커뮤니케이션기술 분야 선반에 관한 학술지
Journal of Intercultural Communication	문화간 커뮤니케이션에 관한 연구와 교육의 진흥을 위해 Nordic Network for Intercultural Communication에서 발행하는 학술지
Journal of Media Critiques	미디어와 매스커뮤니케이션에 대한 비판적 입장의 학술지
Journal of Media Law & Ethics	미디어 관련 법과 윤리에 관한 이론적·실증적 연구와 논의 등에 관한 학술지
Journal of Virtual Worlds Research	기성 학자들과 신진 학자들의 교류와 수준 향상을 위한 온라인 개방(open access) 학술지
Journalism Research and Education Journal (English & Portuguese Edition)	저널리즘 관련 여러 가지 주제들(예컨대, 상업화, 위기 등)에 관한 온라인 학술지. 영어·포르투갈어판 있음.
KOME: An International Journal of Pure Communication Inquiry	이론과 순수과학적 입장의 커뮤니케이션 연구분야의 학술지
Kommunikation@Gesellschaft (German)	커뮤니케이션의 올드미디어와 뉴미디어에 대한 이론적·실증적 연구들이 실리는 독일어 학술지. 2000년 창간

학술지 제호	개요
M/C Journal	1998년 본래 *M/C: A Journal of Media and Culture*라는 제호로 창간. 미디어와 문화의 만남에 관한 분석적·비판적 논문들이 많음.
Jurnal Pengajian Media Malaysia (Malaysian Journal of Media Studies)	커뮤니케이션과 미디어에 관한 다학제적 학술지(말레이어). 1년에 2회(6월과 12월) 발간
MATRIZes	현대사회에서 커뮤니케이션 과정, 미디어, 효과 등에 대한 실증적·분석적·개념적 연구를 주로 싣는 학술지
Media and Communication	커뮤니케이션과 관련 분야에 관한 기초적·응용적 연구들이 실리는 학술지. 국제적으로 개방
Media Fields Journal	여러 가지 다양한 미디어에 관한 연구와 논의를 촉진하기 위한 플랫폼(platform) 성격의 학술지
Media Industries	미디어 산업과 세계적 기구에 대한 지원을 위해 시작된 개방적 온라인 학술지(open-access online journal)
MediaTropes	새로운 문화적 영토(cultural territories)의 조성과 기존 경계를 허물기 위해 마련된 온라인 학술지
MedieKultur (German)	미디어와 커뮤니케이션에 관한 독일 학술지. 독일어로 발행
Nordic and Baltic Journal of Information and Communication Technologies	정보-커뮤니케이션 기술(ICT)의 발달에 관한 국제적 학술지. 주로 북유럽과 발틱해 지역 중심
Nordicom Review	북유럽과 발틱해 지역의 미디어와 커뮤니케이션 연구자들의 주요 포럼(forum) 역할을 함. 연 2회 발행
Observatorio (Multilingual)	커뮤니케이션 이론과 연구방법 등에 관한 온라인 학술지. 포르투갈어(Portuguese), 스페인어(Spanish), 카탈라어(Catalan), 갈리시아어(Galician), 이탈리아어(Italian), 프랑스어(French), 영어(English)로 발행
Online Journal of Communication and Media Technologies	커뮤니케이션과 관련 분야에 관한 국제적 온라인 학술지
Palabra Clave (Spanish)	남미 콜롬비아의 사바나대학(Universidad de La Sabana) 커뮤니케이션학부(Facultad de Comunicación)에서 발행하는 학술지. 스페인어로 발행
Perspectivas de la Comunicación (Spanish)	남미 칠레의 프론테라대학교(Universidad de La Frontera) Magíster en Ciencias de la Comunicación에서 발행하는 학술지. 스페인어로 발행
PLATFORM: Journal of Media and Communication	커뮤니케이션 전공 대학원생들의 학술지로, 호주 University of Melbourne의 School of Culture and Communication에서 1년에 2회 발행
PRism	홍보(PR)과 커뮤니케이션에 관한 학술지로 2002년 창간

학술지 제호	개요
Prisma.com (Portuguese)	커뮤니케이션과 정보기술에 관한 온라인 학술지로 Centro de Estudos em Tecnologias, Artes e Ciências da Comunicação에서 포루투갈어로 발행
Public Relations Journal	The Public Relations Society of America(PRSA)에서 발간(계간)하는 전자 학술지. 무료 접속 가능
RESET: Recherches en sciences sociales sur Internet (프랑스어판), *Social science research on the Internet* (영어판)	인터넷에 관한 사회과학적 학술지로 프랑어판과 영문판을 각각 발행
Revista Comunicação Midiática (Portuguese)	커뮤니케이션 미디어 연구 관련 학술지로 포르투갈어로 발행
Revista de Comunicación (Spanish)	남미 페루의 피우라대학교(Universidad de Piura) 커뮤니케이션학부(Facultad de Comunicación)에서 스페인어로 발행하는 학술지. 2002년 창간
Revista de Comunicación de la SEECI (Spanish)	커뮤니케이션과 정보기술에 관한 학술지로 스페인어로 발행
Revista FAMECOS: mídia, cultura e tecnologia (Portuguese)	브라질의 리오 그란데 도 솔(Rio Grande do Sul) 소재 가톨릭주교대학교(Pontifícia Universidade Católica) 대학원 커뮤니케이션 전공과정에서 포르투갈어로 발행하는 학술지
Revista Fronteiras: Estudos Midiáticos (Portuguese/English)	매스커뮤니케이션에 관한 학술지로 포르투갈어판과 영문판을 별도로 발행
RIED: Revista Iberoamericana de Educación a Distancia (Spanish)	커뮤니케이션과 교육 관련 학술지로 스페인어로 발행
Revista Internacional de Comunicación y Desarrollo (Spanish)	커뮤니케이션과 발전에 관한 과학적 학술지로 Europe and Latin America Network of Communication and Development가 발행
Revista Latina de Comunicación Social (Spanish)	사회적 커뮤니케이션에 관한 라틴 국가들의 학술지로 스페인어로 발행
Revista Mediterránea de Comunicación (Spanish)	지중해 지역 대상의 커뮤니케이션 관련 학술지로 스페인의 알리칸테대학교(Universidad de Alicante)에서 스페인어로 발행
Revista Orbis (Spanish)	커뮤니케이션·심리학·교육학·언어학에 관한 학술지로 스페인어로 발행
Scientific Journals International	모든 학문의 과학적 연구수준을 제고하기 위한 국제적 학술지. 무료 접속 가능
Second Nature: International Journal of Creative Media	미디어에 관한 창조적 연구를 위한 학술지

학술지 제호	개요
Signo y Pensamiento (*Spanish*)	커뮤니케이션, 정보, 언어 등에 관한 학술지. 남미 콜롬비아 몇 개 대학의 커뮤니케이션 관련 학부에서 공동으로 발행. 스페인어로 발행
Sur le journalisme (프랑스어판), *About journalism* (영어판), *Sobre jornalismo* (스페인어판)	저널리즘에 관한 국제적 학술지. 프랑스어판·영어판·스페인어판 각각 발행. 전자판과 인쇄판도 각각 발행
Studies in Communication	커뮤니케이션과 미디어에 관한 학술지로 독일 푸블리스틱-커뮤니케이션학회(Deutsche Gesellschaft für Publizistik- und Kommunikationswissenschaft)에서 영어로 발간
Transformations	현대사회의 글로벌 문화에 관한 학술지
tripleC	인지(cognition), 커뮤니케이션(communication), 협력(cooperation)에 관한 복합적 학술지
Trípodos	커뮤니케이션의 세계(신문·영화·TV·광고·PR·인터넷 등)에 관련된 모든 학문적 연구에 관한 학술지. 스페인의 Ramon Llull University의 Blanquerna School of Communication and International Relations에서 발행
VIEW Journal of European Television History and Culture	유럽의 텔레비전 역사와 문화에 관한 전자 저널로 누구나 접속 가능
Vivat Academia	스페인의 국제커뮤니케이션과 PR에 관한 포럼(Fórum Internacional de Comunicación y Relaciones Públicas)에서 발행하는 학술지. 스페인어로 발행
Westminster Papers in Communication and Culture	미디어와 문화에 관한 다학제적 연구지로, 1년에 4회 인쇄본(hard copy)과 PDF 형태로 발행
World of Media. Yearbook of Russian Media and Journalism Studies	미디어와 저널리즘에 관한 러시아 학자들의 학술적 연감. 영어로 발행

출처: IAMCR 관련 여러 웹사이트([2016-06-02])에서 종합.

graduate journal)로 멜버른대학교 대학원생들이 편집하고 있다.

2. 주요 학술지에 게재된 논문들의 주제어 분석방법

앞서 살펴본 커뮤니케이션 학술지에 실린 논문들에서는 주로 무엇이 연구되고 있는가? 이를 알아보기 위하여 커뮤니케이션 주요 학술지에 실린 논문들의 주제를 분석해 보았다. 구체적으로 주요 학술지들에 최근 1년 동안(2015. 4 ~ 2016. 3) 게재된 연구논문의 주제어들(key words)을 수집 · 분석하였다.

1) 분석대상 학술지의 선정 기준과 선정 학술지들

앞에서 살펴보았듯이 주요 커뮤니케이션 학회의 학술지들만도 수십 종에 달한다. 그러나 여기서는 주요 학술지 중에서 다시 6종을 표본(sample)으로 선정해, 이들 학술지에 실린 논문들의 주제어만 분석해 보았다.

분석대상 학술지 선정 기준부터 밝혀보면, 세계의 대표적 커뮤니케이션 학회 학술지들을 포함해 2016년 현재 SSCI(Social Sciences Citation Index)급으로 인정받는 80개의 커뮤니케이션 학술지 중에서 선정하기로 했다. 우선 미국의 3대 커뮤니케이션 학회인 저널리즘과 매스커뮤니케이션 교육학회(AEJMC), 전국커뮤니케이션학회(NCA), 국제커뮤니케이션학회(ICA)가 발행하는 학술지 중에서 하나 또는 두 개씩 선정했다. AEJMC의 학술지 중에는 가장 대표적인 「저널리즘 앤드 매스커뮤니케이션 쿼털리」(*Journalism and Mass Communication Quarterly*)를 선정했다. 그리고 NCA의 학술지 중에는 「크리티컬 스터디스 인 미디어 커뮤니케이션」(*Critical Studies in Media Communication*)을 선정했다. 이 학술지는 비판적 관점과 질적 방법론 중심의 논문들을 주로 게재하고 있어, 실증적 연구논문 중심인 다른 학술지들의 편향성을 보완할 것으로 판단했기 때문이다. 한편 ICA의 학술지 중에는 「저널 오브 커뮤니케이션」(*Journal of Communication*)과 「휴먼 커뮤니케이션 리서치」(*Human Communication Research*)를 분석대상 학술지로 선정했다. 전자는 앞서 말했듯이 ICA의 대표적(flagship) 학술지로, 2016년 6월 현재 피인용지수(impact factor)가 3.160으로 76개 커뮤니케이션 관련 학술지 중에서 1위이다. 후자는 AEJMC의 「저널리즘 앤드 매스커뮤니케이션 쿼털리」 등의 학술지에 많이 실리지 않는 휴먼 커뮤니케이션 분야의 연구논문들을 주로 싣고 있다.

다음으로 유럽의 2대 커뮤니케이션 학회인 국제미디어·커뮤니케이션 연구학회(IAMCR)와 유럽커뮤니케이션 연구·교육학회(ECREA)에서 발간하는 학술지 중에서도 분석대상을 선정하려고 했으나, 이들 학회는 학회 전체를 대표하는 학술지를 발행하지 않거나, 다른 학회나 연구·교육기관 등과 제휴해서 학술지를 발간하고 있다. 그래서 이러한 학술지들 대신에 미국의 세이지 출판사(Sage Publications) 런던 지사에서 발행하는 「유러피안 저널 오브 커뮤니케이션」(*European Journal of Communication*)을 분석대상으로 선정했다. 이 학술지는 유럽의 커뮤니케이션 학자들을 대상으로 한 것으로, 편집자들도 유럽의 커뮤니케이션 학자들이 맡고 있다.[2]

끝으로 세이지 출판사에서 발행하는 「커뮤니케이션 리서치」(*Communication Research*)라는 학술지도 분석대상으로 선정했다. 「커뮤니케이션 리서치」는 커뮤니케이션 분야에 관한 종합적 학술지로, 2016년 6월 현재 피인용지수의 순위가 76개의 커뮤니케이션 관련 학술지 중에서 5위를 차지하고 있다. 이와 같이 모두 6종의 학술지를 분석대상으로 선정했는데, 이들 학술지의 발행기관, 발행횟수, 피인용지수 등을 간단히 소개해 보면 [표 3-2-5]와 같다.[3]

---

2 2016년 현재 이 학술지의 편집인은 영국 Northumbria University의 Peter Golding, 벨기에 Ghent University의 Karin Raeymaechers 및 포르투갈 University of Minho의 Helena Sousa 교수이다.

3 각 학회에서 발행하는 학술지의 실제 제작과 발간을 상업 출판사에 의뢰하는 것이 관례인데, 예컨대 AEJMC의 *Journalism and Mass Communication Quarterly*는 Sage 출판사에서 제작·출판하며, ICA의 *Journal of Communication*과 *Human Communication Research*는 Wiley-Blackwell 출판사에서, 그리고 NCA의 *Critical Studies in Media*

[표 3-2-5] 분석대상 커뮤니케이션 관련 학술지들(2016년 6월)

학술지 제호	발행기관	발행 횟수	피인용지수/순위 (76개 학술지 중)
Journalism and Mass Communication Quarterly	AEJMC	연 4회	0.797 / 38위
Critical Studies in Media Communication	NCA	연 5회	미공개
Journal of Communication	ICA	연 6회	3.160 / 1위
Human Communication Research	ICA	연 4회	1.905 / 8위
European Journal of Communication	Sage	연 6회	1.088 / 29위
Communication Research	Sage	연 6회	2.493 / 5위

출처: 각 학술지 웹사이트와 Clarivate Analytics의 학술지 관련 정보사이트(https://clarivate.com/products/journal-citation-reports/ [2016-06-02]) 내용을 토대로 재구성.

2) 분석대상 학술지에 실린 논문과 주제어 추출

이들 6개 학술지에 최근 1년 동안(2015. 4~2016. 3) 게재된 논문(서평 등은 제외)들을 수집해 본 결과, [표 3-2-6]에서 볼 수 있듯이 모두 218건으로 집계됐다. 이들 논문의 주제어들을 분석해 보았는데, 여기에서 '주제어'(主題語)란 각 논문의 주요 주제를 나타내는 단어나 어구(語句)들로, 각 논문의 초록(abstracts) 끝에 연구자(필자)들이 제시해 놓은 핵심어(key words)[4]에 해당된다. 그러나 여기에서 말하는 주제어는 각 논문에 제시해 놓은 핵심어들도 참조하되, 이 책의 저자들이 각 연구논문의 제목, 초록, 핵심어, 본문 등을 읽어본 뒤, 해당 논문의 연구주제를 가장 잘 나타내는 단어나 어구들을 추출한 것이다.

---

*Communication*은 Routledge 출판사에서 제작·출판한다.

4 학술지에 실려 있는 각 논문을 보면, 논문 제목과 연구자 이름 아래 논문 초록(abstracts)을 싣고 그 끝에 핵심어(key words)로 해당 논문에서 다룬 주요 주제들을 중요한 순서대로 몇 개씩 제시해 놓는다. 이러한 핵심어들은 해당 논문의 주요 연구주제를 가장 잘 표현해 주는 단어나 어구들을 열거해 놓은 것이다.

[표 3-2-6] 커뮤니케이션 관련 6개 학술지별 논문건수(2015. 4. ~ 2016. 3 게재)

학술지 제호	논문건수(개)	구성비율(%)
Journalism and Mass Communication Quarterly	35	16.1
Critical Studies in Media Communication	28	12.8
Journal of Communication	46	21.1
Human Communication Research	28	12.8
European Journal of Communication	35	16.1
Communication Research	46	21.1
합계	218	100.0

출처: 각 학술지 웹사이트 내용을 토대로 저자 작성.

이와 같이 218개의 논문들로부터 주제어들을 추출해 본 결과, 모두 701개의 주제어들이 나타났다. 그러나 이들 주제어 중에서 동일한 의미를 가지면서 표현만 다른 경우 등은 데이터클리닝 방법(data cleaning technique)을 사용하여 정리했다. 예를 들어, labor와 labour를 하나의 표기로 통일하거나, dual-process와 dual-process model을 dual-process로 일관되게 고치거나, feminist, feminist theory, feminism은 feminism으로 통일하거나, attitude, attitudes, attitude change는 attitude로 수정했다. 그 결과 모두 701개의 주제어 중에서 197개 주제어가 정리되고 504개만 남았다. 이들 주제어의 실례를 들어보면, 개념에 관한 주제어는 'interactivity,' 가설에 관한 주제어는 'knowledge gap hypothesis,' 모형에 관한 주제어는 'elaboration likelihood model,' 이론에 관한 주제어는 'cultivation theory' 등 매우 다양하게 나타났다. 또한 미디어에 관한 주제어로는 'social media,' 연구방법에 관한 주제어로는 'content analysis'와 같은 것도 있었으며, 그 밖에 'cancer'나 'food' 등과 같은 일반명사의 주제어, Foucault와 같은 인명의 주제어, Mexico와 같은 지명의 주제어 등도 있었다.

3. 연구분야별 주제어를 통해 본 주요 연구주제

다음으로 커뮤니케이션학 연구분야별로 어떤 주제들이 많이 나타나는지 알아보기 위해 218건의 논문들을 커뮤니케이션학의 연구영역과 분야별로 주제어들을 분류해 보았다.

1) 고유영역의 연구분야별 주요 연구주제

앞서 제3편 제1장에서 말했듯이 커뮤니케이션학의 연구영역은 크게 '고유영역'과 '확장영역'으로 나눌 수 있다(Beck, 2010). 따라서 여기에서도 커뮤니케이션학의 연구영역을 2개로 나누고, 이들 영역을 다시 여러 가지 연구분야로 나눈 후, 연구분야별로 나타나는 주제어들과 언급 빈도를 분석해 보았다. 이를 통해 어떤 주제들이 많이 연구되었는지 알아볼 수 있기 때문인데, 우선 커뮤니케이션학의 고유영역에서 연구분야별 주제어와 빈도(출현 횟수)를 소개하면 [표 3-2-7]과 같다.

(1) 저널리즘과 방송 · 영상 분야의 주요 연구주제

저널리즘 분야의 연구논문들에서 가장 많이 나타난 주제어는 journalism(27회), news(21회), framing(12회)으로, 이들에 관한 것이 근래에도 저널리즘 분야에서 가장 중요한 연구주제가 되고 있다. 또한 gate-keeping, priming, agenda-setting, news diffusion, news cycle 등의 주제들도 저널리즘 분야에서 아직까지 많이 연구되고 있음을 알 수 있다. 한편 각종 뉴스매체에 관한 주제어도 newspaper(7회), social media(4회), online(3회), internet(3회), TV(2회) 등의 순서로 많이 나타났다. 이를 볼 때 저널리즘 분야에서는 여전히 신문에 대

[표 3-2-7] 커뮤니케이션학 고유영역의 연구분야별 주제어와 빈도

분야	커뮤니케이션 관련 주요 학술지 논문들에 나타난 주제어	빈도(회)
저널리즘	journalism	27
	news	21
	framing	12
	content analysis, newspaper	7
	political participation	6
	citizen, culture, gender, survey	5
	agenda-setting, emotion, public opinion, social media	4
	censorship, community, digital, election, information, internet, narrative, network, online, participation, pluralism, professional, reporting, user generated content	3
방송·영상	television	13
	production, violence, visual	4
	film, news, social identity	3
	assault, digital, discussion, emotion, homicide, image, information, information processing, international, network, political participation, race, sensationalism, social media, technology, twitter, youth	2
광고	advertising, audience, consumption, persuasion	6
	child, commodity fetishism, content analysis, drug	2
홍보	public relations, health communication, risk	3
	journalism, news	2
조직컴	decision-making, journalism, social media, social support	3
	adoption, conflict, family, framing, group, information seeking, network	2
스피치컴	emotion, social support	6
	computer-mediated communication	5
	conflict, deception, family	4
	communication competence, parent-child, politeness, social media	3

분야	커뮤니케이션 관련 주요 학술지 논문들에 나타난 주제어	빈도(회)
	advice, attitude, behavior, economy, face, framing, information processing, information seeking, interpersonal communication, knowledge, lie, online comment, online forum, privacy, public opinion, rhetoric, stress, trust, truth bias	2
기타컴	framing	8
	journalism, news	6
	audience, discussion, newspaper	5
	agenda-setting, emotion, public opinion	4
	content analysis, gender, information processing, pluralism, policy, selective exposure, social media	3

한 연구가 많은 편이나, 소셜 미디어와 온라인 미디어 등을 통한 뉴스의 확산과 유통에 대한 연구도 활발히 이루어지는 것으로 보인다. 한편 interactivity, news sharing, online comment, electronic, digital, internet, user generated content 등의 주제어들이 많이 나타났음을 볼 때, 최근의 저널리즘 연구에서는 미디어 기술을 원용한 데이터저널리즘, 로봇저널리즘, 가상현실(VR)저널리즘 등으로 연구범위가 확장되고 있음을 알 수 있다. 그러나 reporting, editor, professional 등의 주제어들도 많이 나타나, 취재 · 보도 · 편집 등에 관한 전통적 연구들도 많이 이루어지고 있으며, fact-checking, objectivity, stereotype, pluralism 등의 주제어들을 보면 뉴스의 정확성 · 객관성 · 공정성 · 다양성 등 저널리즘 규범에 관한 것도 중요한 연구주제가 되고 있음을 알 수 있다. 또한 credibility, trust, accountability, ethics 등의 주제어들을 볼 때 언론에 대한 수용자 신뢰에 관한 연구들도 많이 이루어지고 있으며, censorship, first amendment, democracy 등의 주제어들로 미루어볼 때 언론의 자유와 규제에 관한 것도 여전히 중요한 연구주제가 되고 있음을 알 수 있다.

방송·영상 분야에서는 여러 가지 주제어 중에 TV(13회)가 가장 많이 언급되었으며, production, visual, news, image 등의 빈도도 비교적 높게 나타났다. 이를 볼 때 TV 프로그램의 제작과 내용 분석에 관한 연구들이 많이 이루어지고 있음을 엿볼 수 있다. 한편 information, information processing 등의 주제어들이 많이 나타났음을 볼 때, 방송 시청자들이 어떤 프로그램의 내용에 관심을 가지고, 그것을 어떻게 학습-이해-기억하는지에 대한 연구들도 많음을 알 수 있다. 그런가 하면 TV 프로그램의 폭력성과 문화계발(cultivation) 효과 등에 관한 것도 주요 연구주제가 되었다. 방송·영상 분야에 관한 최근의 연구논문에서 violence(4회), assault(2회), homicide(2회), sensationalism(2회) 등의 주제어들도 나타났기 때문이다. 한편 근래에는 방송·영상 분야의 연구에서도 새로운 커뮤니케이션 기술과 소셜미디어의 확산 등에 관한 연구가 크게 대두되고 있는데, digital, technology, social media, twitter 등과 같은 주제어들이 많이 언급되고 있다.

(2) 광고와 홍보 분야의 주요 연구주제

광고 분야의 논문에서는 audience, consumption, persuasion 등 주제어가 자주 등장했는데, 이는 설득지식 모형(persuasion knowledge model), 계획된 행동이론(theory of planned behavior) 등의 설득커뮤니케이션 이론의 입장에서 광고가 소비자들에게 미치는 효과를 밝혀보려는 연구들이 많음을 보여주는 것이다. 광고상품에 관한 연구로는 건강, 여성, 어린이 등에 관련된 상품에 관한 연구들이 많았는데, 이에 관련된 주제어들, 예컨대 drug, commodity, fetishism, child 등이 많이 언급되었기 때문이다. 이 밖에 동서양의 문화적 차이에 따른 광고효과의 비교연구, 광고가 상품물신주의(commodity fetishism) 조장에 미치는 영향에 관한 연구들도 눈에 띄었다.

홍보 분야에서는 health communication에 관한 주제어들이 많이 나타났는데, 이는 근래 홍보에 관한 연구대상의 상당수가 건강(health)에 관한 것임을 보여준다. 미디어·정부·각종 조직체 등의 홍보전략에 관한 연구들도 물론 많았다. 이 중에는 각종 조직체의 위기대처 전략(주제어 risk), 실추된 이미지의 회복(image repair) 방안, 각종 캠페인의 계획과 방안 등에 관한 논문들이 적지 않았다. 그 밖에 음식(food)과 비만(obesity)에 대한 홍보 메시지 구성과 전략에 대한 연구도 있었고, 특정 목적을 위하여 언론을 왜곡시키는 스핀 닥터(spin doctor)의 측면에서 홍보를 바라본 비판적 연구도 있었다.

(3) 조직·스피치·기타 커뮤니케이션 분야의 주요 연구주제

조직커뮤니케이션 분야의 논문에서는 decision-making(3회), social support(3회), group(2회) 등의 주제어들이 많이 언급되었는데, 이는 조직 내에서의 의사결정 과정과 구성원들 간 지지와 결속 등에 관한 연구가 조직커뮤니케이션의 주류를 이루고 있음을 보여준다. 그 밖에 조직커뮤니케이션의 주요 메시지로서 특정 조직에 관한 뉴스(Journalism, 3회)의 분석, 조직 구성원들 간의 의견교류 채널로서 소셜 미디어(social media, 3회)의 성격과 주요 기능, 조직 내 갈등 해결과 결속유지 방안에 관한 연구들도 많이 이루어지고 있었다. 조직의 한 형태로서의 가족(family, 2회) 내에서의 커뮤니케이션의 주요 기능과 구조 등에 관한 연구도 눈에 띄었다.

스피치커뮤니케이션 분야의 논문에서는 interpersonal communication(2회), rhetoric(2회) 등의 주제어들보다 computer-mediated communication(5회), social media(3회) 등의 주제어들이 더 많이 나타났다. 이는 과거 스피치커뮤니케이션 분야에서 전통적으로 대인커뮤니케이션과 수사학에 관련된 연구들이 주류를 차지해왔으나, 근래에는 인터넷, 모바일, 소셜미디어 등을 통한 매개커뮤니케이션에 관한 연구가 많아졌음을 보여주는 것이다. 그러나 구체적 주제로는 역시 인간들 간 갈등을 해결하고 지지를 얻기 위한 커뮤니케이션 전략에 관한 것이 많았다. 그 밖에 대화 메시지의 구성과 수용 방식, 감정중심의 메시지가 대화과정과 효과에 미치는 영향, 대화를 통한 감정의 전달과 확산과정, 대화의 효과에 미치는 발화자의 커뮤니케이션 능력(communication competence)과 예의(politeness), 가족 내에서 부모와 자녀 간의 커뮤니케이션(parent-children communication), 대인커뮤니케이션에서 기만이론(interpersonal deception theory)과 거짓말(lie) · 진실편향(truth bias) · 신뢰(trust) 등에 관한 연구들도 있었다.

기타 커뮤니케이션 분야에서는 여러 가지 다양한 주제에 관한 연구들이 있었으나, 프레이밍(framing, 8회)과 의제설정(agenda-setting, 4회) 이론에 관한 것이 가장 많았다. 그 밖에 언론의 4이론(four theories of press), 게이트키핑 이론(gate-keeping theory), 프라이밍 이론(priming theory), 지식격차 가설(knowledge gap hypothesis), 제3자 효과 이론(third-person effect theory), 개혁의 확산 이론(diffusion theory of innovation), 사회정체성 이론(social identity theory), 채널상보성 이론(channel complementarity theory), 정보처리 과정(information processing), 이중적 과정 모형(dual-process model), 정교화 가능성 모형(elaboration likelihood model), 휴리스틱-시스티메틱 모형(heuristic-systematic model) 등 여러 가지 이론과 모형에 관한 연구들이 있었으며, 선별적 노출(selective exposure), 여론지도자(opinion leader), 몰입(immersion), 정보적 유용성(informational utility), 극화(polarization), 고정관념(stereotype) 등의 개념이나 현상에 관한 연구들도 있었다.

2) 인문학 연계 확장영역의 연구분야별 주요 연구주제

다음으로 커뮤니케이션학의 확장영역에서 연구분야별 주제어들과 그 빈도의 분석 결과를 소개한다. 우선 인문학과 연계한 커뮤니케이션학 확장영역의 연구분야별 주요 주제어의 분석 결과부터 소개해 보면 [표 3-2-8]과 같다.

(1) 커뮤니케이션 역사 · 윤리 · 철학 분야의 주요 연구주제

커뮤니케이션 역사 분야에 관련된 논문은 총 218개의 분석 논문 가운데 26편이었는데, 이들 논문에서 언급된 주요 주제어는 history(3회) 이외에 journalist(2회)와 culture(2회) 등이었다. 저널리스트에 관한 역사적 연구들이 많았으며, 커뮤니케이션 역사를 문화사적 시각에서 고찰한 연구도 많았다. 이러한 연구들 이외에 여러 가지 주제의 역사적 연구들이 있었으며, 언론윤리와 규범의 발달과정을 역사적으로 고찰한 논문들도 있었다.

커뮤니케이션 윤리 분야의 주제어 중에는 ethics(3회)보다 journalism(4회)의 빈도가 더 높게 나타났는데, 이는 커뮤니케이션 윤리에 관한 상당수의 연구주제가 언론이나 뉴스 미디어의 역할과 관련됐기 때문이다. 한편 언론자유와 관련된 freedom, liberalism, morality 등의 주제어들도 많이 나타났는데, 이는 언론의 자유와 객관성(objectivity), 규범, 사회적 책임(accountability) 간의 관계가 커뮤니케이션 윤리에서 주요 연구주제가 되었기 때문이다. 또한 violence, sensationalism 등도 커뮤니케이션 윤리에서 주요 주제어로 나타났는데, 이는 폭력 소재에 대한 매스미디어의 선정적 보도와 윤리적 문제도 주요 연구주제가 되기 때문이다. 그 밖에 online forum, computer-mediated communication, discourse, politeness 등도 커뮤니케이션 윤리에 관한

[표 3-2-8] 인문학 연계 확장영역에서 연구분야별 주제어와 빈도

분야	커뮤니케이션 관련 주요 학술지 논문들에 나타난 주제어	빈도(회)
역사	history	3
	culture, journalist	2
	conflict, convergence, ethics, experiment, France, image, information processing, international, knowledge gap, memory, myth, political participation, practice, professional, propaganda, soap opera, TV, visual, war	1
윤리	journalism	4
	ethics, violence	3
	computer-mediated communication, discourse, engagement, freedom, liberalism, morality, network, news, objectivity, online forum, politeness, public opinion, race, regulation, sensationalism	2
철학	communication, Philosophy	1
문화	culture	9
	gender, queer, race	6
	digital, game	5
	industry, journalism, narrative, network, news, video	4
	film, technology	3
언어	information processing	6
	narrative	4
	correction, news	3
	emotion, engagement, framing, health communication, journalism, knowledge, persuasion, social media	2
성	gender	13
	queer	7
	feminism	5
	sex	4
	framing, neoliberalism, race, violence	3
	affect, courtship, labor, network, news, sexual socialization, technology	2

분야	커뮤니케이션 관련 주요 학술지 논문들에 나타난 주제어	빈도(회)
종교	islam	2
	democracy, discourse, emancipation, framing, free speech, freedom, gender, liberalism, market, race, turkey, visual,	1
교육	parent-child	6
	youth	4
	child, internet	3
	advertising, anxiety, behavior, citizen, communication competence, community, education, framing, health communication, history, interactivity, journalism, knowledge, network, social media, TV	2

연구에서 주요 주제어로 나타났다. 이는 온라인 토론에서 사이버 폭력(cyber-bullying) 등에 관한 문제가 커뮤니케이션 윤리에서 주요 주제가 되기 때문이다.

커뮤니케이션 철학 분야에 관한 논문은 분석 대상인 218편의 논문들 중에서 겨우 한 편에 불과했다. 따라서 커뮤니케이션 철학 분야의 연구 주제어와 주제들은 분석할 수 없었다.

(2) 커뮤니케이션과 문화 · 언어 분야의 주요 연구주제

문화와 커뮤니케이션에 관한 연구분야의 논문들에서 빈도가 가장 높게 나타난 주제어는 culture(9회)였고, 다음은 gender(6회), queer(6회), race(6회) 등이었다. 이는 문화 관련 커뮤니케이션 연구의 최근 주제가 성(性)차별, 성적 정체성, 인종차별 등임을 시사한다. 그러나 game(5회), video(4회), film(3회), industry(4회) 등의 주제어들도 비교적 빈도가 높은 것을 볼 때, 문화와 커뮤니케이션 연구분야에서는 비디오, 영화, 게임 등을 중심으로 한 문화산업이 주요 연구주제인 것으로 보인다. 그 밖에 enjoyment, entertainment, punk, soap opera, spoiler

등의 주제어들도 등장함을 볼 때, 방송 드라마나 오락 프로그램으로 대표되는 대중문화도 주요 연구주제가 되고 있다. 한편 commodity fetishism, criticism, Foucault, Marxism 등의 주제어들도 있음을 볼 때, 대중문화와 문화산업을 물신화의 시각으로 비판하는 연구들도 있음을 알 수 있다.

언어와 커뮤니케이션에 관한 연구분야의 논문들에서 가장 빈도가 높은 주제어는 information processing(6회)이었는데, 이는 정보의 처리과정에 관한 것이 가장 중요한 연구주제임을 보여주고 있다. 다음으로는 narrative(4회)의 빈도가 높게 나타났는데, 이는 각종 커뮤니케이션 메시지에 담긴 이야기의 주제, 구성, 문체 등에 관한 분석적 연구도 많았음을 시사한다. 그리고 news(3회)가 주요 주제어의 하나로 나타난 것은 뉴스 기사에 관한 언어학적 분석도 많이 이루어졌음을 보여준다. 그 밖에 framing, elaboration likelihood model, heuristic-systematic model, motivated reasoning, social comparison theory, social identity theory, two-sided message effect 등의 주제어들은 담론(discourse), 토론(discussion), 수사학(rhetoric) 등에 관한 연구가 이루어지고 있음을 알려주고 있다.

(3) 커뮤니케이션과 성 · 종교 · 교육 분야의 주요 연구주제

성(sex, gender)과 커뮤니케이션에 관한 연구분야의 논문들에서는 gender(13회), queer(7회), feminism(5회) 등이 주요 주제어로 나타났다. 이는 미디어에 나타난 여성차별적 메시지를 분석하거나 동성애를 묘사한 메시지를 분석하거나, 또는 페미니즘(feminism)이나 포스트 페미니즘(post-feminism) 이론에 근거해 여성차별에 대항하거나 여성성을 옹호하는 연구들이 많이 이루어지고 있음을 말해주고 있다. 그리고 framing(3회)이라는 주제어의 빈도가 비교적 높은 것은 여성에 대한 미디어 프레임을 분석하는 연구가 많이 이루어지고 있음을 의미한다. 한편 남녀 간의 성관계를 주제로 한 연구도 적지 않게 이루어졌는데, 이에 관련된 주제어인 sex(4회), sexual socialization(2회) 등의 빈도가 높게 나타났다.

종교와 커뮤니케이션에 관한 연구분야의 논문들에서 나타난 주제어들은 모두 14개로 적은 편이며, 종교 이름의 주제어는 Islam(2회)뿐이었다. 그러므로 이들 주제어를 바탕으로 종교와 커뮤니케이션 분야의 연구주제들을 정확하게 알아보기는 어려웠으나, 뉴스 미디어가 종교 관련 뉴스를 보도하는 방식 등에 관해 연구가 많이 이루어진다고 짐작할 수 있다. 또한 미디어들이 종교에 관한 뉴스 등을 어떤 프레임으로 보도했는지에 관한 프레임 분석 연구들도 비교적 많았다.

교육과 커뮤니케이션에 관한 연구분야의 논문들에서는 parent-child(6회), youth(4회), child(3회) 등의 주제어들이 많았다. 이는 어린이들의 미디어 이용방법, 특히 인터넷 이용상에서 사이버 폭력(cyber-bullying) 등과 그에 대한 부모의 개입과 지도방법 등이 미디어 교육에 관한 연구에서 주요 주제가 되고 있음을 보여준다. 한편 journalism, knowledge, citizen, community 등의 주제어들은 어린이나 청소년들이 매스미디어의 뉴스 등을 접하면서 지식을 획득하고, 지역사회 공동체에 적극 참여하는 시민의식 등을 함양하는 과정에 관련된 설득지식 모형(persuasion knowledge model)과 계획적 행동이론(theory of planned behavior) 등에 관한 연구도 적지 않게 이루어지고 있음을 말해주고 있다.

3) 사회과학 연계 확장영역의 연구분야별 주요 연구주제

다음으로 사회과학과 연계한 커뮤니케이션학 확장영역의 연구분야별 주제어와 그 빈도를 분석해 본 결과 [표 3-2-9]와 같이 나타났다. 이를 바탕으로 최근 1년 동안 우리나라 커뮤니케이션학계에서 이루어진 주요 연구주제와 연구동향 등을 연구분야별로 간단히 제시해 보면 다음과 같다.

(1) 미디어 경영 · 경제/법률 · 행정 · 정책 연구분야의 주요 연구주제

미디어 경영 · 경제 분야의 논문들에서 빈도가 비교적 높게 나타난 주제어는 economy(3회), market(2회), competition(2회), industry(2회) 등이었는데, 이러한 주제어들은 곧 미디어 시장의 경쟁, 수익창출, 산업구조 등이 이 분야에서 주요 연구주제임을 보여주고 있다. 이러한 연구주제 중에는 미디어 시장의 세계화에 따른 TV 프로그램의 다국적 유통과 소비현상도 포함되어 있기 때문에 TV도 주요 주제어의 하나로 나타났다. 여기에 newspaper(2회)도 주요 주제어의 하나로 등장한 것은, 미디어 시장의 경쟁이 심해지면서 신문들이 수익창출을 위해 흥미위주의 선정적 보도를 하는 사례에 대한 연구가 이루어지고 있기 때문이다. 한편 concentration(3회), liberalism(3회), neo-liberalism(3회) 등의 주제어들이 많이 나타난 것은, 미디어 시장에서 기업집중 현상이 심화되는 문제를 지적하며 무한경쟁을 유도하는 신자유주의 이념을 비판하는 정치경제학적 연구가 등장했기 때문이다. 또한 commodity fetishism, capitalism, marxism 등의 주제어들은 미디어가 상품소비를 부추기며 자본주의 문제점인 상품물신화(commodity fetishism) 현상을 유발하는 실태를 비판하는 연구들 때문에 나타난 것으로 보인다.

커뮤니케이션 법률 · 행정 · 정책 분야에서 가장 빈도가 높은 주제어는 policy(5회)로 나타났다. 오늘날 미디어 시장에서 각 주체들이 책임 있는 행동을 하도록 규제할 수 있는 원천은 정부 정책이므로, 이

[표 3-2-9] 사회과학 연계 확장영역의 연구분야별 주제어와 빈도

분야	커뮤니케이션 관련 주요 학술지 논문들에 나타난 주제어	빈도(회)
경영·경제	concentration, economy, liberalism, neo-liberalism, pluralism, policy, TV	3
	competition, democracy, digital, ethnography, game, industry, knowledge, labor, market, newspaper, production	2
법률·행정·정책	policy	5
	framing	4
	violence	3
	concentration, gender, information, network	2
사회	social media	6
	community, network, social support	5
	journalism, labor, parent-child	4
	citizen, framing, gender, news, pluralism, queer, social identity	3
심리	emotion	13
	framing, news	10
	violence	8
	computer-mediated communication, health communication, information processing, social support	7
	attitude, social media	6
	behavior, credibility, journalism, persuasion, public opinion, youth	5
	anxiety, conflict, deception, discussion, engagement, family, gender, intention, memory, network, parent-child, political participation, selective exposure, sex, trust	4
정치	political participation	13
	democracy, discussion	10
	framing, journalism, news	8
	social media	7
	election, network, public opinion, TV	6
	citizen, deliberation, emotion	5
	attitude, discourse, engagement, ideology, information, know-	4

분야	커뮤니케이션 관련 주요 학술지 논문들에 나타난 주제어	빈도(회)
정치	ledge, liberalism, neo-liberalism, protest, public sphere, survey, twitter, argument repertoire, opinion leader	
국제	framing, journalism	4
	behavior, censorship, China, ideology, international, network	3
	attitude, audience, community, content analysis, culture, development, discourse, education, freedom, globalization, Hong Kong, intention, Japan, neo-liberalism, norm, political participation, production, protest, technology, TV	2

러한 정책에 관한 연구들이 많이 이루어지고 있었다. 한편 framing(4회)도 주요 주제어의 하나로 나타났는데, 이는 커뮤니케이션 관련 각종 정책에 대한 관심과 지지를 유발하기 위한 효과적 메시지의 프레임을 탐색하는 연구들이 많았기 때문이다.

(2) 사회/심리 커뮤니케이션 연구분야의 주요 연구주제

사회적 커뮤니케이션 연구분야에서 가장 많이 등장한 주제어는 social media(6회)였는데, 소셜미디어가 근래에 사회적 커뮤니케이션에서 가장 중요한 매체로 부상하고 있기 때문이라고 볼 수 있다. 다음으로는 community(5회), network(5회), social support(5회)도 주요 연구주제로 나타났는데, 공동체 구성원들이 여러 가지 네트워크를 통하여 정보를 공유하고 사회적 지지를 받으며 공동체를 유지·발전시키는 데 사회적 커뮤니케이션이 중요한 역할을 하기 때문이다. 이 밖에도 journalism(4회), labor(4회), parent-child(4회), citizen(3회), framing(3회), gender(3회), news(3회), pluralism(3회), queer(3회), social identity(3회) 등의 주제어들도 나타났다. 저널리즘, 노동, 부모와 자식 간의 관계, 사회구성원으로서 시민, 미디어의 사회뉴스보도에서의 프레이밍, 성(gender)과 동성애(queer), 사회에 대한 구조적 다원주의(structural pluralism), 사회적 정체성 등도 사회적 커뮤니케이션에서 주요 연구주제 내지 변인(variable)이 되고 있기 때문이다.

한편 심리적 커뮤니케이션 연구분야에서는 주제어가 무려 40개나 나타났는데, 그만큼 이 분야의 연구주제가 다양하고 많다는 것을 말해준다. 이 중에서 출현빈도가 매우 높은 주제어는 emotion(13회), framing(10회), news(10회), violence(8회), attitude(6회), behavior(5회) 등으로 나타났다. 이는 뉴스 메시지의 특정 프레임이 수용자들의 감정적 내지 정서적 태도의 변화에 미치는 영향에 관한 연구들이나, 뉴스의 감정적 프레임이 수용자들의 정보처리와 여론형성에 미치는 영향에 관한 연구들, 그리고 TV나 인터넷 프로그램 등에서 폭력적 내용이 어린이의 정서적 태도나 행동에 미치는 영향에 관한 연구들이 많이 이루어지고 있기 때문이다. 다음으로 information processing(7회)과 persuasion(5회)도 주요 주제어로 나타났는데, 개인의 정보처리 과정과 설득에 관한 연구가 전통적으로 심리학적 커뮤니케이션 연구에서 중요시되어 왔기 때문이다. 그 밖에 computer-mediated communication(7회)과 health communication(7회)도 주요 주제어로 나타났다. 이는 근래에 인터넷 등의 뉴미디어들을 통한 건강 관련 정보의 확산이 주요 연구주제가 되고 있기 때문이다.

(3) 정치/국제 커뮤니케이션 분야의 주요 연구주제

정치커뮤니케이션 분야에서 빈도가 높은 주제어는 political participation(13회), democracy(10회), discussion(10회) 등이었는데, 이는 민주주의를 위한 시민들의 정치참여와 그 방법인 토론에 대한 연구가 많이 이루어지고 있음을 말해주고 있다. 그리고 토론에 관련된 주제어인 public opinion(6회), deliberation(5회), public sphere(4회), argument repertoire(4회), opinion leader(4회) 등도 비교적 많이 나타났다. 이는 정치커뮤니케이션 연구의 상당수가 숙의 방식의 정치토론에 집중되어 있으며, 정치토론 메시지를 숙의 규범에 따라 분석하거나 정치토론에 나타나는 여론을 연구하는 경우가 많음을 시사하고 있다. 한편 journalism(8회), news(8회), framing(8회) 등의 주제어들도 자주 나타났는데, 이는 정치커뮤니케이션에서도 뉴스와 프레임이 주요 주제로 연구되고 있기 때문이다.

국제커뮤니케이션 분야의 논문들에서는 framing(4회)이라는 주제어의 빈도가 비교적 높게 나타났는데, 이는 국제뉴스나 외국뉴스에 관한 언론의 보도에서 프레임 분석이 많이 이루어지고 있음을 말해준다. 실제로 '아랍의 봄'(Arab Spring) 사태에 관한 매스미디어의 보도 내용에 대한 프레임 분석 등이 이루어졌다. 다음으로는 behavior(3회), censorship(3회), China(3회), ideology(3회), international(3회), network(3회) 등의 주제어들이 비교적 자주 나타났는데, 이는 중국 등지의 인터넷 검열(censorship)도 국제커뮤니케이션 연구의 주요 주제가 되고 있기 때문이다. 한편 근래에는 globalization(2회)도 국제커뮤니케이션 분야에서 주요 주제어의 하나로 떠오르고 있는데, 국제사회에서 신자유주의(neo-liberalism, 2회) 흐름에 따라 미디어 상품의 유통과 소비가 세계화되는 현상에 대한 연구가 있기 때문이다.

4) 과학/기술/의학 연계 확장영역의 연구분야별 주요 연구주제

과학/기술/의학과 연계된 커뮤니케이션학 확장영역의 연구분야별 주제어와 그 빈도를 분석해 본 결과 [표 3-2-10]과 같이 나타났다. 이 분석 결과를 토대로 각 연구분야의 주요 연구주제를 간단히 살펴보면 다음과 같다.

과학과 연계한 커뮤니케이션 연구분야에서 가장 자주 출현한 주

[표 3-2-10] 과학 · 기술 · 의학 연계 확장영역의 연구분야별 주제어와 빈도

분야	커뮤니케이션 관련 주요 학술지 논문들에 나타난 주제어	빈도(회)
과학	science communication	4
	journalism	3
	agenda-setting, blog, consumption, content analysis, crisis, economy, engagement, evidence, exemplification, experiment, history, information, motivated reasoning, news, politicization, public affairs, public opinion, public relations, reporting, trial, uncertainty, politicization	1
기술	social media	17
	journalism, network	11
	digital, digital divide	10
	internet, news	9
	queer, information technology	8
	TV	7
	computer-mediated communication, political participation, twitter	6
	culture, mobile	5
	behavior, citizen, democracy, facebook, framing, game, gender, health communication, online, online comment, trust	4
	innovation, regulation	3
	news sharing, convergence	2
	virtual, second screen, tumbler, integration, 3D	1
의학	health communication	11
	parent-child	4
	conflict, framing, information, selective exposure, social media, social support	3
	cancer, correction, drug, family, food, news, stress, TV, youth, diffusion, network, news sharing, obesity	2

제어는 science communication(4회)과 journalism(3회)으로, 과학커뮤니케이션과 과학에 관련된 언론의 보도내용과 방법 등이 중요한 연구주제가 되고 있음을 알 수 있다. 또한 출현빈도는 낮으나 public opinion(1회), public relations(1회) 등도 주제어로 언급되었는데, 이

는 홍보가 과학 관련 주요 이슈들을 대중에게 알리는 데에 어떤 역할을 하는지가 중요한 연구주제가 되기 때문이다. 그 밖에 politicization(1회)도 주제어로 나타났는데, 이는 과학적 이슈를 정치화하는 언론을 비판한 연구에서 등장했다.

기술과 연계한 커뮤니케이션 연구분야에서는 social media(17회), network(11회), digital(10회), internet(9회), information technology(8회), twitter(6회), facebook(4회), innovation(3회), news sharing(2회), virtual(1회), 3D(1회), second screen(1회), tumbler(1회) 등의 주제어들의 빈도가 높게 나타났다. 이는 최근에 새로운 미디어 기술과 소셜미디어의 활용이 커뮤니케이션기술 연구의 두 가지 핵심 주제임을 말해주고 있다. 한편 journalism(11회), news(9회) 등의 주제어들도 높은 빈도로 나타났다. 이는 여러 가지 새로운 커뮤니케이션기술, 예컨대 데이터저널리즘, VR저널리즘, 로봇저널리즘 등 새로운 기술이 저널리즘 연구와 접목되고 있기 때문이라고 볼 수 있다. 그 밖에 regulation(3회), convergence(2회), integration(1회) 등도 주요 주제어로 등장했는데, 이는 새로운 커뮤니케이션기술이 미디어 시장의 재편을 가져오면서 이에 대한 규제와 대안 마련을 제안하는 연구가 나타났기 때문이다. 한편 digital divide도 주제어로 등장했는데, 이는 새로운 미디어 기술과 기기(器機)에 대한 이해와 활용의 격차가 사회문제의 하나가 되면서 이에 관한 연구가 등장했기 때문이다.

의학과 연계한 커뮤니케이션 연구분야에서 가장 많이 언급된 주제어는 health communication(11회)이었으며, 이 밖에 cancer(2회), drug(2회), food(2회), obesity(2회), stress(2회) 등 건강이나 의학 관련 주제어들도 많이 등장했다. 이는 의학과 연계한 커뮤니케이션 연구분야에서는 헬스커뮤니케이션에 관한 연구들이 주류를 이루고 있음을 말해주고 있다. 그리고 framing(3회), information(3회), selective exposure

(3회) 등의 주제어도 자주 언급되었는데, 이것도 헬스커뮤니케이션에 관한 것으로, 건강 관련 메시지의 구성, 건강 관련 메시지나 정보에 대한 수용자들의 선별적 노출과 효과 등에 관한 연구들 때문이다. 한편 diffusion(2회), network(2회), news sharing(2회), social media(3회), social support(3회) 등의 주제어들도 헬스커뮤니케이션에 관한 것으로, 건강 관련 메시지에 대한 수용자들의 공유와 사회적 확산이 주요 연구주제가 되기 때문이다. 또한 parent-child(4회), family(2회), youth(2회) 등 가족커뮤니케이션 관련 주제어들도 빈번하게 나타났다. 이 역시 헬스커뮤니케이션 연구와 관련이 있는 것으로, 헬스커뮤니케이션에 관한 연구에서는 특히 부모가 자녀에게 효과적 커뮤니케이션을 통해 건강한 태도와 습관을 형성시켜 주는 게 중요하며, 이것이 중요한 연구주제가 되기 때문이다.

5) 예체능 연계 확장영역의 연구분야별 주요 연구주제

끝으로 커뮤니케이션학 확장영역에서 예체능 연계 연구분야별 주제어와 그 빈도의 분석 결과는 [표 3-2-11]과 같이 나타났다. 이를 바탕으로 최근 1년 동안 스포츠커뮤니케이션 분야와 예술커뮤니케이션 분야에서 이루어진 주요 연구의 주제와 동향 등을 간단히 제시해 보면 다음과 같다.

스포츠 관련 커뮤니케이션 분야의 연구논문들은 최근 1년 동안 (2015. 4 ~ 2016. 3) 6개의 학술지를 합쳐 4편밖에 되지 않아 주제어들을 제대로 분석할 수 없었다. 따라서 몇 개 논문의 연구주제만 간단히 소개하면, 한 편은 스포츠인 중에서 여성과 인종에 대한 차별적 보도에 관한 것이었고, 또 다른 한 편은 스캔들로 실추된 유명 선수의 이미지 회복 과정에 관한 것이었다. 그 밖에 스포츠 팬클럽 내에서 동일 스포

[표 3-2-11] 예체능 연계 확장영역의 연구분야별 주제어와 빈도

분야	커뮤니케이션 관련 주요 학술지 논문들에 나타난 주제어	빈도(회)
스포츠	sports	2
	disposition, experiment, gender, group, homelessness, image, irony, language, linguistic bias, politics, race, repair, social categorization, social identity, stereotype, steroid	1
예술	film	3
	activism, agenda-setting, anxiety, appreciation, culture, ethnography, foucault, industry, journalism, narrative, police, terror, valence, video, visibility	1

츠 선수에 대한 지지를 통해 공동체 의식과 사회적 정체성을 획득하는 과정에 관한 분석적 연구가 있었다.

예술 관련 커뮤니케이션 분야에 해당하는 논문도 5편밖에 되지 않았으며, 이 중에서 3편이 영화에 관한 것이었다. 이 논문들의 연구주제만 간단히 소개하면, 한 편은 언론의 예술 관련 보도내용에 대한 분석이었고, 또 다른 한 편은 예술작품의 메시지 내용을 분석한 것이었다. 그 밖에 예술작품에 대한 수용자들의 감상과 수용에 관한 연구도 있었고, 영화를 비롯한 예술산업에 대한 분석적 연구도 있었다. 마지막 논문은 언론에서 예술 비평가(critics)의 주요 역할을 문화적 의제설정(cultural agenda-setting)으로 보고, 예술영화 시장에 대한 언론의 비평과 효과를 분석한 것이었다.

나. 한국 커뮤니케이션 학술지를 통해 본 주요 연구주제

이번에는 지난 1년 동안 우리나라의 주요 커뮤니케이션 학술지에 발표된 논문들의 연구주제를 살펴보기로 한다. 이에 앞서 우리나라에서는 어떠한 커뮤니케이션 관련 학술지들을 발행하고 있는지부터 알아본다.

1. 우리나라 주요 커뮤니케이션 학술지 개황

앞서 제1편 제1장에서 말했듯이 우리나라에서 커뮤니케이션 관련 학회를 처음 설립한 것은 1959년 6월 30일이었으며, 그 첫 번째 학회는 한국신문학회(韓國新聞學會, The Korean Society of Journalism, 1985년 4월 27일 '한국언론학회'로 개칭)였다. 이 학회는 창립 10개월 뒤인 1960년 4월 1일 「신문학보」(1992년 12월 제28호부터 「한국언론학보」로 개제)를 창간했는데, 이 학술지는 우리나라의 대표적 커뮤니케이션 관련 학술지로 1991년까지 30년 동안 1년에 1호씩 발행했다. 1992년부터 1994년까지는 3년간에는 연 2회씩 발행하다, 1995년에는 연 3회 발행했고, 1996년부터는 연 4회 계간(季刊)으로 발행하다가, 2002년에는 연 5회, 2003년에는 연 7회, 2004년에는 연 5회, 2005년에는 연 4회 발간했으며, 2006년부터는 연 6회 격월간으로 발행하고 있다.

「한국언론학보」는 창간 이후 약 30년 동안 우리나라 커뮤니케이션 관련 학회에서 발간한 거의 유일한 학회지였는데, 1959년 한국언론학회 창립 이후 1988년까지 커뮤니케이션 관련 다른 학회가 설립되지 않았기 때문이다. 그러다가 1988년 9월 10일 창립한 한국방송학회가 그 이듬해인 1989년 「한국방송학보」라는 학술지를 창간했다. 그리고 1989년 10월 창립한 한국광고학회도 이듬해부터 「광고학연구」라는 학술지를 발간하기 시작했다.

한편 1993년 4월 3일 창립한 한국여성커뮤니케이션학회는 「미디어 · 젠더 & 문화」라는 학회지를 창간했고, 1996년 9월 창립한 사이버커뮤니케이션학회도 「사이버커뮤니케이션학보」라는 학회지를 창간했다. 또한 1997년 2월 창립한 한국PR학회가 「홍보학연구」라는 학술지를 발행하기 시작했고, 1998년 2월 창설한 한국언론정보학회도 그해 10월 「한국언론정보학보」라는 학회지를 창간했다. 같은 해인 1998년 8월 창립한 한국광고홍보학회(본래는 '한국광고교육학회'라는 명칭으로 설립했다가 2001년 10월 '한국광고홍보학회'로 개편)도 1999년부터 학회지로 「광고홍보학보」(1999년 창간)를 발간하기 시작했다.

이와 같이 1988년부터 커뮤니케이션 각 분야별로 여러 개의 학회들이 설립될 뿐 아니라 지역별 학회들도 설립되기 시작했다. 지방언론학회 중 가장 먼저 설립된 학회는 호남 지역의 원광대 · 전남대 · 우석대 신문방송학과 교수들이 중심이 되어 1987년 창설한 호남언론학회(설립 당시 명칭은 '호남언론연구회')였다. 이 학회는 설립 이후 호남 지역 언론문제에 관심을 갖고 그에 관한 학술활동을 꾸준히 전개해왔다. 그러나 호남언론학회에 가입해 있던 광주와 전남 지역 신문방송학과 교수들이 1996년 9월 별도로 광주전남언론학회를 설립하자, 호남언론학회는 주로 전북 지역을 기반으로 학술활동을 벌이게 되었다.

1992년 4월 4일 부산 · 울산 · 경남 지역 신문방송학과 교수들도 부산울산경남언론학회를 창립했는데,[5] 이 학회는 설립 이후 해마다 지역언론의 발전을 위한 심포지엄을 개최하는 등 지역언론 문제에 지

5 창립 당시 학회명은 '부산경남언론학회'였으나, 2004년 9월 울산시가 경상남도에서 독립하여 광역시로 승격하자 학회 명칭을 '부산울산경남언론학회'로 개칭했다.

속적 관심을 보였다. 1997년에는 학술지로 「언론학연구」를 창간하여 매년 한 호(號)씩 발간하고 있다.

1996년 9월에는 앞서 말했듯이 그동안 호남언론학회에 가입해 있던 광주와 전남 지역 신문방송학과 교수들이 별도로 광주전남언론학회를 설립했다. 이 학회는 앞서의 다른 지역학회들과 달리 광주와 전남 지역 언론학자들과 현업 언론인들이 협력해 지역언론에 관한 학술활동을 활발하게 펼치면서, 1999년에는 학술지 「광전커뮤니케이션학보」를 창간했다. 1998년 5월에는 대구와 경북 지역 언론학자들도 '대구경북언론학회'를 결성했으며, 2003년에는 충청언론학회, 2006년에는 강원언론학회가 설립됨으로써 우리나라 모든 권역에 지역언론학회가 생기게 되었다. 이렇게 되자 지역언론학회들은 서로 연합하여 1989년 지방언론연구회를 창립(초대회장 박정규)하기도 했으나, 창립 후 별다른 활동 없이 흐지부지되고 말았다. 그러나 2000년 12월 다시 지역언론학회연합회를 결성했는데, 이 연합회는 2001년 10월 한국지역언론학회로 다시 태어나면서 그해 「언론과학연구」라는 학회지도 창간했다.

2. 주요 학술지에 게재된 논문들의 주제어 분석방법

지금까지 살펴본 학회 발행 학술지들 이외에도 각 대학의 커뮤니케이션 관련 연구소들에서 다양한 학술지를 발행하고 있다. 2016년 6월 현재 한국연구재단에 등재된 커뮤니케이션 학술지는 모두 20개에 이르고 있다. 이들 중에서 5개 학술지, 즉 한국언론학회의 「한국언론학보」, 한국방송학회의 「한국방송학보」, 한국언론정보학회의 「한국언론정보학보」, 한국지역언론학회의 「언론과학연구」 및 사단법인 언론과사회의 「언론과 사회」만 선정해, 여기에 실린 논문들의 연구주제를 분석해 보기로 한다.

5개 학술지를 선정한 이유는 우선 이들이 우리나라 커뮤니케이션 관련 학회의 대표적 학술지들이기 때문이다. 이들 중 「한국언론학보」, 「한국방송학보」, 「한국언론정보학보」는 우리나라의 3대 커뮤니케이션 학술지로 꼽히고 있으며, 한국지역언론학회에서 발간하는 「언론과학연구」는 우리나라 지역 커뮤니케이션 연구의 주요 동향을 잘 반영하고 있다. 또한 사단법인 언론과사회에서 발행하는 「언론과 사회」는 다른 학술지에 비해 비판적 관점과 질적 방법의 연구논문들을 많이 싣고 있어 실증적 논문 중심의 다른 학술지의 단점을 보완할 수 있다. 이러한 이유로 선정한 5개 학술지의 발행기관, 창간연도, 발행횟수 등을 간단히 제시해 보면 [표 3-2-12]와 같다.

이와 같은 5종의 학술지에 창간 이후 현재까지 실린 논문들은 수천 건(件)에 달해 모든 논문의 주제를 알아보는 것은 어려웠다. 따라서 앞서 외국 커뮤니케이션 학술지의 논문 분석방법과 마찬가지로, 우리나라의 경우도 최근 1년 동안(2015. 4~2016. 3) 게재된 논문들의 주제어만 분석해 보았다. 이 기간에 게재된 연구논문(서평 등은 제외)들을 조사해 본 결과 모두 216편으로 집계되었다. 이들을 학술지별로 나누어 보면, 「한국언론학보」에 실린 논문 81편, 「한국방송학보」에 실린

[표 3-2-12] 우리나라 커뮤니케이션 학술지 중 분석대상 5개 학술지의 주요 내역

학술지 제호	발행기관	창간연도 (년)	발간횟수 (회/연)	한국연구재단 등재 연도(년)
「한국언론학보」	한국언론학회	1960	6	2001
「한국방송학보」	한국방송학회	1989	4	2004
「한국언론정보학보」	한국언론정보학회	1998	4	2005
「언론과학연구」	한국지역언론학회	2001	1	2007
「언론과 사회」	사단법인 언론과사회	1993	4	2003

논문 41편, 「한국언론정보학보」에 실린 논문 38편, 「언론과학연구」에 실린 논문 45편, 「언론과 사회」에 실린 논문 11편이었다. 이들 각 논문의 제목, 초록, 핵심어(key words), 본문 등을 읽어보며 해당 논문의 연구주제를 가장 잘 나타내는 주제어들을 추출하였다. 그 결과 모두 216편의 논문에서 872개의 주제어가 추출되었다.

3. 연구분야별 주제어를 통해 본 주요 연구주제

이와 같이 추출한 872개의 주제어와 각 주제어의 출현빈도를 바탕으로 216편의 연구논문의 주요 연구주제들을 분석해 보았다. 연구영역과 연구분야는 앞서의 분석에서와 같이 고유영역과 확장영역으로 나누고, 이들 영역은 다시 여러 연구분야로 나누었다. 이어서 이들 각 연구분야에서 주제어와 출현빈도를 분석해 어떤 주제들이 많이 연구되었는지 알아보았다.

1) 고유영역의 연구분야별 주요 연구주제

우리나라 커뮤니케이션학 연구의 주요 주제는 미국이나 유럽과 거의 비슷하게 나타났다. 그러나 약간 다른 점들도 없지 않았는데, 우선 커뮤니케이션학 고유영역의 연구분야별 주제어와 출현빈도부터 소개해 보면 [표 3-2-13]과 같다.

첫째, 저널리즘 분야에서 높은 출현빈도를 보인 주제어를 보면, 언론(19회), 뉴스(17회), 보도(12회), 신문(9회), 저널리즘(7회), 기사(4회) 등이었다. 이런 결과로 미루어 볼 때, 저널리즘 분야에서는 신문매체에서 뉴스의 보도과정과 그 결과로 생산되는 뉴스에 관한 것 등이 여전히 주요 연구주제가 되고 있음을 알 수 있다. 그러나 프레이밍(12

[표 3-2-13] 커뮤니케이션학 고유영역의 연구분야별 주제어와 그 빈도

분야	커뮤니케이션 관련 주요 학술지 논문들에 나타난 주제어	빈도(회)
저널리즘	언론	19
	뉴스	17
	보도, 프레이밍	12
	신문	9
	저널리즘	7
	세월호, 지역	6
	네트워크	5
	기사, 내용분석, 담론, 위험, 의제설정, 이슈, 전략, 정치, TV	4
	국가, 기자, 범죄, 신자유주의, 정보원, 정치 참여, 정파성, 신뢰성, 지역성, 지상파, 포털	3
출판	구성요소, 웹툰, 출판, 콘텐츠, Flow-DTPB 융합 모델	1
방송·영상	TV	15
	프로그램	12
	방송	11
	뉴스, 종합편성채널, 지역방송	6
	리얼리티, 지상파	5
	동기, 시청	4
	공영방송, 공정성, 다양성, 문화, 보도, 시장, 예능, 오락	3
광고	광고	7
	태도	3
	구매의도, 유머, 메시지 프레이밍, 홍보	2
홍보	홍보	3
	공감, 신뢰, 위기, 태도	2
조직컴	조직체연구, 커뮤니케이션	2
	가족, 거래적 리더십, 결혼, 결혼만족도, 구조방정식, 국제결혼, 그것이 알고 싶다, 대리인, 독립제작, 독립PD, 동기, 리더십, 문화, 문화적응, 미디어 관행, 미디어 시스템, 미제사건, 변혁적 리더십, 부부, 부조리, 서번트, 성역할, 수용자, 수행 패러다임, 스태프 선택, 시사고발, 아이돌 팬덤, 언론, 언론-정치 병행관계, 온라인, 외주제작, 유연전문화, 이주여성, 이중 주인-	1

분야	커뮤니케이션 관련 주요 학술지 논문들에 나타난 주제어	빈도(회)
	대리인 관계, 인센티브 동기, 인터넷, 전문직주의, 정치, 정치 조직, 종편, 주인, 팬덤, 포스트 수용자 연구, 프로그램, 프로젝트	
스피치컴	커뮤니케이션 동기	2
	결혼, 결혼만족도, 계획된 행동, 관여도, 광고, 국제결혼, 규범, 내적·집합적 효능감, 대인커뮤니케이션, 대학, 대학결정, 대화, 루머, 문제해결상황이론, 문화적응, 미디어, 부부, 설득, 성역할, 신뢰, 신문, 애착, 외적·집합적 효능감, 위축, 유대감, 의사인간관계, 이미지, 이주여성, 이주민, 인터넷, 자기, 전문성, 정착, 조선족, 중국 동포, 지역, 지역사회, 집합적 자기인식, 커뮤니케이션, 커뮤니케이션 스타일, 평판, 학습, 홍보, 효능감, TV	1
기타	프레이밍	13
	언론	6
	뉴스	5
	계획된 행동, 네트워크, 보도, 의제설정	4
	동기, 세월호, 이슈, 편향성	3
	기사, 갈등, 국가, 문화계발, 미세먼지, 범죄, 사고, 위험, 인터넷, 일본, 전략, 정서, 정파성, 침묵의 나선, 태도	2

회), 의제설정(4회) 등에 관한 주제어의 빈도도 비교적 높게 나타나, 저널리즘과 관련된 커뮤니케이션 이론에 관한 연구도 많이 이루어지고 있음을 보여준다. 한편 저널리즘 분야에서 연구대상 미디어는 아직 신문(9회)이 TV(4회)나 포털(3회)에 비해 높게 나타났으며, 연구방법론은 내용분석(4회)과 담론(4회)이 많이 사용되는 것으로 나타났다. 그 밖에 언론의 정파성(政派性)(3회), 신뢰성, 지역성 등도 저널리즘 연구의 주요 주제가 되고 있었다.

둘째, 출판 분야에 관한 논문은 한 편에 불과했는데, 이는 웹툰과 관련된 출판 콘텐츠에 대한 연구였다. 이 결과만으로는 출판 분야의 주요 연구주제를 알아볼 수 없었다.

셋째, 방송·영상 분야 논문에 자주 나타난 주제어는 TV(15회),

프로그램(12회), 방송(11회), 종합편성채널(6회), 지상파(5회) 등이었다. 이러한 주제어들로 미루어 볼 때, 방송·영상 분야에서 주요 연구주제는 TV방송의 과정과 그 결과물인 프로그램이었는데, 그중에서도 리얼리티(5회) 예능 프로그램에 관한 연구와 TV방송의 시청동기, 방송 프로그램의 공정성(3회), 다양성(3회)에 관한 연구가 많았다. 한편 방송·영상에 관한 분야에서 종편(종합편성채널)과 지상파 방송에 대한 연구가 주를 이루었으며, 인터넷이나 모바일 방송 등에 관한 연구는 상대적으로 활발하게 이루어지지 않고 있었다.

넷째, 광고 분야의 주요 연구 주제어를 보면, 광고(7회), 태도(3회), 구매의도(2회) 등의 순으로 많이 나타났다. 그 밖에 유머(2회)를 사용한 광고에 대한 연구와, 메시지 프레이밍(2회)의 효과를 측정한 실험 연구도 있었다.

다섯째, 홍보 분야의 연구주제는 다양했다. 그중에는 설득커뮤니케이션이론에 관한 연구의 하나로 홍보 메시지에 대한 신뢰도가 수용자들의 태도 변화에 미치는 영향에 관한 연구가 있었으며, 위기상황에 대처하는 홍보전략에 관한 연구도 있었다.

여섯째, 조직커뮤니케이션 분야에서는 조직과 커뮤니케이션의 기능에 관한 연구가 주요 연구주제로 등장하였다. 그 밖에 결혼이주여성과 가족 내 커뮤니케이션에 관한 것도 주요 연구주제로 나타났다.

일곱째, 스피치커뮤니케이션 분야에서는 커뮤니케이션 동기(2회), 대인커뮤니케이션(1회), 루머(1회), 부부(1회), 효능감(1회), 의사인간관계(1회), 커뮤니케이션 스타일(1회) 등 다양한 주제들에 관한 연구가 이루어졌다. 또한 인터넷을 통한 루머의 전파 의도, 문제해결 상황이론 등에 관한 연구도 있었고, 결혼이주여성의 문화적응에 관련된 연구사례도 있었다.

끝으로 기타 분야에서는 프레이밍(13회), 계획된 행동(4회), 의제설정(4회), 문화계발(2회), 침묵의 나선(2회) 등 여러 가지 커뮤니케이션 이론이 중요한 연구주제로 나타났다. 또한 편향성(3회), 세월호(3회), 정파성(2회), 미세먼지(2회) 등 근래 사회적 이슈에 관한 연구들도 적지 않게 이루어졌다.

2) 인문학 연계 확장영역의 연구분야별 주요 연구주제

커뮤니케이션학의 확장영역 중 인문학과 연계한 연구분야에서의 주제어와 출현빈도의 분석 결과는 [표 3-2-14]와 같이 나타났다. 이 결과를 바탕으로 최근 1년 동안 우리나라 커뮤니케이션학계에서 이루어진 주요 연구주제와 연구동향 등을 연구분야별로 간단히 제시해 보면 다음과 같다.

첫째, 커뮤니케이션 역사 분야의 연구논문들을 보면, 다른 연구분야에 비해서 논문 편수가 많지 않았으며, 그중에서 광주민주화운동(5회)에 관한 연구가 많았다. 그러나 이는 특정 학술지에서 광주민주화운동에 관한 특집을 발간했기 때문이었다. 그러므로 커뮤니케이션 역사 분야에서 발견된 주요 연구주제나 동향은 일반화하기 어려웠다.

둘째, 커뮤니케이션 윤리 분야의 논문에서 자주 등장한 주제어는 신뢰(3회)였다. 이를 고려하면 커뮤니케이션 윤리에 관한 연구에서 핵심 주제는 미디어의 신뢰도였다고 할 수 있다. 그러나 기자를 위시한 언론인의 윤리의식과 윤리규정에 관한 연구도 많이 이루어졌으며, 미디어 윤리규정의 제정과 준수에 관한 연구들도 적지 않았다. 방송통신심의위원회의 심의과정에 제시된 소수의견의 특성에 관한 연구도 있었다.

셋째, 커뮤니케이션 철학 분야에는 연구논문의 수가 많지 않은 데다가 연구주제가 매우 다양해 일정한 연구동향을 파악하기 어려웠

[표 3-2-14] 인문학 연계 확장영역의 연구분야별 주제어와 빈도

분야	커뮤니케이션 관련 주요 학술지 논문들에 나타난 주제어	빈도(회)
역사	광주민주화운동, 역사	5
	언론	2
윤리	신뢰	3
	기사, 기자, 심의, 언론인, 프로그램, 홍보	2
철학	철학, 소수자, 역사, 커뮤니케이션, 현상학	2
	감정체험, 게임, 계급, 공동체, 공론장, 공중, 광주민주화운동, 국가, 근원연상, 기술, 노동, 노동양식, 노동윤리, 노인, 대자보, 대중교통, 독서운동, 라디오, 루만, 리듬, 리듬분석, 미디어, 미디어 교육, 미디어 유토피아, 미메시스, 민주주의, 벤야민, 변증법, 브레히트, 비판커뮤니케이션, 사회참여, 상호감각성, 시간, 시민, 안녕들하십니까, 언론, 여성, 욕망, 윤리, 인터페이스, 자본, 자유, 장치, 재생산, 정동 노동, 정보, 집단지성, 청소년, 체계, 초상사진, 촉각성, 촉지적 육화, 탈근대화, 텔레마틱론, 통합리듬, 프로게이머, 플루서, 피에르 레비, 햅틱커뮤니케이션, 현상학적 기술, 현상학적 해석, 현상학적 환원	1
문화	문화	7
	오락	4
	게임, 뉴스, 도시, 정치, 콘텐츠, 프로그램, 한류, TV	3
	결혼, 공간, 관여도, 교육, 다문화, 다양성, 담론, 리얼리티, 문화정치, 문화연구, 미디어, 방송, 세대, 소비, 언론, 예능, 이주여성, 일본, 장르, 저널리즘, 정보, 정치대화, 중국, 채널, 청년, 커뮤니케이션, 프레이밍, 학습, 혼종성	2
언어	담론	5
	신자유주의, 언론, 프로그램, TV	4
	광주민주화운동, 뉴스, 보도, 세대	3
	네트워크, 세월호, 역사, 위험, 재현, 정치, 청년, 프란치스코 교황, 프레이밍	2
여성	이주여성	3
	결혼, 다문화, 미디어 교육, 여성, 정책	2
종교	담론, 프란치스코 교황	2
	매개된 종교, 사회변화, 소통, 신자유주의, 언론, 정의, 종교, 진보담론	1
교육	미디어 교육	4
	교육, 소수자, 청소년	3
	동기, 문화계발, 미디어, 사이버불링, 예방, 정보, 주관적 규범, 중독, 행위의도	2

다. 여러 철학자들의 커뮤니케이션 사상(思想)에 관한 연구논문들이 많았는데, 여기에서 다룬 철학자들은 벤야민, 브레히트, 플루서, 루만, 피에르 레비 등 다양했다.

넷째, 문화와 커뮤니케이션에 관한 연구분야에서는 TV의 오락 프로그램과 한류에 관한 연구들이 주류를 이루었다. 사례로는 케이팝(K-pop)의 생산, 텍스트, 소비에 나타난 문화적 특성을 집단적 도덕주의로 규정하는 연구가 있었다. 한편 최근에는 게임(3회)에 관한 연구들도 많이 나타나기 시작했으며, 결혼이주여성의 문화적응을 미디어 교육과 다문화주의에서 풀어보려는 연구도 보였다.

다섯째, 언어와 커뮤니케이션에 관한 연구분야에서는 언어분석과 담론분석에 관한 연구가 많았는데, 이 중에는 뉴스 텍스트와 TV(4회) 프로그램(4회)의 분석이 많았다. 또한 신자유주의(4회) 관련 담론 분석과 세월호(2회) 사건의 언론보도에 대한 내용분석도 있었다.

여섯째, 여성과 커뮤니케이션에 관한 연구논문들은 많지 않았으며, 대부분은 결혼이주여성과 다문화 등을 연구주제로 하고 있었다.

일곱째, 종교와 커뮤니케이션에 관한 연구분야의 논문은 2편에 불과했는데, 이들은 모두 프란치스코 교황의 한국 방문을 주제로 한 것이었다. 따라서 이를 바탕으로 이 분야의 연구경향을 가늠하기는 어려웠다.

여덟째, 교육과 커뮤니케이션에 관한 연구분야에서는 미디어 교육(4회)에 관한 논문들이 가장 많았으며, 다음으로 청소년의 미디어 중독(2회)과 사이버불링(2회) 등 청소년의 미디어 이용실태와 영향에 관한 연구들이 많았다. 그 밖에 미디어가 이주민들의 정착과 교육에 미치는 영향에 관한 연구도 있었다.

3) 사회과학 연계 확장영역의 연구분야별 주요 연구주제

커뮤니케이션학의 확장영역 중 사회과학과 연계한 연구분야에서의 주제어와 출현빈도의 분석 결과는 [표 3-2-15]와 같이 나타났다. 이를 바탕으로 최근 1년 동안 우리나라 커뮤니케이션학계에서 이루어진 주요 연구주제와 연구동향 등을 연구분야별로 간단히 제시해 보면 다음과 같다.

첫째, 미디어경제·경영에 관한 연구분야에서 출현빈도가 높게 나타난 주제어는 시장(5회), 소비(4회), 미디어산업(2회), 경쟁(2회) 등으로, 이는 미디어의 시장과 소비가 주요 연구주제임을 보여준다. 관련 연구들은 방송 프로그램의 시청률 경쟁과 광고 등 수익구조를 분석하기도 하였다. 한편 미디어로 인한 문화와 수용자의 상품화를 비판적으로 접근하는 연구경향도 나타났다.

둘째, 국제커뮤니케이션 분야의 연구들에서 핵심적 주제어는 국가(4회)였다. 일본·중국·미국·영국 등 세계 주요 국가에서 미디어의 이용과 문화 및 보도내용 등에 관한 연구가 주류를 이루었다. 한편 주요 미디어의 글로벌라이제이션(globalization)에 관한 연구도 적지 않았는데, 글로벌라이제이션의 부정적 측면을 지적한 연구들이 많았다. 또한 중심부 국가와 주변부 국가 간의 불평등한 권력관계의 구조 속에서 지역민들과 이주민들이 새로운 피착취 집단으로 전락하는 체계를 비판한 논문도 있었다.

셋째, 커뮤니케이션 법률·행정·정책 등에 관한 연구분야에서 핵심 주제어는 정책(3회)과 규제(3회)보다 방송(5회)이었다. 이는 이 분야의 상당수 연구들이 방송에 관한 각종 정책과 규제, 공정성, 언론자유 등을 주제로 삼았기 때문이다. 그런데 방송에 대한 정책이나 규제에 관한 주요 이슈를 보면, 방송시간, 지상파 방송의 재송신, 잊혀질

[표 3-2-15] 사회과학 연계 확장영역의 연구분야별 주제어와 빈도

분야	커뮤니케이션 관련 주요 학술지 논문들에 나타난 주제어	빈도(회)
미디어 경영·경제	시장	5
	소비, 지역	4
	문화정치, 방송, 언론, 종편	3
	경쟁, 공영방송, 뉴스, 명품, 물질문화, 미디어산업, 수용자 상품론, 신문, 전략, 정보재, 지상파, 프로그램, TV	2
국제	국가	4
	미디어, 보도, 프레이밍	3
	결혼, 글로벌라이제이션, 다문화, 미디어 교육, 언론, 이주여성, 이주민, 일본, 중국, 태도, 평판, 한류	2
법률·행정·정책	방송	5
	규제, 정책	3
	공정성, 보도, 심의, 언론, 언론자유, 지상파, 지역, 지역방송발전지원계획, 프레이밍	2
사회	소셜미디어	8
	네트워크	6
	공동체, 미디어, 사회자본, 인터넷	4
	감정, 동기, 미디어 이용, 정치참여	3
	남성, 당파성, 되기, 라디오, 명품, 문화정치, 벤야민, 블로그, 소비, 소수자, 언론, 이슈, 이주여성, 정치, 지역, 침묵의 나선, 커뮤니케이션, SNS	2
심리	TV	8
	뉴스	7
	동기, 미디어, 태도	6
	문화, 소셜미디어, 인터넷, 정치, 효능감	5
	계획된 행동, 관여도, 언론, 지역, 청소년	4
	감정, 게임, 공감, 광고, 리얼리티, 몰입, 세월호, 소비, 신뢰, 정서, 중독, 프레이밍	3
	문화계발효과, 사회비교, 적대적 매체, 침묵의 나선 이론	2
정치	정치	9
	정치참여	7

분야	커뮤니케이션 관련 주요 학술지의 논문들에 나타난 주제어	빈도(회)
	정파성	5
	뉴스, 담론, 보도, 신뢰, 언론, 인터넷	4
	국가, 극화, 당파성, 미디어 이용, 민주주의, 방송, 세월호, 소셜미디어, 정치대화, 지역, 태도, 효능감, TV	3
지역	지역	14
	언론	7
	신문	6
	뉴스, 방송, TV	4
	문화, 유형	3
	관여도, 구성, 구조, 뉴스가치, 미디어 이용, 사회자본, 성격, 전략, 정보, 주제, 지역방송발전지원계획, 평가, 혼종성	2

권리, 유사보도, 명예훼손, 래핑광고 등에 관한 것들이 많았다.

넷째, 사회적 커뮤니케이션에 관한 연구분야에서는 소셜미디어의 내용을 네트워크 분석방식으로 연구해 이슈의 의미구조를 찾아내거나 소셜미디어 이용자들의 관계를 파악하는 연구들이 많았다. 또한 특정 드라마에 대한 트위터 발언들 간의 관계를 네트워크 분석으로 규명해 소셜미디어의 유력자를 탐색한 연구도 있었다. 한편 각종 미디어와 공동체(4회), 사회자본(4회), 정치참여(3회), 지역(2회) 등의 주제에 관련된 연구들도 많았다. 그중에는 지역주민의 미디어 이용 유형에 따라 사회자본과 정치참여에 차이가 있음을 밝힌 연구와, 지역공동체가 미디어 이용을 통해 다른 구성원과의 교류와 신뢰 및 공동체 참여까지 향상시킬 수 있음을 밝힌 연구도 있었다.

다섯째, 심리적 커뮤니케이션에 관한 연구분야에서는 매우 다양한 주제의 연구들이 이루어졌다. 매스미디어의 메시지에 대한 수용자들의 관심과 노출이 그들의 인지·태도·행동에 미치는 영향과 그 과정에 관한 연구 등이 많았다. 그 밖에 여러 가지 커뮤니케이션 이론들, 예컨대 계획된 행동(4회), 프레이밍(3회), 문화계발효과(2회), 사회비교(2회), 적대적 매체(2회), 침묵의 나선(2회) 이론 등에 관한 연구들도 적지 않게 이루어지고 있었다.

여섯째, 정치커뮤니케이션에 관한 연구분야에서는 미디어를 통한 정치 관련 대화와 그 결과로 나타나는 정치참여에 관한 연구가 주류를 이루었다. 이 밖에 여러 가지 주제들, 예컨대 매스미디어 뉴스의 정파성, 숙의민주주의, 참여민주주의, 여론지도자, 소셜미디어와 정치 등에 관한 연구들이 이루어졌다.

일곱째, 지역커뮤니케이션에 관한 연구분야에서는 특정 지역에 국한된 이슈나 지역언론 등이 주요 연구주제가 되고 있었다. 예컨대, 지역 방송국의 이미지가 시청자들의 시청 정도에 미치는 영향, 지역 미디어의 이용이 지역 공동체의 유지에 미치는 영향, 지역 미디어의 활용과 지역 주민들 간의 대인커뮤니케이션이 지역사회의 유대감에 미치는 영향, 지역 미디어에 관련된 각종 법규·기구·제도 등에 관한 연구들이 주류를 이루었다.

4) 기술·의학·환경 연계 확장영역의 연구분야별 주요 연구주제

커뮤니케이션학의 확장영역 중 기술·의학·환경 등과 연계한 연구분야에서의 주제어와 출현빈도의 분석 결과는 [표 3-2-16]과 같이 나타났다. 이를 바탕으로 최근 1년 동안 우리나라 커뮤니케이션학계에서 이루어진 주요 연구주제와 동향 등을 연구분야별로 간단히 제시해 보면 다음과 같다.

첫째, 커뮤니케이션 기술에 관한 연구분야에서는 매우 다양한 주제어들이 나타났으며, 그중에서 출현빈도가 높은 것은 인터넷(9회),

[표 3-2-16] 과학·기술·의학·환경 연계 확장영역의 연구분야별 주제어와 빈도

분야	커뮤니케이션 관련 주요 학술지 논문들에 나타난 주제어	빈도(회)
기술	인터넷	9
	네트워크, 소셜미디어	7
	동기	4
	몰입, 상호작용, 스마트폰, 신뢰, 온라인, 정보, 정치참여, SNS	3
	개인방송, 게임, 계획된 행동, 공동체, 규범, 기술, 뉴스, 루머, 미메시스, 사이버불링, 시청, 이슈, 저널리즘, 주관적 규범, 중독, 커뮤니케이션, 행위 의도, 확산, TV	2
	페이스북, 트위터, 소셜TV, 티빙, 팟캐스트, 아프리카TV, 애플리케이션, 웹드라마, N-스크린, 피키캐스트	1
의학	위험	4
	예방	2
	기사, 계획된 행동, 낙인, 다이어트, 메시지, 메시지 측면성, 미세먼지, 보도, 사회적 지지, 식품, 언론, 에이즈, 오락, 위험인식, 의제설정, 정보, 조절초점, 프라이밍, 프레이밍, 프로모션 기사, 행위의도, 헬스커뮤니케이션, E-E 프로그램	1
환경	위험	3
	미세먼지, 언론, 정보원	2
	기사, 네트워크, 뉴미디어, 메타-해석적 접근, 문화, 미디어생태학, 보도, 보도자료, 불산유출, 사례, 사진, 생태계, 신뢰, 안전, 원자력, 원자력안전위원회, 위험유형, 위험정보 탐색 처리모형, 의미연결망, 의제설정, 집단주의, 태풍, 프라이밍, 프레이밍, 프로모션 기사, 환경, SNS	1

소셜미디어(7회), 스마트폰(3회), 온라인(3회), 게임(2회), TV(2회) 등이었다. 또한 페이스북(1회), 트위터(1회), 소셜TV(1회), 티빙(1회), 팟캐스트(1회), 아프리카TV(1회), 애플리케이션(1회), 웹드라마(1회), N-스크린(1회), 피키캐스트(1회) 등 최신 기술과 관련된 다양한 주제어들도 나타났다. 이는 커뮤니케이션 기술 분야의 주요 연구주제가 새로운 커뮤니케이션 기술로 등장한 뉴미디어와 새로운 커뮤니케이션 방식

에 관한 것들임을 시사한다. 스마트폰이나 모바일게임 등의 순기능과 역기능에 관한 연구들도 등장하였다.

둘째, 의학과 연계한 커뮤니케이션에 관한 연구분야에서는 질환이나 사고 등의 위험 상황을 예방하기 위한 커뮤니케이션 방식과 전략에 관한 연구, 즉 헬스커뮤니케이션에 관한 연구들이 증가하고 있었다.

셋째, 환경과 연계한 커뮤니케이션에 관한 연구분야에서도 위험(3회)이 가장 핵심적인 주제어로 나타났다. 위험의 내용은 환경파괴와 관련된 것으로 미세먼지, 불산의 유출, 방사능의 누출, 태풍 등이었다.

끝으로, 예체능과 연계한 커뮤니케이션학의 확장영역에서 연구분야별 주제어와 출현빈도를 분석해 보았다. 그러나 전체 216편의 논문 중에서 예술과 연계한 연구분야로 분류된 논문은 3편에 불과했다. 한 편은 독립영화나 예술영화 전용 상영관에 대한 만족도 조사연구였고, 또 한 편은 할리우드 영화의 수용에서 나타나는 문화적 할인 현상을 논의한 것이었다. 나머지 한 편은 일제강점기 음반사의 문예부장에 관한 논문이었다. 이 3편의 논문들만으로는 예술과 연계한 커뮤니케이션학의 확장영역에서 연구분야별 주제들을 제대로 분석할 수 없었다. 또한 체육과 연계한 연구분야에서도 관련 논문을 한 편도 발견하기 못해 주요 연구주제를 파악할 수 없었다.

참고문헌

[동양어 문헌]

곽복산(1968),「신문교육」, 한국신문협회 편,『한국신문연감 1968』. 서울: 한국신문협회.

곽복산(1971),「신문학의 전개와 한국의 과제」, 곽복산 편저,『언론학개론』. 서울: 일조각.

김동성(1924),『신문학』. 경성: 조선도서주식회사.

대한신문연감편찬위원회(1955),『대한신문연감 1956』. 서울: 대한신문연감사.

東京大學社會情報研究所(1995),「東京大學校社會情報研究所の活動」第23號.

上智大學文學部新聞學科(1981),『上智大學新聞學科五十年の記録』. 東京: 上智大學新聞學科.

서정우(1997),「우리나라 언론학의 어제와 오늘」, 한국언론학회, 언론학의 장래와 언론학교육의 방향 24-1차 쟁점과 토론.

송우천(2001),「방송산업구조 변화와 언론학 교육의 새 경향: 영국의 경우를 중심으로」,『방송문화』제237호, pp. 39-41.

松浦康彦(2001),「ジャーナリスト教育の改革とその將來」,『朝日総研レポート』第148號, pp. 37-65.

안광식(1977),「이해창 교수와 그의 신문학연구」, 차배근 외 3인 공편,『한국신문학사』. 서울: 정음사.

양승목(2009),「언론학연구 50년: 성찰과 전망」, 한국언론학회50년사편찬위원회 편,『한국언론학회50년사 1959-2009』. 서울: 한국언론학회, pp. 1019-1066.

鈴木雄雅(2001),「マス・コミュニケーション教育を考える ― 変鳳するメディアと社會のなかで ―」, 第9回 日韓國際シンポジウム. 上智大學(5月 12日).

이정춘(2008),「한국언론학교육 50년의 회고와 학문적 소회」, 중앙대학교 신문방송학과50주년기념세미나 발제논문(11월 11일)(http://www.jcrjie.pe.kr).

이화여자대학교 사회과학연구소(2004),『사회과학의 이해』. 서울: 이화여자대학교출판부.

임근수(1973),「한국신문학사 서설」,『신문학보』제6호, pp. 8-21.

임근수(1976),「한국신문학의 성립과정과 그 연구현황의 계보적 고찰」,『저널리즘』봄호.

임근수박사화갑기념논문총간행위원회 편(1977),『한국신문학50년사』. 서울: 정음사.

정진석(2009),「한국언론학회 50년: 성장과 변화의 역사(1959-2009)」, 한국언론학회50년사편찬위원회 편,『한국언론학회50년사 1959-2009』. 서울: 한국언론학회, pp. 33-96.

차배근(1976),『커뮤니케이션학개론』. 서울: 세영사.

차배근(1982),「미국에서 신문학교육의 성립·발전고: 미주리대학 신문학부의 설립을 중심으로」, 『신문연구소학보』(서울대학교) 제19집, pp. 31-70.
차배근(1991), 「한국의 언론연구와 교육」, 『한국의 언론(I)』. 서울: 한국언론연구원, pp. 273-280.
차배근(2009), 「한국언론학회를 일군 사람들: 한국신문학회 시기를 중심으로」, 한국언론학회50년사편찬위원회 편, 『한국언론학회50년사 1959-2009』. 서울: 한국언론학회, pp. 97-187.
차배근(2017), 『한국커뮤니케이션학사』. 서울: 서울대학교출판문화원.
차배근 · 이대룡 · 정진석 · 박정규 공편(1977), 『한국신문학사』. 서울: 정음사.
차배근 · 차경욱(2013), 『사회과학연구방법』. 서울: 서울대학교출판문화원.
한국신문협회 편(1968), 『한국신문연감 1968』. 서울: 한국신문협회.
한국언론학회 편(1990), 『한국언론학연구30년: 성찰과 전망』. 서울: 나남.
한국언론학회50년사편찬위원회 편(2009), 『한국언론학회50년사 1959-2009』. 서울: 한국언론학회.

[서양어 문헌]

Andersen, Kenneth E.(1968), "Variant views of the communication act," In Howard H. Martin and Kenneth E. Andersen Eds., *Speech Communication*. Boston: Allyn and Bacon.
Andersen, Kenneth E.(1972), *Introduction to Communication: Theory and Practice*. Menlo Park, CA: Cummings.
Anderson, Barry F.(1967), *The Psychological Experiment: An Introduction to the Scientific Method*. Belmont, Calif.: Wadsworth.
Aristotle(1954), *Rhetoric*, Translated by W. Rhys Roberts. New York: The Modern Library.
Auer, J. Jeferry(1959), *An Introduction to Research in Speech*. New York: Harper & Row.
Averbeck, Stefanie(2008), "Comparative history of communication studies: France and Germany," *The Open Communication Journal*, 2, pp. 1-13.
Barnlund, Dean C.(1962), "Toward a meaning-centered philosophy of communication," *Journal of Communication*, 12.
Barnlund, Dean C.(1968), *Interpersonal Communication: Survey and Studies*. Boston: Houghton Mifflin Co.
Barnlund, Dean C.(2008), "A transactional model of communication," In C. D. Mortensen Eds., *Communication Theory*(2nd ed.). New Burnswick, NJ: Transaction, pp. 47-57.
Barry, Gerald Ed.(1965), *Communication and Language*. Englewood Cliffs, NJ: Responsive Environments Corporation.
Bavelas, Alex(1950), "Communication patterns in task-oriented groups," *Journal of Acous-*

tical Society of America, 22, pp. 725-730.
Beck, Klaus(2010), *Kommunikationswissenschaft*, 김진웅 역(2013), 『커뮤니케이션의 이해』. 서울: 차송.
Berelson, Bernard(1952), *Content Analysis in Communication Research*. New York: The Free Press of Glencoe.
Berelson, Bernard(1959), "The state of communication research," *Public Opinion Quarterly*, 23, pp. 1-15.
Berelson, Bernard and Gary A. Steiner(1964), *Human Behavior*. New York: Harcourt, Brace and World.
Berlo, David K.(1955), "Problems in communication research," *Central States Speech Journal*, 7, pp. 3-8.
Berlo, David K.(1960), *The Process of Communication*. New York: Holt, Rinehart & Winston.
Bettinghaus, Erwin P.(1969), *Persuasive Communication*. New York: Bobbs-Merrill.
Blumler, Jay G. and Denis McQuail(1968), *Television in Politics*. London: Faber and Faber.
Bowers, John W.(1963), "The congruity principle and oral communication," *Central States Speech Journal*, 14, pp. 88-91.
Brillouin, L.(1956), *Science and Information Theory*. New York: Academic Press.
Bücher, Karl(1893), *Die Entstehung der Volkswirtschaft*. Tübingen, Germany: H. Laupp. Translated by S. Morley Wickett(1901), *Industrial Evolution*. New York: H. Holt.
Bücher, Karl(1912), "Das Zeitungswessen," In Paul Hinnenberg Ed., *Die Kultur der Gegenwart, Ihre Entwicklung, und Ihre Zide*. Berlin: B. G. Teubner.
Bücher, Karl(1926), *Gesammelte Aufsätze zur Zeitungskunde*. Tübinge, Germany: H. Laupp.
Buchler, Justers Ed.(1955), *Philosophical Writings of Peirce*. New York: Dover.
Burry, J. B.(1914), *A History of Freedom of Thought*, 양병우 역(1958), 『사상의 자유의 역사』. 서울: 신양사.
Cartwright, Dorwin(1949), "Some principles of mass persuasion," *Human Relations*, 2, pp. 253-267.
Chapanis, Apphones(1961), "Men, machines, and models," *American Psychologist*, 16, pp. 113-131.
Chapanis, Apphones(1965), *Man-machine Engineering*. Belmont, California: Wadsworth Publ. Co.
Cherry, Colin(1957), *On Human Communication*. Cambridge, Mass.: Technology Press of MIT.
Cicero(1912-1918), *Letters to Atticus*, Translated by E. O. Winstedt, 3 vols. London: William Heinemann.
Clevenger, Theodore M.(1959), "What is communication," *Journal of Communication*, 9 (March).

Conant, James B.(1951), *Science and Common Sense*. New Haven: Yale University Press.

Corbett, Edward P.(1965), *Classical Rhetoric for the Mordern Student*. New York: Oxford University Press.

Dance, Frank E. X.(1967), "Toward a theory of human communication," In Frank E. X. Dance Ed., *Human Communication Theory*. New York: Holt, Rinehart and Winston.

Dance, Frank E. X.(1970), "The 'concept' of communication," *Journal of Communication*, 20, pp. 201-210.

Dance, Frank E. X. and Carl E. Larson(1976), *The Functions of Human Communication: A Theoretical Approach*. New York: Holt, Rinehart and Winston.

Deutschman, P. J.(1967), "The sign-situation classification of human communication," *Journal of Communication*, 7, pp. 63-73.

DeVito, J. A.(1986), *The Communication Handbook: A Dictionary*. New York: Harper & Raw.

Dewey, John(1933), *How We Think*. Boston: Heath.

Eaman, Ross(2009), *The A to Z of Journalism*. Lanham, Maryland: Scarecrow Press.

Eisenson, Jon, J. Jeffery Auer and John Irwin(1963), *The Psychology of Communication*. New York: Appleton-Century-Crofts.

Emery, Edwin, Philip H. Ault and Warren K. Agee(1960), *Introduction to Mass Communication*(5th ed.). New York: Dodd, Mend & Co.

Festinger, Leon(1957), *The Theory of Cognitive Dissonance*. New York: Harper.

Frandsen, Kenneth(1963), "Effect of threat appeals and media of transmission," *Speech Monographs*, 30, pp. 101-104.

Fritz, Charles A.(1922), "A brief review of the chief period in the history of oratory," *Quarterly Journal of Speech*, 8.

Grunig, J. E.(1997), "A situational theory of publics: Conceptual history, recent challenges and new research," In D. Moss, T. MacManus & D. Vercic Eds., *Public Relations Research: An International Perspective*. London: International Thomson Business Press, pp. 3-48.

Hagemann, Walter(1947), *Grundzüge der Publizistik*. Münster: Rogenberg.

Hanitzsch, Thomas(2005), "Journalism research in Germany: Origins, theoretical innovations and future outlook," III Encontro Nacional de Pesquisadores em Jornalismo 27 a 29 de Novembro de 2005, Florianópolis-sc.

Hempbell, Carl G.(1965), *Aspects of Scientific Explanation*. New York: The Free Press.

Herbert, J.(2000), "The changing face of journalism education in the UK," *Asia Pacific Media Educator*, 8, pp. 113-123.

Homans, George C.(1964), "Contemporary theory in sociology," In Robert E. L. Faris Ed., *Handbook of Modern Sociology*. Chicago: Rand McNally.

Hovland, Carl I., Arthur A. Lumsdaine and Fred D. Sheffield(1949), *Experiments on Mass Communication*. Princeton, NJ: Princeton University Press.

Hovland, Carl I., Irving L. Janis and Harold H. Kelley(1953), *Communication and Persuasion: A Psychological Studies of Opinion Change*. New Haven, NJ: Yale University Press.

Hovland, Carl I. Ed.(1957), *The Order of Presentation in Persuasion*. New Haven: Yale University Press.

Hovland, Carl I. and Irving L. Janis Eds.(1959), *Personality and Persuasibility*. New Haven: Yale University Press.

Hovland, Carl I. and Milton J. Rosenberg Eds.(1960), *Attitude Organization and Change: An Analysis of Consistency among Attitude Components*. New Haven: Yale University Press.

Hovland, Carl I. and Walter Weiss(1951), "The influence of source credibility on communication effectiveness," *Public Opinion Quarterly*, 15, pp. 635-650.

Howell, Wilbur S.(1954), "English background of rhetoric," In Karl R. Wallace Ed., *History of Speech Education in America*. New York: Appleton-Century-Crofts.

Hyde, Grant M.(1968), "Foreword," In George F. Mott and others, *New Survey of Journalism*. New York: Barnes & Nobles.

Innis, Harold A.(1950), *Empire and Communication*. London: Oxford University Press.

Innis, Harold A.(1951), *The Bias of Communication*. Toronto, Canada: University of Toronto Press.

Janis, Irving L. and Carl I. Hovland(1959), "An overview of persuasibility research," In Carl I. Hovland and Irving L. Janis Eds., *Personality and Persuasibility*. New Haven: Yale University Press.

Johnson, Wendell(1953), "The fateful process of Mr. A talking to Mr. B," *Harvard Business Review*, 31.

Katz, Elihu(1959), "Mass communication research and the study of popular culture," *Studies in Public Communication*, 2(2), pp. 1-7.

Katz, Elihu and Paul F. Lazarsfeld(1955), *Personal Influence: The Part Played by People in the Flow of Mass Communication*. Glencoe: Free Press.

Kerlinger, Fred N.(1966), *Foundations of Behavioral Research*. New York: Holt, Rinehart & Winston.

King, Jr. Auther R. and John A. Brownell(1966), *The Curriculum and the Disciplines of Knowledge*. New York: Wiley.

Kirchner, Walter(1960), *Western Civilization to 1500*. New York: Barnes & Noble.

Kelly, Harold H.(1958), "Salience of membership and resistance to change of group anchored attitudes," *Human Relations*, 8, pp. 275-289.

Kelly, Harold H. and E. H. Volkart(1952), "The resistance to change of group-anchored attitudes," *American Sociological Review*, 17, pp. 453-465.

Knower, Franklin H.(1945), "Graduate theses: A combined index of reports of graduate work in the field of speech and dramatic art, XII, 1902-1944," *Speech Monographs*, 12.

Korzybski, Alfred(1937), *Science and Sanity*. Lakeville: Non-Aristotelian Library Publ. Co.

Lasswell, Harold D.(1927), *Propaganda Technique in the World War*. Chicago: University of Chicago Press.

Lasswell, Harold D.(1948), "The structure and function of communication in society," In Lyman Bryson Ed., *The Communication of Ideas*. New York: Harper & Brothers, pp. 37-51.

Lazarsfeld, Paul F., Bernard Berelson and Hazel Gaudet(1948), *The People's Choice: How the Voter Makes up His Mind in a Presidential Election*. New York: Columbia University Press.

Lazarsfeld, Paul F. and Robert K. Merton(1948), "Mass communication, popular taste and organized social action," In Lyman Bryson Ed., *The Communication of Ideas*. New York: Harper & Brothers, pp. 100-106.

Lee, James Melvin(1918), "Instruction in journalism in institutions of higher education," *U. S. Bulletin*, 21.

Lodge, Philip(2016), "U. K. Communication study and the challenges of institutionalization," In Peter Simonson and David W. Park Eds., *The International History of Communication Study*. New York & London: Routledge. pp. 192-212.

Maccoby, Nathan(1970), "The new scientific rhetoric," In *The voice of America Forum Lectures: Communication*, pp. 26-34.

McCroskey, James C.(1968), *Introduction to Rhetorical Communication*. Englewood Cliffs, NJ: Prentice Hall.

McLuhan, Marshall(1964), *Understanding Media: The Extensions of Man*. New York: McGraw-Hill.

McQuail, Denis(1983), *Mass Communication Theory*. London: Sage Publications.

McQuail, Denis, Jay G. Blumler and J. R. Brown(1972), "The television audience: A revised perspective," In Denis McQuail Ed., *Sociology of Mass Communication*. Harmondsworth, England: Penguin Books, pp. 135-165.

McQuail, Denis and S. Windahl(1989), "Models of communication," In E. Barnouw, G. Gerbner, W. Schramm, T. L. Worth and L. Gross Eds., *International Encyclopedia of Communications*, Vol. 3. New York: Oxford University Press, pp. 36-44.

Merton, Robert K.(1957), *Social Theory and Social Structure*. New York: Free Press.

Miller, George A.(1951), *Language and Communication*. New York: McGraw-Hill.

Miller, Gerald R.(1963), "Studies on the use of fear appeals: A summary and analysis," *Cental States Speech Journal*, 14, pp. 117-124.

Miller, Gerald R.(1964), "On defining communication: Another stab," *Journal of Communication*, 14.

Morgan, Clifford T. and Richard A. King(1966), *Introduction to Psychology*(3rd. ed). New York: McGraw-Hill.

Morris, Charles W.(1964), *Signs, Language and Behavior*. New York: Prentice-Hall.

Newcomb, Theodore M.(1950), *Social Psychology*. New York: Dryden.

Nixon, Raymond B.(1964), "Introduction," *Journalism Quarterly Cumulative Index*, Vols. 1-40(1924-1963), p. 6.

Osgood, Charles E. Ed.(1954), "Psycholinguistics: A survey of theory and research problems," *Journal of Abnormal and Social Psychology*, 49, Morton Prince Memorial Supplement 2.

Osgood, Charles E., George J. Suci and Percy H. Tannenbaum(1957), *The Measurement of Meaning*. Urbana, Ill.: University of Illinois Press.

Park, David W. and Pooley, Jefferson Eds.(2008), *History of Media and Communication Research: Contested Memories*. New York: Peter Lang.

Parker, Edwin B.(1973), "Technological change and the mass media," In Ithiel de Sola Pool et al. Eds., *Handbook of Communication*. Chicago: Rand McNally College Publ.

Peirce, Charles S.(1931-1935), *Collected Papers of Charles Sanders Peirce*, 6 vols. Cambridge, Mass.: Harvard University Press.

Pietilä, Veikko(2008), "How does a discipline become institutionalized?," In David W. Park and Jefferson Pooley Eds., *The History of Media and Communication Research: Contested Memories*. New York: Peter Lang, pp. 205-224.

Platt, James H.(1955), "What do we mean 'communication'?," *Journal of Communication*, 1.

Pooley, Jefferson D.(2008), "The new history of mass communication research," In David W. Park and Jefferson Pooley Eds., *History of Media and Communication Research: Contested Memories*. New York: Peter Lang.

Raisebeck, Gorden(1963), *Information Theory: An Introduction for Scientists and Engineers*. Cambridge, Mass: MIT Press.

Sanborn, George A.(1964), "Communication in business: An overview," In W. C. Redding and G. A. Sanborn Eds., *Business and Industrial Communication*. New York: Harper & Row.

Sapir, Edward(1935), "Communication," In *Encyclopedia of the Social Science*, Vol. IV. New York: Macmillan Co., pp. 78-80.

Scheidel, Thomas(1963), "Sex and persuasibility," *Speech Monographs*, 30, pp. 358-363.

Schrag, Clarence(1967), "Elements of theoretical analysis in sociology," In Llewellyn Gross Ed., *Sociological Theory: Inquires and Paradigms*. New York: Harper & Row, pp. 220-253.

Schramm, Wilbur(1948), *Communication in Modern Society*. Urbana, ILL: University of Illinois Press.

Schramm, Wilbur(1955), "How communication works," In Wilbur Schramm Ed., *The Process and Effects of Mass Communication*. Urbana: University of Illinois Press, pp. 3-16.

Schramm, Wilbur(1957), "Twenty years of journalism research," *Public Opinion Quarterly*, 21, pp. 91-107.

Schramm, Wilbur(1963a), *The Science of Communication*. New York: Basic Books.

Schramm, Wilbur(1963b), "The challenge to communication research," In Ralph Nafziger and David M. White Eds., *Introduction to Mass Communication Research*(2nd ed.). Baton Rouge, La: Louisiana State University.

Schramm, Wilbur(1971), "The nature of communication between humans," In Wilbur Schramm and Donald F. Roberts Eds., *The Process and Effects of Mass Communication*. Urbana Ill.: University of Illinois Press.

Schramm, Wilbur(1973), *Men, Messages and Media: A Look at Human Communication*. New York: Macmillan.

Shannon, Claude(1949), "The mathematical theory of communication," In Claude E. Shannon and Warren Weaver, *The Mathematical Theory of Communication*. Chicago: The University of Illinois Press.

Shannon, Claude E. and Warren Weaver(1949), *The Mathematical Theory of Communication*. Chicago: University of Illinois.

Shoemaker, P. J. and T. Vos(2009), *Gatekeeping Theory*. New York: Routledge.

Simonson, Peter and David W. Park, Eds.(2016), *The International History of Communication Study*. New York & London: Routledge.

Smith, Donald K.(1954), "Origin and development of department of speech," In Karl R. Wallace Ed., *History of Speech Education in America*. New York: Appleton-Century-Crofts.

Stevens, S. S.(1950), "A definition of communication," *Journal of Acoustical Society of America*, 22.

Thiele, Martina(2016), "Female academics in communication science and the post-war reconstruction generation in Austria and Germany," In Peter Simonson and David W. Park Eds., *The International History of Communication Study*. New York & London: Routledge, pp. 130-150.

Thonssen, Lester and A. Craig Baird(1948), *Speech Criticism: The Development of Standards for Rhetorical Appraisal*. New York: The Ronald Press.

Weaver, Warren(1949), "Recent contributions to the mathematical theory of communication," In Claude E. Shannon and Warren Weaver, *The Mathematical Theory of Communication*. Chicago: The University of Illinois.

Westley, Bruce H. and Malcolm S. MacLean, Jr.(1957), "A conceptual model for communications research," *Journalism Quarterly*, 37, pp. 31-38.

Westerståhl, J.(1983), "Objective news reporting: General premises," *Communication Research*, 10(3), pp. 403-424.

Whitehead, Auther(1911), *An Iintroduction to Mathematics*. New York: Holt, Rinehart and Winston.

Wiedelman, Thomas(2016), "Practical orientation as a survival strategy: The development of *Publizistikwissenschaft* by Walter Hagenmann," In Peter Simonson and David W.

Park Eds., *The International History of Communication Study*. New York & London: Routledge, pp. 109-129.

Wiener, Norbert(1948), *Cybernetics: or Control and Communication in the Animal and the Machine*. New York: John Wiley & Sons.

Williams, Sara L.(1929), *Twenty Years of Education for Journalism: A History of the School of Journalism of the University of Missouri*. Columbia, Missouri: The E. W. Stephens Publ. Co.

Wood, Julia T.(2004), *Communication Theories in Action: An Introduction*(3rd ed.). Belmont, CA: Wadsworth.

Wood, Julia T.(2009), *Communication in Our Lives*(4th ed.). Belmont, CA: Thomson-Wadswoth.

Wright, Charles R.(1960), "Functional analysis and mass communication," *Public Opinion Quarterly*, 24, pp. 605-620.

Zetteberg, Hans L.(1965), *On Theory and Verification in Sociology*. Totawa, NJ: Bedminister Press.

찾아보기

ㄹ

ㅁ

ㅈ

저자소개

차배근(車培根)

서울대학교 사범대학 국어과 졸업

미국 Kent State University 대학원 커뮤니케이션학과 졸업(언론학 박사)

서울대학교 언론정보학과 교수(1973~2007)

현재 서울대학교 명예교수

하종원(河鍾元)

한국외국어대학교 영어과 졸업

서울대학교 대학원 신문학과(현 언론정보학과) 졸업(언론학 박사)

현재 선문대학교 미디어커뮤니케이션학과 교수(1996~현재)

이종혁(李鍾赫)

서울대학교 신문학과(현 언론정보학과) 졸업

미국 Syracuse University S. I. Newhouse School of Public Communications 졸업(언론학 박사)

현재 경희대학교 언론정보학과 교수(2008~현재)